인공지능 시대
인간의 조건

인공지능 시대 인간의 조건

백욱인
지음

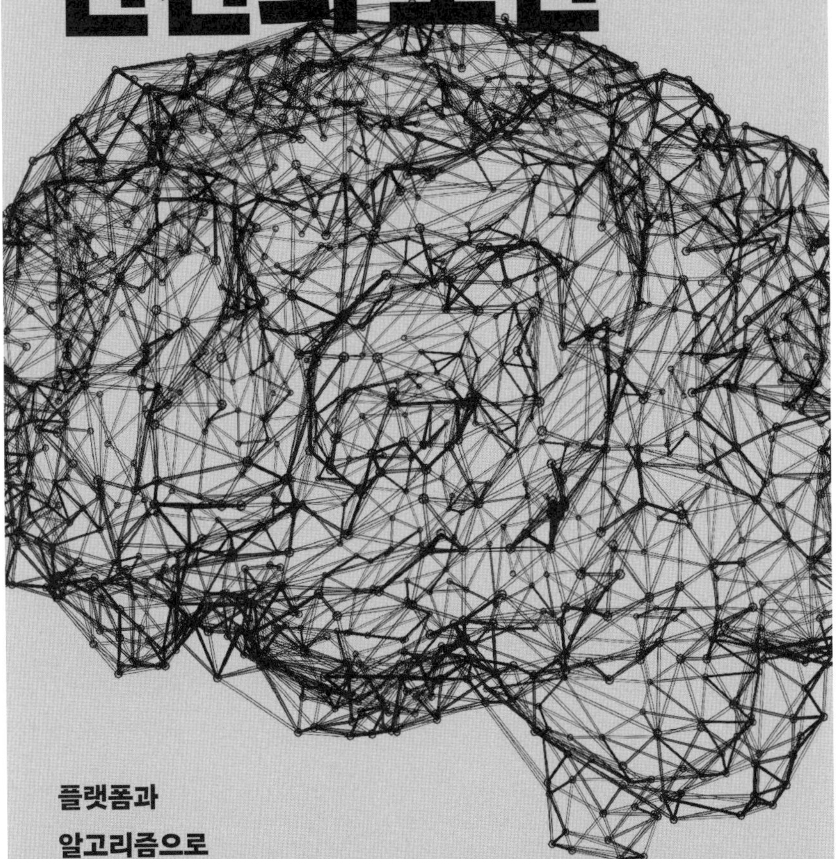

플랫폼과
알고리즘으로
지배하는
인지자본주의의 현재

하늘에 계신 우리 아버지들께
이 책을 바칩니다.

들어가며

'인간 이후'의 존재 앞에 선 인간

이 책은 인공지능 시대 인간의 조건을 탐색하기 위해 쓰였다. 나는 이 책에서 플랫폼과 인공지능으로 대표되는 현 단계의 인지자본주의에 주목했다. 현대에 접어들수록 더욱 가속화된 자동화는 인간과 인공물의 연결을 강화하지만, 인간 간의 직접적 연결을 축소하는 결과를 가져온다. 기계의 자동성이 강화될수록 인간의 자율성이 차지하는 영역은 더욱 작아진다.

나는 사이버네틱스가 현대 정보사회 혹은 인지자본주의의 밑바탕에 깔려 있음을 확인하고자 했다. 내가 이 책을 사이버네틱스에 대한 논의로 여는 이유는 인공지능을 포함한 현재의 인지자본주의가 바로 사이버네틱스에서 출발하기 때문이다. 제2차 세계대전을 계기로 활발하게 연구된 사이버네틱스는 컴퓨터, 인터넷, 소셜미디어, 스마트폰, 빅데이터와 머신러닝, 암호화폐, 메타버스, 챗GPT와 같은 생성 인공지능에 이르는 정보사회의 기술과 연관되어 있다. 현대 정보사회 혹은 인지자본주의는 들뢰즈가 사유한 통제사회나 베니거가 파악한 제어혁명에 부합한다. 들뢰즈는 제2차 세계대전에서 통제사회의 연원을 보았다. 한편 베니거는 19세기 후반부터 시작된 자본주의 사회의 제어위기에서 정보사회의 출발점을 찾았다. 나는 이들의 논의를 바탕으로 현대 인지자본주의 사회의 통제/제어(control)의 출발점으로서 사이버네틱스 이후의 전개과정에 주목했다.

사이버네틱스는 목표를 달성하기 위해 최적화된 답을 구하고 이를 실행하는 조절과 통제의 체계다. 사이버네틱스의 후예인 디지털 시대의 알고리즘이 가진 목적합리성은 꿈과 정치를 배제한다. 꿈과 정치가 현재의 상황을 뛰어넘는 발판(platform)인 데 반해, 알고리즘의 플랫폼은 현재의 상태를 유지하도록 만드는 제어장치다. 인지자본주의는 자본주의의 축적논리에 최적화를 덧붙였다. 지난 30년 동안 진행된 거대 플랫폼 기업들의 독점적 행태를 볼 때, 우리는 인지자본주의가 얼마나 빠르게 자본을 축적했는지 쉽게 판명할 수 있다. 거대 플랫폼 기업들은 물질적 자원을 고갈시키는 데 그치지 않고 가상적 자원마저 수탈하는 단계에 접어들었다.

인공지능 시대의 플랫폼 장치는 단순한 계산기계를 넘어 인간의 삶을 이리저리 조합하고 배치하는 포섭기계다. 그것은 자신을 둘러싼 환경과 상호작용하면서 발생한 변화를 지각하고 이를 다음 행동에 반영함으로써 환경에 적응한다. 그런 의미에서 인지자본주의의 대표적 기계인 인공지능과 플랫폼은 환경과의 반복적 되먹임

속에서 자신을 새롭게 생성하는 형상기억합금이다. 그들은 변화하는 환경 속에서 언제든지 다르게 배치됨으로써 스스로를 변조한다.

이 책의 1부는 사이버네틱스와 인지자본주의의 연관성에서 출발해 데이터와 정보의 관계를 밝히고 빅데이터와 인공지능의 존재를 다룬다. 그리고 데이터와 인공지능의 결합체이자 그들을 담는 몸인 플랫폼 장치에 대한 이론적 분석을 시도한다. 1부의 마지막 장에서는 들뢰즈가 제안한 '분할체'라는 개념을 적극적으로 수용해 인지자본주의 분석에 적용했다. 그럼으로써 디지털 시대의 '개체화'와 '분할체화'가 갖는 순환적 인과관계와 되먹임 기제를 드러내고자 했다. 1부에서는 이용자들이 플랫폼을 사용하면서 어떻게 분할체로 나뉘는지 분석하고 그들이 인공지능과 빅데이터의 결합을 통해 통제의 대상이 되는 기제를 밝힘으로써, 인지자본주의를 보다 선명하게 이해할 수 있는 이론적 관점을 제공하는 데 집중한다.

2부에서는 현대 정보사회의 구체적인 전개과정을 살펴보고 인지자본주의론을 비판적으로 검토함으로써 인공지능 시대 인간의 조건에 대한 실천적인 논의를 종합한다. 나는 인터넷이 대중화된 지난 30년의 궤적을 살펴보면서 규정적 기술의 변화와 그 사회경제적 배경에 대한 사회기술적 분석을 시도했다. 여러 가지 수사로 치장되는 혁신기술의 개발과 변화는 끝없는 최적화를 향한 자본의 움직임과 떼어놓고 생각할 수 없다. 인지자본주의는 플랫폼 지대를 통해 긍정적 외부효과를 수탈하고 인간과 기계를 다양하게 결합해 새로운 계층구조와 사회적 불평등을 창출한다. 따라서 인지자본주의에 대한 사회기술적 분석은 플랫폼 자본주의와 플랫폼 장치에 관한 구체적 분석을 지향한다. 한편 지난 3년 동안 전지구적으로 확산된 코로나19는 인지자본주의에 생명권력의 성격까지 부가했다. 이에 따라 더욱 복잡하게 변화한 인간과 기계의 관계를 함께 살펴본다.

인지자본주의 시대의 대표적인 기술적 산물인 인공지능은 인간과 다양한 관계를 맺는다. 어떤 인간에게는 유용한 도구로, 또 다른 인간에게는 통제의 수단으로 다가간다. 인공지능의 알고리즘은 통제이자 제약인 동시에 최적화된 해법이다. 독과 약의 결합체, 곧 '파르마콘(Pharmakon)'인 알고리즘은 위계서열에 따라 배분됨으로써 차별적인 효과를 낳는다. 알고리즘의 차별적인 효과가 계급·세대·능력·성별로 나뉘고 그로 인해 사회적 불평등이 고착되는 방식에 대한 더욱 구체적인 분석이 요구된다.

들뢰즈가 〈통제사회 후기〉를 쓴 지 30여 년이 지난 지금, 통제사회는 더욱 구체적인 모습으로 우리 곁에 다가왔다. 그런데 접두사 '포스트(post-)'나 '뉴(new-)', '네오(neo-)' 등을 앞세운 각종 용어의 난발(亂發)은 현재 우리가 당면한 사회의 문제를 건너뛰게 만든다. 그럼에도 불구하고 나는 포스트휴먼과 인공지능의 관련성을 다시 한번 환기할 필요가 있다고 생각한다. 들뢰즈는 1986년 미셸 푸코에 대한 강의에서 "세 가지 법적 형태, 곧 '신'의 형태, '인간'의 형태, '앞으로 올 무언가'의 형태라는 세 가지 형태"를 말한 바 있다. 그에 따르면 주권권력은 신으로서 왕의 권력이었고, 산업혁명 이후의 규율권력은 인간 일반의 권력이었으며, 통제사회의 권력은 예측할 수 없는 존재의 권력이다. 사이버네틱스 기계는 바로 이 '앞으로 올 무언가', 즉 인간 이후(post-human)의 존재라고 말할 수 있다. 푸코가 모래사장에 그려진 인간의 얼굴이 다가오는 파도에 씻겨 나갈 것이라고 말한 것과 마찬가지로, 들뢰즈가 예상한 '앞으로 올 무언가'는 인간을 대체할 포스트휴먼을 예시한다. 주권권력의 시대에는 왕이, 규율권력의 시대에는 인간이, 통제사회의 시대에는 인간을 뛰어넘는 존재가 신이다. 들뢰즈가 말한 세 가지 형태 가운데 '앞으로 올 무언가', 인간을 뛰어넘는 존재가 현재의 사이버네틱스 기계인 인공지능이고, 이는 포스트휴먼을 예비하고 있다고 생각한다.

• • •

이 책은 10여 년 전에 구상한 3부작의 첫 권이다. 진작에 끝냈어야 할 책을 이제야 마무리했다. 그동안 논문으로 발표했던 글을 책의 형식에 맞게 새로 구성했고 최신 동향에 대한 내 관점을 덧붙였다. 나는 사회기술적 연구라는 비판적 관점을 바탕으로 무엇이 우리로 하여금 인지자본주의에 봉사하도록 만드는지를 탐색했고, 이를 통해 시대변화의 핵심을 드러내고자 했다. 그러다 보니 인지자본주의 사회의 곤경에서 벗어나기 위한 대안을 본격적으로 다루지는 못했다. 인지자본주의의 현황을 드러내고 이를 분석하는 개념을 끌어내는 데 집중했지만, 많은 아쉬움이 남는다. 다음 책에서는 운동과 대안에 더 집중하고 싶다. 이 책이 학교를 떠나면서 지난 10여 년 동안 작업했던 일을 마무리하는 작은 책임감의 발로임을 밝혀둔다. 마지막으로 책이 나오기까지 수고해준 휴머니스트 출판사에 고마움을 전한다.

2023년 3월

차
례

2부
인지자본주의 비판을 위한 실천적 관점

1부

인공지능 시대의 변화를 읽는 이론적 관점

인간의 역사는 지혜, 지식, 정보의 시대에 이어 데이터의 시대로 이어지고 있다. 초기 부족 시대에서는 지혜로운 사람들이 나타나 인간의 삶을 인도했다. 농사를 짓고 정착 생활을 하면서 글이 만들어지고 지식이 축적되자 인간 문명이 형성되었다. 근대 과학혁명이 전개되자 사물에 대한 상세한 정보가 수집되었고 사람들은 실험을 통해 자연에 대한 법칙적 이해를 추구하기 시작했다. 근대 산업혁명과 더불어 정보는 산업생산의 영역과 밀접하게 연관되었고, 정보관리는 자본주의의 원활한 재생산에 필수적인 요소가 되었다. 산업혁명은 생산과 소비시장에서 요구되는 실시간 정보와 데이터에 대한 처리를 결합했다.

20세기 들어 두 차례 세계대전을 거치면서 인간은 데이터를 통해 사물을 조작하고 사회를 통제하는 방식에 주의를 기울이기 시작했다. 제2차 세계대전이 끝나고 포드주의의 전성기가 지난 이후, 정보는 미디어를 통해 기호·상징·의미와 결합하면서 지식과 구분하기 힘들어졌다. 이제 정보는 데이터의 조직화를 의미했고, 지식은 축적된 정보에 대한 해석으로 간주되었다. 컴퓨터를 비롯한 디지털 기계의 발명과 정보에 대한 수학적 접근은 정보 전달과 처리에서 획기적인 진전을 가져왔다. 인터넷 시대를 거치면서 인간 사이의 주된 커뮤니케이션이 코드화된 데이터로 수행되기 시작했다. 빅데이터와 인공지능이 결합하면서 인간 활동의 결과물이 데이터로 바뀌었고, 그것을 다시 정보로 조직하거나 지식으로 해석하는 피드백이 활성화되었다. 데이터는 새로운 정보와 지식을 낳는 기반이자 상품을 만드는 원료이며 새로운 시장을 만드는 현 시대의 핵심 동력으로 떠올랐다.

그런 의미에서 이제는 지혜의 시대, 지식의 시대를 거쳐 정보와 데이터의 시대다. 분리될 수 없는 '개인(individual)'이 '분할체(dividuum)'가 되고 '기계적 예속'과 '사회적 복종'은 더욱 강화되기에 이르렀다. '인지자본주의(cognitive capitalism)'는 기계적 예속이 사회적 복종으로 이어지는 체제다. 디지털 플랫폼은 인간 활동을 데이터로 분할해 알고리즘을 통해 정치·경제·사회 활동의 파편을 수집하고 패턴화한다. 개인이 플랫폼에서 창출한 모든 결과물은 갖가지 데이터세트(data set)로 재배치된 다음, 플랫폼을 통해 시차를 두고 재배열되면서 개인에게 되먹여진다. 그러면서 플랫폼을 통한 기계적 예속은 사회적 복종의 다양한 형태로 확산된다. 분할체로 이뤄진 데이터세트는 조각난 주체로 구성된 '플랫폼 주체화'를 촉진한다. 다시 말해 분할체화와 조각주체화가 맞물려 현대 인지자본주의 체제의 기반이 마련된다는 것이다. 인공지능 시대의 인간 조건을 다루면서 데이터, 정보, 지식의 관계를 비판적으로 다시 들여다봐야 하는 이유가 여기에 있다. 자동화를 통해 인간이 비인간화되고 기계가 인간화되면 인간과 기계는 더 빨리 포스트휴먼(posthuman) 시대의 '비인간'이란 통합체를 이룰 수 있을까?

1장 사이버네틱스가 촉발한 정보사회

은혜로운 기계가 모든 것을 보살피신다[1]

나는 사이버네틱 초원을 (지금 더) 생각하고 싶어
거기서는 포유류와 컴퓨터가
맑은 하늘을 만지는
순수한 물처럼
조화를 이루는 프로그램으로
서로 함께 도우며 산다

---

1 Richard Brautigan, “All Watched Over by Machines of Loving Grace”, The Communication Company, 1967.

나는 (지금 당장!)
사이버스페이스 숲을
생각하고 싶어
소나무와 전자기계로 가득 찬
그곳에는 사슴이
컴퓨터 사이를
그것이 꽃봉우리를 머금는
꽃인양 평화롭게 거닐고

난 (그리되어야만 해!)
사이버네틱 생태계를
생각하고 싶어
그곳에서 우리는 노동에서 자유롭고
다시 자연으로 돌아가지
다시 우리 형제자매인
포유류가 되지
모든 것을 돌보시는
은혜로운 기계 덕분에

미국의 소설가이자 시인 리처드 브로우티건(Richard Brautigan)은 1960년대 중반에 사이버네틱스(cybernetics)가 은혜로운 세상을 가져올 것이라 노래했다. 그곳은 전자기계와 소나무가 섞여 있고 인간이 노동에서 해방되며 자연으로 돌아가 형제자매인 포유류와 함께 사는 평화로운 사이버네틱스 생태계다. 그러나 사이버네틱스를 적용해 만든 세상은 그렇게 돌아가지 않았다. "사악해지지 말자(Don't be evil)"라는 구호를 내걸면서 인터넷 사업을 시작한 구글(Google)은 10년도 지나지 않아 사악해졌고, 친구들의 친밀한 대화와 소통으로 출발했던 페이스북(Facebook)은 이용자의 프라이버시를 내다 팔았다. 사이버네틱스가 사이버스페이스(cyberspace)로 확장하고 빅데이터(Big Data)와 인공지능(AI, Artificial Intelligence)으로 결실을 맺는 동안 지식과 정보의 데이터화가 빠르게 진행되었고, 사이버네틱스 기계는 개인을 분할체로 만들어 예속하고 통제하기에 이르렀다.[2] 사이버네틱스의 창시자인 수학자 노버트 위너(Norbert Wiener)가 쓴 책의 제목《인간의 인간적 활용》(Wiener, 1954/2011)을 '사이버네틱스, 사이버스페이스, 플랫폼, 빅데이터, 인공지능의 인간적 활용'으로 바꿔 읽어도 뜻이 통하는 시대가 되었다. 그런데 인공지능 시대에 이른 지금, '되먹임(feedback)'과 '재귀적 사고(recursive thinking)'를 통해 생태계의 위기로부터 스스로를 구원할지 아니면 통제사회[3]의 어두운 터널로 진입할지가 '사이버네

---

2 분할체는 디지털 플랫폼을 통한 개인의 데이터화를 통해 이뤄진다. 디지털 플랫폼은 사물과 인간 활동을 자동으로 데이터화하는 인공지능 시스템이다. 그것은 디지털 수치로 이뤄진 분할체의 집합을 활용해 개체와 사물을 재구성하고 예속화한다. 디지털 플랫폼을 통해 이뤄지는 분할체화와 조각주체화는 7장에서 자세히 분석할 것이다.

3 통제사회의 개념과 그 내용에 대해서는 들뢰즈(Deleuze, 1995)와 백욱인(2023a)참조.

틱스의 인간적 활용'에 달려 있다고 하면 너무 무책임한 이야기가 될 것이다. '기계의 인간적 활용'이라는 표현은 인간의 태도에 따라 사이버네틱스 기계장치가 선도 악도 될 수 있다는 진부한 주장에서 벗어나지 못한다. 이처럼 기계를 대상으로 설정한 뒤 인간이 기계를 어떻게 활용하느냐에 따라 그 의미가 달라진다는 입장은 자유주의의 인간중심적인 변호에 불과하다. '행위자(actor)'이자 '행위소(actant)'인 기계는 인간과 어떤 배치 속에서 관계를 맺느냐에 따라 의미가 달라진다.[4]

사이버네틱스와 제어관계

• • •

브로우티건이 꿈꾼 자연과 동화된 은혜로운 사이버네틱스의 세계는 인터넷이 대중화되고 컴퓨터의 성능이 비약적으로 발전하면서 사회 전반을 자동화하는 수준에 이르렀다. '자연과 함께하는 유토피아'라는 꿈은 망상임이 진즉에 드러났다. 그러나 정보기술과 관련된 새로운 유행어가 시대의 흐름을 주도하면서 기술유토피

---

4 마르크스의 공장 노동과정 분석에서 출발해, 시몽동의 개체화 논의, 들뢰즈의 배치/배열, 라투르의 행위자/행위소를 거쳐 신유물론자들의 객체에 이르기까지 기계에 관한 논의에서 인간과 기계의 관계가 어떻게 설정되고 있는가를 파악해야 한다. 기계는 객체에서 주체로, 혹은 주체에서 객체로 변화한다기보다 인간이나 다른 기계와의 관계 속에서 어떻게 배치/배열되는가에 따라 위상과 의미가 변화한다.

아 생태계에 대한 기대는 여전히 활기를 잃지 않고 있다. 2010년대 초반을 주도했던 빅데이터에 대한 관심은 2016년 이세돌과 알파고(AlphaGo)의 대국 이후 인공지능과 머신러닝(machine learning)에 자리를 물려줬다. 최근에는 비트코인(Bitcoin)과 같은 암호화폐(cryptocurrency)와 그 기반기술인 블록체인(blockchain)에 이어 메타버스(metaverse)와 대체불가능토큰(NFT, Non-fungible token), 생성 인공지능(Generative AI)이라는 신기술이 무대에 등장하고 있다. 기술의 정체를 파악하기도 전에 새로운 기술이 등장하며 사람들의 시선을 끊임없이 사로잡는다.

지금은 지식사회, 정보사회, 데이터 기반 사회를 경유해 인공지능 시대로 이행하는 과도기다. 1950년대 앨런 튜링의 디지털 계산 기계(Turing, 1950)와 노버트 위너의 사이버네틱스(Wiener, 1948) 개념이 제시된 이후, 1960년대에 정보사회론이 등장했고, 1980~90년대에는 지식사회론(Drucker, 1993/1993)으로 확장되기에 이르렀다. 인터넷 이용이 대중화되던 1990년대에는 '디지털 되기(Negroponte, 1995/1995)'를 통해 탈물질화가 이뤄지면서 현실세계의 광대한 콘텐츠가 사이버스페이스로 유입되기 시작했다. 인터넷이 대중화되기 시작한 1990년부터 기호와 상징의 '재매개(remediation)'로 이뤄진 콘텐츠가 급속하게 디지털화되어 사이버스페이스로 이전했다(Bolter and Grusin, 1999/2006). 그런 흐름을 반영한 신경제론은 내생적 발전론(Romer, 1989), 외부효과와 네트워크 효과(Jansen, 2006), 수확체증의 법칙(Arthur, 1994), 비경쟁재와 풍요재의 문제 등을 제기했다. 2000년대에 들어서 웹 2.0(Web 2.0)이 활성화되고 이용자의 참여가 늘어나자 사람들은 P2P 생산(Benkler, 2006)이 갖는 중요성에 주목했다.

2000년대 중반 이후 웹 2.0의 활성화와 P2P(Peer-to-Peer)의 확산에 따라 네트워크 협업이 확산되었고 플랫폼을 통한 데이터의 자동적인 축적도 이뤄졌다. 이용자가 자신의 활동과 기존의 상업화된 콘텐츠를 P2P를 통해 공유하기 시작하면서 탈상품화와 탈상업화가 진행되었고, P2P 생산과 공유를 기반으로 하는 새로운 경제의 맹아가 드러났다. 그러나 P2P 생산과 디지털 공유물 운동(Lessig, 2004)은 2010년대에 들어오면서 '공유경제'라는 이름 아래 변형된 자본주의 시장경제로 다시 포섭되었다. 이용자의 직접 연결과 공유로 이뤄지는 P2P에 대한 해석은 디지털 경제의 대안적 논의(Bauwens, 2008)로 확산되었다가, 공짜경제론(Anderson, 2009/2009)을 거쳐 상업화된 공유경제론(Schor, 2016)으로 왜곡되기에 이르렀다.

다른 한편 2000년대 후반부터 소셜미디어와 스마트폰의 대중화로 빅데이터가 축적되기 시작했고, 그를 기반으로 머신러닝과 인공지능을 결합하려는 시도로 이어졌다. 기술적 차원에서 2010년대를 전후해 사물인터넷(IoT, Internet of Things)과 빅데이터 및 클라우드컴퓨팅(Cloud Computing)이 떠오르면서 데이터를 인공지능과 결합한 머신러닝이 성과를 드러내기 시작했다. 이러한 흐름 속에서 자동화는 현재의 환경을 틀 짓는 '규정적 기술(Bolter, 1984)'로 등극했다. 이런 맥락에서 1940년대에 출발한 사이버네틱스가 현재의 인공지능으로 이어지는 배경과 의미(Dupuy, 2009/2023)를 되짚어볼 필요가 있다.

위너(Wiener, 1948)는 1940년대에 사이버네틱스라는 개념을 제시하면서 외부환경에 대한 인지와 피드백을 통해 자기조절하는 기계의 가능성을 예견했다. 지금은 그가 예견한 추세가 사물 간 커뮤니케이션을 통한 외부환경인지와 빅데이터를 활용한 패턴인지를 통합하는 인공지능으로 구현되고 있다. 사이버네틱스는 변화하는 외부환경을 되먹임해 정해진 목표를 수행하는 인공지능의 현실화를 통해 새로운 제어혁명의 문턱을 넘고 있다. 이처럼 사이버네틱스 제어혁명이 새로운 국면을 맞이하면서 기존의 인간 중심적인 틀에서 진행되던 인간과 기계 사이의 '제어관계(the relation of control)'[5]는 근본적인 변화를 맞이하고 있다.

나는 인간의 사회적 관계에서 이뤄지는 생산관계나 권력관계와 대비되는 맥락에서 기계를 매개로 하는 인간과 인간 사이의 관계, 인간과 기계 사이의 관계, 기계와 기계 사이의 관계를 제어관계라는 용어를 활용해 살펴볼 것이다. 이를 위해 최근 전개되고 있는 인공지능을 중심으로 한 기술변화의 핵심과 그것의 정치경제적 함의

5 제어관계는 인간과 기계의 관계를 드러내기 위해 만들어낸 개념이다. 나는 미국의 커뮤니케이션학자 제임스 베니거(James Beniger)의 제어혁명(Beniger, 1986/2009)에서 착안한 이 개념을 인간과 기계 사이에 형성되는 관계를 파악하기 위해 사용하고자 한다.

가 무엇인가를 밝히고 사이버네틱스와 제어혁명을 결합해 현재의 변화를 파악한다. 다시 말해 현재의 규정적 기술로 떠오르고 있는 인공지능과 빅데이터, 머신러닝의 결합이 갖는 의미를 사이버네틱스와 제어혁명이라는 틀로 접근해볼 것이다.

사이버네틱스는 자동화와 되먹임을 통한 환경 변화에 적응하는 독립적인 자동화기계의 단초를 제시했다. 인공지능의 등장으로 인간-기계 관계에서 조종의 주도권이 인간에서 기계로 옮겨간 것처럼 보인다. 그러나 기계를 매개로 인간을 조종하는 집단과 조종받는 집단은 엄연히 구분된다. 인공지능은 스스로 독립된 개체처럼 활동하면서 그러한 인간 집단 간의 차이를 가린다. 인공지능에 관한 논의에서는 여전히 물질적 기계의 자동성과 지능화에 방점이 찍힌다. 인간 활동의 결과물을 수치기호로 처리해 디지털 비트로 회수하는 기호 사이버네틱스 체제는 재매개(Bolter and Grusin, 1999/2006)된 상징표현물과 '비(非)기표적 기호(Lazzarato, 2014/2017)'의 데이터를 결합한 통제체제다. 인공지능과 자동화로 인해 조절과 조정·통제·명령의 운영방식과 기제가 과거와 달라진다. 미리 만들어진 명령어의 순차적 처리는 노동시간의 작동 범위와 통제방식을 재편한다. 생산수단의 소유 여부에 따른 계급관계는 조정과 통제의 새로운 권력관계를 더욱 강화한다. 생산관계가 교통양식의 변화에 따라 제어관계로 확장되고 그것이 기존의 권력관계를 은폐하면서 새로운 통제사회의 틀이 만들어지는 것이다.

사이버네틱스와 2차 제어혁명

• • •

최근 시도되고 있는 기계와 기계 사이의 커뮤니케이션과 자동화로 구현되는 사물인터넷은 위너가 예견한 사이버네틱스의 구체적인 실현물에 가깝다. 인간의 제어권 아래에서 만들어진 인공지능과 자동화된 로봇은 인간과 기계의 관계에서 인간이 갖고 있던 제어권을 축소시킨다. 인간의 활동 결과물을 기호로 처리해 디지털로 회수하는 사이버네틱스는 디지털 대상물(Hui, 2016/2021)로 이뤄진 상징 세계를 현실 세계와 대등한 지위에 올려놓았다.

상징 기호를 통해 인간 활동을 전개하는 '플랫폼 자본주의(Srnicek, 2016/2020)'에서는 인간 활동에 대한 조절과 조정·통제·명령의 운영방식이 과거와 달라진다. 현 단계 자본주의는 지속적으로 축적의 영역을 확장하면서 다양한 축적방식을 만들어내고 있다. 플랫폼 자본주의는 인지자본주의에서 이뤄지는 특정한 유형의 축적체제를 지칭한다. 그것은 페이스북이나 트위터(Twitter) 같은 소셜미디어 플랫폼을 사용해 이용자의 활동을 수취하는 체제, 우버(Uber)나 에어비앤비(Airbnb)처럼 생활영역의 시간이나 자산을 자본주의적 상업화의 틀 안으로 끌어들여 이윤을 창출하는 체제, '조각투자(김예란, 2022)' 대상을 만들어 사회구성원을 투자자로 포섭하는 동시에 큰 틀에서는 배제하는 체제 등 다양한 방식으로 나타난다. 이들의 공통점은 알고리즘으로 만든 디지털 플랫폼을 통해 이용자의 활동을 수취하고 매개 서비스를 제공하거나 특정 서비스를 제공하면서 '플랫폼 지대'를 수취한다는 데 있다. 산업혁명과 포드주의 그리고 사이버네틱스-인공지능의 시대를 경과하면서, 인간과 기계의 배치/배열이 달라지고 인간 사이의 조종·통제·제어·명령을 둘러싼 관계도 변화한다.[6]

전통적인 산업사회의 계급관계에서 제어관계는 자본과 노동의 배치를 통해 형성되었다. 하지만 사이버네틱스와 인공지능, 디지털 플랫폼 등 새로운 제어기술의 발달에 따라 인간 사이의 직접 커뮤니케이션을 통한 제어 또는 인간의 기계에 대한 제어는 기계와 기계 사이의 커뮤니케이션에 의한 자동제어로 변화했다. 생산관계가 교통양식의 변화에 따라 제어관계로 대체되고 그것이 기존의 권력관계에 변화를 가져오면서 새로운 통제사회의 틀로 재편된 것이다. 통제는 제어를 통해 얻어지는 특정 집단이나 계급의 의도이자 결과다. 실제로 제어의 기계적 과정과 통제의 사회적 결과는 명확하게 구분하기 어렵다. 프랑스의 철학자 질 들뢰즈(Gilles Deleuze)는 기계의 유형이 사회의 유형과 대응한다고 보면서, 절대왕정 시기의 주권사회는 지렛대나 시계 등 단순한 기계를 사용했고, 근대의 규율사회는 엔트로피와 사보타지의 위험을 지닌 에너지 기계를 사용

---

6 인간과 기계의 공간적 재배치와 시간적 재배열은 인지자본주의의 새로운 축적체제 구성에서 중요한 역할을 한다. 인지자본주의 체제는 인터넷 연결을 통해 조각난 노동과 활동을 이음매 없이 결합하거나 전지구적으로 흩어져 있는 이용자의 활동을 공간적으로 재배치한다. 디지털 시대의 분업과 협업이 구성되는 방식, 디지털 결합노동의 구체적 형태와 다양한 유형에 대한 분석이 필요하다.

한 데 반해, 현재의 통제사회는 컴퓨터를 통해 작동된다고 말했다(Deleuze, 1995: 180). 그는 기존의 산업사회와 현재의 사회를 각각 '규율사회(discipline society)'와 '통제사회(control society)'로 대비하면서 이들 간의 차이를 노동, 상품, 화폐, 개인/대중 등 여러 측면에서 서술했다.

위너(Wiener, 1948)의 사이버네틱스와 베니거(Beniger, 1986/2009)의 제어혁명 개념을 결합해 최근 인지자본주의의 흐름을 분석해보면 2016년 다보스포럼 이후 유행어가 된 '4차 산업혁명'의 실제 내용을 드러낼 수 있다. 환경과 시스템의 관계에서 자동제어를 논하는 위너의 사이버네틱스는 최근에 이뤄지고 있는 인공지능-로봇의 복합체를 예견했다. 위너의 기계론적 사이버네틱스 개념을 베니거의 사회학적 제어개념과 연결해 인간-인간, 인간-기계, 기계-기계의 조합에 따른 피드백과 제어의 방식이 어떻게 변화해왔는가를 살펴보자. 인간과 기계 사이의 제어를 둘러싼 관계에는 주인과 노예라는 지배-피지배 관계와 동반자라는 두 가지 이념형이 있다. 이제까지 기계는 인간 주도적인 제어관계에서 단순한 도구로 여겨졌으나, 인공지능의 발전에 따라 주인과 노예의 관계가 역전되는 국면에 대한 우려가 제기되고 있다. 그리고 기계와 인간의 동반 혹은 결합이라는 제3의 대안도 모색되고 있다.

베니거는 그의 책 《컨트롤 레벌루션》에서 기술사학, 사이버네틱스, 사회학을 결합해 19세기 말 중반의 산업자본주의에서 제2차 세계대전에 이르는 시기를 자본주의 생산의 확장에 따른 위기에 대응한 제어혁명으로 설명한다(Beniger, 1986/2009). 그는 제어혁명이 1·2·3차 부문 간의 관계를 어떻게 변화시켰는가에 대해 돋보이는 분석을 제시하는데, 특히 2차 산업이 정점에 달했을 때 제어혁명이 시작되었음을 산업혁명기의 제어위기를 통해 설명한다. 산업생산에서 제어가 쉬운 부문과 그렇지 않은 부문을 갈라놓으면서 그것에 따른 자동화와 컴퓨터화를 설명하는 방식도 설득력이 있다. 제어의 산업별 발전과정을 설명하려면 생산공정에 대한 구체적인 이해가 필요하다. 이런 접근은 마르크스주의 정치경제학의 연장인 동시에 구체적 현실에 대한 구체적 분석의 사례를 제공한다.

베니거는 도구, 기계, 정보를 통해 생산·유통·분배·소비 분야에서 제어기제가 어떻게 발전해왔는가를 실증적으로 검토한다. 그는 산업혁명을 통한 기계화와 이를 통한 생산력의 발전이 생산·유통·분배·소비의 차원에서 제어의 위기를 낳았으며, 이를 극복하기 위해 제어 방식의 급격한 혁명이 일어났다고 설명한다. 산업혁명에 의한 생산과 유통, 소비의 확장은 체제 전체에서 통합의 결여로 나타나는데, 이것이 '제어위기(control crisis)'라는 것이다. 베니거는 제어위기를 극복하기 위해 제어혁명이 진행되었으며 이것이 정보사회를 가져온 직접적인 원인이라고 본다.

그런 점에서 베니거의 제어위기와 제어혁명은 프랑스의 사회학자 에밀 뒤르켐(Émile Durkheim)의 아노미론을 재해석한 것이다. 뒤르켐은 규범이나 가치의 차원에서 사회가 분열되거나 분업과 전문화에 따라 소통 방식과 조직화가 결여된 상황을 '아노미(anomie)'

혹은 통합의 붕괴라고 보았다. 베니거는 정보와 제어 사이의 관련성에 주목해 제어위기를 논한다. 그에 따르면 특정 사회의 통제유지 능력은 정보기술 발전에 정비례하며, 통합 또는 소통의 결여는 기술적으로 극복될 수 있다.

그런데 베니거의 주장은 몇 가지 문제점을 안고 있다. 첫째, 산업혁명의 확대가 제어위기를 가져오고 그 대응으로 제어혁명이 진행되어 정보사회라는 틀이 갖춰졌다는 식의 인과론적 설명에서는 산업사회와 정보사회의 질적 차이가 기각된다. 정보사회의 성격이나 원동력 등도 산업사회 일반의 법칙과 제어의 발전으로 환원된다. 따라서 정보사회에서 나타나는 현상에 대한 설명이 부족하고 이를 모두 제어혁명의 결과로 환원하는 문제가 발생한다. 둘째, 제어혁명이라는 매개변수를 밝히는 데 집중해 주체의 문제를 간과하는 오류를 저지른다. 베니거의 연구는 통제/제어기계의 발전사와 사회경제적 위상을 실증연구를 통해 드러냈다는 의의가 있다는 데 그친다.

다시 말해 베니거는 제어기술의 일방적인 영향력만을 강조하기 때문에 그의 제어혁명론에는 행태주의 사회학이나 사이버네틱스 혹은 체계이론처럼 적극적 행위자로서의 인간 주체가 갖는 위상이 빠져 있다. 이 때문에 베니거의 논의가 차지하는 위상을 가늠하는 데 혼란이 일어난다. 베니거는 기본적으로 유기체론, 체계이론, 기능주의적 패러다임을 받아들이면서 역사적인 방법론을 사용해 통제/제어의 발전과정을 실증적으로 연구했다. 그러나 그의 연구가 함의하는 결론은 대체로 정보사회의 독자성을 부정하는 좌파 정치경제학자의 주장과 일치한다. 방법론과 이론적 기반은 실증주의와 기능주의이지만, 결론은 기존의 정치경제학 비판과 유사하다는 것이다. 여기가 그를 평가하는 데 자칫 혼란을 일으킬 수 있는 지점이다. 그런 점에서 제어를 둘러싼 갈등과 투쟁을 분명하게 드러낼 필요가 있다. 베니거의 제어혁명론은 제어의 발명과 적용이 장애물 없이 진행된다는 느낌을 준다.

베니거는 위너가 사이버네틱스 개념을 전개하기 시작한 제2차 세계대전 이후의 시기를 다루지 않았다. 하지만 베니거의 논지를 확장해 위너의 논의와 결합하면, 산업혁명이 제어위기에 봉착한 19세기 중반 이후의 1차 제어혁명과 대비되는 의미에서 제2차 세계대전 이후를 2차 제어혁명의 시기로 설정해볼 수 있다.[7] 1차 제어혁명이 19세기 말~20세기 초의 포드주의와 더불어 진행된 정보기술혁명이라면, 2차 제어혁명은 사이버네틱스를 바탕으로 전개되는 자동화기술 제어혁명이다. 2차 제어혁명은 1960년대 이후 전개된 극소전자혁명이자 제어의 새로운 단계로서, 생산의 완전자동화를 통한 포스트포드주의적 과정이고 플랫폼 자본주의(Srnicek, 2016/2020)와 인지자본주의(Boutang, 2012)를 모두 포괄한다.

---

7 위너(Wiener, 1954/2011: 169~196)는 18세기부터 1950년에 이르는 시기 동안 기술과 기계의 발전을 일별하면서 이 시기를 '1차 산업혁명'과 '2차 산업혁명'으로 구분한다. 특히 그는 전기전자 시대의 향상된 제어기술과 컴퓨터 커뮤니케이션, 피드백으로 구성되는 사이버네틱스와 당대의 기술적 변화를 2차 산업혁명으로 통칭한다.

2차 제어혁명은 외부와의 피드백 없는 투입-산출기계에 머물렀던 공장의 기계가 외부 환경의 변화를 감지하고 학습하는 동시에 판단하고 제어하는 사이버네틱스 기계로 발전하는 특징을 갖는다. 제2차 세계대전 이후 시작된 사이버네틱스 2차 제어혁명은 인공지능과 로보틱스가 결합한 현재의 시점에서 본격적으로 진행되고 있다. 사회의 공장화와 유통-소비에 대한 생산의 직접적 연결, 그리고 기계지능과 운동기계의 결합은 온라인과 오프라인의 결합이라는 형태로 나타난다. 위너가 구상한 사이버네틱스 개념을 온전하게 실현할 생산물로 사물인터넷과 공장의 완전자동화, 자율주행 자동차가 부상하고 있다. 포드주의가 20세기 초반 기계생산과 인간-기계 관계에 영향을 미쳤다면, 자동화는 2차 제어혁명기의 인간-기계 관계를 결정하는 주요 동인으로 떠오르고 있는 것이다.

미국의 기술사학자 데이비드 민델(David Mindell)은 제1차 세계대전부터 제2차 세계대전에 이르는 동안 미국에서 사이버네틱스의 맹아가 싹트는 시기의 공학 연구를 분석해, 컴퓨터·통신·제어(C3, Computer·Communications and Control)에 관한 아이디어와 기술공학이 전쟁을 계기로 미국 기술사의 성격을 규정했음을 밝혔다(Mindell, 2002). 그는 제1·2차 세계대전기에 여러 조직과 엔지니어의 동향이 1940년대 들어 어떻게 사이버네틱스라는 개념으로 통합되는가를 보여준다. 정보로 전환된 감각 데이터에 바탕을 둔 제어기술의 발달이라는 관점에서 현재의 인공지능 동향을 바라보면, 그것이 사이버네틱스의 기술사적 흐름의 연속선에 놓여 있음을 확인할 수 있다. 가설로서의 학습모형과 증거로서의 데이터를 결합하는 기술은 컴퓨터 계산능력의 고도화를 통한 반복실행 속에서 차이를 만들어내는 진화론적 돌연변이나 신경망적 연결과 결합해, '마스터 알고리즘(Domingos, 2015/2016)' 혹은 '인공일반지능(AGI, Artificial General Intelligence)'이라는 '마지막 발명품'으로 이어진다. 이것이 인간의 예측과 목적을 벗어나는 수준에 도달하거나 기계가 자동성의 수준을 뛰어넘어 자율의 경지에 이르면 '특이점(Kurzweil, 2005/2007)' 혹은 '통제불능(Kelly, 1994/2015)' 상태가 된다. 이런 시점이 온다면 인간이 기계를 매개로 해 인간과 사물을 제어하는 2차 제어혁명에서 다음 단계의 제어혁명으로 넘어가 기계가 기계를 매개로 인간을 제어하는 상황이 벌어질 수도 있다.

인간과 기계의 제어관계 변화

• • •

사이버네틱스의 역사적 변화과정을 전후로 확장해 시기구분을 해보자면, ① 1916~1948년 전쟁기, ② 1949~1973년 냉전기, ③ 1974~1990년 개인용 컴퓨터기, ④ 1991년~현재에 이르는 인터넷기로 나눠볼 수 있다. 각각의 시기마다 주요한 규정기술이 있어 단절과 연속을 거듭하며 현재로 이어지는 제어기술의 진화와 확장을 파악할 수 있다. 통신, 제어, 컴퓨터의 3개 기술영역이 각각 인터넷, 빅데이터, 인공지능으로 구체화되는 현재, 초기 군사기술과 사이버네틱스의 어떤 지점이 진화했고 퇴화했는가를 구분할 필요가 있다. 그래야 현재 이뤄지고 있는 인공지능을 둘러싼 흐름과 성격을 명확히 드러내고 그 진화의 방향과 문제점을 파악할 수 있을 것이다.

제어혁명의 실체는 제어의 개념을 실제에 적용하고 그것을 실현하는 과정 전체를 살펴야 알 수 있다. 왜냐하면 다른 분야에서 이뤄진 산업생산의 변동이 촉발한 물질과 에너지 프로세싱의 폭발적 증대가 정보 프로세싱의 요구를 낳고, 그것이 새로운 프로세싱으로 연결되기 때문이다. 전쟁은 승리를 위해 신속하고 정확한 대응을 요구한다. 부정확한 판단과 뒤늦은 실행으로는 전쟁에서 이길 수 없다. 제1차 세계대전은 과학기술과 무기가 본격적으로 결합한 세계적 규모의 전쟁이었다. 두 차례의 세계대전 동안 전쟁에 대한 준비와 대응은 제어기술의 급격한 발달로 이어졌다. 제어기술의 일차적 적용 분야는 전쟁 무기였고, 이어서 산업계의 응용 분야로 연결되었다. 군·산·학(軍産學) 연계가 상징하는 미국식 생산개발 모델도 이때 만들어졌다. 냉전기 미국 과학기술의 독보적 지위는 전후 독일의 몰락과 독일 과학기술의 대규모 이전을 통해 더욱 강화된다. 대중적인 소비시장을 갖지 못한 소련의 과학기술이 무기와 국방의 영역에 갇혀버린 반면, 미국은 군·산·학 연계를 통해 아이디어와 개발에서 마케팅의 실현으로 이어지는 연결고리를 찾을 수 있었다. 이것이 미국 기술의 힘이자 경쟁력의 기반이 되었다. 제어기술을 바탕으로 하는 냉전기 이후의 미국 사이버네틱스의 발전은 국가의 연구개발 정책, 대학의 연구, 기업의 변화로 이어졌다.

정확한 조절을 기반으로 하는 1940년대의 통제기계는 1950년대 냉전의 위협 속에서 진행된 가전제품의 대량 보급과 더불어 일상생활로 확산되었다. 자동차와 주택, 집 안의 가전기기는 편리와 풍요를 가져다줬고 이들을 생산하는 기업들은 노동자들에게 연공서열과 안정된 임금을 보장했다. 공장자동화로 생산성이 향상되었고 기계 보급은 더욱 늘어났다. 한편 포드주의적 생산방식과 중산층적 생활양식의 결합은 인간과 기계의 친밀감을 높여주었고, 그를 통해 사람들은 기계에 대한 조절과 통제에 익숙해졌다(Samuel, 2017). 공장의 기계와 달리 소비공간의 기계는 이용자의 제어권에 따라 조작되는 도구에 가깝다. 기계의 수행성은 소비자 욕구에 부응하는 동시에 새로운 욕구를 창출했다. 1960년대에는 베트남 전쟁과 국가기계로부터의 탈주를 지향하는 젊은이들의 반체제 문화운동이 확산하면서 자연으로의 회귀, 기존 기술문화의 폐기와 더불어 특정 기계문화에 대한 몰입이라는 서로 다른 흐름이 공존했다(Rid, 2016).

1970년대의 사이버네틱스는 자동화 개념이 생명체의 자기생성과 연결되면서 마음의 영역으로까지 확산되었다(Hayles, 1999/2013). 이와 같은 흐름은 사이버네틱스를 히피문화와 연결시켰다(Markoff, 2015). 이러한 자유주의적 흐름은 1970년대 개인용 컴퓨터의 발명과 1980년대 컴퓨터 네트워크의 활용으로 이어지면서 사이버네틱스를 사이버스페이스로 연결하고 확장하는 기반이 되었다. 히피 전통을 이어받는 초기 인터넷 자유주의자들은 기계의 자동화와 피드백, 오토마타보다 기계를 매개로 한 커뮤니케이션과 탈물질화된 표상으로 만들어지는 가상세계에 몰입했다.

1990년 인터넷의 대중화가 이뤄지는 동시에 각종 인터넷 기업이 태동했다. 초고속정보망이 널리 깔리면서 사이버스페이스의 영역은 더욱 확장되었고 인터넷이 대중을 위한 대안 미디어로 등장했다. PC통신은 탈중심화된 인터넷 서비스로 대체되었고 인터넷 초기의 독립 홈페이지는 점차 검색 서비스 기업을 선두로 하는 포털 사이트에 편입되었다. 이런 과정에서 개별화된 '다자(multitude)' 사이의 수평적인 연결에 바탕을 둔 자유주의적 '캘리포니아 이데올로기(Californian ideology)'의 기술이상주의(Barbrook and Cameron, 1995)는 점차 약화되었고, 새로운 기술 분야를 중심으로 상업화와 상품화가 빠르게 진행되었다.

2000년대 초반 인터넷 버블이 터지자 웹 2.0과 블로그의 활성화 및 P2P를 통해 탈중심화와 이용자 활동이 활성화되는 시기가 잠시 펼쳐졌다. 그리고 2000년대 중반 이후 인터넷 지형은 스마트폰의 보급과 소셜미디어의 활성화로 인해 플랫폼 중심으로 재편되었다. 2010년을 전후로 소셜미디어 플랫폼을 통한 '데이터의 본원적 축적(primitive accumulation of data)'이 진행되면서 빅데이터와 클라우드컴퓨팅이 부상했고, 이후 빅데이터를 기반으로 한 머신러닝과 인공지능의 결합을 통해 자동제어라는 사이버네틱스의 목표에 한 발 더 다가섰다. 독일을 중심으로 자동제어기술의 제조업 적용이 활성화되면서 이를 전체 산업영역으로 확산하려는 4차 산업혁명이란 표어도 유행했다. 이런 흐름을 타고 사물인터넷, 인공지능, 블록체인 등의 신기술이 화두로 떠오르기에 이르렀다. 이러한 신기술의 산업적 확산이 그리는 궤적은 위너가 구상한 자동제어라는 사이버네틱스의 완성을 향한다. 이런 시각에서 보면 자율주행 자동차, 사물인터넷, 인공지능과 빅데이터의 결합 등 현재의 변화를 주도하는 기술적 흐름을 4차, 5차 혁명이라는 산업혁명의 차수 변경으로 단순하게 파악해서는 안 된다. 그보다 통신과 제어, 컴퓨터를 통합해 '자신이 원하는 목적을 얻기 위해 환경과 주변 세계를 인지하고 그것을 통제하는 시스템'이라는 사이버네틱스의 초기 목표를 달성해가는 과정으로 바라봐야 할 것이다.

또한 베니거가 제시하는 초기 산업혁명의 전개와 그에 따른 제어위기의 대두, 제어혁명이 정보사회의 기원이 되었다는 논지를 연장해보면, 어쩌면 '초인공지능(superintelligence)'이 산업혁명 이후 제2의 제어위기를 가져올 요인이 될 수 있다. 제어혁명이 초래한 데이터 과잉과 생활세계의 디지털화, 머신러닝 등이 새로운 제어위기를 낳아 초인공지능과 연결될 때, 현재의 제어방식으로는 더 이상 제어가 불가능할 때 위기가 닥칠 것이다. 자동화와 빅데이터의 확산을 통한 과잉제어, 머신러닝을 토대로 이뤄지는 인공지능 그리고 인공일반지능이나 인공지능 간 네트워크 등이 만들어지면 기계에 대한 인간 주도적 제어가 불가능한 사태에 이를 수도 있다. 그러면 산업혁명 이후 등장한 1차 제어혁명, 사이버네틱스가 대표하는 현재의 2차 제어혁명에 이어 3차 제어혁명이 도래할지도 모른다. 그것은 자본주의 시스템 내의 위기가 아니라 인간을 중심으로 한 시스템과 기계 시스템의 통합된 틀 내의 위상변화를 통한 예측 못할 위기로 드러날 확률이 높다.[8]

사이버네틱스와 자동화의 모순

• • •

자동화의 출발점인 사이버네틱스는 기계적 통제에서 사회적 통제로 발전하는 단계를 지나 심리통제와 신경통제 단계까지 이르렀다. 특히 사이버네틱스는 C4I[9]와 섞이면서 통제사회의 기반이 되었다. 정서와 감정은 네트워크를 통해 다른 몸과 만나고 변용됨으로써 서로 다른 몸에게 영향을 미친다. 정보에는 정서와 감정이 묻어 있는데, 소셜미디어는 이를 유발하도록 배열한다. 사이버네틱스는 기계-정보-인간-정서-감정-행동으로 이어지는 디지털 포퓰리즘의 발현 기제를 제공한다.

자연에 대한 인간의 제어는 기계에 대한 제어로 확장되었다. 기계를 만들고 조종하는 인간은 기계와 연결된 하나의 체계가 된다.

---

8 닉 보스트롬(Nick Bostrom)의 《슈퍼 인텔리전스》는 그런 상황에 대한 전망을 보여준다(Bostrom, 2014/2017).

9 C4I는 명령(Command), 제어(Control), 소통(Communication), 컴퓨터(Computer)와 정보(Intelligence/Information)의 결합을 의미한다. C4I로 이뤄지는 “네트워크는 군현대화의 최우선이다(Ajoku, 2008)”.

사이버네틱스는 인간-기계에 대한 제어를 자동화하는 데 목적을 두었다. 상대를 파괴하려는 의도 아래 이뤄지는 모든 행위가 의도에 맞는 결과로 이어지려면, 매 순간 변화하는 행위의 의도를 읽어야 하고 정보를 축적해 다음 행위를 예측해야 한다. 이와 같은 자동화 과정은 결국 상대의 의도와 결과를 신에 가까울 정도로 예측할 때까지 지속될 것이다.

그러나 그러한 신적 자동화는 자신의 의지를 접고 복종하는 대상에게서만 성공할 수 있다. 그것이 사물이든 인간이든 자동화는 대상을 노예화할 때만 가능하다. 노예의 의지와 의도는 상대의 자동화된 피드백 장치에 의해 통제된다. 상대의 행위를 실시간으로 분석하고 예측하는 사이버네틱스 장치는 상대의 행위를 읽는 센서, 상대의 의도를 판단하는 인과추론 그리고 자신의 목적을 이루기 위한 행위를 빠른 속도로 처리해야 한다. 이처럼 인간의 행위를 사이버네틱스 장치 간의 싸움이라는 틀에 적용한 것이 게임이론(Game theory)이다. 게임이론은 핵무기를 보유한 두 개의 사이버네틱스 장치 사이의 관계, 즉 미국과 소련 사이의 관계를 설명해준다. 상호확증파괴(MAD, Mutually Assured Destruction)는 사이버네틱스에 들어설 수 없는 개념처럼 보이지만, 공멸이야말로 사이버네틱스의 현실적 가능성에 더 가까울지도 모른다.

프랑스의 기술철학자 질베르 시몽동(Gilbert Simondon)은 '아이가 습득한 기술'과 '어른이 사유한 기술'이라는 은유를 통해 장인노동과 엔지니어의 기술공학을 대비하면서, 일면 위너의 사이버네틱스가 갖는 획기적인 의미를 인정한다(Simondon, 1958/2011: 130). 그러나 그는 환경과 기계의 상호작용과 피드백만을 고려하는 위너식 사이버네틱스에 반대한다. 시몽동은 사이버네틱스의 관점과 작동방식을 '닫힌 기계'로 파악한다. 위너는 환경과 상호작용하는 사이버네틱스 자동기계를 피드백을 통해 항상성을 확보하면서 엔트로피에 저항하는 '네겐트로피(negentropy)' 기계로 설정했다.[10] 그러나 시몽동은 기술과 문화의 관계 속에서 위너의 사이버네틱스 개념이 갖는 일면성과 폐쇄성을 비판한다. 그는 인간 노동이 기계의 외부 감각기관의 연장으로 활용되는 공장 노동이나 반자동화된 기계체제에서의 노동, 그리고 자동화된 기계와 인간을 대립적으로 보는 관점 모두에 비판적이다. 시몽동은 기술적 대상의 주된 특징으로 요소, 개체, 앙상블(ensemble)을 제시하면서, 장인이 도구와 연장을 갖고 요소의 수준에서 기술적 대상을 대한다면 엔지니어는 개체의 수준에서, 사회는 앙상블의 수준에서 대한다고 분석한다(Simondon, 1958/2011).

자본과 노동 모두 개체로서의 기계를 파악하기 힘들다는 시몽

10 '네겐트로피'는 '네거티브 엔트로피'를 뜻하는 말로, 오스트리아 출신의 물리학자 에르빈 슈뢰딩거(Erwin Schrödinger)가 그의 책 《생명이란 무엇인가》에서 처음 제안했다. 위너는 네겐트로피라는 용어를 직접 쓰고 있지는 않지만, 사이버네틱스가 일시적이고 부분적으로 엔트로피 경향에 반하는 질서와 안정성을 가져다줄 수 있다고 보았다. "유기체와 기계 모두 국지적으로 반엔트로피적인(anti-entropic) 과정을 겪는 대표적인 사례다(Wiener, 1954/2011: 41)."

동의 지적은 현재의 상황에서 시사적이다. 장인의 노동은 요소의 개발과 발명, 혁신을 통해 18세기적 진보의 길을 걸을 수 있었다. 그들은 도구와 연장을 장악함으로써 기계-인간의 앙상블을 이뤘다. 19세기 공장제 시대에는 기계의 개체화가 진행되면서 인간 노동은 조절과 통제만을 담당하며 소외되었다. 이에 따라 전 시대의 기계-인간 관계와 달리 기계와 인간의 분리가 강화되었고, 인간은 기계 존재와 대립하거나 이를 파악하기 힘든 상황에 빠졌다. 이런 상황은 포드주의 단계에 이르면서 더욱 심화되었다. 기계의 자동화는 개체화를 의미하는 동시에 닫힌 체제를 강화해 인간과 기계의 연결을 약화시켰다. 그런 의미에서 시몽동은 환경과 기계의 상호작용과 피드백만을 고려한 위너의 관점에 의문을 던진다. 현재의 기술 수준에서 인간이 플랫폼의 감각 기능을 담당하는 체제는 더욱 강화되고 있다. 이제 인간과 기계 간의 제어관계가 역전되는 동시에 플랫폼으로 매개됨으로써 관계의 역전 자체가 감춰지고 있다. 빅데이터가 적극적으로 활용되고 인공지능과 로봇이 급속하게 진화함에 따라 기계와 인간은 서로 대상화될 개연성이 높아지고 있다.

그런 점에서 19세기 기계학부터 사이버네틱스를 거쳐 대안적 기계론에 이르는 흐름을 파악하고 그 위에서 인공지능과 로봇의 자리를 가늠해볼 필요가 있다. 질 들뢰즈와 펠릭스 가타리(Félix Guattari)의 '욕망기계론'은 자의적이고 문학적이지만, 이들 분석의 핵심을 개념화함으로써 대안적 기계론을 고안할 수 있을 것이다. 결국 인간과 기계의 관계에 대한 논의가 중요하다. 어쩌면 인간의 팔을 단 기계와 기계의 팔을 단 인간으로 잡종화가 진행될 수도 있을 것이다. 하지만 현재 수준에서는 인간과 기계의 관계 속에서 만들어지는 배치를 분석하는 작업이 먼저 이뤄져야 한다. 인간의 조정을 벗어나는 기계의 시대에 들어서면 산업혁명 이후 존속해왔던 기계와 인간 간의 관계도 변할 것이다. 위너는 스스로 작동하며 외부 환경에 피드백을 통해 자기조절하고 생성하는 기계의 가능성을 예견했다. 이제 그런 추세가 현실화되는 시점을 경과하고 있다. 산업혁명과 사이버네틱스를 경과하면서 두 번의 패러다임 변화를 맞은 인간-기계 관계는 세 번째 변혁에 진입한 셈이다. 그 중심에 무엇이 있고 그것이 미칠 영향과 정치경제적 함의는 무엇인지를 밝혀야 한다.

생산의 앙상블로서의 인간-기계, 자본-노동의 배치를 통한 기계적 예속과 사회적 복종의 물질적 변화는 경제적 기반을 변화시킨다. 사이버네틱스 기계는 자동화 기제를 통해 환경 변화에 적응하면서 개별 인간의 직접적인 조종으로부터 독립하기 시작했다. 현재 진행 중인 인공지능 개발은 여전히 물질적 기계의 자동성과 지능화에 중점을 두고 있다. 그런데 인간의 활동 결과물을 디지털로 회수하는 기호 사이버네틱스는 디지털 대상물의 상징세계를 현실세계와 대등한 지위에 놓는다. 조절과 조정·통제·명령의 운영방식과 기제가 과거와 달라진다. 미리 만들어진 명령어의 순차적 처리는 노동시간의 범위와 통제방식을 재편한다. 생산수단의 소유 여부에 따른 계급관계 또한 조정과 통제의 새로운 권력관계로 바뀐다. 생산관계가 교통양식의 변화에 따라 제어관계로 대체되고, 그것이 기존의 권력관계를 가리면서 새로운 통제사회의 틀로 재편되는 것이다.

인간과 기계 사이의 제어관계가 사라지는 순간, 사이버네틱스의 종말과 포스트휴먼의 시대가 도래할 것이다.[11] 제어관계의 종말은 인간이 기계로 잉여가치를 생산하지 못하거나 기계가 기계를 제작해 인간의 개입이나 예측이 불가능한 사회에서 시작될 것이다. 아이러니하게도 인간-기계의 제어관계 종말이 포스트휴먼의 시발점이 될지도 모른다. 인간 이후의 시대는 그것이 인간 선택에 의해서건, 자연선택에 의해서건, 아니면 기계선택에 의해서건 새로운 종으로서의 그 무엇인가가 인간을 대체할 때 본격화될 것이다. 인간은 서서히 무엇인가에 의해 대체되어 가고 있다. 인간 노동의 대체가 산업혁명이었고, 인간 구상의 대체가 컴퓨터였다면, 그리고 발달된 인공지능과 로봇이 그 후속자로 기다리고 있다면, 인간의 구상과 실행의 전면적인 기계적 대체가 이뤄지면 인간은 스스로의 몸과 머리를 지탱하기 힘들어질 것이다.

---

11 그런 점에서 구조주의와 사이버네틱스, 인공지능이 이론적·실제적으로 어떻게 연관되는지를 밝히는 작업이 필요하다. 구조와 체제의 항상성은 질서와 안정 위에서 이뤄진다. 사이버네틱스에서는 클로드 섀넌, 미디어학에서는 마셜 매클루언, 언어학에서는 로만 야콥슨이 각각 인간 의지와 의미를 대신해 형태/형식, 구조, 양화된 특성, 항상성을 내세우며 형식적 구조의 틀을 만들었다. 제2차 세계대전 종전 후 철학의 주된 흐름이 실존주의에서 구조주의로 이행한 이래, 포드주의가 절정에 달한 시기와 구조주의가 절정에 달한 시기가 겹친다는 것이 사유와 생산방식의 연관을 단적으로 보여준다. 이후 전개되는 포스트포드주의-포스트모더니즘-포스트휴먼과 구조주의적 사이버네틱스의 연속선과 단절점을 컴퓨터의 역사를 통해 확인할 필요가 있다. 이에 대해서는 게허건(Geoghegan, 2011)을 참조.

제어위기와 그로 인한 제어혁명이 정보사회의 기원이 되었다는 논지의 연속선에서 보면 초인공지능은 산업혁명 이후 새로운 제어위기를 가져올 수 있다. 제어혁명이 초래한 데이터 과잉과 생활세계의 디지털화가 새로운 제어위기를 낳고 그것이 초인공지능과 연결될 때, 기존의 제어방식으로 더 이상 제어가 불가능할 때 위기가 닥칠 것이다. 자동화와 과잉제어에 따른 빅데이터의 확산, 머신러닝과 연결된 인공지능, 인공일반지능과 초인공지능, 인공지능 간 네트워크 등이 만들어지면 제어불능의 사태가 초래될 수 있다. 그것이 산업혁명 이후 제3의 제어혁명일 것이다. 그리 되면 그것은 시스템 내의 제어위기가 아니라 인간을 중심으로 한 시스템과 기계시스템의 통합된 틀 내의 위상변화 또는 시스템 간 대립이거나 예측 못할 제어위기로 드러날 개연성이 높다.

사이버네틱스 기계와 자동민주주의

• • •

사이버네틱스의 자동화 기계는 경제영역뿐만 아니라 사람들의 의식과 정치영역에도 영향을 미친다. 2011년 이집트 혁명 때 민주화 운동에 적극적으로 참여했던 왈 고님(Wael Ghonim)은 몇 년이 지난 후 다음과 같이 말했다. "5년 전에는 사회를 해방시키려면 인터넷만 있으면 된다고 말했다. 지금은 해방된 사회를 원한다면 먼저 인터넷을 해방시켜야 한다."[12] 2011년 이집트 혁명 당시 그에게 인터넷은 해방을 위한 도구였다. 그때는 인터넷, 소셜미디어, 스마트폰을 쓰는 사람이 상대적으로 적었다. 새로운 기술적 산물이 처음 도입되면 진보적인 사람들이 먼저 그것을 활용한다. 보급률이 50%를 넘어 대중화 단계에 이르면 인터넷으로 연결된 플랫폼과 여러 서비스는 독점화되고 사이버네틱스 자동기계가 사람들의 생각과 행동에 영향을 미친다. 그러면서 인터넷을 해방시켜야 한다는 주장이 나온다.

사이버네틱스는 상황의 변화를 감지하고 되먹임을 통해 원하는 목표를 획득하는 목적론의 체제다(Rosenblueth, Wiener and Bigelow, 1943). 사이버네틱스는 "진리와 결합되어 있다기보다 직접적인 효율성과 관련이 있는 과학"이다(Virilio, 1998/2002: 8). 설정된 목표를 달성하기 위해 효율성을 극한적으로 구현하는 '극단의 과학'인 사이버네틱스는 대중의 눈과 혀를 과대 증식해 정보의 자동회로를 만든다.[13] 컴퓨터와 연결된 이용자의 눈과 혀는 이용자의 수만큼 많은 시선과 말을 낳는다. 말이 행동이 되고, 대화가 아닌 광고가 커뮤니케이션이 되며, 자발적 드러내기가 비자발적 엿보기와 짝을 맺는다. 한 사람의 감응은 다른 사람을 감염시켜 감정의 변용을 낳고 그

---

12 Wael Ghonim, "Let's design social media that drives real change", TED, 2016. 01. 13. https://www.ted.com/talks/wael_ghonim_let_s_design_social_media_that_drives_real_change (2023년 3월 10일 접속)

13 프랑스의 철학자 장 프랑수아 리오타르(Jean-François Lyotard)가 비판하는 정보사회 지식의 '수행성(Lyotard, 1984/2018)'은 사이버네틱스의 목적론적 효율성과 닮아 있다.

것은 다시 다른 사람에게 전달된다. 의도적이든 아니든 감응과 변용의 순환은 감염을 통해 되먹임된다. 플랫폼 기계의 사이버네틱스 루프는 이러한 감응과 정서의 되먹임을 조작하고 수행한다. 사이버네틱스 자동기계는 개인화된 정동(affect)의 무한축적과 반복을 통해 자폐적인 정동을 확산한다. 소셜미디어 플랫폼과 스마트폰, 각종 앱이 결합된 여러 기계의 배열은 대중의 감정과 정서를 증폭해 그들의 정동을 들끓게 만들고 디지털 포퓰리즘의 터전을 마련한다. 플랫폼 기계가 정동화된 인민을 구성하거나 새로운 주체를 형성할 기반을 제공하면 기계 속에서 서로 다른 정동 간의 정치와 투쟁이 발생하고, '기계적인 것'은 정동을 가속화시키며 확산시킨다. 그럼으로써 '개인적인 것'이 네트워크를 통해 '정치적인 것'으로 재편된다.

알고리즘 기반 소셜미디어는 자동화된 기계장치를 통해 대중 감염의 속도와 양을 조절한다. 소셜미디어에서는 폐쇄적인 확증편향이 강화되어 참여가 아니라 방송, 쌍방적 토론이 아니라 일방적 게시가 득세한다. 그 결과 대화로 문제를 풀거나 합의에 이르기보다는 짧은 논평으로 끝나버리는 일방적 커뮤니케이션 구조가 만들어진다. 이런 구조에서는 공론장이 아니라 폐쇄적 네트워크 안에서 메시지가 '밈(meme)'의 형태로 순환되고 확대된다. 인터넷 도입 초기에는 인터넷이 직접민주주의를 확장하고 이용자의 권한을 확대하리라는 믿음이 대세였다. 그러나 인터넷이 대중화된 이후에 진보적 기계로서의 인터넷과 직접민주주의에 대한 기대는 독점과 자동화된 민주주의로 귀결되었다. 사람들은 직접민주주의 신화 이면에서 '자동민주주의(democratie automatique)'[14]가 작동하고 있다는 사실을 알아채지 못했다. 인터넷을 통해 자신의 의견이나 판단이 다른 사람들의 즉각적인 반응을 불러일으키고 급속하게 대중적 영향력을 확산하기에, 직접민주주의에 대한 환상과 기대는 더욱 힘을 얻었다. 사람들은 선거 결과가 집계되어 자신들의 선택이 권력으로 이어지는 과정에서 권능감을 느낀다. 투표자들은 자신이 선택한 권력자를 지켜내는 호위무사의 역할도 감당한다. 디지털 권능감은 현실권력의 선택으로 증명되었지만 그러한 기계가 갖는 부정적 효과는 날로 확대되고 있다.

정치 과몰입은 자신들이 정치를 만든다는 환상으로 연결된다. 기사에 대한 댓글, '좋아요', 리트윗, 퍼나르기, 리액션, 밈 전달, 유튜브(YouTube) 실시간 참여, 여론조사는 이용자의 효능감을 높이는 동시에 새로운 기사를 생산하는 원료가 된다. 포털에서는 언론사 기자들이 작성한 낱개 기사가 실시간으로 배열된다. 소셜미디어 이용자들은 그것을 받아 자신의 타임라인에 게시한다. 개별 이용자마다 조금씩 다른 타임라인을 보지만, 그것의 재료는 포털 언론사와 개별 기자 들이 만든 것이다. 거기에 이용자들은 댓글과 '좋아

---

14 "자동민주주의는 집단적인 성찰이 없는 반사 민주주의이기 때문에 여론이나 시청률 조작이 선거운동을 압도할 것이다. 정당의 강령이 지니는 명확한 특성은 개인의 행동을 길들이는 기이하고 불명확한 특성에 자리를 내줬다. 그리고 광고는 오래전부터 이러한 개인적 행동요인을 분석했다(Virilio, 1998/2002: 113)."

요'와 '별풍선'과 지원금을 쏘아대면서 정치 콘텐츠의 '생산소비자(prosumer)'가 된다. 한편 정당 지지도를 비롯한 각종 여론조사가 남발되면서 그 자체로 객관적인 사회현실인 것처럼 소비된다.

그러나 그런 와중에 사회적 책임은 경시되며 과거부터 유지되었던 '사회적인 것(the social)'은 폄하되거나 축소된다. 수치로 환원된 개인들의 의견과 생각을 조합해 통계적 결과를 사회적 실재처럼 내놓는 여론조사는 자동으로 처리된 수치가 민주주의의 기반인 듯한 환상을 조장한다. 여론조사나 텔레비전 시청률 같은 자동적으로 처리된 수치가 현실에 대한 생각과 숙의의 부재를 보완한다. 수치화된 여론조사 결과는 '오차범위'라는 면죄부까지 내걸면서 수치를 통한 객관성을 확보한다. 사람들의 성찰 없이 만들어지는 여론과 시청률과 조회 수 경쟁이 개인의 행동을 길들인다. 이처럼 자동민주주의는 소비자조사와 여론조사 혹은 실시간으로 생산되는 이용자 활동 결과물을 메타데이터(metadata)와 결합하는 알고리즘 자동처리를 통해 만들어진다. 디지털 플랫폼은 자동질문기를 통해서 데이터를 얻고, 이것을 바로 처리하거나 이용자들의 검색 결과 추세를 실시간으로 보여주면서 수치로 만들어진 현실의 실재성과 우월성을 강조한다. 그리고 소셜미디어와 레거시미디어(legacy media)는 서로 인용을 주고받으면서 시민들의 숙의와 성찰을 거치지 않은 파편적 결과의 수집물을 사회적 사실로 확장한다. 이렇게 해서 자동민주주의가 현실에서 득세하고 시민들의 직접적인 사회운동은 왜곡되거나 길을 잃는다.

사이버네틱스의 양가성과 통제사회

• • •

다시 이 장의 첫머리에 인용했던 브로우티건의 사이버네틱스 찬가로 돌아가보자. 브로우티건은 1969년에 발표한 시 〈은혜로운 기계가 모든 것을 살피신다〉에서 기계의 은혜로움을 노래했다. 이 시는 기계를 파괴의 도구에서 은혜의 도구로 전환한 기계 찬가다. 브로우티건은 자신의 시집을 무료로 배포하는 한 자유롭게 이용할 수 있다며 일찍이 카피레프트(copyleft)를 내걸었다. 그의 '은혜로운 기계'는 사이버네틱스가 인류를 풍요롭게 해주리라는 최상의 낙관을 표현한다. 브로우티건은 기계가 우리를 목초지로 인도해 컴퓨터와 모든 포유류가 자유롭게 조화를 이루면서 순수한 물과 깨끗한 하늘 아래서 함께 살 수 있는 세상을 시로 표현했다. 그는 명령(Command)과 통제(Control)의 C 자를 공동체(Community)의 C 자로 바꿈으로써 명령을 소통과 사랑으로, 통제를 사랑에 기반을 둔 공동체로 전환하려 했다.

반체제 대항운동이 절정에 달했던 1960년대 말에 기계 찬미가 가능했던 이유는 무엇일까? 히피문화와 사이키델릭, 사회기계로부터의 이탈이 욕망기계로 이어지고 그것이 기계에 대한 적극적인 유토피아적 전망을 가능하게 했을까? 사이버네틱스 기계를 조절과 통제, 지배의 기계가 아니라 해방과 욕망의 기계로 전환할 만한 조건과 역능이 반체제 대항운동에 있었다고 생각했기 때문일까?

컴퓨터의 역능과 가능성을 선취한 히피들은 사이버네틱스 기계가 새로운 복음이 될 수 있다고 믿었던 것일까? 한 가지 확실한 것은 1960년대 중반의 사이버네틱스가 자기생성과 연결되면서 마음의 영역으로 확산되었고, 이것이 히피문화와 선택적 친화력을 보였다는 점이다.

그러나 사이버네틱스에 의한 통제사회를 예견한 미국의 소설가 윌리엄 버로스(William S. Burroughs)는 1960년대의 대항문화와 정반대되는 세상을 묘사했다. 미국의 심리학자 티모시 리어리(Timothy Leary)가 "멀리, 더 멀리"를 외치며 LSD를 찬미한 것과 달리, 버로스는 약물에 중독되어가는 자아와 신체의 관계를 그림으로써 통제사회의 암울한 정경을 드러냈다(Burroughs, 1959/2005). 동성애자였고 마약에 탐닉했던 버로스는 약물에 휘둘리고 경찰에게 추적당하는 자신을 들여다보며 신체 안팎의 통제를 절감했다. 그는 사이버네틱스에서 유토피아가 아니라 디스토피아를 보았던 것이다. 들뢰즈(Deleuze, 1995: 178)는 "맨 처음 통제사회라는 괴물이 온다고 알린 이는 버로스였다"고 덧붙였다.

사이버네틱스와 그것이 가져온 사회경제적 영향과 문화적 효과는 양가적이다. 오스트리아 출신의 경제학자 프리드리히 하이에크(Friedrich Hayek)는 사이버네틱스의 소통과 되먹임 개념을 거시경제에 도입해 '보이지 않는 손'에 의한 시장경제의 자율성을 강조했다. 이념적 스펙트럼에서 하이에크의 반대편에 있다고 할 수 있는 소련의 행정가들은 1960년대에 사이버네틱스를 계획경제에 적용하려 했고, 1973년 칠레의 아옌데 정부는 '사이버신 프로젝트(Project Cybersyn)'를 통해 사회주의 사이버네틱스를 현실화하려 했다.

앞서 살폈듯이 사이버네틱스는 1970년대 개인용 컴퓨터의 발명과 1980년대 컴퓨터 네트워크의 활용으로 이어지면서 사이버스페이스로 확장했다. 1990년대에 인터넷이 대중화되면서 각종 인터넷 기업은 사이버스페이스를 '새로운 서부'로서 앞다퉈 개척했다. 그후 신기술과 새로운 서비스 플랫폼이 만들어졌고 스마트폰의 발명으로 인터넷의 시공간적 편재성이 확대되면서 인터넷은 인간의 일상적인 환경으로 정착했다. 2010년대를 전후로 이용자 활동 결과물이 축적되고 머신러닝 기법을 활용해 패턴인지와 대상인지가 가능해지면서, 빅데이터와 인공지능이 주도하는 새로운 시대로 옮겨갔다. 사물인터넷, 3차원 프린터, 온앤드오프 서비스, 메타버스, 증강현실, 로봇 등을 통해 정보의 재물질화라는 흐름이 만들어졌고, 인공지능의 성능이 강화됨에 따라 자동화가 사이버네틱스의 실제적 구현을 담당하는 국면으로 접어들었다. 이것이 1940년대부터 2020년대까지 이어지는 사이버네틱스 기계와 문화의 흐름이다.

사이버네틱스와 사이버스페이스 사이에 놓인 간극과 연결점은 계속 변화했다. 공학에서 생리학, 더 나아가 인간공학(ergonomics)으로 이어지는 과정에서 기계와 인간, 생명체, 사이보그(cyborg) 등이 연결되면서 이전에 없었던 복잡한 배열과 접속이 형성되었다. 포스트휴먼(Hayles, 1999/2013)은 사이버네틱스가 기계와 인간을 결합 혹은 연결하는 현상이 심화되면서 부상한 말이다. 포스트휴먼 시대에는 '인간적인 것'의 경계가 확장되어 주체의 붕괴가 발생하고, 기존의 주체로 간주되었던 인간이 소외되며, 그동안 타자로 간주되었던 존재들이 주체로 부각되거나 소외된 인간들이 끊임없이 재생산된다.

2장 통합적 관점에서 보는 정보이론

일찍이 리오타르는 컴퓨터화된 사회에서의 지식/권력의 지위와 정당화는 '체제 수행성을 최대화하는 효율성(system's performance efficiency)'의 축에서 이뤄진다고 선언했다. 그는 주도적 과학과 기술이 언어와 관련을 맺어왔음을 강조하면서, 현대사회는 구조주의나 체계이론보다 '언어입자의 화용론(pragmatics of language particles)'의 틀에 더 잘 들어맞는다고 보았다. 여기서 언어입자는 디지털 플랫폼을 통해 분할화된 수치, 곧 데이터로 해석할 수 있다. 언어입자는 '비기표적 기호(Lazzarato, 2014/2017)'로서 상업화된 지식의 수행성을 확장하고 클라우드컴퓨팅, 빅데이터와 인공지능을 결합하는 바탕이 된다. 리오타르가 말하는 '포스트모더니즘 시대의 지식'은 데이터와 정보의 상호전환을 가능하게 만드는 투입-산출의 효율적 수행성의 체계에 포섭된 지식이다.

“정책을 결정하는 사람들은 사회를 이루는 구름의 요소가 수치화될 수 있고 그에 따라 전체를 판단할 수 있다는 논리를 함축하고 있는 투입-산출 매트릭스에 따라 사회성을 이루는 구름을 관리하려 애쓴다. 그들은 우리의 삶을 권력의 성장을 위해 할당한다. 권력의 정당화는 사회정의나 과학적 진리의 문제와 마찬가지로 체제의 수행적 효율성을 최대화하는 데 기반을 두고 있다. 이런 기준은 우리 삶의 게임에 필연적으로 개입하는, 부드럽든 강압적이든 어떤 수준의 테러를 포함하고 있다. 그것은 우리를 조작가능한 것(수로 나뉘어 잴 수 있는 것)으로 만들거나 사라지게 만든다(Lyotard, 1984/2018: xxiv).”

정보란 무엇인가

• • •

리오타르가 정보와 데이터의 결합이 컴퓨터화된 사회의 지식을 수행성 위주로 재편하고 있다고 진단한 지 벌써 반세기 가까운 세월이 흘렀다. 그동안 컴퓨터화된 사회는 1970년대 말에 예측했던 것 이상으로 빠르게 사회 전반의 변화를 몰고 왔다. 한국에서는 정보와 지식, 데이터에 관한 기술철학적인 검토 없이 1980년대 중반 이후 정보사회와 지식사회에 관한 논의가 수입되었다. 1990년대 중반 인터넷이 대중화되기 시작하면서 앨빈 토플러(Alvin Toffler)가 대표하는 정보사회론과 피터 드러커(Peter Drucker)가 주창하는 지식

사회론이 겹치면서 '지식정보사회(서이종, 1998)'라는 용어도 등장했다. 최근에는 인공지능과 머신러닝, 빅데이터 등 새로운 기술을 강조하며 '지능정보사회(한국정보화진흥원, 2016)'라는 조어도 등장했다. 현대사회의 성격을 지칭하는 이러한 용어는 나름대로 데이터, 정보, 지식 간의 관계를 설정하고 있다. 지식정보사회가 정보와 지식 간의 상호전환을 과정적 차원에서 강조하는 용어라면, 지능정보사회는 정보를 자동으로 축적하고 처리하는 인공지능과 빅데이터 시대를 지칭하는 용어다.

정보사회라는 용어가 학술적 차원뿐만 아니라 일상적으로도 사용되면서 데이터, 정보, 지식 간의 관련성이 일방적으로 설정되거나 그들 간의 차이가 불분명해지는 경향도 나타났다. 인터넷과 스마트폰의 대중적 활용과 빅데이터, 인공지능의 등장으로 촉발된 일상생활의 변화는 데이터와 정보, 지식의 구분과 경계를 더욱 어렵게 만들었다. 데이터, 정보, 지식 간의 상호전환 속도가 빨라지고 그러한 전환이 자동적으로 이뤄지는 단계에 이르면서, 정보는 데이터와 지식 사이에 걸쳐 있는 일종의 경계 지역이 되고 있다. 그래서 정보와 데이터의 관계, 정보와 지식의 관계가 어떻게 이뤄지는가를 이들 간의 변동하는 경계선과 상호전환, 상호관계의 틀로 파악하는 작업이 필요하다.

"정보란 무엇인가"라는 익숙한 질문에 답하기는 쉽지 않다. 정보는 데이터나 지식과의 연관성 안에서만 의미를 지니고, 그것을 파악하는 시각과 틀도 분과학문마다 다르기 때문이다. 정보를 기호적 의미에서 파악하면 콘텐츠에 대한 의미 해석의 영역에 놓인다. 그런데 이제는 사물이나 생명체에 내재되어 있는 정보를 물리학적 혹은 생물학적으로 탐색하는 정보관(Stonier, 1990)이나 정보의 존재론적 위상을 탐구하는 정보철학(Floridi, 2011)이 전개되고 있다. 사물과 인간 지각을 잇는 인터페이스나 미디어 변화에 집중하는 물질주의적 미디어(Casemajor, 2015) 연구도 활성화되고 있다. 또한 인간이 어떻게 사물을 인지하고 패턴을 만드는지 탐구하는 작업은 감각생리학이나 인지과학의 영역(Gibson, 1966/2016)으로 연결되었다. 한편 정보와 데이터의 생산과 유통·분배·소비를 사회적 차원에서 접근하면 정보/데이터의 정치경제학이 된다.

그렇다면 지식과 정보가 데이터로 분해되거나 데이터가 정보나 지식으로 합성되는 과정에 대한 통합적 검토를 기반으로, 정보가 사물과 인간을 매개하는 미디어를 통해 인간의 감각과 몸 그리고 의식과 기억에 어떻게 연결되는지 연구하고 정보 개념의 변화를 정보사회의 진전에 따라 계보학적으로 탐구할 필요가 있다. 그동안 정보사회에 관한 논의는 데이터, 정보, 지식 간의 상호관계를 바탕으로 정보의 위상을 설정했다. 데이터는 사물에 내재하거나 사물이 변화할 때 발생한다. 인간의 활동은 데이터를 낳고 정보는 그러한 데이터가 미디어와 결합해 특정한 형태를 갖추거나 전달되는 것으로 파악되었다. '정보의 지식화'나 '지식의 정보화'는 과정적 현상이자 사회적 생산이라는 틀에서 정보와 지식 간의 관련성에 주목한 개념이다. 인문사회과학이 정보와 지식을 한 짝으로 묶었다면, 자연과학과 공학은 정보와 데이터를 한 짝으로 묶어 설명해왔다. 미디어의 사회적 영향과 문화적 현상 분석이 많이 수행되었지만, 사물과 인간을 연결하는 정보에 대한 존재론적 연구는 더디게 진행되었다. 그 결과 정보에 관한 철학적 논의가 지체되고 정보의 다양한 위상과 의미에 관한 연구는 상대적으로 드물었다. 이런 사정을 고려할 때 지금은 정보이론에 대한 통합적인 접근과 검토가 필요한 시점으로 보인다.

정보이론에 대한 통합적 접근은 인문사회과학과 자연과학 및 공학 사이에 벌어진 간극을 좁히는 작업에서 출발할 수 있다. 시몽동은 기술적 대상과 인간 간의 관계론을 통해 인간중심주의와 기술중심주의 사이의 접점을 찾으려 했다. 그는 "문화와 기술 사이에, 그리고 인간과 기계 사이에 세워진 대립은 거짓이며 근거가 없다"고 말하면서 "자연과 인간 사이의 매개자인 기술적 대상의 세계"를 해명하려고 시도했다(Simondon, 1958/2011: 10). 현대사회에서 정보는 환경과 생명체의 생태계를 유지하고 사물과 기술적 대상물을 움직이며 기술적 대상과 인간을 매개하는 주요한 요소로 자리 잡았다. "문화가 자신이 잃어버렸던 일반적 특성을 회복하기 위해서는 기계의 본성에 대한 의식, 기계 상호 간의 관계 그리고 기계와 인간 사이의 관계에 대한 의식, 또 그 관계에 함축된 가치에 대한 의식을 문화 안에 다시 들여올 수 있어야만 한다(Simondon, 1958/2011: 10)." 시몽동이 지목한 기술적 대상인 기계를 현대의 기술적 대상인 정보로 바꿔 읽으면 정보의 본성에 대한 의식, 정보 상호 간의 관계에 대한 의식 그리고 정보와 인간 사이의 관계에 대한 의식을 문화 안에 다시 들여놓는 작업이 필요함을 확인할 수 있다. 인공물의 개체화 과정을 통해 정보의 개념을 제시한 시몽동의 연구나, 인공물을 행위자로 설정해 연결망 안에서 독자적인 지위를 부여한 과학기술학자 브뤼노 라투르(Latour, 2005)의 연구는 사회과학과 자연과학의 소통을 촉진하면서 사물과 인공물의 영역으로 정보 개념을 확장했다고 볼 수 있다.

정보에 관한 국내 자연과학계의 대표적인 작업으로는《양자·정보·생명》을 꼽을 수 있다(장회익 외, 2015). 양자역학의 관점에서 측정이 갖는 의미를 정보관측도구와 인식주체의 결합이라는 차원에서 설명하는 이 연구는 정보에 대한 통합과학적 이해의 지평을 열어놓았다. 이 책의 저자들은 양자역학의 측정 문제에 집중하면서 정보가 관찰자의 측정 및 인식과 긴밀하게 연관되어 있음을 밝힌다. "대상으로부터 전달된 우리가 알 수 없는 물리적 자극 그 자체로서의 정보, 이것이 측정 장치와 접촉하여 만들어낸 관측 결과로서의 경험적 정보, 이에 상응하여 우리가 대상에게 부여한 상태함수라는 추상적인 동역학적 정보 등 많은 정보들이 인식구조상의 층위를 달리하면서 존재하고 있는 것이다(장회익 외, 2015: 9)." 이것은 물리적 정보, 측정으로 계량된 데이터, 모형이나 상태함수로 재구성한 지식이 정보라는 이름 속에 복잡하게 뒤섞여 있음을 보여준다. 이러한 인식은 정보물리론의 정보, 인간 주체가 측정하고 처리한 데이터로 만들어지는 정보, 그리고 이들 데이터-정보의 새로운 배열을 통해 만들어지는 지식-정보 복합체를 통합적으로 인정하는 것이다. 이들 연구는 정보에 대한 물리학적 규정을 통해 인식주체와 대상 간의 오래된 철학적 문제를 새로운 차원에서 제시하면서, 그것이 현대의 정보이론과 연결되는 지점을 미국의 수학자 클로드 섀넌(Claude Shannon)의 정보이론 및 생명정보학에서의 생명과 정보라는 주제로 확장할 수 있는 기반을 제공하고 있다.

이를 정보와 물질, 정보와 미디어, 정보와 인간이라는 세 가지 층위로 분석해보자. 이런 층위 분석은 정보에 관한 물리학적 접근이 인문사회과학과 맞닿을 수 있는 지점을 열어준다. 정보 개념이 단일한 분과학문의 개별 범주에서 배타적으로 설정될 때 나타나는 문제점과 논리적 편향을 보완하기 위해 정보를 물질, 미디어, 인간이라는 세 가지 층위 속에서 검토하면서 데이터-정보-지식 간의 관계 변화를 살펴보자. 정보의 개념에 대한 문제제기는 그간 인간중심적으로 진행된 미디어와 메시지의 해석 그리고 사회경제적인 변화, 사회운동과 정책 등 가시적 현상의 분석에 치중된 연구 경향에 대한 반성의 일환이다. 여기에서는 물질과 정보의 관련성을 중심으로 정보가 물질로부터 분리되어 인간중심적인 정보관이 형성되는 과정과 의미를 살펴보고, 정보의 세 가지 층위를 물질과 정보, 미디어와 정보, 인간과 정보라는 틀로 살펴볼 것이다. 마지막으로 빅데이터와 인공지능 시대에 정보와 데이터가 차지하는 위상을 검토할 것이다.

정보의 세 가지 수준

• • •

인공지능과 빅데이터가 규정적 기술로 등장하고 있는 시대를 맞아, 정보가 물질에 붙어 있다가 떨어지는 과정과 다시 물질과 결합하는 과정을 분석하고 정보가 물질과 인간을 매개하면서 발생하는 여러 수준의 '정보관계'를 파악할 필요가 있다. 정보관계는 정보를 고착된 실체가 아니라 물질과 미디어, 인간의 해석이라는 상이한 차원이 중첩되는 과정으로 보고, 이처럼 상이한 층위의 연결과 분리, 통합이 이뤄지는 배경과 맥락 안에서 정보와 데이터, 지식 사이에 만들어지는 관계를 설명하기 위한 시론적 용어다.

나는 정보를 물질, 미디어, 인간의 해석이라는 세 가지 연관 수준이 중첩되는 것으로 설정하고 이들 간의 관계를 파악하려고 한다. 정보가 물질과 생명에서 기원한다고 가정할 경우(최인령·최무영, 2017), 정보는 물질 안에 추상적으로 내재하면서 존재를 구성한다고 볼 수 있다. 물질과 생명을 구성하고 그 안에 압축되어 있는 정보는 주어진 환경을 통해 물질과 생명체 바깥으로 전달된다. 바깥으로 흐르는 정보는 그것을 환경 안에서 감지할 수 있는 다른 물질이나 생명체와 특정한 조건에서 만나고 이해될 때만 의미를 지닌다. 이때 대상계에 내재한 정보와 대상계로부터 인식주체가 획득하는 정보를 구분할 수 있다. 미국의 물리학자 롤프 랜다우어(Rolf Landauer)가 말한 대로(Landauer, 1996) 정보의 물리적 성격을 강조하면 인식주체의 이해와 무관하게 대상계에 내재된 정보실체론적 존재론으로 기울고, 정보를 인식주체가 대상계에 대해 갖는 개념으로 파악하면 인간의 인식 활동을 강조하는 인식론으로 기운다(이상욱, 2015: 231). 정보 개념의 변화는 사회적 맥락과 긴밀하게 연관되어 있기 때문에 정보관계가 변화함에 따라 정보에 대한 주도적 개념과 담론도 변화한다.

정보의 전달과 수용 없이 형성되는 정보관계는 없기 때문에 물질이나 타자의 즉자적 존재 혹은 '물자체'는 그것을 지각하거나 인지하지 못하는 대상에게는 없는 것이나 마찬가지다. 그래서 '물자체는 알 수 없다'는 명제가 정보 관계에서도 성립한다.[15] 정보물리학에서는 정보가 물질과 결합해 그것의 구성을 지시하거나 특정한 방식으로 존재하게 만든다고 본다. 그런데 인간이 정보를 별개로 파악하기 시작하면서 정보와 물질은 분리되기 시작했다. 과학자들은 16세기부터 본격적으로 시작된 근대 과학혁명을 거치면서 물질을 수학의 언어로 바꿔 이해했다. 그것은 '물질의 정보화'를 이룬 첫 번째 발걸음이었다. 그 후 인문학이 정보를 인간주의적으로 돌려놓았기 때문에 정보의 물질성을 인지하기까지 오랜 시간이 걸렸다. 인문학은 정보를 물질로부터 분리해 인간의 언어로 바꿔놓았다. 이때부터 정보는 인간의 말이나 이미지로 표현된 것, 곧 지식을 만드

15 "우리는 물자체로서의 대상을 인식할 수 없고 오직 감성적 직관의 객관, 즉 현상으로서의 대상만을 인식할 수 있다(Kant, 1956: BXXVI)."

는 원료거나 이와 관련된 요소로 취급되었다.[16]

인간과 자연을 포함하는 광의의 물질은 특정한 세계 안에 존재하면서 정보를 발산하고 있다. 세계 속에서 물질은 빛과 소리라는 전달 미디어를 거쳐 감각기관이라는 인터페이스를 통해서 인간에게 전달된다. 인간은 빛이나 소리 등 특정한 매개정보를 감각기관에서 수용해 정보로 처리한다. 물리의 영역에서 출발한 데이터와 정보는 전달 매개를 거쳐 인간의 감각기관과 인지작용을 통해 의미의 해석영역에 도달한다. 인간은 또 하나의 정보 발신자가 되어 다른 인간에게 자신의 표상과 의미를 전달하거나 정보를 활용해 다른 물질에 개입한다. 데이터와 정보는 이처럼 서로 층위가 다른 물질, 미디어, 인간이라는 세 개의 레이어가 중층적으로 포개지면서 현실화되기 때문에, 각자 어떤 층위에서 정보를 파악하고 접근하는가에 따라 상이한 정보관이 만들어진다. 이때 물질과 인간을 매개하는 인터페이스는 미디어를 통해 구체적인 형태를 갖는다.

물리학에서 파악하는 정보 개념은 물질과의 연관성을 바탕으로 하고 있다. 다시 말해 물리학은 정보를 물질과 관련된 것으로 설정하고 인간 존재의 해석과 무관하게 그 자체로 독립적인 실체로 파악한다(Stonier, 1990). 물질 기반 정보론은 기호와 의미로서의 정보나 미디어학에서 대상으로 삼는 메시지 해석 혹은 전달매체와 관련

16 정보사회 이전의 정보에 대응하는 철학적 개념에 관한 연구로는 김명석(2018) 참조.

된 정보관과 다른 위상을 갖는다. 물리학적 관점에서 볼 때 정보의 기반은 빛이라는 입자이자 신호 파동이다. 인간은 자연계의 입자와 빛, 파동을 기반으로 정보를 제작·저장·전달·이용하지만 사물과 연관된 정보는 인간 없이 혹은 인간 이전에도 존재한다. 그러나 인간의 의사소통과 메시지의 해석이라는 관점에서 보면, 정보는 의미이자 전달이고 전달된 것에 대한 이해이자 해석과 연관되기 때문에 인간이 개입되지 않은 정보는 사회에서 아무런 의미가 없다.

한편 사이버네틱스에서 비롯된 정보관은 이러한 물리적 정보관과 인간적 정보관의 중간적 위치를 점하며 물질에서 정보를, 인간의 해석에서 정보의 전송을 분리하는 이중적 작업을 수행했다. 노버트 위너(Wiener, 1948)와 클로드 섀넌(Shannon, 1948)은 이와 같은 작업을 통해 정보실체론의 근간을 마련했다. 현대 정보사회는 정보실체론에서 출발했다. 물질에서 정보를 분리하고 끌어내는 '탈물질화'와 인간의 의미 이해로부터 분리해 정보의 독립적 위상을 확보하는 과정에 대한 이해가 정보사회와 정보화의 위상을 파악하는 데 핵심적인 위치를 차지한다. 사이버네틱스는 물리학적 정보 개념에서 출발했지만, 그것을 통신기술과 연결하고 디지털로 전환해 사물에 깃든 정보를 탈물질화하는 방식을 탐구했다. 인간적 언어나 기호, 신호의 틀로 볼 때 사물 간의 정보교환이 없다고 해서 사물의 정보가 없는 것은 아니다. 하나의 사물은 다른 사물과 나름의 방식으로 소통하면서 존재하고 특정한 환경 안에 공존한다. 인간중심적인 입장에서는 '말과 사물(Foucault, 1966/2012)'의 관계를 추구하지만,

인간적 해석을 괄호에 넣으면 물질의 틀에서 파악되는 '정보와 물질'의 관계가 우선적인 해명의 대상으로 떠오른다.

정보와 물질

• • •

정보를 물질과 연관해 파악하는 정보물리론의 입장에서 출발한 섀넌의 정보이론은 정보사회의 공학적 정보관으로 이행하면서 정보사회를 이루는 기반으로 작동했다. 정보물리론은 정보가 인간 바깥에 독립적으로 존재한다고 가정한다. "정보는 물질 및 에너지와 함께 우주의 기본 속성의 하나인 것으로 그리고 궁극적으로는 이들의 상호전환 가능한 것으로 간주돼야 할 것이다. 그러한 이론 혹은 제안에서는, 정보는 엔트로피와 밀접히 연관되어 있음으로 해서 세계의 일부 또는 전체에서 구조와 순서에 대한 내재적인 척도가 될 것이다. 물론 이러한 접근법은 정보의 양에 대한 섀넌의 고전적 저작과 매우 잘 맞아 들어간다(데블린, 1991: 16)."

이런 접근은 인간의 기호나 표상을 통한 상호소통 또는 해석을 중심에 두고 있지 않다. 다시 말해 정보를 지식과 연결하거나 데이터나 기계 미디어와 연관해 설명하지 않는다. 정보물리론은 정보 자체의 존재적 독립성에 대한 인식에서 출발한다. 그래서 정보이론가이자 생물학자인 톰 스토니어(Tom Stonier)는 "정보는 존재한다. 그 존재가 인식될 필요도, 이해될 필요도 없다. 정보가 존재하기 위한 의미를 가질 필요도 없다. 정보는 그냥 존재하는 것이다(Stonier, 1990: 8)"라고 말한다. 그는 물리적 실재로 존재하는 사물정보뿐만 아니라 인간이 만들고 소통하는 '인간적 정보(human information)' 조차도 인간과 독립된 물리적 실재라고 주장하면서, 독립적으로 존재하는 정보와 '정보처리자(information processor)'를 구분했다. 스토니어는 정보 자체가 물리적 실체로 존재하고, 정보처리자가 독립적 실체인 정보를 맥락에 따라 패턴화하며 코드를 풀거나 작동시킨다고 보았다.

이와 같은 접근을 통해 정보로서의 물질과 정보처리자로서의 인간 간의 관계를 설정할 수 있고, 물질과 인간의 관계에서 전개된 문명의 발전과 현 정보사회에서 행해지는 여러 가지 현상을 다층적으로 분석할 수 있는 기반이 마련된다. 이러한 정보물리론의 입장은 정보에 대한 수학적 이론을 낳는 기반이 되었다. 섀넌은 그의 저서 《수학적 커뮤니케이션이론》에서 "정보는 의미를 담고 있지만 (…) 이러한 통신의 의미론적 측면은 공학적인 문제와 무관하다. 오히려 중요한 부분은 실제 메시지가 가능한 메시지의 집합에서 선택된 것이라는 점(Shannon, 1948: 50)"이라고 말했다. 여기서 정보는 의미론적 내용과 관계없이 송신자와 수신자를 연결하는 채널을 통해 전달되기 위해 부호화된 것으로 설정된다. 정보에 대한 섀넌의 수리 모형에서 "정보는 내용과 상관없이 정의되고 에너지나 물질과 마찬가지로 물리적 요소로 간주된다(Webster, 2006: 68)".[17]

이러한 입장에서 파악하는 정보는 인간의 말을 구성하는 의미론적 데이터 뭉치가 아니라 '말과 사물' 사이를 이동하는 물질적 실체다. 정보는 구조화된 사물 사이에서 이뤄지는 데이터의 흐름인 동시에, '형태를 구성(Simondon, 1958/2011)'하거나 변화시키는 데이터의 집합적 뭉치다. 시몽동은 형태와 정보를 구분하면서 둘 간의 관계를 설정한다. "형태는 정보를 받아들이고 정보를 수용하는 선험적인 것이다. 형태는 선택의 기능을 갖는다. 그러나 정보는 형태나 형태의 집합에 속하지 않는다. 정보는 형태의 변환 가능성이며, 어떤 형태에 관련된 변동을 가져오는 것이다(Simondon, 1958/2011: 196~197)." 사물의 구조 자체가 정보를 발산하고, 구조화된 사물은 서로 정보를 주고받는다. 비인간적 존재에게 정보는 물리법칙에 속하는 특이한 실체적 물질이자 에너지인 동시에 구조다. 이때 인간과 비인간 사이에는 사물을 정보화하는 방식의 차이가 존재한다. 이런 맥락에서 보면 정보는 물자체가 아니면서도 물질을 이루는 구성요소가 된다. 섀넌의 정보 개념에 따르면 정보는 물질성도 없고 인식주체의 해석에 따른 의미와 필수적인 관계를 이루지도 않는다. 섀넌은 정보를 물질과 분리하고(탈물질화), 의미 맥락에서 떼어낸 다음(탈맥락화), 정보를 확률함수로 규정했다. 섀넌의 수학적 확률함수에 기반한 정보 개념은 엔트로피와의 관계에서 정보를 정의한 것이다.

17 "일정한 에너지를 방출하지 않고서는 정보 전달이 일어날 수 없다. 따라서 에너지적인 연결과 정보적인 연결 사이에 뚜렷한 경계는 없다(Wiener, 1954/2011: 49)."

섀넌이 정보를 정량화함으로써 정보공학이 발전할 구체적인 토대를 제시했다면, 위너(Wiener, 1954/2011)는 정보를 사이버네틱스의 통제를 실현하는 주요 요소로 설정했다. 위너의 정보 개념은 데이터로 분할되기 이전의 환경과 생명체, 기계와 인간, 기계와 기계 사이에 작동하는 소통과 조절이란 틀 속에서 의미를 지닌다. 그는 열역학의 엔트로피 개념과의 연관 속에서 정보를 '엔트로피에 반하는(anti-entropic)' 생명체와 기계에 필요한 것으로 본다. "정보란 우리가 외부 세계에 적응하고 또 우리의 적응이 외부 세계에 감지되는 상황에서 외부 세계와 교환되는 내용을 일컫는 말이다. 정보를 받고 사용하는 과정은 우리가 외부 환경의 우발성에 적응하는 과정이며, 그 환경 내에서 우리가 효율적으로 살아가기 위한 과정이다. 삶이 점점 복잡해지는 까닭에, 지금의 시대는 이러한 정보처리에 대한 수요가 어느 때보다 크다. (…) 커뮤니케이션과 제어는 사회를 살아가는 인간 삶의 한 부분일 뿐 아니라, 인간의 내적 삶의 핵심에 속하는 것이기도 하다(Wiener, 1954/2011: 17~18, 23)."

그는 사이버네틱스를 일시적이고 국지적인 차원에서 엔트로피에 저항하는 생명체가 자신을 유지하기 위한 소통과 제어의 과학으로 설정한다. 그럼에도 불구하고 위너는 간이 에너지를 써서 담즙을 만들고 근육이 에너지를 써서 움직이는 것과 달리, 컴퓨터는 에너지로 정보를 만든다고 보지 않았다. 그는 "정보는 정보일 뿐 그 어떤 물질이나 에너지가 아니다. 이런 사실을 인정하지 않는 유물론은 현세에서 살아남지 못할 것이다(Wiener, 1948: 132)"라고 말했다. 이처럼 위너는 정보를 물질과 에너지에서 떼어내 독립적인 개념으로 설정한다. 문학비평가 N. 캐서린 헤일스(N. Katherine Hayles)는 위너의 정보실체론이 물리학적 정보관에서 이탈하면서 탈물질화된 사이버네틱스 정보관의 씨앗이 되었다고 본다(Hayles, 1999/2013: 114). 이제 정보는 독자적인 세계를 구성할 수 있으며 정보사회의 토대를 마련하는 실체로 자리 잡는다.

섀넌이 주장한 정보량의 측정과 전달방식은 이후 컴퓨터공학, 통신공학을 통해 실제로 구현되었다. 섀넌의 커뮤니케이션에 관한 수학이론과 정보의 확률함수이론은 공학적인 적용을 통해 통신산업계에 받아들여졌고, 그것이 컴퓨터 네트워크 통신에 응용되면서 산업표준이 되었다. 그 과정에서 정보의 단위인 비트(bit)는 물질의 디지털화를 구성하는 기본 단위가 되었으며 1950년대 이래 지금까지 정보산업을 구성하는 핵심적인 공학적 틀로 작동하고 있다. 정보를 인간의 사회문화적 맥락과 무관하게 독립적인 실체로 설정하고 의미 해석과 분리하면 "정보는 서로 다른 물질적 기층 매질 사이를 오갈 수 있는 개체(Hayles, 1999/2013: 111)"로 정의된다.

섀넌이 규정한 정보는 물질로부터 떼어낼 수 있는 실체이자 양적인 통제가 가능한 공학적 조절의 대상이 된다. 섀넌의 정보이론은 양적 손실 없이 정보의 위치를 이전하고 송신자에게서 수신자에게로 정보를 전송하고 변환할 수 있도록 만드는 공학의 실현에 집중했다. 이 지점에서 섀넌과 위너의 정보관은 물질성에 기반을 둔 물리적 정보관과 결별한다. 무게 중심이 물질과 결합된 정보관에서 물질을 떠난 정보실체론으로 옮겨간 것이다. 헤일스는 물질의 현존/부재에서 정보의 패턴/임의성으로 옮겨가는 사이버네틱스의 흐름을 정보의 탈물질화와 '물화(reification)'로 파악한다(Hayles, 1999/2013: 63~71). 그녀는 1950년대 사이버네틱스에서 탈물질화, 탈신체화의 이론적 조짐을 발견한다. 헤일스는 이를 "물질성에 대한 정보의 승리(Hayles, 1999/2013: 107)"라고 표현한다.

섀넌의 수학적 커뮤니케이션 이론은 물리학적 관점에서 출발해 공학적 적용으로 이어졌다. 그것은 미디어를 통한 정보의 전달과 전달된 정보의 의미 해석이라는 지평과 맞닿을 기반을 제공했다. 헤일스는 이러한 섀넌의 정보관을 '물화된 정보(Hayles, 1999/2013: 111)'라고 규정한다. 여기에서 물화는 물질화가 아니라 물질에서 떠난 '외화(外化)'를 의미한다. 물화된 정보는 정보 자체의 독립적 공간을 확보하면서 정량화된 정보의 효율적 전달과 그것을 통한 제어에 핵심적인 의미를 부여한다. 정보를 수학적 양의 개념으로 설정하면 정보는 기존의 미디어가 담당하던 사물의 재현 혹은 모상의 반영물과도 결별한다. 정보는 데이터의 양을 통해 규정되며, 메시지의 내용과 상관없이 독자적인 영역을 이루면서 정보/데이터의 영역은 정보/지식의 영역과 대등한 위치에 놓인다. 정보가 물질의 재현이나 반영과 결별할 때, 정보는 프랑스의 사회학자 장 보드리야르(Jean Baudrillard)가 말한 '모상 없는 재현'인 '시뮬라크르(simulacre)'와 연결된다(Baudrillard, 1981/2001). 그리하여 물질성에 기반하지 않는 데이터/정보로만 이뤄진 제3의 재현물이 만들어지는 데까지 이르는 것이다.

정보와 미디어

• • •

자연계의 사물은 인공물과 달리 자신의 정보를 표출하고 전달할 미디어가 없다. 자연 안의 존재 자체로 소통할 뿐이다. 인간은 자신 바깥에 존재하는 물질로 만든 미디어와 재현된 기호로 소통한다는 점에서 무생물이나 다른 생물과 다르다. 무생물은 기호로 소통하지 않으며 마모되고 변형할 뿐이다. 식물은 활동으로, 동물은 움직임으로 소통한다. 지구상의 모든 존재는 무게와 부피를 갖고 있고, 존재의 무게와 부피가 형체로 발현하면 그 자체로 신호가 된다. 인간은 이것을 기호로 재해석하지만 사물은 해석하지 않고 존재할 뿐이다. 사물이 환경과 소통하면서 정보를 해석한다고 해도 우리는 그 작동방식과 의미를 해독하기 힘들다.

인공적 네트워크를 통해 사물 간의 통신이 이뤄지기 전까지 커뮤니케이션의 영역은 인간중심적으로 짜였다. 그것은 신호의 발신과 수신으로 이뤄지는 소통의 영역이다. 신호와 정보는 인간의 생각과 관념으로 짜인 사고의 산물이다. 인간은 감각기관의 지각을 통해 인지된 외부 세계와 타자의 모양과 느낌을 기호로 표현하기 때문에, 언어라는 기호와 표상 없이는 사고하지 못한다. 정보를 인간중심적으로 접근할 때 커뮤니케이션은 코드와 기호의 영역이, 미디어는 기계의 영역이 된다. 특이하게도 미국의 커뮤니케이션은 프로파간다이자 마케팅이다. 그것은 사람과 사람의 소통, 사람과 사물의 소통이라기보다는 상품과 소비를 매개로 한 소통이다. 미국의 커뮤니케이션이론은 소비자주의와 마케팅 영역을 중심으로 구축되었다. 섀넌의 정보함수론처럼 그것은 최대의 효율로 잡음 없이 자신이 의도하는 목적을 성취하기 위한 선전이자 유혹이다. 미국의 커뮤니케이션이론과 섀넌의 정보함수론이 결합해 현대 정보사회의 발전을 이끄는 기반이 되었다.

미디어와 커뮤니케이션은 비슷한 말로 이해되지만 중요한 차이가 있다. 미디어는 도구와 기계의 영역에 속한다. 그것은 인간 노동의 외화된 산물이다. 인공물로서의 미디어는 독립적이고 객체화된 사물이자, 인간에 대립해 대상으로 서는 타자다. 그에 비해 글자와 그림은 미디어라기보다 커뮤니케이션에 가깝다. 그래서 미디어는 문명에 가깝고 커뮤니케이션은 문화의 영역에 속한다. 인쇄문명과 전기문명의 시대에는 글자와 이미지라는 시각적 기호를 담은 미디어가 확산된다. 책과 텔레비전, 컴퓨터는 기계문명의 산물이고 글자와 영상은 인간 문화의 산물이다. 커뮤니케이션이 내용이라면 미디어는 형식이다. 내용으로 형식을 포섭하려는 시도가 있는가 하면 형식이 내용을 규정한다는 입장이 있을 수 있다. 이러한 입장의 차이는 유심론과 유물론의 대립을 가져왔고 인간중심주의와 기술결정론으로 나타났다.

마쓰오카 세이코(1998)는 인류사의 긴 흐름 속에서 물질 혹은 자연환경과 인간의 감각기관을 연결하는 미디어의 공진화를 살펴보면서 정보의 역사를 구성하고 정보의 의미를 재해석했다. 그는 물질의 형성부터 생명체의 탄생과 동물의 진화를 거쳐 감각기관과 신경계통이 만들어질 때까지 물질과 정보가 분리되지 않았다고 주장한다. 이후 영장류의 중추신경계와 뇌가 발달하면서 인간은 감각기관으로 포착한 영상과 소리를 기억하기에 이른다. 뇌 속에 기억되는 외부세계와 그와 결합된 정보는 인간의 판단과 지향성에 지속적으로 간섭한다. 인간은 자기 외부의 '사물정보계'와 자신의 기억 속에서 만들어지는 '기억정보계'라는 두 가지 다른 정보계 안에서 산다. 인간은 외부의 사물정보계와 내부의 기억정보계의 접합과 탈구를 통해 세계와 자기를 분리해 인식하기에 이른다. 인류 역사의 도정에서 보면 사물정보계와 기억정보계 간의 경계는 약화되고 강화되는 경향을 반복한다. 사물정보계가 우선하는 세계와 기억정보계가 지배하는 세상은 각기 다른 모습으로 나타난다. 석기시대의 벽화부터 현대미술에 이르기까지 두 가지 정보계의 대립과 갈등은 지속적으로 반복되었다.

인간이 감각기관으로 포착한 사물의 정보는 미디어를 통해 전달된다. 하나의 미디어에는 표현 미디어와 전달 미디어가 결합되어 있다. 구술을 통한 의사전달은 말이란 표현 미디어와 음파라는 전달 미디어의 결합체다. 인간은 음성기호로 자신의 생각과 의지, 느낌을 담아서 입으로 소리를 만든다. 입에서 만들어진 음파는 말소리가 되어 상대에게 전달된다. 생각, 입을 움직이는 신경 그리고 움직이는 혀와 입이 모두 미디어가 된다. 책은 글이라는 표현 미디어와 종이, 인쇄라는 전달 미디어가 결합한 미디어다. 라디오는 말이라는 표현 미디어와 전파라는 전달 미디어가 결합한 것이다. 표현

미디어와 전달 미디어는 각각의 확장부를 갖는다. 송신과 수신의 측면에서 코딩과 인코딩을 담당하는 기계가 인간과 인터페이스를 통해 만난다. 무엇보다 인간과 인간 사이에는 감각수용기라는 인터페이스 미디어가 이미 존재한다.

정보와 인간의 관계는 개체 외부를 향한 재현이나 체현이 이뤄질 때 본격화된다. 외부 사물을 감각수용기로 인지하는 과정에서 인간과 정보가 맺는 관계의 실마리를 찾을 수 있다. 생명체는 외부 정보를 수용기로 인지한 이후에 반응기를 통해 행동한다. 생물은 외부의 자극을 데이터의 형태로 감각수용기를 통해 받아들인다. 지각체계는 데이터를 정보화하고 패턴화해 기억과 의식의 영역으로 정보를 전달한다(Hayles, 2017). 이를 바탕으로 한 생명체의 반응은 다른 개체에 대한 자극이자 데이터가 된다. 하지만 다른 물질과 결합되지 못하는 생명체의 반응만으로는 정보의 지속성과 전달성이 확보되지 않는다.

인간이 다른 물질에 정보를 결합시킬 때 그 정보는 하나의 기호나 상징을 포함한 기록 미디어가 되어 시간을 늘리거나 전달 미디어가 되어 공간을 넓힌다(Innis, 1951/2018). 이와 같은 정보의 생산·전달방식은 인간에게서만 나타난다. 정보의 역사에서 문명시대 이전에 그려진 동굴벽화가 중요한 이유는 그것이 정보와 물질의 최초 결합태를 보여주기 때문이다. 원시적 언어나 몸짓은 다른 물질과 결합하지 못한 채 사라져 버린다. 정보는 물질과 결합함으로써 지속과 축적의 형태로 존재한다. 생명체는 화석이나 부장물의 형태로 이후 시간대로 지속되거나 축적될 수 있지만, 그것은 물질의 정보이지 인간이 만들어낸 정보의 결합물은 아니다. 우리가 삼엽충 화석에서 볼 수 있는 것은 그들 생명체가 보존하고 있는 정보이지, 그들이 발신했던 정보는 아닌 것이다. 그래서 인간, 물질, 기호가 어떻게 연결·접합·단절되는가를 들여다봐야 정보의 기원과 변화, 의미를 밝힐 수 있다. 인간 이전, 인간, 인간 이후 단계에 따른 정보-물질-인간의 관계를 분석하고 드러내면 정보의 기원과 변화에 대해 다층적인 시각을 얻을 수 있을 것이다.

인간은 자기 바깥에 존재하는 정보를 활용해 새로운 정보를 만들거나 기호와 결합할 수 있다. 이러한 '인간적 정보'는 물리적 정보와 별개로 인간의 감각기관과 인지능력을 통해 사회적으로 구성된다. 사물에 내재한 정보는 인간의 의미부여 작용이나 해석 작용과 무관하게 발생한다. 인간이 기억이나 행동을 바탕으로 만든 표출물은 사물을 구성하거나 사물이 발산하는 정보의 재현물이다. 그것은 상징이나 기호를 통해 그리고 몸의 활동을 통해 다른 인간의 상징물과 사회문화적으로 상호작용한다. 그런 점에서 미디어는 사회적 정보의 소통을 담당한다. 이런 맥락에서 인간적 정보가 처리되고 전달되는 과정에 주목하는 '관계적 정보' 또는 인간이 발산하고 생성하는 '인지적 정보'를 포함해 '정동정보'라는 개념이 제시되었다(이토, 2013). 미디어의 발전은 인식주체가 받아들이는 외재 정보에 대한 해석과 새로운 정보와 지식의 사회적 구성을 촉진했다. 정보사회의 미디어는 정보의 인간적 활용을 촉진했고, 그런 환경 속에서 우리는 정보를 인간주의적 의미와 해석의 틀 안에서 활용하는 데 익숙해졌다.

정보는 두 가지 위상에서 생명체와 물질을 매개한다. 정보는 물질을 내적으로 연결하는 동시에 외적으로 발화한다. 그러니까 물질이 외화하는 정보는 물질의 말인 셈이다. 정보는 분자 단위에서 이뤄지는 더 작은 물질끼리의 외적인 발화가 이룬 상태이자 구조다. 안과 밖은 그렇게 부분과 전체, 작은 것과 큰 것의 끝없는 상호작용으로 이어져 있다. 물질의 성질을 외연으로 파악한 데카르트적 인식은 이러한 정보관에 바탕을 두고 있다. 바깥으로 드러나는 부피와 무게, 확장으로서의 정체와 외부와의 경계는 물질을 이루는 기본적인 성분이다. 18세기에 린네의 형태학적 분류가 생물 간의 차이와 관계를 파악하는 주요한 방법으로 제시되었던 이유도 이러한 물질관과 연관이 있다. 형태적 유사성과 차이에 기준을 둔 구분은 물질의 정보를 인간적 관점과 방식으로 실현한 것이다.

린네 분류학을 기점으로 정보에 대한 인간 주도적 접근이 이뤄졌고, 정보와 지식은 긴밀하게 연결되었다. 사물이 발현하는 외적 정보를 인간의 입장과 관심에서 수집하고 분류해 지식으로 전환한 것이다. 그것은 사물의 형태와 움직임, 구조에 관한 지식일 수도 있고, 인간의 행동과 생각에 관한 지식일 수도 있다. 물리학과 생물학, 화학을 자연철학이라는 틀로 묶었던 이유는 17세기 계몽주의가 자연과 물질의 영역을 인간의 영역과 구분했기 때문이다. 물질에 대한 정보가 지식으로 바뀌면서 통제를 실행할 수 있었기에 인간에 대한 탐구로서 인문학도 발전할 수 있었다. 이는 정보가 인간의 영역으로 확장하는 시기와 밀접하게 닿아 있다. 정치학에서 출발한 사회과학이 인구와 영토에 대한 통제와 지배, 주권의 행사로 확장되고, 인구와 부의 연관성을 과학적으로 분석하는 정치경제학, 그리고 사회에 대한 실증주의적 질서와 체계수립을 향한 사회학으로 전개된 이유가 여기에 있다.

정보는 사물과 인간을 매개한다. 그것은 당대의 지적 수준에 영향을 받으면서 변화하고 지속된다. 정보는 반복되면서 축적되고 작은 차이의 축을 따라 단속평행적으로 변화하기도 한다. 진화론 자체는 환경과의 상호작용을 이미 포함하고 있다. 물질과 인간의 공진화는 인공물이 물질의 배치에 의해 만들어지는 자동화에 이르기까지 지속되었다. 자동화는 사물에 대한 인간의 지식을 바탕으로 물질의 변형과정을 예측해 통제절차를 통해 사물이 사물을 만들도록 기획되었다. 다시 말해 자동화는 정보의 축적을 통해 물질의 성질과 구조를 이해한 후 물질에 대한 시간적 변형과 공간적 배치를 통일해 조작과 통제를 실현한다.

섀넌의 커뮤니케이션이론은 인간의 목적과 관련 없는 정보의 독자성을 옹호하는 것처럼 보이지만, 사실 배후에는 물질에 대한 통제와 개입이라는 의도가 숨어 있다. 사이버네틱스는 물질이 발현하는 정보를 인간의 인지와 연결하려는 실용적 목적에서 출발했다. 섀넌의 정보이론은 수학의 객관적인 공식이라는 틀을 가장해 정보를 인간과 무관한 법칙처럼 규정했다. 정보는 물질과 물질, 생명체와 물질, 인간과 물질, 인간과 생명체 사이의 매개이고 관계이다. 정보는 어떻게 연결되는가에 따라 다양한 위상을 갖는다. 물질과 물질, 생명체와 물질은 인간 없이도 관계를 맺기 때문에 정보는 만유에 존재한다. 인간은 이들 사이에서 발현되는 정보를 모두 파악하거나 알지 못할 뿐이다. 다만 인간은 감각능력의 진화를 거듭한 끝에 물질에서 발현되는 정보를 감지할 수 있는 다양한 감각을 발전시켰고 그것을 해석하는 방식을 축적해왔다. 그것이 지식이자 과학이다.

미디어는 도구에서 기계를 거쳐 환경으로 발전해왔다. 몸에 물리적으로 붙어 있는, 육체와 결합되어 있던 도구로서의 미디어는 기계가 발명되면서 우리 몸에서 떨어져 나간다. 손에 쥐지 않은 도구는 아무런 의미가 없다. 도구는 몸의 확장(extension)이지만 기계는 몸을 자신의 연장(tool)으로 만든다. 그럼으로써 주종관계도 서서히 전환된다. 카를 마르크스(Karl Marx)는 이것을 '소외(alienation)'라고 보았지만, 캐나다의 미디어 이론가 마셜 매클루언(Marshall McLuhan)은 이것조차 인간의 확장으로 본 점에서 다르다(McLuhan, 1964/2011). 독립적인 사물인 기계는 인간의 몸과 분리되어 존재하며 더 이상 육체의 직접적인 확장물이기를 그친다.

생산도구로서의 기계는 사회 전체로 보면 여전히 인간의 목적의식에 종속되지만, 개별 인간과의 관계에서는 인간의 육체를 제약하고 감각기관의 활동 범위와 운동을 왜곡하거나 제약하는 역주체(행위자, actor)로 자립한다.[18] 전기 미디어는 기호와 관련된 감각과 인지의 영역에서 확장과 왜곡, 축소를 가져왔다. 그것은 중추신경의 확장인 동시에 왜곡이다. 특정 감각의 확장 자체가 왜곡과 과장을 가져와 감각 간의 균형을 무너뜨리고 다른 감각을 축소시킬 수 있기 때문이다. 컴퓨터 네트워크는 육체와 미디어를 분리시키는 대신에 정신과 미디어를 결합시켜 새로운 인간-도구의 결합을 만든다. 그리고 그것은 커뮤니케이션 네트워크이기에 도구, 기계의 단계를 넘어 환경이 된다. 전자시대의 정점인 디지털 네트워크 사회에서 인간은 마침내 미디어 환경 속에 존재하기에 이른다. 그럼으로써 현대 인간과 미디어의 관계에 대한 연구는 미디어 생태학이 된다.

몸과 마음을 분리한 데카르트의 관념론은 물질과 정보의 분리, 현전(presence)과 재현(representation)의 분리가 시작되었음을 알렸다. 정보가 물질에서 분리되면 구상과 실행도 분리된다. 자본주의적 인공물 생산은 물질을 만지는 사람과 정보를 만지는 사람 간의 사회적 분리를 낳는다. 물질을 만지는 사람은 정보로부터 소외되어 그것과 통합적인 관계를 맺지 못한다. 정보를 접하는 사람 또한 물질의 실체를 만질 수 없어 마찬가지 상황에 놓인다. 인공물은 처음부터 상품으로 만들어지고 시장에서 팔리며 최종 소비자에게서 소비된다. 자연과 인간 간의 직접적인 관계는 상품이란 인공물을 통해 매개된 관계와 조작성(operationality)으로 대체된다. 인공물이 생

18 능동적 사물인 행위자는 다른 사물이나 인간과의 네트워크 속에서 움직인다(Latour, 2005). 미디어 기계라는 행위자의 주요 역할은 매개이지만, 그것이 인간과 인간의 매개를 넘어 인간과 기계, 기계와 기계를 매개하는 수준에 이르면 미디어의 행위능력과 자율성은 더욱 확대된다. 자동화된 미디어는 인간 혹은 특정 인간 집단의 제어권을 벗어난다.

산되고 유통·분배·소비되는 사회적 과정에서 만들어지는 정보는 순수 정보의 형태로 축적된다. 그것은 물질과 인간에게서 만들어지지만 이들을 통제하는 대항물로 독립한다. 그러면서 정보를 처리할 수 있는 기술이 물질로부터 외화된 정보를 처리하고 물질에 다시 적용하기 위해 모색된다. 이것이 정보처리기계의 출현 동기다.

여기서 전기의 발명은 물질과 정보의 분리를 완성하는 데 중요한 역할을 했다.[19] 전기시대에 접어들어 물질을 동반하지 않는 순수 정보의 전달이 가능해졌기 때문이다. 중력의 법칙에 구속된 자연물이나 인공물과 달리 물질에서 분리된 정보는 빛의 속도로 전달되어 새로운 형태로 재현된다. 전기는 가짜 현전과 새로운 재현을 동시에 가능하게 만들었다. 복제된 전기신호는 상대방의 수신기나 모니터에 소리나 영상을 나타나게 해 사물 없는 기호로 재현한다. 물질은 이제 전기신호를 통해 육체 없이 복원된다. 육체 없는 물질은 정보만으로 이뤄진 허깨비다. 이러한 매트릭스가 전기시대의 삶을 둘러싼 환경이자 조건이 된다. 육체와 결합하지 않는, 물질과 분리된 정보가 만들어낸 감각의 세계, 그것이 가상현실이자 멀티버스다. 그러나 그것도 물질의 세계와 독립되어 존재할 수 없음은 자명하다.

---

19 미디어를 다시 매개하는 디지털 복제는 물질을 필요로 하지 않는다. 디지털 매체는 기호와 기호화된 사물의 정보를 물질 없이 복제하며 재매개를 통해 미디어와 정보의 결합 자체를 해체하고 탈물질화한다. 그러나 정보는 기술의 지원에 따라 물질과 다시 결합하거나 물질 자체를 새로 만들면서 재물질화될 수 있다.

정보와 인간

• • •

물질, 미디어, 인간 간의 중첩적 관계를 고려하면서 서로 다른 층이 어떻게 접합되고 탈구되는가를 파악하려면, 정보사회에 이르러 정보의 사회적 구성과 인간적 활용이 어떻게 데이터, 정보, 지식 간의 관계를 변화시키고 있는가를 살펴볼 필요가 있다. '정보의 지식화', '지식의 정보화'와 더불어, '데이터의 정보화'와 '정보의 데이터화'가 동시적으로 진행되면서 인간 상호 간의 커뮤니케이션과 감정, 행위 등이 데이터로 축적됨과 동시에 정보로 처리되어 지식으로 전환된다. 정보지식사회 혹은 4차 산업혁명이란 구호와 함께 정부가 제시한 지능정보사회라는 용어는 정보의 지식화와 지식의 정보화가 인공지능과 빅데이터를 통해 자동으로 이뤄지는 사회적 단계를 가리킨다.

인공지능과 빅데이터가 결합하는 현대 정보사회에서는 정보와 지식의 사회적 구성과 더불어 정보와 데이터의 기계적 구성 또한 활발하게 전개된다. 사회적 구성주의와 정치경제학은 지식과 정보, 데이터가 서로 다른 행위주체 간의 이해관계와 활동을 통해 어떻게 생산되는가를 분석한다. 그런데 기계 플랫폼과 알고리즘이 데이터, 정보, 지식의 상호전환에서 큰 비중을 차지하기에 이르면, 사회적 구성주의에서 강조하는 인간 집단 간의 이해관계뿐만 아니라 데이터나 플랫폼, 알고리즘 등의 행위자와 인간 집단이 구성하는 연결망에 의해 정보, 지식, 데이터의 상호관계가 변화한다. 빅데이터의 자동축적과 머신러닝의 진전에 따라 데이터와 정보, 지식의 사회적 구성 못지않게 그것의 기계적 구성도 중요해지고 있다.

네트워크를 통한 협업을 가리키는 P2P 생산은 지식의 사회적 구성이라는 정보사회의 특성을 잘 보여준다. 플랫폼을 활용한 지식/정보의 자동축적과 재구성은 인간 주체 간의 상호작용을 통한 사회적 구성과 더불어 기계적 구성을 통해 이뤄진다. 데이터와 인간, 플랫폼의 행위자연결망(Latour, 2005)이 새로운 데이터와 정보, 지식을 생산하면서 데이터, 정보, 지식 간의 상호전환도 가속되고 자동화된다. 정보사회는 하드웨어와 소프트웨어의 발전을 거친 뒤 데이터, 정보, 지식을 결합한 콘텐츠의 생산과 소비를 향해 진전한다. 정보의 지식화와 지식의 정보화를 넘어 데이터의 정보화, 정보의 데이터화가 동시적으로 추진되면서, 정보의 사회적 구성과 인간적 활용이 긴밀하게 결합되었고 현 단계 인지자본주의(Boutang, 2012; 백욱인, 2018)의 축적방식을 형성했다.

정보는 물질과 생명에 내재적이고 인간에 외재적이다. 인간은 물질이자 생명체이니 당연히 정보를 내재하고 있다. 그러나 인간은 바깥의 정보를 안으로 받아들이는 생명체의 수준을 뛰어넘어 바깥의 정보를 내재화한 후 그것으로 물질과 생명체를 만드는 수준에 이르렀다. 이 지점은 정보의 역사에서 중요한 의미를 지닌다. 정보사회에서 논의되는 정보는 인간적 활용의 입장에서 물질을 데이터-정보를 통해 인지하고, 인지한 물질과 정황에 대한 정보를 해석해 상호 소통하는 과정과 연결된다.

정보사회에서는 기호화된 말이나 글, 그림이나 사진, 말소리나 그것의 이해와 소통이 사회적 삶의 근간이 된다. 커뮤니케이션이 정보사회에서 중요한 이유는 외부의 물질과 그에 대한 인간의 해석이 상호 소통되어야 정보의 교환과 흐름이 원활하게 이뤄지고 이를 통해 사회를 만들 수 있기 때문이다. 그래서 물자의 교환이나 교역만큼 생각의 교환이 중요해진다. 물자의 생산과 유통 자체가 정보를 산출하고 그에 대한 이해와 활용이 근대 자본주의 사회에서 핵심적인 역할을 한다. 앞서 보았듯이 베니거(Beniger, 1986/2009)는 정보기술/기기가 사물의 생산과 유통에서 비롯되는 제어위기에 대응하는 과정에서 발전했다고 보았다. 그가 정보사회의 기원을 19세기 산업혁명기의 제어위기에서 찾는 이유는 물질의 생산과 유통·분배·소비를 제어하기 위한 대책으로서 데이터와 정보에 대한 처리기술이 발전했기 때문이다. 이와 더불어 20세기에 대중문화의 발전과 전자미디어의 등장으로 대중적 콘텐츠가 복제생산되고 그를 전달하는 미디어가 발전해 그 자체로 정보사회의 한 축을 담당하기에 이르렀다. 제2차 세계대전 이후에 디지털 컴퓨터와 같은 사이버네틱스의 구현물이 등장하면서 현실세계의 창작물이 디지털 데이터로 축적되었다. 그리고 그를 변형하고 재현하는 기술이 발전함에 따라 정보는 사물을 제어하는 기술과 인간이 만든 문화 콘텐츠를 저장하고 전달하는 의미로 자리 잡았다.

한국사회에서는 정보에 대한 과학적인 이해 없이 정보사회라는 이데올로기가 먼저 유포되었다. 인문사회과학자들은 정보를 인간중심적으로 해석해 물질적 차원의 데이터/정보와 인간적 활용 차원에서 이뤄지는 정보/지식 사이의 구분선을 지워버렸다. 지식의 정보화를 통해 정보사회의 기반을 정비하고 정보의 지식화를 통해 상업화를 위한 터전을 마련하는 인지자본주의에서, 정보는 지식의 기반이고 지식은 정보의 뭉치로 여겨진다. 정보와 지식의 인간적 활용을 강조하는 실용주의적 차원에서 정보의 지식화와 지식의 정보화는 가역적으로 이뤄졌다. 이러한 정보 이해방식이 정책적 수준에서 정보를 응용하기에 편리했기 때문이다. 이런 과정을 통해 정보는 물질로부터 분리되어 지식 콘텐츠로 전환될 원료처럼 관념화되었다. 인지자본주의에서 정보는 물질과 분리되어 지식으로 전환될 준비가 된 상태로 인간에게서 창발해 미디어로 전달되는 독자적 실체로 평가되었다.

1990년대에 정보사회 예찬론자들은 정보를 상품화하는 방법을 고민하기 시작했다. 그들은 데이터와 정보를 지식으로 바꾸거나 기존에 존재하던 지식을 디지털 정보로 만들기 시작했다. 자본의 관점에서 볼 때 정보는 데이터의 조직화이고, 지식은 정보에 대한 해석이다. 최근 이뤄지고 있는 빅데이터 프로젝트는 인간 활동의 결과물을 데이터로 환원하고 그것을 정보로 조직하며 지식으로 해석하는 작업이다. 그것은 데이터, 정보, 지식의 상향 작용을 거치면서 데이터를 조직하고 정보를 해석하는 작업을 상업화한다. 사업가들은 섀넌과 다른 방향에서 출발했지만 결국 정보의 양적 동질화와 측정 가능성을 추구한다는 점에서 같은 결론에 도달했다. "정보가 동질화되고 계산적으로 됨에 따라 질적 쟁점이 배제된다. 정보는 교환에 대한 순전히 양적인 척도가 되어버렸다(Webster, 2006: 64)."

정보를 이윤으로 연결하는 캘리포니아 이데올로기(Barbrook and Cameron, 1995)는 벤처 열풍과 IT 산업의 급속한 성장과 더불어 우리의 현실 속으로 파고들었다. 이러한 흐름 속에서 1950년대에 진행되던 정보에 대한 물리학적인 접근은 점차 시야에서 사라졌다. 그 대신 정보는 인간 위주의 지식이나 콘텐츠를 구성하는 하위 요소로 환원되어 자본 중심의 상업화된 정보상품론으로 변질되었다. 이후 피터 드러커(Drucker, 1993/1993)로 대표되는 지식사회론자와 경영학자 들이 정보는 인간에 의해 만들어지고 생산되는 지식상품이자 자본이라고 주장했다. 인간중심적 환원주의와 자본주의화 추세 속에서 정보는 콘텐츠와 동의어가 되었다.

디지털 대상물에 대한 탐구와 새로운 정보론

• • •

현 단계에서 정보의 위상을 파악하려면 디지털 대상물에 대한 통합적 분석이 필요함을 시론적으로 살펴보았다. 헤일스(Hayles, 1999/2013)는 "어떻게 정보가 신체를 잃었는가"라는 은유를 통해 정보가 물질에서 분리되는 과정을 탈물질화와 탈신체화로 파악했다. 정보의 탈물질화는 물질을 구성하는 방식을 인간이 관측할 수 있는 틀로 바꾼 다음, 그것을 통해 축적된 데이터로 물질과 신체를 새롭게 구성하고 재현하는 기술적 정보화의 기반을 제공했다. 그런 점에서 슈뢰딩거의 생명과 물질, 정신에 대한 논의(Schrödinger, 1944/2021)는 자연과학적 접근이 인문사회과학적 이해의 바탕이 되어야 함을 보여준다. 정보와 물질의 관계, 물질과 생명체의 관계, 다시 생명체와 정보의 관계, 그리고 생명체의 범위를 바이러스에서 인간까지 확장해 관계를 열어 보이는 작업은 정보와 인공지능을 이해하는 데 유의미한 경로를 제공한다.

정보기계는 '차이를 만드는 차이'를 데이터에서 끌어내 인간의 감각기관이 받아들인 데이터를 수치화하고, 수치의 결합과 변형을 통해 정보를 생산한다. 일본의 사회정보학자 다나카 하지메(田中一)의 "정보란 정보과정에서 표현된 구별이다"라는 주장은 코드로서의 데이터가 '정보화'하는 과정에서 패턴과 차이가 만들어진다는 뜻을 담고 있다(田中, 2007: 3). 이러한 입장에서 보면 물질을 구성하는 코드로서의 데이터세트가 인간에 의해 정보화되면서 형태를 갖춰 나가는 과정에 눈길이 간다. 이런 발상은 시몽동(Simondon, 1958/2011)이 제시한 물질의 정보화와도 연관된다. 물질의 형태를 변화시키는 것은 인간과 기계의 힘으로 가능하다. 인간은 향상된 측정도구를 활용해 물질에서 이제까지 볼 수 없었던 데이터를 뽑아낼 수 있다. 그런 점에서 사물인터넷은 물질에서 데이터를 자동으로 뽑아내겠다는 구상을 실현한다.

우리는 기술사적인 접근을 통해 디지털 인공물의 형성과 진화, 변화의 틀과 구조를 탐색할 수 있다. 하드웨어, 알고리즘, 인공지능, 빅데이터, 사물인터넷, 클라우드컴퓨팅, 크라우드소싱(crowdsourcing), P2P, 블록체인 등에 대한 계보를 바탕으로 그것을 이용자의 형성과 연결하고, 기술변화에 따른 이용자의 취향 변화와 소유양식의 관계 그리고 존재 위상의 변화와 이유, 향후 전망을 정보의 개념 변화와 연결해 이해할 필요가 있다. 이런 작업은 인공지능에 대한 전망과 관련해 인간과 사물의 관계, 기술적 대상의 존재론을 넘어 디지털 대상의 존재론으로 확장하는 일이 될 것이다.

빅데이터와 인공지능의 결합은 데이터가 정보로 변환되는 과정을 가속한다. 변화가 수동적이고 환경주도적인 양태전환이라면, 변환은 능동적이고 적극적인 양태전환을 의미한다. 정보화(in-formation)는 '형태를 갖게 만들기' 혹은 '정보로 만들기'라는 의미에서 적극적 실행이다. 정보화를 진행하는 주체는 알고리즘을 구상하고 만드는 인간 집단이다. 그런데 비록 알고리즘은 인간이 구상했지만 빅데이터-머신러닝의 결합체에서는 구상과 실행이 알고리즘에 의해 자동적으로 이뤄진다. 특정한 목적을 이루기 위한 실행절차로서의 알고리즘은 데이터라는 전(前)개체화 단계의 요소를 개체화한다. 만약 알고리즘이 정해진 수준을 벗어나서 자율적으로 학습해, 인간 주체가 예측하지 못하게 움직이거나 인간의 통제에서 벗어나는 행위를 수행한다면 인간과 인공지능 간에 이뤄지는 '인간의 구상과 기계의 실행'이라는 관계는 무너질 것이다.

인터넷 플랫폼은 그것이 사물인터넷이든 사람 인터넷이든 데이터 전달의 즉각성과 축적성이 함께 이뤄지는 시스템이다. 사물이 발산하는 데이터를 결합하는 인공지능은 데이터의 요소를 개체화하고 개체의 앙상블을 만든다(Simondon, 1958/2011). 시몽동이 구분한 요소, 개체, 앙상블을 데이터와 정보, 지식에 비유해보자. 인터넷 공간에서 이용자의 분업과 협업으로 만들어지는 디지털 데이터는 인공지능에 의해 형체를 갖는 정보로 변환된다. 개체화된 요소가 다시 이용자 서비스로 제공되는 정보화의 순환구조 속에서 디지털 대상물의 앙상블이 만들어진다. 물질에 대한 데이터의 외화/탈외화의 반복 속에서, 인간 행위자와 기계 행위자는 분업과 협업의 생산과정에 유입된다. 그것은 기계 행위자와 인간 행위자의 결합이 만드는 새로운 노동과정이며, 의식되지 않는 혹은 의식할 수 없는 생산과정이다. 데이터의 정보화와 정보의 데이터화 과정이 차이를 반복하면서 기계지능이 성장하고 그에 따라 자동화의 수준도 높아질 것이다. 탈물질화된 데이터와 학습 알고리즘의 결합이 독자적인 지각체계로 상향할 때, 그것은 데이터의 수준을 넘어선 정보를 포착하는 자율적 행위로 연결될 수 있다. 그런 경우 데이터와 정보에 관한 인식주체의 해석적 독점이 무너지고 이제까지와 다른 정보계가 등장할 개연성도 존재한다.

포드주의적 자동화 이후에 등장하고 있는 인공지능의 자동화는 기계가 인간의 조작과 통제에서 벗어남을 의미한다. 자동화의 수준이 높아지는 만큼 인간이 기계의 작동과정에서 개입할 여지는 줄어든다. 기계 자율성의 확대가 인간 자율성의 축소로 직결되지는 않겠지만, 주어진 공정 안에서는 기계 자율성이 확대되고 인간 개입이 차지하는 비율이 줄어들 수 있다. 머신러닝을 통해 인공지능 알고리즘과 데이터가 결합하면서 기계 자동화의 수준은 더욱 높아질 것이고, 어느 지점에 이르면 기계가 사유를 동반하지 않는 '비의식(nonconsciousness)' 수준의 인지 단계(Hayles, 2017)를 넘어 자율적 판단과 실행을 수행하는 단계에 도달할 수 있다. 그것을 인간과 기계 간의 지능 역량이 역전되는 특이점(singularity)이라 부를 수도 있을 것이다. 그러나 인간과 기계가 완전히 분리될 것이라고 확언할 수는 없다. 기계지능의 향상과 자동화의 질적 수준은 인간과 기계가 통합된 생산과정 안에서 기계지능이 무엇을 어떻게 수행하는가에 달려 있다.

데이터의 본원적 축적을 통해 형성된 빅데이터와 머신러닝을 결합하는 단계에 접어들면, 정보는 물질로부터의 독립을 완료하고 인간에게서도 독립된 실체로 존재하기 시작할 것이다. 인간 이후의 정보가 자리 잡는 거대 저장고는 인간의 신체와 정신활동 모두를 데이터로 축적한다. 그것은 인간적 활용을 위한 데이터의 저장고 혹은 특정 계층의 이윤을 위한 원료로 이용되지만, 인간의 의지나 목적과 무관하게 이제까지 우리가 볼 수 없었던 형태를 갖춰나가는 실체로 등장할 개연성도 있다. 이 지점이 통제사회(Deleuze, 1995)에서 벌어지는 인간 간의 계급적 지배관계를 넘어, 예측불허의 포스트휴먼 시대에 정보가 차지하는 자리다.

3장 빅데이터, 인공지능 시대의 한복판에 서다

지식사회학의 선구자 카를 만하임(Karl Mannheim)은 '지식의 존재 구속성(Seinsverbundenheit des Denkens)'을 지적했다. 디지털 시대의 지식은 데이터의 정보화와 정보의 지식화 과정을 통해 생산된다. 디지털 시대의 지식이 지니는 수행성은 데이터의 축적과 활용을 통해 작동한다. 지식과 마찬가지로 데이터는 이중적인 의미에서 존재 구속성을 지니고 있다. 그것은 물질과 생명체의 활동에서 생겨나지만 반대로 그것을 형상화하고 구속한다. 우리는 자신도 모르는 사이에 수많은 데이터의 발원지가 된다. 살아서 활동하는 것 자체가 데이터로 바뀌어 어디엔가 축적된다. '기계적 예속성'은 데이터의 존재가 구체적인 존재자를 구속하는 데이터 배열체로 바뀌면서 본격화되었다. 데이터의 이중적인 위상은 사이버네틱스 기술에 의해 마련되었다. 보드리야르는 현대사회에서 무한대로 축적되는 데이터/정보의 무의미성에 대해 다음과 같이 말했다.

"우리가 마지못해 모든 것을 비축하고 기록하며 보존하는 이유는 우리가 더 이상 무엇이 참이고 거짓인지를 모르기 때문에, 무엇이 옳고 그른지를 모르기 때문에, 무엇이 가치 있고 가치 없는지를 모르기 때문이다. 여기에서 결정적인 가치하락이 일어난다. 우리가 끝도 없이 쌓는 것은 가치의 기준이 더 이상 없기 때문인가, 아니면 우리가 비축하고 축적하며 현실을 현실에, 정보를 정보에 추가하기에 가치가 모호해지고 불분명해지기 때문인가? 이것 자체도 불분명하다(Baudrillard, 1997/2001: 13)."

빅데이터와 인공지능을 결합해 무한질주하는 인지자본주의 시대에 데이터와 정보의 무한축적은 철학적으로 무의미할지 모르나, 경제적으로는 새로운 가치 창출의 원천이 된다. 이용자들이 '연결의 대가'[20]로 지불한 데이터는 플랫폼을 통해 빅데이터로 축적되면서 이윤을 낳는 원천으로 변환하기 시작했다.

---

20 이용자들이 플랫폼 서비스를 이용한 '연결의 대가(the costs of connection)'는 단순히 분할체화를 통해 자신의 몸과 활동에서 빠져나가는 데이터의 전유와 프라이버시 노출의 위험만을 가리키지 않는다. 연결의 대가는 그의 일상생활과 삶 자체가 파편화되고 '조각주체화'되면서 플랫폼의 식민지가 될 만큼 크다. 데이터 식민주의와 삶의 식민화에 대해서는 쿨드리와 메지어스(Couldry and Mejias, 2019)를 참조.

빅데이터의 형성

• • •

1990년대 이후 인터넷이 대중화되면서 인간이 만든 인공물(artifact)의 범위는 물질 생산물을 넘어 형체가 없는 지적 생산물로 확대되었다. 특히 2000년대 중반 이후 웹 2.0의 보급으로 이용자 생산 콘텐츠(UGC, User Generated Contents)가 대량으로 만들어지면서 인터넷에는 방대한 양의 데이터가 실시간으로 저장되고 있다. 시장조사업체인 IDC는 《디지털 유니버스 보고서》에서 2011년 전세계에서 생성되는 디지털 정보량은 1.8 제타바이트(ZB)에 달하고, 전세계 디지털 정보의 양은 2년마다 2배씩 증가하리라 예측했다. 그렇다면 전체 빅데이터의 반 이상이 2010~2011년 동안 만들어진 셈인데, 이 수치는 소셜미디어와 스마트폰이 결합하면서 빚어낸 결과다. 이는 이용자 활동을 통해 만들어지는 데이터가 빅데이터의 주요 부분을 구성하고 있음을 보여준다. 빅데이터는 이용자 대중의 데이터 생산과 관련된 크라우드소싱이 데이터의 대량 보관을 담당하는 클라우드컴퓨팅과 결합되면서 만들어진다. 다시 말해 빅데이터는 크라우드소싱이나 P2P 협력 생산을 통해 만들어진 이용자 생산 콘텐츠가 클라우드컴퓨팅을 통해 실시간으로 서비스 제공업체의 데이터센터에 집적된 결과물이다. 클라우드컴퓨팅과 크라우드소싱은 현재의 빅데이터를 구성하는 두 가지 주요한 기술적·사회적 요소다.

한국에서의 빅데이터에 관한 논의는 빅데이터의 생산방식보다 빅데이터의 활용과 그로 인한 문제에 집중하고 있다. 산업계는 최적화된 경영과 수익 창출을 목표로 한다. 인터넷 대중화 초기에 유행하던 '인터넷 대박' 신화가 '빅데이터 빅비즈니스'로 재현되고 있다. 이런 논의는 웹페이지 방문, 검색, 위치정보, 소셜미디어 이용 데이터 등의 형태로 자동 축적되는 빅데이터를 활용해 미래 트랜드를 예측하거나(송길영, 2012), 경영관리와 예측의 최적치를 찾아내어(함유근·채승병, 2012) 생산성 향상과 경쟁력 확보로 연결하는 데 초점을 맞춘다. 그 결과 빅데이터가 기업 경쟁력의 핵심 요소로 부각되면서 빅비즈니스(송민정, 2012)라는 꿈으로 채색된다. 이런 현상은 기업이 이윤을 창출할 수 있는 정보산업의 최종 종착지로 콘텐츠의 데이터 단위에 주목하기 시작했음을 보여준다.

공공부문도 새로운 사업 분야로서 빅데이터에 주목했다. 2011년 11월 7일 당시 국가정보화전략위원회(2011)는 '정책 프로세스 혁신'과 '국가지식정보 플랫폼 구축' 방안을 대통령에게 보고했다. 이 보고에서는 스마트정부를 구현하기 위해 공공정보의 개방과 공유를 확대하고 인터넷과 소셜미디어에 축적되는 대용량 데이터를 활용하는 정책을 제시했다. 위원회는 개방형 국가지식정보 플랫폼의 구축도 제안했다. 또한 공공 지식정보 1,068종 가운데 민간 공개 대상 정보를 2011년 현재 13종에서 2013년 351종으로 확대 제공하겠다고 보고했다. 그들은 빅데이터 분석을 도입하면 정부가 재난 감시, 구제역 예방 등에 효율적으로 대처할 수 있을 것이라고 전망했다.

이러한 실용적인 입장은 빅데이터의 존재를 의문 없이 받아들이고, 그것을 어떻게 활용할 수 있는지에 집중했다. 마찬가지로 빅데이터에 대한 비판도 그것을 이미 존재하는 것으로 받아들이고 그것의 활용이 가져올 부작용을 비판하는 수준에 머물렀다. 우리에게 익숙한 빅데이터 비판은 빅데이터를 활용할 때 발생하는 프라이버시와 감시 및 통제에 관한 것이다. 이는 빅데이터를 '빅브라더(Big brother)'라는 감시 차원에서 다룸으로써 국가나 기업이 빅데이터를 활용하는 방식과 그 결과를 비판하는 데 집중한다. 특히 빅브라더가 정치적인 감시뿐만 아니라 경제적인 감시(economic surveillance)를 수행한다는 점을 중시한다(Allmer, 2012). 인터넷을 감시사회나 정치적 통제 차원에서 다룬 연구(Lyon, 2001)는 인터넷 초기부터 많이 이뤄졌다. 현재는 전자감시나 데이터베이스를 활용한 감시를 비판하는 수준에서 한 걸음 더 나아가, 빅데이터가 프라이버시의 사회적 위상을 변화시키는 현상에 대한 비판도 제기되었다(Fuchs, 2012b).

정보 서비스 회사는 개인의 식별정보와 행위정보를 결합해 표적 마케팅을 운영하거나, 자사의 서비스를 대가로 수집된 데이터에 기반해 광고를 게재한다. 심지어는 데이터 자체를 판매하기도 한다. 빅데이터는 개인의 프라이버시 문제와 더불어 범주화된 단위로 분류된 사회 집단의 집합적 프라이버시도 위협한다. 빅데이터에서는 개개인의 정보가 빅데이터의 부분으로 포섭되는 동시에 집합적인 분류를 통해 다양한 목적으로 재배치되기 때문에, 정부나 기업이 언제든지 통제할 위험에 처한다. 이미 만들어진 빅데이터를 어떻게 활용할 것인가에 대한 실용적인 방법을 찾거나 그것이 가져올 결과에 대한 비판에 집중하는 접근법은 빅데이터를 사후적으로 파악할 뿐이다.

이런 입장은 빅데이터가 만들어지는 과정이나 그것이 갖는 사회경제적인 위상에 대해서는 깊이 있게 분석하지 않는다. 데이터에 대한 비판적인 접근은 빅데이터가 만들어지는 방식과 빅데이터가 경제적으로 전유되는 차원을 분석하는 데서 출발한다. 이와 같은 접근은 빅데이터를 '빅캐피털(Big Capital)'이라는 독점의 형성과 이용자 활동의 전유라는 틀로 살핀다. 특히 빅데이터가 형성되는 과정에서 '이용자가 생산한 가치'의 행방이 어떻게 되는지를 추적하고(Andrejevic, 2012), 이용자 활동을 포획하는 기계(Pasquinelli, 2009)와 플랫폼의 특성을 밝히는 작업(백욱인, 2011)에 집중한다. 이는 이용자들이 자신이 만든 활동 결과물로부터 소외되는 현상과 그에 대한 실천적 대안으로서의 '기본소득(basic income)' 혹은 사회적 수입에 대한 요구와 연결되기도 한다(Fumagalli and Lucarelli, 2006).

인터넷으로 연결된 환경 속에서 만들어지는 사람들의 활동 결과물은 산업자본주의와는 다른 방식으로 생산되며 고유한 성격을 지닌다. 축적물의 성격과 전유방식에 대해서는 서로 다른 의견이 제시되고 있다.[21] 최근 새롭게 등장하고 있는 빅데이터의 전유를 둘러싼 이해 대립은 법률적인 차원에서는 지적재산권 문제로, 경제적

---

21 디지털 데이터의 생산 및 축적방식과 전유에 대한 접근은 주류 학계의 정보자본주의나 지식자본주의론의 흐름, 로런스 레식(Lawrence Lessig), 요하이 벤클러(Yochai Benkler) 등의 자유주의적 비판론, 그리고 인지자본주의론 등 세 갈래로 나눌 수 있다. 인지자본주의론 입장에서 정보자본주의론을 비판한 것은 부탕(Boutang, 2012: 38~46) 참조.

인 차원에서는 빅데이터를 활용한 수익 창출과 공적 활용 간의 대립으로 전개되고 있다. 막대한 양으로 축적되는 비정형 데이터를 누가, 무엇을 위해 사용하고 전유하는가에 따라 빅데이터의 사회경제적 위상은 달라질 수밖에 없다.

빅데이터의 가장 주요한 문제영역은 이용자 활동의 결과물을 클라우드컴퓨팅을 통해 빅데이터로 이전하고 그것을 전유하는 방식에 놓여 있다. 빅데이터의 활용과 관련해서는 프라이버시와 감시사회의 문제로 드러나지만, 빅데이터의 형성과정은 가치영역을 은폐함으로써 이용자 활동의 가치를 감춰버린다. 그렇기 때문에 빅데이터가 만들어지는 기술적 기반과 사회적 관계가 어떻게 작동하는가를 빅데이터의 축적과 전유라는 틀에서 파악할 필요가 있다. 이를 위해 빅데이터의 특성과 유형, 빅데이터의 형성방식과 그렇게 해서 축적되는 데이터의 사회적 성격, 빅데이터의 가치전유방식과 형태, 그리고 그것을 둘러싼 대립과 갈등을 살펴본다.

빅데이터의 특성

• • •

빅데이터는 국가나 공공부문에서도 만들어지지만, 여기서는 사적부문에서 만들어지는 빅데이터를 대상으로 논의를 전개하고자 한다. 빅데이터에 대해서는 다양한 정의가 가능하지만,[22] 인터넷에 존재하는 웹페이지 자체가 빅데이터의 기반이자 가장 방대한 데이터임은 부정할 수 없다. 구글의 검색 알고리즘은 인터넷의 방대한 웹페이지를 색인화하고 그들 간의 링크와 연결관계를 분석해 이용자가 찾는 웹페이지 목록을 제공한다. 인터넷 검색은 웹페이지라는 빅데이터를 활용한 범용 서비스의 대표가 되었고, 초기 인터넷 포털 업체는 대부분 인터넷 빅데이터 검색을 기반으로 성장했다. 물질을 선별하고 보관하는 현실세계의 아카이브에서는 선택과 집중 그리고 전시를 위한 배열이 중요하다. 물질 아카이브는 특정한 공간을 필요로 하고, 선택된 공간에 맞는 선택과 배열을 통해 아카이브의 윤곽이 결정된다.

이에 반해 디지털 아카이브는 저장되는 양이 무한에 가깝고 실시간으로 축적되기 때문에 관리자에 의한 선택과 배열보다 이용자에 의한 검색과 활용이 더 중요하다. 그래서 디지털 시대에는 검색이 다른 어떤 서비스보다 우월한 지위를 차지한다. 구글의 검색 알고리즘인 페이지랭크(PageRank)는 인터넷에서 접근할 수 있는 웹페이지를 모집단으로 하는 빅데이터 마이닝의 대표적인 사례다. 구글은 이용자의 검색 행위 및 전체 웹페이지를 결합하는 알고리즘과 그를 위한 플랫폼을 제공한다. 구글은 페이지랭크를 통해 실시간으

---

22 시장조사업체인 가트너(Gartner)는 빅데이터를 양(volume), 다양성(variety), 속도(velocity)의 세 가지 차원에서 '3V'로 정의하고 있다. 다시 말해 데이터의 양적 규모, 데이터의 비정형성, 데이터 축적 및 활용의 실시간 주기가 빅데이터의 필요조건으로 꼽힌다.

로 축적되는 이용자의 검색 활동 결과물을 자체 데이터베이스에 축적하고 가공해 부가적인 서비스에 활용했다.

2000년대 중반 이후 웹 2.0과 소셜미디어의 등장 그리고 스마트폰으로 대표되는 모바일 인터넷 서비스의 활성화로 인터넷 환경은 급격하게 변화했다. 구글은 검색 서비스를 넘어서고자 유튜브를 인수하고 이용자 활동 결과물을 수익 창출의 기반으로 활용해 인터넷 업체 가운데 대표적인 지위를 확보했다. 2000년대 중반 이후 페이스북으로 대표되는 소셜미디어의 대중화 및 위키백과(Wikipedia)의 성공은 '이용자협동생산'의 중요성을 부각했다. 그러면서 이용자 활동의 집합적 결과물을 확보하는 서비스 플랫폼이 주목을 받았다. 급기야 디지털 문화의 대표주자인 기술 전문지 《와이어드》는 2010년 9월 표지 기사를 통해 '웹 사망선언'을 내리기까지 했다.[23] 웹 사망선언의 배후에는 인터넷에 산재해 있던 디지털 아카이브가 서비스 플랫폼을 제공하는 거대 기업의 빅데이터 체제에 의해 잠식되는 현상이 놓여 있었다. 수평적인 연결을 통해 존재하던 웹페이지 기반 디지털 아카이브가 거대 플랫폼 업체의 빅데이터로 전환되면서 데이터의 독점과 축적이 심화되고 있었던 것이다.

---

23 《와이어드》의 2010년 9월호 표지 제목은 "웹은 죽었다"로, 편집장 크리스 앤더슨은 웹에서 앱으로의 추세 전환을 주장했다. Chris Anderson and Michael Wolff, "The Web Is Dead. Long Live the Internet", *Wired*, 2010. 8. 17. https://www.wired.com/2010/08/ff-webrip (2023년 3월 10일 접속)

소셜미디어는 통일된 플랫폼을 활용해 이용자 활동의 결과물을 실시간으로 자사의 데이터 저장고에 자동으로 저장한다. 이들은 API(Application Platform Interface)를 제공해 다양한 서비스 회사를 외곽에 거느리면서 인터넷 안에 독점적인 생태계를 만든다. API를 통한 플랫폼의 개방과 서드파티의 다양한 참여를 촉진하는 방식이 인터넷 생태계를 다양하게 만든다고 보는 입장도 있다. 하지만 거대 서비스 업체의 독점적인 지위와 불평등한 관계가 강화된다는 점에서 문제적이지 않을 수 없다. 플랫폼이 데이터를 독점하는 과정에서 개별 아카이브나 개인 블로그 등 독립된 위상을 갖는 개체와 활동은 위축된다. 물론 개별 아카이브와 개인 블로그는 외부 링크나 추천을 통해 이용자들과 연결될 수 있지만, 데이터의 집적과 집중은 인터넷의 수평적인 연결구조를 과거 PC통신 시대의 수직적 연결구조로 되돌린다. 인터넷 공간의 수직적 분할과 독점이 강화되면서 빅데이터의 배타성과 상업성이 강화되고 있으며, 다수의 독립 아카이브가 소수의 거대 플랫폼으로 흡수되거나 수직적 위계 관계로 재편되고 있다.[24]

그러나 아직까지 인터넷에 존재하는 가장 광대한 빅데이터는

---

24 개별 이용자가 하루에 머무르는 플랫폼별 시간 변화의 추이를 추적하면 이런 현상을 검증할 수 있을 것이다. 다른 방법은 하루에 형성되는 전체 비트의 양에서 거대 서비스 회사가 차지하는 비트의 양을 계산하는 방식이다. 다른 한편 거대 서비스 회사의 빅데이터와 개별 아카이브 혹은 개인 블로그 간의 관계 변화를 파악할 수 있는 실증적인 방법도 찾아야 한다.

이용자 간의 수평적 네트워크를 통해 만들어진다. 비록 거대 인터넷 서비스 기업들이 개별 이용자가 생산하고 공유하는 데이터를 전유하고 있지만, 이용자의 개별적인 나눔도 여전히 중요한 부분을 차지하고 있다. 이용자들은 기존의 미디어 관련 회사들이 만들어놓은 문화상품을 디지털로 전환하고 다른 콘텐츠와 결합해 새로운 창작물로 변형한다. 이용자들은 자발적인 협업을 통해 대량의 비트 생산물을 만들고 그것을 사회적 공유물로 바꾸기도 한다.

벨기에 출신의 정보공유운동가 미셸 바우웬스(Michel Bauwens)는 자연자원의 유한성을 '거짓 풍부함(pseudo-abundance)'으로 대체하고 비물질 세계의 풍부함을 '거짓 희소성(pseudo-scarcities)'으로 위장하는 자본주의 체제를 비판하면서, 물질영역의 희소함과 비물질영역의 풍요로움에 걸맞는 이용자의 실천을 주장한다(Bauwens, 2008). 그는 인터넷 이용자 활동이 시장과 교환에 입각한 상보성의 틀을 벗어나 보상을 바라지 않는 자유로운 창조와 공유의 탈자본주의 세계로 들어서는 출입구가 될 수 있다고 전망한다. 그는 인지자본주의에 대한 비판에서 한걸음 더 나아가 이용자 생산공유모델이 자본의 개입 없이 사용가치를 생산할 수 있는 가능성을 지니고 있다고 본다. 그는 탈자본주의적인 가치생산과 교환의 대안적 틀을 이용자 공유에서 찾고 있다. 그와 동시에 비정규직 노동자나 P2P 공유 생산자의 수입과 생계유지에 대한 명확한 대안을 찾기는 어렵다고 술회하면서 기본소득을 대안으로 제시한다(Bauwens, 2008: 8~9).

그런데 자본이 클라우드컴퓨팅을 통해 P2P 생산 또는 크라우드소싱의 결과물을 데이터센터로 가져가겠다는 구상은 데이터의 이용과 축적 및 접근을 통제하려는 의도와 관련이 있다. 이것은 개인의 저장고를 없앤다는 의미에서 P2P의 기반을 파괴하는 것과 같다. 클라우드컴퓨팅은 데이터의 '중층적 소유관계'를 '배타적 소유관계'로 일원화하기 위한 토대를 형성하는 셈이다. 한편 오픈소스(Open Source)를 주창하는 해적당(Häusler, 2011/2012)이라던가 토렌트(Torrent)를 활용하는 공유 매개 사이트는 자본의 배타적 소유권 영역을 허물고 재산권에 입각한 배타적 가치실현을 방해하면서 탈상업화의 한쪽 축을 담당하고 있다.

데이터의 본원적 축적과 데이터센터

• • •

데이터센터는 인터넷 이용자들이 여러 가지 형태로 올린 말과 생각, 의견과 감정이 쌓이는 실시간 저장고다. 이용자가 올려놓은 디지털 콘텐츠는 그것이 저장되는 물리적 장소에 상관없이 네트워크 안에서 사이버스페이스라는 가상의 공간 안에 축적된다. 빅데이터라는 실체는 가상공간과 실제공간을 연결하며 두 가지 다른 존재양식을 통일한다. 빅데이터는 현실에서 만들어지는 동시에 현실을 반영한다는 차원에서 볼 때 순수한 가상공간이 아니다. 가상공간은 이용자 활동과 서비스 플랫폼이 결합하는 사이버스페이스이고, 실제공간은 아카이브를 저장하고 있는 물리적 하부설비를 가리킨다. 가상공간을 통해 수집된 데이터는 언제나 실제공간을 필요로 한다.

디지털 아카이브는 개별적인 장소에 분산될 때 독립적이고 안정적이다. 그러나 빅데이터는 개별적인 디지털 아카이브의 독립성과 다양성을 훼손한다. 데이터의 중앙집중적 저장고인 데이터센터는 최근 클라우드컴퓨팅의 활성화와 더불어 경제적·사회적 영향력이 커지고 있다. 구글, 페이스북, 마이크로소프트(Microsoft), 아마존(Amazon) 등 이용자 활동을 근간으로 삼는 거대 기업의 데이터센터는 가상공간의 물리적 실체이며 창고이자 공장인 동시에 시장이다. 다시 말해 빅데이터는 구체적 실체이자 데이터센터라는 특정한 장소에 거주하는 존재자다. 빅데이터는 클라우드컴퓨팅을 통해 물리적 장소의 의미를 탈각시키지만, 클라우드컴퓨팅의 최종 종착지로서 데이터센터라는 물리적 장소에 정주한다는 이중성을 지닌다. 거대 인터넷 기업의 서비스 플랫폼은 네트워크로 연결된 이용자들의 집합적 활동과 협업의 결과물을 크라우드소싱이란 틀로 자동 축적한다. 서비스 플랫폼은 개별 이용자의 활동시간을 적분해 생명의 활동시간을 기계의 시간으로 저장한다. 실시간으로 축적되는 빅데이터는 과거-현재-미래의 통상적인 시간 흐름에 변화를 가져온다. 실시간으로 축적되는 정보와 실시간으로 조회되어 재현되는 축적된 정보 간의 관계는 항시 현재적이다.[25]

구글의 유튜브는 이용자들이 만든 빅데이터를 흡수하는 기계장치다. 유튜브는 이용자들이 기존의 문화 콘텐츠를 디지털로 전환한 각종 비트의 자동 저장고 역할을 담당한다. 이용자의 활동을 통해 비트로 바뀐 문화 콘텐츠가 유튜브 안에서 축적되면, 저작물은 배타적 소유권인 지적재산권의 영역에서 멀어지며 탈상품화된다. 다른 이용자에게 그것은 새로운 원료로 활용되거나 다른 내용물과 연결되어 새로운 부분-전체의 관계를 만들면서 이전과는 다른 질을 갖는다. 데이터의 양질전환이 일어나는 것이다. 빅데이터로서의 유튜브는 축적과 이용의 모순과 통일, 새로운 선택과 배열의 교차, 부분과 전체의 결합, 양과 질의 전화 등을 보여준다. 그것은 의도하지 않았을지라도 기존의 거대 미디어가 소유했던 저작권을 무력화시키는 한편, 이용자의 협업을 통한 축적을 가능하게 만들고 다양한 이용자의 개입과 활용을 통한 큐레이션의 새로운 영역을 제공한다(Gehl, 2009).

이용자 활동으로 만들어지는 내용물 말고도 대중매체를 통해 전파되는 기성의 저작물도 디지털로 형태전환되어 특정한 플랫폼에 축적된다.[26] 현실을 구성하는 사물은 미디어에 의해 매개된 이후 디지털로 전환되면서 다시 매개된다. 디지털 아카이브는 재매개(Bolter and Grusin, 1999/2006)를 통해 디지털화된 내용물과 이용자

---

25 디지털 아카이브의 정보는 아날로그 아카이브의 물질과 달리 시간의 흐름에 따라 소멸하지 않으며, 물리적 시간의 흐름에 따라 닳거나 낡지 않는다. 그것은 언제 어느 때라도 조회하면 다시 살아날 수 있는 상태로 디지털 아카이브에 축적된다. 자본은 개별 이용자의 활동 결과물을 수치화된 데이터로 축적하는 동시에, 시공간적으로 재배열해 상품으로 만든다.

의 활동 결과물이 쌓이면서 시공을 넘어 확장된다. 상호연결과 복제를 거듭하는 디지털 아카이브는 스스로를 복제하며 확장된다. 미러링(mirroring)과 단순한 따 붙이기도 인터넷 공간에서 빅데이터를 만드는 적극적인 행위가 된다. 왜냐하면 그런 행위가 곧 빅데이터를 확장하고 살아 있게 만들기 때문이다. 미러링이나 따 붙이기로 만들어진 세계는 어떤 형태로든지 현실을 반영하지만, 이와 같은 작업에는 개별 주체의 개입이 극소화되기 때문에 주체는 동일한 상을 복제하는 거울에 불과하다. 개별 이용자가 리트윗하고 반사하며 전파하는 상은 현실의 맥락에서 떨어져 나가 그 자체로 존재성을 지닌다. 거울을 매개로 반사를 거듭하는 만화경(kaleidoscope)의 상처럼 반사된 개별 콘텐츠의 양적 확대는 예측하기 힘든 다양한 거울상을 만든다. 몇 번의 반사를 거듭하며 만들어진 상은 현실의 맥락에서 완전히 탈각되어 그 자체가 하나의 만화경적 유사현실이 된다.

이처럼 이용자 활동의 결과물과 기존 대중매체의 내용물을 복제한 콘텐츠는 특정한 내용물을 정리하고 보관하는 디지털 아카이브에 모이거나, 서로 링크를 걸거나 트랙백을 통해 관계를 맺는다. 디지털 콘텐츠는 검색과 링크를 통해 서로를 불러주기 때문에 디지

26 유튜브에는 이용자가 만든 저작물 이외에 기존 미디어 업계에서 제작한 저작물이 가공되어 축적된다. 유튜브로 옮겨진 디지털 콘텐츠는 저작권의 적용에서 어느 정도 자유로워진다. 그런 점에서 유튜브는 기존 미디어 콘텐츠의 저작권을 희석하는 디지털 저장고다. 그러나 초기의 느슨한 지적재산권 관리방식은 데이터의 본원적 축적 시기가 끝나자 다시 빡빡한 체제로 바뀐다.

털 저장고가 있는 물리적인 장소와 관계없이 사이버스페이스라는 단일한 공간 안에 자리 잡는다. 하이퍼텍스트(hypertext)의 상호연관과 호명의 체제로 연결된 디지털 정보는 그러한 연결과 집합체만으로 새로운 문화를 만든다. 한곳에 모이거나 서로 연결하는 행위에서 더 나아가 의도적인 협업과 집단행동이 이뤄지면 생각과 행동의 결과물이 집합적으로 축적될 수 있다. 이러한 생각과 행동의 결과물이 디지털 아카이브를 만드는 기본적 요인이자 출발점이다.

하지만 빅데이터가 크라우드소싱과 클라우드컴퓨팅을 통해 집적되면서 디지털 아카이브는 민주적인 성격을 잃는다. 빅데이터가 생산되는 과정에서, 새로운 축적을 위한 원료가 저장되는 동시에 이용자층이 분화된다는 이중적 의미에서 본원적 축적이 발생한다. 거대 독점 플랫폼은 이용자의 활동 결과물을 자동으로 전유하면서 새로운 가치를 생산하기 위한 원료를 축적한다. 거대 플랫폼 기업들은 데이터의 정보화와 지식화를 수행하고 수익분할이나 수동임금, 창작경제 등을 활용해 이용자를 창작자와 소비자로 양극화한다. 그러한 이용자의 분화는 플랫폼 안에서의 활동이 플랫폼 노동으로 변화하는 과정이기도 하다.

뇌의 집합적 외화는 크라우드소싱의 결과물이며, 집합적 뇌 활동의 결과물은 자동으로 기계 시간의 법칙에 따라 클라우드컴퓨팅을 통해 데이터센터로 이전된다. 인간의 시간 감각은 기계 시간에 의해 포섭되며, 연결을 상실한 개체의 시간은 불안하고 의미 없는 혹은 가치 없는 시간으로 전락한다. 집합적 뇌 활동의 산물은 인간 시간의 범주와 다른 기계 시간에 의해서만 측정될 수 있다. 빅데이터는 외화된 집합적 뇌 활동의 양적인 등가물인 동시에 물질화된 저장물이다. 그것은 자동으로 수집된 정보가 프로그램에 의해 결합된 지식이기 때문에 물신화된 축적물에 더 가깝다.

빅데이터 비트의 유형

• • •

디지털 경제는 비트의 생산과 유통에서 출발한다. 그렇다면 누가, 어떻게, 왜 데이터를 생산하는가? 앞서 살펴본 바와 같이 레거시미디어(legacy media) 업계가 소유하던 콘텐츠는 수없이 가공되고 복제되고 있다. 레거시미디어 사업자는 자신의 재산이 비트로 전환되어 해적질 당하고 있다고 주장하면서 정부를 앞세워 법적 규제를 강화했다. 개인의 공정한 사용조차도 저작권법을 적용해 제한했다. 그러나 정작 구글, 페이스북, 네이버 등 거대 독점업체는 수많은 이용자가 만들어놓은 저작물에 대해 어떠한 저작권료도 지불하지 않는다. 그들은 이용자의 저작물을 공짜로 가져가서 이윤으로 전환한다. 그들은 이용자들이 양계장의 닭처럼 밤낮 가리지 않고 열심히 트윗한 비트 달걀을 바구니에 차곡차곡 담는다. 그뿐만 아니라 이용자 활동의 긍정적 외부효과 또한 자신들이 독점적으로 가져간다. 이용자의 네트워크 활동과 데이터 축적이라는 외부효과는 인지자본주의의 생태계를 만들고 유지하는 기반이 된다(Boutang, 2012).

디지털 복제는 인터넷 안에서 이뤄지는 또 하나의 중요한 비트 생산영역이다. 이와 더불어 P2P를 통한 생산과 나눔 또한 비트 생산의 중요한 영역임에 틀림없다. 데이터는 이용자가 사업자의 플랫폼이나 소프트웨어를 사용할 때 본격적으로 생산된다. 기업가의 서비스 플랫폼과 소프트웨어는 자본이고 이용자의 활동은 일종의 노동인 셈이다. 구글과 페이스북은 더 이상 산업사회의 공장을 필요로 하지 않는다. 이용자를 끌어들여 자동으로 데이터를 생산하는 비트 공장을 만드는 것으로 충분하다. 서비스 플랫폼 안에 축적되는 대부분의 데이터는 사람들이 자신의 활동과 맞바꾼 결과물이다. 상대 홈페이지에 링크를 걸고 구글로 검색을 하며 네이버 지식인에 올라온 물음에 응답을 주고 또 응답에 점수를 주는 모든 행위가 데이터를 만든다.

2022년 1월 현재 전세계 인구 79억 명 가운데 67%가 스마트폰을 이용하고 있으며, 인터넷 이용자는 62.5%, 소셜미디어 이용자는 49억 명으로 전체 인구의 58.4%에 이른다.[27] 한국의 2021년 소셜미디어 이용률은 50%에 이른다.[28] 2022년 미국 성인 이용자의 소셜미디어 하루 평균 이용시간은 페이스북 33분, 틱톡(TikTok)/트위터

27 Simon Kemp, “DIGITAL 2022: GLOBAL OVERVIEW REPORT”, 2022. 01. 26. https://datareportal.com/reports/digital-2022-global-overview-report (2023년 3월 10일 접속)

28 “2021 소셜 미디어 이용 행태 및 광고 접촉 태도 분석 보고서”, DMC 리포트, 2021. 09. 27.

31분, 인스타그램(Instagram) 28분이었다.[29] 구글 검색과 같은 비트 공장은 엄청난 양의 비트를 생산한다. 페이스북의 뉴스피드와 트위터의 트윗 또한 마찬가지다. 이처럼 구글, 페이스북, 트위터는 현 시대 최대의 비트 생산공장이다. 이용자들은 그 시간 동안 검색을 하고 메일을 주고받으며 댓글을 남기고 사진을 올리고 동영상을 보았을 것이다. 이러한 모든 활동은 데이터의 생산과 유통, 소비를 동반한다. 이용자의 활동은 비트를 만들고 복제하며 가져오고 보내는 과정으로 구성된다. 메일이나 메신저, P2P로 비트를 보내거나 받는 단순한 행위도 비트를 낳는다. 인터넷 세상의 모든 서비스는 이용자가 만드는 데이터 없이는 하루도 지속될 수 없다.

인터넷은 네트워크의 네트워크다. 네트워크를 통해 데이터가 생산되고 복제되며 전송되고 축적된다. 데이터는 만들어지는 방식과 이용되는 방식에 따라 다양하게 구분할 수 있다. 데이터의 생산과 축적에 관한 논의는 인터넷에 대한 비판적 접근의 출발점이다. 비트가 만들어지는 유형을 신문 기사를 예로 들어 살펴보자. ○○일보 기자가 자신이 취재한 기사를 노트북을 통해 본사로 전송한다. 전송된 기사는 ○○일보 웹페이지로 옮겨진다. 비트가 생산되어 ○

29 S. Dixon, "Average daily time spent on selected social networks by adults in the United States from 2017 to 2022, by platform", *Statista*, 2022. 08. 19. https://www.statista.com/statistics/324267/us-adults-daily-facebook-minutes (2023년 3월 10일 접속)

○일보 데이터베이스에 저장된다. 이 기사를 본 독자는 기사를 페이스북 링크를 통해 추천한다. 어떤 이용자는 자신의 블로그로 기사를 퍼가기도 하고 다른 친구에게 이메일로 보내기도 한다. 비트는 이와 같은 디지털 복제과정을 통해 순식간에 증가할 수 있다.

이 같은 사례에서 최초의 비트는 자본에 고용된 지식노동자(기자)가 창출했다. 이러한 비트 생산물은 자본주의적 가치법칙의 적용을 받는다. 그런데 생산물이 디지털화되면 가치실현의 장애물을 만난다. 이용자들은 자본이 만든 콘텐츠의 비트를 마음대로 복제해 퍼뜨린다. 그들은 자신이 사용하는 서비스의 안팎으로 링크나 트랙백을 걸기도 하고, 자신의 웹으로 직접 퍼가기도 한다. 그래서 한번 생산된 비트는 자본의 감독과 관리과정에 걸쳐 있기는 하지만 사실상 통제불능 상태에 빠진다. 복제된 비트를 시장이나 유통과정에서 감독하고 관리할 방법이 마땅찮은 것이다. 이런 디지털 생산물은 전문 콘텐츠 생산자들에 의해 자본주의적 방식으로 생산되지만, 디지털 복제와 유통에 의해 가치실현의 장애를 맞는다.

그런 점에서 첫 번째 비트 생산유형은 플랫폼 그 자체에서 비롯한다. 지식노동자가 창출한 비트 생산물이 플랫폼을 통해 유통되어야 데이터가 모이기 때문이다. 두 번째 비트 생산유형은 개별 창작자나 전문 블로거 등이 만든 비트의 독립생산물이다. 이들은 독립 블로그나 포털이 제공하는 블로그에 자기 생각을 적는다. 비트로 전환된 글쓰기 작업의 결과물은 다른 이용자가 자유롭게 활용할 수 있다. 초기 인터넷의 개인 홈페이지나 독립 기관 홈페이지가 이러한 유형에 속하며, 대부분의 생산물은 P2P를 통해 공유의 틀 안에서 생산되고 교환된다. 세 번째 비트 생산유형은 거대 서비스 회사가 제공하는 플랫폼과 일반 이용자의 활동이 결합할 때 만들어진 데이터다. 페이스북 친구의 계정에 쓴 글, 트위터에서 재잘거린 말 등이 이에 속한다. 이 유형에 속하는 비트의 생산량이 가장 많을 뿐만 아니라 사회경제적으로도 가장 중요한 의미를 지닌다.

이러한 생산유형의 차이가 무엇을 의미하는지 조금 더 자세히 살펴보자. 여기에서는 ① 플랫폼으로서의 소프트웨어 데이터 레이어, ② 이용자가 생산하는 콘텐츠 데이터 레이어, ③ 소프트웨어 레이어와 콘텐츠 레이어의 결합을 통해 만들어지는 메타데이터 레이어로 나눠 검토해본다.

① 소프트웨어 데이터 레이어

플랫폼으로서의 소프트웨어 비트는 개별 컴퓨터가 아니라 인터넷에서 작동하는 소프트웨어의 영역에 속한다. 구글, 페이스북, 트위터, 네이버 등 인터넷 기업이 제공하는 서비스 뒤에는 플랫폼이 깔려 있다. 플랫폼은 소프트웨어를 통해 만들어지고 소프트웨어로서 작동하지만, 단독 상품으로서의 소프트웨어가 아니라 서비스의 성격을 강하게 띠고 있는 소프트웨어의 결합체다. MS 윈도나 오피스가 개별 상품이라는 성격을 갖고 있다면, 플랫폼은 소프트웨어의 결합체로서 인터넷에서 운영되는 서비스라는 성격을 갖는다. 그것은 이용자가 접속해 들어오는 통로이자 작업을 구동하는 논리체계이며, 사용 결과물을 포획하는 코드인 동시에 아키텍처이자 이 모든 것의 총체다. 그래서 플랫폼은 개별 컴퓨터에서 돌아가는 단독형 소프트웨어와 다르다. 플랫폼은 자체 완결적인 상품이라기보다 다른 목적을 위해 활용되는 생산수단과 유사한 성격을 띤다. 플랫폼은 비트의 생산·이용·축적 및 전화 등 자본의 다양한 목적을 실현하기 위한 도구이자, 이용자에게 특정한 서비스를 제공하는 기반이다.

따라서 플랫폼 소프트웨어에 대한 분석은 과거와 같은 정보재 가치논쟁(이채언, 2005)의 영역을 넘어서 새로운 방식으로 전개되어야 한다. 왜냐하면 이것은 자본의 새로운 생산수단이자, 과거의 공장을 대신하는 생산영역을 구성하기 때문이다. 플랫폼은 이용자와 소통하는 인터페이스인 동시에 이용자를 끌어들이고 그들의 활동을 전유하는 포획기계다. 그렇기 때문에 생산노동자의 노동력을 착취해 잉여가치를 생산하던 과거의 공장노동과 매우 다른 기제를 갖는다. 여기에 대한 분석 프레임을 마련하는 것이 매우 중요하다. 왜냐하면 플랫폼 레이어는 인터넷 기업이 새로운 가치를 창출하고 이용자의 활동을 전유해 이윤을 창출하는 데 핵심적이기 때문이다. 구체적으로는 구글의 검색엔진이나 페이스북/트위터의 플랫폼 아키텍처, 네이버 지식인 등 개별 플랫폼의 특색과 운영방식, 그리고 그것이 자동적으로 이용자의 활동을 전유하는 방식, 전유된 이용자의 활동 결과물이 서비스 제공자의 데이터 레이어로 축적되어 자본 소유 비트로 전환되는 기제에 대한 분석이 필요하다.

② 콘텐츠 데이터 레이어

서비스 제공자의 플랫폼이 소프트웨어 데이터 레이어라면 이용자가 생산하는 비트는 콘텐츠 데이터 레이어에 속한다. 콘텐츠 데이터 레이어는 소프트웨어 데이터 레이어보다 훨씬 다양한 범위에 걸쳐 있으며 최종 소비재 영역에 속한다. 콘텐츠 데이터 레이어는 자본의 생산물은 물론, 이용자가 스스로 만들거나 복제해서 퍼뜨리는 생산물로 구성된다. 또한 레거시미디어 업계가 기존의 자본-노동 관계로 생산한 콘텐츠를 가공한 생산물도 여기에 해당한다. 콘텐츠 데이터 레이어에서는 두 가지 상반된 전유 활동이 이뤄진다. 인터넷에서는 사업자와 이용자를 가리지 않고 모두가 비트를 전유한다. 이용자는 자본이 생산한 콘텐츠를, 자본은 이용자가 만든 생산물을 전유한다. 이용자가 전유하는 자본의 생산물 중 많은 부분은 레거시미디어 업계에서 생산된 콘텐츠가 디지털화된 것이다. 이용자들은 P2P를 통해 디지털 복제물을 공짜로 나누고 향유한다. 마찬가지로 인터넷 기업은 자신이 제공한 플랫폼으로 들어오는 이용자 활동 결과물을 전유한다.

여기에서 콘텐츠 생산노동자를 활용해 콘텐츠를 생산하는 기업 내부의 생산노동은 논외로 하자. 콘텐츠 데이터 레이어는 이용자 활동의 전유와 관련해 핵심적이다. 이용자의 검색 활동부터 자발적 콘텐츠 공개에 이르기까지 콘텐츠 생산과 관련된 이용자 활동은 크게는 인터넷 안에서, 작게는 특정 기업이 제공하는 플랫폼 속에서 이뤄진다. 이것이 이용자 생산정보 비트가 만들어지는 기본 조건이다.

따라서 이용자 활동(혹은 노동)은 인터넷 자체와 구글 같은 기업이 제공하는 플랫폼에 의해 규정된다. 공장에 고용된 노동자가 기계의 배치와 생산과정에 완전히 포섭되어 자신의 노동력에 대한 통제력을 잃는 것과 마찬가지로, 인터넷 안의 이용자 활동도 주어진 플랫폼에 의해 통제된다. 단지 공장 안에 있지 않고 자본의 직접적 통제를 받지 않으며 자신의 능동적 활동을 통해 서비스를 사용하고 있다는 측면 때문에 자본과의 직접적인 관련성이 은폐될 뿐이다. 이용자가 생산한 비트는 다양한 방식과 경로로 플랫폼 제공자의 데이터베이스에 자동으로 쌓인다. 이것이 비트로 지어진 벌통(Boutang, 2012)이며, 포털이 제공하는 닭장이다. 정보라는 용어보다 비트라는 기술적 용어가 더 설명력이 크지 않을까? 왜냐하면 자본은 수집된 정보를 다시 특정한 소프트웨어로 가동하고 활용해 그들의 수익과 관련된 비트로 바꾸기 때문이다. 이용자 생산 비트는 필요에 따라 이용자 서비스 정보나 상품 정보, 광고 등으로 변형될 것이다.

이처럼 플랫폼을 통해 수집된 비트는 자본의 목적에 부합하는 특정한 정보 혹은 상품으로 재가공된다. 여기에 필요한 소프트웨어와 알고리즘, 아키텍처는 자본이 고용한 내부의 전문가들이 개발한다. 경영자들이 말하는 '사업모델'이란 결국 이용자 비트를 어떻게 활용할지 그림을 그리는 작업을 가리킨다. 그 사업모델을 실현하는 구체적인 아키텍처의 결정체가 소프트웨어 솔루션이다. 결국 자본 입장에서는 이용자가 생산한 비트를 어떻게 확보하느냐와 확보한 비트를 어떻게 활용해서 가치를 실현하느냐가 가장 중요한 문제다.

그렇기 때문에 비트 전유를 둘러싸고 일차적으로는 이용자를 확보하기 위한 시장 경쟁이, 이차적으로는 확보한 비트로 이윤을 실현하기 위한 마케팅 혁신 경쟁이 벌어지는 것이다.

③ 메타데이터 레이어

세 번째 영역은 메타데이터(metadata) 레이어다. 자본이 이윤을 위해 이용자 생산 콘텐츠 이외의 비트를 어떻게 가공하는지 따져보기 위해 메타데이터 레이어를 덧붙였다. 이 경우 데이터와 정보, 지식을 형성하는 비트가 어떻게 다른가를 밝히고 그것 간의 관계를 설명하는 작업이 필요하다. 이용자나 콘텐츠 생산 기업이 만드는 내용물은 대부분 데이터보다 정보나 지식 단위에 속한다. 데이터는 내용물의 선택과 배열을 배제한 단순한 행위 결과나 상태의 집합으로 이뤄진다. 예를 들어 구글 사용자의 검색 행위, 아마존 이용자의 구매 행위, 위치정보 등 이용자의 단순한 행위 결과가 집합체로 모일 때 그것은 자본을 위한 데이터 레이어로 변환된다.

자본과 국가는 이용자의 활동에서 얻은 정보를 활용해 이용자 관련 데이터를 자동으로 축적한다. 이와 같은 데이터는 이용자가 의도적으로 생산한 콘텐츠와 다르다는 점에서 부차적 비트라고 할 수 있다. 다시 말해 부차적 비트는 이용자가 구글 검색창에 입력한 검색어의 빈도, 아마존에서 상품 소개를 클릭할 때마다 생성된 비트, 그밖에 플랫폼이 제공하는 서비스를 이용할 때의 흔적을 말한다.

자본과 국가는 메타데이터를 축적해 이용자의 취향이나 특성을 파악함으로써 이들에 대한 개입과 규제(그것이 표적 마케팅이든 정치적 규제든)의 도구로 활용한다. 메타데이터 레이어는 정부 정보의 공개나 지적재산권과 관련해 주요한 이슈로 등장한다. 그밖에 미처 찾아내지 못한 중요한 비트 영역이 존재할 수 있다. 이들 각 영역의 비트는 생산방식이나 사회경제적 의미와 위상이 서로 다르다. 그래서 이들을 규제하기 위한 장치도 다를 수밖에 없다.

데이터 전유 모델

• • •

새로운 기술을 활용한 인터넷 서비스는 단순히 웹을 수동적으로 제공하던 초기 모델에서 이용자의 활동을 서비스 안으로 깊숙하게 끌어당겨 전유하는 사업모델로 발전하고 있다. 이러한 움직임은 거대 인터넷 기업들이 주도하고 있다. 애플(Apple)은 하드웨어 레이어의 틀 바깥에서 자유롭게 유통되던 디지털 콘텐츠를 다시 하드웨어와 묶는 '사슬기기(tethered appliance)'를 개발해 콘텐츠 유료화의 선봉에 섰다. 한편 구글은 충실한 검색 알고리즘과 꾸준한 데이터 축적을 통해 데이터 레이어를 확장하면서 클라우드컴퓨팅으로 이용자의 활동을 전유하는 틀을 마련했다. 페이스북과 트위터는 소셜미디어라는 플랫폼을 제공함으로써 이용자 활동의 적극적 전유를 실현하고 있다. P2P를 통해 자유롭게 복제되고 유통되던 레거시미디어 업계의 콘텐츠 비트를 다시 걷어가서 상업화한다는 맥락에 유의

할 때, 아이팟(iPod), 아이폰(iPhone), 아이패드(iPad), 애플TV(Apple TV)로 이어지는 애플의 새로운 기기를 '비트회수기계'라 부를 수 있을 것이다. 인터넷이라는 신기술로 촉발된 새로운 환경에서 디지털 콘텐츠를 활용하려는 흐름을 두 가지 모델로 정리해보자. 첫 번째는 콘텐츠 레이어를 하드웨어-소프트웨어 레이어와 다시 통합해 사이버스페이스에서 콘텐츠의 가치실현을 도모하려는 움직임이고, 두 번째는 이용자들의 활동을 적극적으로 전유하려는 움직임이다.

① 비트회수기계

비트회수기계 모델은 레거시미디어 업계가 생산한 콘텐츠의 디지털화로 자본의 가치실현이 가로막히자 이를 다시 자본의 홈통으로 이어놓기 위한 대안으로 마련되었다. 1990년대 인터넷의 대중화가 시작되자 글과 그림, 음원이 디지털 세상으로 이주하기 시작했다. 음원이 디지털 세상으로 들어오자 음반 판매량은 급격하게 감소했고 음반사는 속수무책이었다. 비트 해적의 전성시대가 열렸다. 숀 파커(Sean Parker)가 설립한 냅스터(Napster)를 시작으로 소리바다, 그누텔라(Gnutella), 뮤토렌트(μTorrent)로 이어지는 P2P는 디지털 음원을 인터넷 곳곳에 뿌려놓았다. 라디오 방송과 텔레비전 방송도 자사의 홈페이지를 통해 압축된 음반과 영상물을 전달했다. 유튜브는 비트 동영상을 통해 영상물의 집단이주를 촉진했고, 플리커(Flickr)는 디지털카메라의 대중화에 힘입어 이미지 비트의 저장고를 채웠다. 레거시미디어 업계는 속수무책으로 빠져나가는 콘텐츠에 별다른 대응을 하지 못하다가 저작권이라는 법적 강제에 기대봤지만 별 효과를 보지 못했다.

그런데 갑자기 2003년 애플이 아이팟과 아이튠스(iTunes)를 결합하면서 저작권을 떨치고 달아났던 비트 콘텐츠를 회수하기 시작했다. 비트 블레이드 러너들이 디지털 세상을 떠돌던 비트 파일을 하나하나 회수하며 저작권을 확보한 것이다. 애플이 출시하는 가젯(gadgets) 하나하나가 비트 저작물의 회수처리기다. 디지털 세상으로 들어갔던 존재가 "디지털이다"를 선언하고 자신들의 거처를 꾸리자마자, 그들의 흐름과 용도를 제한하는 홈이 파이고 회수의 통로가 만들어지기 시작한 것이다. 음반회사로 대표되는 저작권자들은 비트 경찰력에 의지해 자신들의 재산을 지키려 했다. 이것은 매우 소극적인 방어책이었고 복제되는 비트 파일을 막기에는 역부족이었다. 비트 복제를 막는다고 자신들의 저작물이 팔리는 것도 아닐뿐더러, 비트 해적을 잡아내 문제를 해결하기란 애당초 불가능한 일이었기 때문이다. 저작권이라는 법적 강제력을 휘두르는 비트 경찰이 집 나간 비트 저작물을 이용자로부터 회수하기도 했지만 그리 성공적이지 못했다.

반면 애플은 법적 강제력이 아니라 코드와 아키텍처를 통해 더욱 적극적으로 회수를 실행하고 있다. 한계생산비용이 0에 수렴하면서 희소성의 틀을 벗어났던 비트 파일은 이제 도망가기가 쉽지 않다. 애플의 하드웨어-앱 재결합을 통한 콘텐츠 회수기계는 애플의 창의적인 디자인보다, 창립자 스티브 잡스(Steve Jobs)의 개인적인 카리스마보다, 애플파이들의 절대적인 지지보다 더 무섭고 강력한 포획 틀이다. 애플은 디자인으로 이용자를 사로잡고, 오래된 미디어를 인터넷과 결합해 형식 안에 내용을 담아내며, 소비자의 지지와 호응을 발판으로 비트 파일을 저작권의 틀 안으로 포획하고 있는 것이다. 탈물질화된 미디어의 내용물을 자사의 신제품과 결합해 다시 물질화함으로써 소유권의 영역에서 탈주했던 비트를 다시 상품으로 전환하고 있다. 그래서 똑같은 비트가 PC에서는 무료이고 애플 기기에서는 유료로 양분되는 사태가 벌어진다. 이것이 애플 비트회수기계가 주도하는 재물질화를 통한 재상품화다. 이러한 재상품화는 경제 외적 강제와 아키텍처를 결합한 것으로서 산업자본주의적이라기보다 절대왕정기의 중상주의적 틀에 더 가깝다. 그러니까 디지털 세상의 이용자와 비트의 진화라는 입장에서 보면 복고적이고 반동적이다.

② 비트흡수기계

비트 생산을 위한 새로운 생산관계의 창출은 앞서 살펴본 바와 같이 거대 인터넷 회사의 플랫폼을 통해 마련되었다. 플랫폼이란 플랫폼 기계에 다름 아니다. 원하는 목적지에 도달하려면 속절없이 플랫폼에 올라타야 한다. 사람들의 생각과 활동은 페이스북 컨베이어 벨트에 실려 데이터베이스로 일거에 흡수된다. 흡수된 비트는 또 다른 공정을 담당하는 기계가 선별하고 가공한다. 물론 이용자의 활동으로 만들어진 비트는 미리 짜인 알고리즘을 통해 자동으로 처리된다. 서비스 제공자의 데이터 레이어는 선별·배열·가공·재가공의 연결과 자동처리를 거치며 두꺼워지고 더 많은 잠재적 가치를 획득한다. 이것이 과거 불변자본이 담당했던 역할을 대신한다. 이용자 노동 혹은 노동 결과물을 전유하는 수준이 아니라 이용자의 활동 결과물을 또 다른 노동 대상 혹은 원료로 이용하는 데 새로운 잉여가치 창출의 비밀이 숨어 있다.

이용자 활동의 전유 사례는 구글을 비롯해 페이스북과 트위터에서 잘 드러난다. 이전의 위키백과는 사회적 협동을 통한 창작의 모범을 보여주었지만(Tapscott and Williams, 2006), 상업적으로 확장되는 길을 걷지는 않았다. 유튜브와 플리커는 각각 구글과 야후(Yahoo)에 합병되면서 다수 이용자의 자발적 참여를 이용해 디지털 아카이브를 만드는 데 성공했다. 후발주자인 페이스북과 트위터로 대표되는 소셜미디어는 단숨에 사람들의 관심을 끌면서 인터넷의 대명사가 되어버렸다. 페이스북은 본격적으로 사회적 네트워크에 연결된 사람들의 활동 결과물을 전유하기 시작했다. 페이스북은 5억 명의 살아 있는 사람들의 활동 결과물을 고스란히 자신의 왕국에 보관하고 있다. 구글, 페이스북과 같은 거대 인터넷 서비스 제공업체는 이용자에게는 열고 경쟁사에게는 닫으며 그 밖의 어정쩡한 것에게는 열고 닫음을 혼합하면서 데이터 레이어를 확대하고 플랫폼이 도달할 역의 숫자를 넓혀 나간다.

구글 검색창에 써놓은 나의 검색어는 검색어 순위를 결정하는 중요한 요소가 된다. 나의 검색 활동으로 창출된 비트가 나도 모르게 구글의 비트로 전환되어 축적된다. 나는 구글의 비트를 만드는 구글 바깥의 또 다른 생산자다. 구글은 자사가 개발한 서비스를 내게 공짜로 제공하는 대신, 내가 만든 비트를 자신의 데이터베이스에 축적한다. 구글의 데이터 레이어는 대부분 이용자가 만든 비트로 구성된다. 때로는 종이책을 스캔해 그들의 데이터베이스에 축적하기도 한다. 구글은 왜 엄청난 비용을 들여 그런 서비스를 제공할까? 나중에 자신들이 구축한 책 데이터베이스가 이용자의 활용과 결합하면 새로운 비트가 만들어질 것이고, 그 비트로 이용자를 추적하면 새로운 사업영역이 생겨나기 때문일 것이다. 이처럼 비트는 새로운 비트를 낳고 비트끼리 결합할수록 가치는 더욱 증가한다.

웹 2.0을 바탕으로 하는 인터넷의 모든 사이트와 앱은 이용자의 활동을 공짜로 거둬간다. 이용자는 공짜로 구글의 메일과 스트리트뷰와 노트를 사용하는 것처럼 보이지만, 그 결과물은 모두 닭장 안 계란판에 축적된다. 벌꿀이 돌아다니며 꽃에서 화분과 꿀을 따와 양봉업자의 꿀통을 채우는 것과 같은 이치다. 양계장 주인과 양봉업자는 닭장과 벌통을 제공하는 대신 이용자로부터 지대를 받는다. 물론 직접 돈으로 받지는 않는다. 다만 추수한 쌀을 나누는 것처럼 분명하게 드러나지 않은 채 무수한 우회로를 거친다.

이처럼 죽은 활동을 전유하는 방식이 변화하고 있다는 것은 분명하다. 이용자는 의미를 부여하고 평점을 매기는 등 살아 있는 활동을 통해 죽은 것과 산 것의 연결성을 확장한다. 별다른 기술력도 없고 구글처럼 많은 비용을 들여 현실세계의 도서를 스캔해 인터넷 안으로 옮기는 것과 같은 사업도 하지 않는 페이스북이 구글을 위협하는 이유는 그들이 이용자의 산 노동과 활동을 송두리째 확보하고 있기 때문이다.

페이스북과 트위터는 구글보다 한 단계 더 발전한 자동 닭장과 벌통을 마련하고 있다. 애당초 제공해주는 것이란 닭장 속의 방 한 칸, 벌집 속의 한 뼘 공간뿐이다. 나머지는 닭과 벌이 다 알아서 한다. 공간이 급격하게 커지면서 벌이 벌을 부르고 닭이 닭을 불러 5억 마리의 벌과 3억 마리의 닭이 모여 우글대는 새로운 서식지가 만들어진다. 인터넷은 자동 저장성과 확장성 때문에 사람들의 행위를 다 드러나게 만든다. 투명한 창을 통해 이용자의 행위가 드러나고 그에 힘입어 소셜미디어가 확장되는 것이다. 구글은 죽은 노동을 디지털화해서 인터넷에 축적하는 데 주력해왔다. 디지털화된 죽은 노동의 산물이 곳간에 차고 넘칠수록 검색의 중요성은 커지고 그에 따라 플랫폼의 영향력도 확대되기 때문이다. 그러나 죽은 노동은 산 노동을 이길 수 없다. 이용자들의 실시간 활동을 그대로 디지털화하는 페이스북이 구글의 영향력을 침식하다가 급기야 추월하는 사태는 산 노동의 전유가 죽은 노동의 축적과는 비교가 안 될 정도로 강력하다는 사실을 보여준다. 현재 주류로 부상한 소셜미디어는 이용자의 실시간 활동과 미래의 활동 가능성을 전유하고 있기 때문에, 죽은 노동이 요구하는 저작권이나 그것을 디지털화해 인터넷으로 가져오는 데 드는 비용이 전혀 문제가 되지 않는다. 이것이 디지털 시대의 새로운 전유방식이다.

지금까지 인터넷과 관련된 새로운 기술이 이용자 활동을 어떻게 전유하는가를 정치경제학적인 개념을 통해 접근했다. 인터넷에서 만들어지고 있는 비트의 생산방식에 주목해 비트를 플랫폼으로서의 소프트웨어 데이터 레이어, 이용자가 생산하는 콘텐츠 데이터 레이어, 메타데이터 레이어의 세 가지로 나누고 각각의 특성을 살펴봤다. 그 다음으로 애플, 구글, 페이스북/트위터로 대표되는 거대 인터넷 기업이 이용자 활동으로 만들어진 비트를 원료로 삼아 새로운 생산물을 만드는 기제를 검토했다. 애플은 비트회수기계를 활용하고 구글과 페이스북, 트위터는 비트흡수기계를 사용해 비트를 축적하고 가치를 실현한다.

노동가치론의 핵심에는 시간 개념이 놓여 있다. 노동과 시간이 결합하면 노동시간이 된다. 노동시간이 어디에서 어떤 조건으로 이뤄지는가는 잉여가치의 창출과 착취라는 틀에서 중요한 변수를 구성한다. 그런데 생산영역의 노동과정 바깥에서 만들어지는 생산물은 노동가치를 넘어선다. 그렇다면 소비영역의 활동과정에서 시간이 사용되는 현상은 무엇이라 불러야 할까? 이를 활동가치의 창출이라 해야 할까? 소비영역에서 이뤄지는 활동도 일종의 노동이지만 자본의 지배와 감독 아래서 수행되지는 않는다. 다만 페이스북이나 트위터를 이용하는 사람들은 시간과 결합된 활동을 통해 생산물을 만들며, 그것은 서비스 제공자의 데이터베이스에서 비트로 축적된다.

이용자 활동의 결과물을 자동으로 축적하는 체제를 어떻게 봐야 할까? 시간이라는 개념은 이용자의 주목을 끌어당겨 그들의 시간을 소비하게 만들고 다른 한편으로는 그들의 활동 결과물을 자동 축적하는 새로운 축적체제를 파악하는 데 중요한 실마리를 던져준다. 결국 자본은 시간을 착취하는 데 성공했다. 다시 말해 잉여노동시간에서 잉여활동시간으로 착취의 방식과 경로가 바뀌고 있다. 그렇다면 이용자의 잉여활동시간까지 전유할 수 있는 사회체제가 만들어지고 있다는 의미일 것이다.

빅데이터와 생성 인공지능

• • •

이 장을 마치기 전에 빅데이터와 인공지능의 관계를 간략히 살펴볼 필요가 있을 것이다. 빅데이터와 인공지능이 결합하면서 사이버네틱스 기계는 인간의 기호 활동에 더욱더 깊이 침투하고 있다. 2000년대 중반 이후 활성화된 웹 2.0 덕택에 이용자들의 협업으로 만들어진 기표적 기호의 콘텐츠가 확산되었다. 기표적 기호 콘텐츠와 더불어, 소셜미디어 서비스를 제공하는 거대 플랫폼 기업에는 이용자 활동과 관련해 방대한 양의 비기표적 기호 데이터가 자동으로 축적되기에 이르렀다. 그런 점에서 빅데이터는 기표적 기호와 비기표적 기호의 세계에 걸쳐 만들어진다.

인터넷 보급 초반기의 테크 기업들은 기표적 기호로 표현된 이용자 활동 결과물에 관심이 많았다. 그러나 소셜미디어 이용자의 활동이 증가하고 각종 유통 플랫폼을 비롯한 디지털 플랫폼 서비스가 늘어나면서 비기표적 기호의 영역이 빅데이터의 주요한 축을 이룬다는 사실이 확인되었다. 비기표적 기호로 이뤄지는 빅데이터는 이용자의 클릭 활동 등으로 생성되는 수치의 데이터세트다. 비기표적 기호를 구성하는 비트는 감정, 기분, 느낌, 정서, 취향을 담고 있다. 서사(narrative)처럼 기표적 기호로 구성된 콘텐츠와 달리, 이들은 그 자체로는 어떠한 내용도 갖고 있지 않다. 하지만 비기표적 기호는 이용자의 취향과 욕구를 예측하고 그들을 기계에 예속시키는 수단이기에 플랫폼 장치에서 매우 중요한 요소다.

방대한 데이터가 플랫폼에 축적되던 2010년대부터 빅데이터의 중요성이 부각되었으나, 비기표적 기호를 기업에서 내부적으로 활용하는 수준을 넘어 기표적 기호의 콘텐츠를 생산하는 단계로 확장하기까지는 시간이 필요했다. 2020년대에 들어선 지금, 인공지능은 방대한 데이터 뭉치에서 패턴을 판별하고 이를 기표적 기호의 세계로 잇는 작업을 진행하고 있다. 그 결과가 최근 들어 인공지능 시대의 킬러 애플리케이션으로 불리는 생성 인공지능 분야에서 나타나고 있다.

생성 인공지능이 발전할수록 인간의 창작물과 인공지능의 생성물을 구분하기는 힘들어진다. 최근 인공지능뿐만 아니라 인공지능이 생성한 인공물도 튜링테스트를 통과하고 있다. 텍스트/이미지 생성 인공지능이 최종 이용자와 만나면서 엄청난 양의 2차 생성물을 만들 것으로 예상된다. 기표적 기호로 구성되는 콘텐츠의 구체적인 내용은 알고리즘의 효율성과 데이터세트의 특성에 따라 다를 테지만, 그렇게 생산된 콘텐츠가 사회에 매우 극적인 변화를 가져올 것은 자명하다. 기계와 대공업이 장인의 기능을 탈숙련화하고 자동화했듯이, 인공지능은 말과 글, 이미지 등 인간의 기호적 활동을 탈숙련화하고 자동화한다. 기표적 기호 생산의 자동화는 사이버네틱스 기계의 입장에서 보면 생성적이지만 인간의 입장에서 보면 퇴행적이다.

생성 인공지능이 수행하는 변형은 일종의 변조(modulation)로서 기존의 관리/추적체계보다 더욱 유동적이고 즉각적이다. 미리 설정된 목표를 획득하기 위해 고안된 폐쇄회로에 갇히지 않고 필요하다면 목표 자체를 수정·변경하는 것이 인공지능 시대 변조의 특징이다. 그런 의미에서 변조는 사이버네틱스 관리의 가장 발전된 형태다. 변조는 홈 패이고 닫힌 공간이 아니라 매끄럽게 열린 공간에서 이뤄지는 통제방식이다. 그래서 변조는 시공간의 차원에서 순간순간 변하고 이곳저곳을 넘나든다. 생성 인공지능이 만든 정보를 송신과 수신이 아니라 변형과 생성이라는 관점에서 본다면 인공지능의 생성물을 긍정적으로 평가할 여지가 있을지도 모른다. 그러나 생성 인공지능이 수행하는 변형이 기계적 예속을 더욱 강화할 개연성 또한 매우 높다.

생성 인공지능이 수행하는 변형의 성격은 변형을 기획하고 실행하는 주체가 누구를 대상으로, 또 어떤 의도를 가지고 기계를 작동하느냐에 따라 달라진다. 권력이라는 틀로 보았을 때 변형을 기획하는 쪽과 포획당하는 쪽 사이에는 변형기계를 사이에 두고 권력관계가 형성된다. 그런 경우 인공지능 통제사회의 변조는 구조와 지배의 힘이기에 그것에 대항할 방법이 모색된다. 그러나 그와 반대로 변형을 환경에 적응하는 체계의 작용으로 이해하면 이를 굳이 부정적으로 평가할 이유가 없어진다. 또한 변형은 구조의 변화를 중시하는 입장에서 보았을 때 새로움과 생성으로 연결된다. 빅데이터와 인공지능은 앞으로 더욱 활발하게 결합할 것이다. 우리는 이들의 결합이 새로움과 생성의 도구가 될지 아니면 또 다른 예속의 덫이 될지를 가름하는 갈림길에 서 있다.

4장 인공지능은 문화를 창조할 수 있는가

4~5억 년 전 캄브리아기에 생명체의 종류와 개체 수가 갑자기 늘어났다. 그 이유는 바로 눈이라는 새로운 감각기관이 나타났기 때문이다. 바다에서 다양한 생명체가 점진적으로 진화해오다가 캄브리아기에 눈이 갖는 효율성이 단속평형설에서 주장하는 것처럼 질적으로 폭발했다. 눈은 정보와 지능 간의 연관성을 보여준다. 시각과 청각은 인간의 오감 가운데 가장 큰 역할을 하는데, 현대 문명은 눈과 연관된 이미지에 기반을 두고 있다. 단적으로 안면인식 기술의 등장은 현대 문명의 총아인 인공지능의 획기적인 발전을 보여준다. 눈은 지식, 권력, 감시와 통제 같은 주제와 연관해서 자주 등장한다. 리들리 스콧 감독의 영화 〈블레이드 러너〉(1982)의 마지막 장면에서 자기를 추적하던 형사 릭 데커드와 혈투를 벌이던 복제인간 로이는 죽기 직전 빗속에서 비둘기를 품에 안은 채 다음과 같이 말

한다. "나는 너희 인간은 결코 믿지 못할 것을 보았어. 오리온성좌 언저리에서 불타던 전함. 탄호이저 기지의 암흑 속에서 번쩍이던 광선. 그 모든 순간이 빗속의 눈물처럼 시간 속으로 사라지겠지. 이제 죽을 시간이다."

인간보다 더 인간적인 모습을 보여주는 복제인간 로이의 대사는 데이터와 기억, 의식의 관계를 시적으로 드러내준다. 그러나 인공지능에게 데이터의 축적은 있지만 시간의 축적은 없다. 인공지능은 실시간으로 축적되는 데이터를 동시적으로 처리하고 미래의 행위를 선도하며 과거-현재-미래의 연속성에서 무한히 변동하는 목표를 주시할 수 있다. 하지만 불안정성, 예측 불가능성에서 비롯되는 새로움을 지니지는 못한다. 인공지능에게는 생명체가 물질에서 원생생물을 거쳐 식물과 동물, 인간으로 진화하는 과정에서 축적한 외부 세계에 대한 감각과 본능 그리고 그런 것의 축적 결과인 감정이 없다. 몸과 기억의 축적이 불가능한 수행적 기계의 한계다. 사이버네틱스 기계는 목적합리적 행위의 선형성으로 짜여 있다. 인공지능은 과거와 미래를 이어보고 상대를 파악하며 감정을 이입하거나 끊어야 할 지점을 모른다.

프랑스의 사회철학자 베르나르 스티글레르(Bernard Stiegler)는 기억과 기억보존(memory retention)에 대해 다음과 같이 말한다. "인간뿐만 아니라 비인간도 DNA 코드에 표현되어 있는 유전적 정보의 1차 기억과 복합적인 신경체계를 통해 얻은 2차 기억을 지닌다. 인간은 여기에 더해 쓰기, 예술, 옷 만들기, 도구와 기계의 '기술

(technics)'이라 부르는, 보철이 가능하게 만들어준 몸 바깥의 기억 혹은 3차 기억을 갖고 있다(Stiegler, 2016/2019: 9)." 컴퓨터의 기억보존과 인간의 의식이 저장한 기억은 다르다. 인공지능은 사물과 인간으로부터 도출되는 이미지와 소리의 수치를 배열해 저장할 수 있지만 기억하지는 못한다. 뇌의 기억과 컴퓨터의 저장은 모두 축적이지만, 기계적 보존과 생명체의 기억은 축적된 기억을 선택하고 들춰내는 능력에서 갈린다. 인공지능은 정보를 특정한 패턴으로 분류하고 오래도록 손실 없이 저장한다. 반면 인간의 기억은 쇠락하고 구멍이 숭숭 뚫려 있지만 다른 것과의 예측 불가능한 결합을 통해 의미를 지우거나 새로 만들어낸다. 그래서 망각 없이 모든 정보를 축적하는 디지털 자동축적장치의 기억과, 망각과 함께하는 인간의 기억은 다르다.

인간에게서 기억을 지운다면 자아도 없다. 자아는 기억으로 유지되기 때문이다. 인간에게 남아 있는 기억을 지우면 습관과 행동이 뿌리내릴 땅이 없어지는 것과 같다. 기억이 없으면 4월의 봄비가 뿌리를 뒤섞으며 펴 올리는 황무지의 잔인한 봄도 없다. 습속이나 본능으로 퇴적되는 생명체의 기억, 물리법칙으로 드러나는 물질의 기억과 달리, 물질과 생명체를 포함해 모든 것을 수치화함으로써 축적하는 인공지능의 저장에는 시간과 장소가 없다. 그래서 디지털 저장의 무시간성은 탈역사성으로 이어지고 무장소성은 의미의 부재와 연결된다. 인공지능의 디지털 아카이브로는 시간과 장소가 결합할 때 비로소 살아나는 기억을 복제할 수 있을 뿐이다. 존재 지속이 불가피한 자동저장장치로 무장한 존재자의 기억은 무한히 지속된다. 인간은 불멸을 꿈꾸지만 막상 죽지 않는다는 것은 무서운 형벌이다.

기억과 정보의 저장

• • •

"우리는 미디어 안에서, 그리고 미디어를 통해서 존재(Bolter and Grusin, 1999/2006: 277)"하기 때문에 우리가 일상생활에서 사물과 직접 만나는 시간과 기회는 갈수록 줄어든다. 우리는 인공물로 둘러싸인 환경 속에서 살고 있다. 여전히 멀리 산이 우뚝 서 있고 강은 유유하게 흐르지만, 우리는 카톡으로 사람을 만나고 유튜브로 뉴스를 보고 페이스북에 댓글을 달며 일상을 산다. 인플루언서의 일상이 나의 실제 생활보다 더 가깝고 미디어로 매개되는 정보가 현장에서 벌어지는 사건보다 더 사실 같다. 이제 현실에서 벌어진 사건조차 미디어를 통해 다시 매개되지 않으면 현실성을 갖지 못하기에 이르렀다. 사건은 그 자체로 순수한 사건을 만들지 못한다. 우리는 사건을 미디어를 통해서 재확인하고 기억한다. 특히 미디어는 사회적 사건을 기억하는 데 결정적이다.

미디어를 통해 기억된 사건은 디지털로 재현된 이미지처럼 누가 보더라도 똑같은 모습이다. 누가 어떤 파일을 끄집어내도 사건에 대한 기억은 단일하다. 자연과 타자와 사물 속에서 직접 만들어지던 일회적이고 유일무이한 경험과 기억은 미디어로 매개되면서 간접화됨과 동시에, 사실에 대한 반복적인 정보의 호출로 전락한다. 컴퓨터로 매개된 기억은 시간과 장소 없이 벌어진 모조 사건의 데이터에 가깝다. 이처럼 우리는 몸으로 체험한 기억에서 점점 멀어지고 있다. 이제 우리의 기억과 활동은 내 머릿속이 아니라 컴퓨터 메모리에 매 순간 저장된다. 컴퓨터는 기억의 저장소인 머리를 쉬게 만든다. 더 이상 사물과 직접 만나고 씨름하면서 몸에 기억을 새기거나 마음속에 추억을 담아둘 필요가 없다. 가상현실을 활용하는 메타버스는 다른 사람의 체험을 매개하고 가상의 세계를 직접 체험할 수 있도록 해준다. 현실세계의 직접성은 약화되지만 사이버 세계의 매개성은 점차 커진다. 그래서 내 기억과 체험이 어디에서 나오며 무엇이 진짜이고 가짜인지 점점 더 구분하기 힘들어진다.

우리의 감각기관을 통해 들어온 사물의 이미지는 기억으로 저장된다. 우리는 남과 소통하면서 기억을 기호와 결합한다. 기호와 결합된 기억이 말로, 소리로, 글로, 행동으로 전달된다. 말과 소리, 글과 그림은 모두 기호화된 기억인 동시에 뒤집힌 이미지다. 사물의 이미지가 기억으로 저장된 후 다시 호출되는 과정에서 기호라는 이미지와 결합한다. 기호와 이미지 그리고 뇌의 사유와 정념의 운동은 매우 복잡한 우회로를 거쳐 몸 밖으로 다시 나간다. 말로, 소리로, 행동으로 새롭게 기호화된 사물이 만들어지는 것이다. 인공물은 자연의 사물에 인간 노동이 가한 변용이자 창조물이다. 그래서 야생의 사물은 인간 노동과 결합해 '사물-인공물'로 변형된다. 기호가 사물 속으로 침투하거나 사물의 바깥에 기호를 입힌 인공물은

'사물-기호의 복합물'이다.

머릿속의 기억은 기호화된 사물로 외화된다. 인공화된 사물, 변형된 노동대상이자 인간의 창조물은 독립된 사물로 자립해 다른 인간과 소통한다. 다시 말해 소통이란 기호와 사물의 매개과정이다. 이런 맥락에서 보면 인간 노동을 통한 내재화된 기억의 외화과정이 매개이고, 매개를 거친 노동의 산물은 넓은 의미에서 모두 미디어다. 미디어에는 기호화된 기억이 묻어 있고, 개체의 정념이나 사유를 통해 변형된 직접성의 기억이 깔려 있다. 개체의 기억이 매개를 통해 사물에 내재화되는 것을 '기억의 정보화'라고 할 수 있다. 기억의 정보화는 미디어가 만들어지는 과정을 가리킨다. 그렇다면 미디어는 표현과 전달의 통일체다.

잉여와 축적과 미디어의 탄생

• • •

선사시대의 토기부터 현대의 디지털 아카이브에 이르기까지 저장을 빼고 인류의 역사를 말하기는 어렵다. 잉여가 발생하고 이를 저장하기 위한 용기가 발명되면서 남의 저장물은 나의 먹이로 전환될 수 있었다. 전쟁은 저장된 먹이를 탈취하기 위한 사회적 행위다. 저장을 통해 잉여의 축적이 가능해지면서 남의 잉여를 빼앗아 먹고 사는 방법이 추구된다. 그 후 노예의 노동을 이용해 잉여를 쌓는 생산양식이 만들어졌다. 그리고 중세의 긴 터널을 지나 산업혁명을 거치면서 남의 노동 생산물을 자본으로 축적하는 새로운 생산양식이 만들어졌다.

잉여의 출현 이래 생산이 이뤄지는 장소와 축적이 행해지는 공간은 달랐다. 공장에서 필요노동시간 이상으로 일한 노동자는 잉여가치를 낳고 그것이 시장에서 실현되어 자본으로 축적된다. 축적된 자본은 다시 잉여를 낳는 자본으로 전환되어 또 다른 순환을 통해 축적을 계속한다. 쓰지 않은 부는 자본이 되어 축적의 순환으로 이어진다. 이러한 잉여창출의 핵심에는 타인의 시간을 탈취해 자신의 시간을 버는 행위가 숨어 있다. 원시인의 고기 말리기와 현대인의 조각투자 사이에는 본질적인 차이가 없다. 더 많은 고기를 말리기 위해 더 오래 노동하거나 더 많은 돈을 저장하기 위해 노력하는 이유는 저장을 통해 시간을 벌 수 있기 때문이다. 그러나 더 많은 고기와 돈은 시간을 저장하지만, 이를 얻기 위해 들이는 노력은 시간을 잡아먹는다. 그래서 저장물을 얻기 위해 소비하는 시간과 저장을 통해 보상되는 시간의 관계가 도치된다. 물질의 획득뿐만 아니라 물질을 다음 세대로 확장하는 본능도 저장의 연장선에서 이뤄진다. 모든 생식은 생명의 연장이고 시간의 확장이자 저장이다. 보다 안전한 방법으로 생명의 시간을 연장하기 위한 본능과 행위가 문명의 원동력이 된다.

그날 딴 열매로 하루를 살고 그날 잡은 고기로 끼니를 때우던 수렵채취사회는 잉여와 저장이 존재할 수 없던 시대였다. 인간이 정주해 수렵과 사냥의 시절을 벗어나 농경생활을 시작하면서 식물의 재생산을 통해 잉여의 축적이 가능해졌다. 추수 이후에도 종자를 남겨둠으로써 수천 배의 확대재생산을 가져온 농업혁명은 생물의 재생산이라는 획기적인 의미를 지니면서 산업혁명 이후의 기계복제를 예비했다. 곡식의 씨앗을 거두고 그것을 다시 뿌려 수확을 올리는 행위는 인간이 식물의 재생산에 개입함을 의미한다. 식물의 번식과 재생산에 인간 노동이 개입함으로써 수확량을 조절하고 확대할 수 있게 된 것이다. 농경생활은 하루 먹고 하루 살기에서 미래의 잉여에 기댄 삶으로 생활양식을 바꿨다. 농경사회의 생산주기는 1년이라는 기간의 순환과 생산물의 저장을 필요로 한다. 최소한의 종자를 남겨둬야 하고 오늘이 아니라 내일, 그리고 몇 달 후에 먹을 식량을 저장해둬야만 한다. 곡식을 담아두기 위해 만든 토기는 잉여를 저장하는 최초의 도구였다. 신석기 시대의 토기는 잉여를 남겨 시간을 확장했다. 그것은 곡식뿐만 아니라 시간을 담는 그릇이었다. 그릇은 눈에 보이는 먹이를 담지만 사실은 눈으로 볼 수 없는 시간을 담는다.

인간에게 시간을 벌어준 최초의 도구인 토기는 신석기 시대의 규정적 기술이다(Bolter, 1984: 8). 이와 더불어 사냥도구도 시간을 벌어줬다. 낚시는 먹이 구하는 데 드는 시간을 줄였고 고기잡이의 효율성을 높였다. 낚시 도구를 사용하는 1시간의 낚시질이 부락민 모두가 온종일 손으로 고기 잡는 작업을 대체하기에 이르렀다. 이제 인간은 오늘 딴 무화과를 오늘 다 먹지 않고 그릇에 담아 내일을 예비한다. 이것은 오늘의 시간을 저장해 내일의 양식 벌이에 쓸 시간을 버는 행위다. 저장된 시간은 인간에게 여유를 가져다준다. 인간은 온종일 먹이를 찾아 헤매지 않아도 될 만큼의 시간을 번 것이다. 물질의 저장은 시간의 저장이란 매개를 통해 인간의 사고를 촉발하는 계기로 작용한다.

이처럼 저장은 경작과 함께 생겨나서 문화를 낳았다. 경작(cultivation)과 문화(culture) 사이에 저장이라는 다리가 있다. 잉여 없이는 저장이 없고 저장 없이는 문화도 없다. 저장은 물질의 축적만이 아니라 시간의 확장을 통해 생각의 축적을 가능하게 만들었다. 이제 생각을 저장하기 위한 도구가 필요해지면서 즉각적인 말과 행동은 곧바로 사라지지 않고 물질에 저장되기 시작했다. 생각을 담는 그릇인 기호의 발명은 시간을 저장하는 유력한 기회를 제공했다. 사냥도구, 저장도구, 기호도구의 출현은 인류 사회에서 미디어가 어떻게 출현했고 그 의미가 무엇인지에 대한 생각의 실마리를 제시해준다. 최초의 미디어는 사물과 인간을 매개했다. 그것은 인간의 입을 먹는 입에서 말하는 입으로 분화시켰다. 먹는 입과 말하는 입은 사물과 의미의 결합과 분리를 동시에 담고 있다. 입이 바깥의 물체를 핥거나 먹을 때, 그것은 대상과 접촉하기 위한 물체 지향적 기관으로 쓰인다. 그러나 입이 소리를 만들어내고 자신의 생각을 표현하는 상징의 도구로 쓰일 때, 그것은 기호와 상징을 담당하는 언어기관으로 자신의 모양을 바꾼다.

말하는 입이 활성화되면서 사람들은 세상을 표현할 방법을 찾기 시작했다. 반복되는 대상과의 만남은 그 대상을 지시하는 무언가를 필요로 했다. 처음에는 대상을 지시하는 그림을 그렸을 수 있고, 그림을 지칭하는 말이 누군가의 입에서 시작되었을 수도 있다. 그것은 늑대의 울음소리일 수도 있고 늑대가 다가오는 소리일 수도 있으며 그와 동반된 두려움에 새어나온 신음일 수도 있다. 그림과 소리가 합치된 기호는 말로 자리 잡는다. 이제 늑대는 사냥이 아니라 기호에 의해 인간에게 포획된다. 실제의 늑대가 눈앞에 없어도 사람들은 늑대를 기호로 표현할 수 있다. 그들은 기호로 된 그림과 소리를 통해 늑대를 보고 느낀다.

이제 실제의 사물이 없더라도 사물을 기호화해 서로 소통할 수 있다. 문자의 발명 이후에 진행된 각종 미디어의 발전은 이처럼 생각의 저장과 전달을 위한 것이다. 디지털 아카이브는 전기시대의 지식 저장고로서 거대한 기호의 데이터베이스다. 현전하는 자연, 사람, 인공물과의 만남은 기억을 낳는다. 인공물 가운데 미디어는 사람과 자연, 사물, 인공물 사이를 매개한다. 미디어의 모양, 작동방식, 특징과 성격의 대부분은 미디어의 인터페이스가 결정한다. 인간과 정보의 결합이라는 차원에서 볼 때, 이제까지는 인간이 정보를 활용하고 해석해왔다면 앞으로는 인간과 데이터가 직접 결합할지도 모른다.

현재 인간-컴퓨터 인터페이스는 '블랙미러(black mirror)'라 불리는 스마트폰의 인터페이스에서 가상현실이나 메타버스 실현을 위한 고글로 확장되고 있다. 인터페이스의 변화는 인간-기계 관계에서 중요한 차이를 가져온다. 인간은 라디오나 텔레비전, 개인용 컴퓨터에 대한 제어관계에서 확실한 주도권을 갖고 있었다. 라디오,

텔레비전, 컴퓨터 등은 환경의 일부일 뿐이고 켜거나 끄는 주체는 언제나 인간이었다. 스마트폰은 언제든지 들고 다닐 수 있다는 점 때문에 인간의 관심을 항상 끌어당긴다. 그렇다고는 해도 인간이 스마트폰을 든 채 운전하거나 길을 걷는 등 다른 행동을 할 여지가 원천봉쇄되지는 않는다. 하지만 우리는 고글을 쓰고 있는 한 주위의 다른 환경을 볼 수 없다. 그 때문에 가상현실과 메타버스는 실제의 현실을 대체할 수 있다. 뇌의 신경과 직접 만나는 뇌-컴퓨터 인터페이스(BCI, Brain-Computer Interface)는 모든 물질적 환경을 지우고 뇌파와 전자파로 이뤄진 데이터의 세상을 열지도 모른다. 이처럼 인터페이스의 변화과정은 제어관계의 주도성이 점차 인간에서 기계로 기울고 있음을 보여준다.

이로 인해 한쪽에는 플랫폼이나 인터페이스를 구상·운영하는 '벡터계급(vectoralist class)'이 있고 다른 편에는 제어 당하는 계급이 있을 것이라는 우려도 나온다(Wark, 2004). 뇌 신경에 직접 연결되는 인터페이스 기계는 감각기관의 중계 없이 뇌와 바로 데이터를 주고받으면서 특정한 효과를 투입-산출할 수 있다. 테슬라의 CEO 일론 머스크(Elon Musk)가 2016년에 설립한 뉴럴링크(Neuralink)는 인간의 뇌에 칩을 이식하는 임상실험을 진행하고 있다. 뇌파 데이터 처리와 동작을 연결하는 뇌-컴퓨터 인터페이스는 인간의 기계화와 기계의 인간화를 가속할 것이다. 이런 시도가 얼마만큼 실현될 수 있을지는 모르겠지만, 기계적 보철을 이용한 인간의 육체적인 확장인 물리적 사이보그를 넘어 정신신경적 보철을 활용한 사이보그를 낳을 것은 분명하다. 인간이 정보를 활용하고 해석하는 미디어를 통한 관계를 거쳐 인간의 신경과 데이터가 직접 연결된다면, 이제까지 우리가 생각하던 데이터와 정보, 지식에 대한 생각과 틀은 과거와 확연히 달라질 것이다.

감각기관과 기억장치

• • •

눈, 코, 귀, 피부 등 우리 몸의 감각기관을 통해 받아들인 자극은 이미지로 바뀌어 뇌세포 안에 저장된다. 외부에 존재하는 사물과 사건은 이미지의 신호로 바뀌어 뇌세포의 어딘가에 자리를 잡는다. 사물은 몸을 통해 기억으로 바뀌어 호출을 기다린다. 생명의 지속은 이러한 감각 이미지의 축적과정이고 재해석과정인 동시에, 끊임없이 새로운 기억을 만들어내는 과정이다.

매클루언(McLuhan, 1964/2011)은 우리의 감각기관이 미디어를 통해 확장된다고 말했다. 예를 들어 라디오는 귀, 신발은 발, 의복은 피부, 컴퓨터는 중추신경을 확장한다는 말이다. 그러나 이러한 주장을 거꾸로 뒤집어보면 의문이 생긴다. 과연 의복이 촉각을 확장했을까? 그것은 대기와 직접 접촉하는 피부의 인터페이스를 차단하고 있지는 않은가? 컴퓨터가 중추신경을 확장했다고 하지만, 그것은 우리의 기억능력과 판단력을 바깥으로 빼내 머릿속 뇌세포 활동을 위축시키고 있지는 않은가? 미디어는 인간과 자연, 인간과 인간 사이에서 그들 간의 만남을 중매하는 매개물이다. 따라서 미디어를 매개로 한 의사소통은 몸의 감각활동을 약화시키거나 왜곡한다. 특정한 미디어는 특정한 감각을 확장하는 동시에 위축시킨다. 매클루언의 주장처럼 책은 서구의 시각 위주 문명을 형성하는 데 중요한 역할을 했지만, 촉각과 청각의 축소도 가져왔다. 마찬가지로 기억을 바깥으로 꺼내 기계에 저장하는 디지털 플랫폼은 전자적으로 감각을 확장하지만, 실제의 느낌을 데이터로 치환해서 재현하기 때문에 살아 있는 육체의 감각은 무력화된다.

정보사회에서는 감각기관이 컴퓨터 인터페이스에 적응해 살과 피를 데이터 배열과 맞바꾸고, 대뇌피질 속의 기억이 거대한 컴퓨터 네트워크의 서버 속으로 편입된다. 나의 확장장치는 내 몸속이 아니라 내 몸의 바깥에 존재한다. 육체를 떠난 기억과 체험, 의지는 이제 내 몸속이 아니라 몸 밖에 있는 것이다. 데카르트의 "나는 생각한다. 그러므로 존재한다"를 패러디하자면 "사이버스페이스가 사고한다. 그러므로 나는 존재한다"고 말할 수 있다. 기억과 판단의 상당 부분이 대뇌피질의 활동에서 서버의 하드디스크로 옮겨질 때 내 기억의 총량과 기억활용능력은 현저하게 쇠퇴한다.

오래되지 않은 기억은 기억이라고 부르기에 뭔가 모자라다. 포도주처럼 오래되어야 하고 한참 숙성되어 켜켜이 먼지가 쌓여 있어야 하며 쉽게 찾아낼 수 없어야 기억답다. 왜 그럴까? 심리학자들은 기억을 사실기억과 에피소드기억으로 나눈다. 사실기억은 단어의 의미, 사람의 이름, 도구의 명칭 등 사실과 관련된 기억이다. 에피소드기억은 특별한 체험과 사건에 대한 기억이다. 사실기억은 시간이나 장소와 무관하지만, 에피소드기억은 시간과 장소에 의존한다. 사실기억은 시간이 지남에 따라 희미해지지만, 에피소드기억은 숙성한다. 해마에 저장되던 에피소드기억은 2년 정도 숙성하다가 영구보존을 위해 대뇌피질로 옮겨진다고 한다. 숙성을 마치고 영구저장 된 기억은 이제 증류된 위스키처럼 천천히 맛과 색깔을 만든다. 의지와 의식만으로는 그런 기억을 불러낼 수 없다. 기억이 활성화되어 새롭게 살아갈 날을 기다려야 한다. 이처럼 오래된 기억은 안으로 접히면서 더욱 깊은 곳으로 숨는다. 지층 깊이 묻힌 유물처럼 우리가 발굴하지 않으면 그런 기억은 평생 다시 햇빛을 볼 수 없다.

기억에는 모양이나 냄새, 소리가 묻어 있다. 기억은 감각기관을 통해 들어온 사건이 상징과 기호로 버무려져 여러 번 접힌 다음 무의식 깊숙이 묻힌 시간과 공간의 퇴적물이다. 시간과 공간의 퇴적물 안에 묻힌 기억의 단자(monad)가 뜬금없이 새로운 공기를 만나거나 '그때 그곳'의 아우라와 조우하면 그것은 불현듯 모습을 드러내기 시작한다. 다시 말해 저장된 기억은 의미와 맥락 속에서 자리를 되찾을 때 다시 살아난다. 저장된 사실기억과 끄집어내진 에피소드기억이 다른 점은, 후자가 의미를 통해 의식의 지향성을 갖기 때문이다. 기억의 현상학은 압축된 기억을 풀어헤쳐 주름이 스스로 이야기하며 뛰놀도록 만들어, '그때 그곳'에서 지나간 시간이 '지금 여기'에서 되살아나는 활동의 경지를 만든다. 꼬깃꼬깃 구겨진 기억을 펼쳐낼 때 그것은 추억, 상념, 회상으로 현전한다. 기억은 냄새

맡을 수 있고 소리가 들리며 형상을 갖춘 것이 된다. 하지만 사이버 저장고는 기억을 숙성시키지 못한다. 디지털 저장고는 사물의 정보를 오래도록 간직하지만 그것을 기억으로 숙성시키지 못한다. 숙성되지 못한 정보에는 시간과 장소가 없기 때문이다.

역사가 없는 인공지능의 세계

• • •

현대사회의 사물은 자연물과 인공물로 구성된다. 언어와 문자가 만들어지기 이전의 자연은 사물과 정보가 분리되지 않은 통합체였다. 인간이 자연물을 그림과 말이라는 기호로 표현하기 시작하면서, 자연물은 사물과 정보로 분리되기 시작했다. 사물에서 분리된 정보는 음식물을 저장하는 그릇처럼 그것을 저장할 용기가 필요하다. 머릿속에 저장된 기억은 기호로 변형되어 매체에 담긴다. 토기가 사물을 저장하는 용기였다면 동굴 벽은 기호를 담는 그릇이었다. 최초의 인류 문명은 사물에서 정보를 분리하고 그 정보를 담는 인공물을 만들면서 개화했다. 사물에서 분리된 정보는 사물의 저장고인 토기에 그림을 그리는 것과 같은 투입을 통해 새로운 사물-정보 통합체가 된다. 글자와 종이의 결합체인 책도 마찬가지다. 고대 이집트의 책은 자연을 사물과 정보로 분리한 다음 그 정보를 파피루스라는 인공물에 글자를 통해 다시 결합한 것이다. 이처럼 사물과 정보는 미디어라는 2차 사물에서 다시 결합된다.

그런데 사물과 직접 결합되어 있지 않은 비기표적 기호도 만들어지기 시작했다. 그것은 보통 수나 관념의 형태로 축적되었다. 정보가 사물의 몸을 빌리지 않고 독립한 것은 근대에 이르러서다. 그리고 전기시대에 접어들어서는 사물을 동반하지 않는 순수 정보의 전달이 온전히 가능해졌다. 앞서 말했듯이 육체와 결합하지 않는, 사물과 분리된 정보로 만들어진 세계가 바로 사이버스페이스다. 기호로 바뀌면서 무게와 저항을 거세당한 사물은 그 자체만으로는 존재할 수 없다. 기호의 조합은 전기신호로 바뀌어 인간의 감각기관에 전달될 수 있는 인터페이스 미디어를 통해서만 잠시 나타났다 사라진다. 사물은 인간 없이도 존재하고 때로는 인간을 거스르지만, 기표적 기호는 인간 없이 존재할 수 없으며 그들에게서 완전히 떨어져 나갈 수도 없다. 이처럼 정보사회는 사물과 인간 간의 직접적 관계에서 만들어진 야생성을 거세하고 사물을 기호화한다.

태어난 것과 만들어진 것 사이에는 근본적인 차이가 있다. 생명체는 혈연이라는 단위에서 출발하지만, 인공지능은 부모가 없기에 알고리즘의 고안자나 개발사의 소유자가 그것의 창조주로 군림한다. 또한 인공지능에게는 의식이 없다. 왜냐하면 환경에 적응함으로써 생명을 유지하려는 본능이 없기 때문이다. 머신러닝과 유전자 알고리즘을 통해 돌연변이가 만들어질 수는 있지만, 이를 진화의 산물이라고 볼 수는 없다. 생명체와 알고리즘 모두 자기증식을 하지만, 실제와 시뮬레이션은 다르다. 만약 시뮬레이션 속의 돌연변이가 실제의 세계를 뒤덮고 온 세상을 매트릭스에 가둔다면 세상은 지금과

완연하게 달라질 것이다. 인공지능이 생성한 기표적 기호가 인간이 생산한 것과 아무런 차이를 보이지 않고 그 자체로 인간의 환경이 될 때, 메타버스는 온전히 제 야심을 실현할 수 있다. 비록 기계에게 의식이 없다 하더라도 그것이 기계가 인간보다 열등하다는 근거가 될 수는 없다. 인공지능은 감정에 흔들리지 않은 채 최대한 효율적으로 결과물을 산출할 수 있는 존재자로서 자신의 영역을 확장할 수 있기 때문이다. 인공지능이 무서운 이유는 그것이 인간을 뛰어넘었기 때문이 아니라 인간과 다르기 때문이다.

지금까지 인간이 주도해 기계를 생산하고 그것과 공존해온 역사를 생각했을 때 인공지능의 문화는 아직까지는 기계문명이라는 큰 틀 안에 있다. 그런 관점에서 인공지능은 인간이 자신의 역량을 확장하기 위해 만든 생산물이자 대행자에 불과하다. 그러나 인공물이 행위자로 바뀌면 문화의 위상도 달라진다. 실제로 전 세계에 퍼져 있는 수억 대의 컴퓨터는 기계 생태계를 만들었고, 그것은 인간의 생활과 문화에 커다란 변화를 가져왔다. 무엇보다 전 인구의 80% 이상이 스마트폰을 들고 다니면서 기계가 없던 시대와는 매우 다른 문화가 생겨나고 있다. 문제는 인공지능의 세계에 발전은 있지만 역사가 없다는 것이다. 인공지능이 만드는 문화는 지금이 역사의 끝자락임을 보여주는 갖가지 징후를 드러낸다. 타인의 불행에 아랑곳하지 않은 채 자신의 행복만을 추구하는 태도, 사회적 분노 대신 혐오만을 방출하는 세태가 그렇다. 문화는 풍요와 잉여에서 싹트지만 결핍 없이는 꽃을 피울 수 없다. 그런데 빅데이터를 먹고 사는 인공지능에게 결핍이란 없다. 결핍은 간절함과 진정성으로 이어진다는 점에서 문화가 열매를 맺는데 필요한 조건이다. 풍요만을 추구하는 문화 속에서 만들어진 창작물의 대부분에는 진정성이 없다. 그 속에는 순간의 유희가 있을 뿐이고 과장된 제스처만 난무할 따름이다. 진정한 놀이, 즉 비극을 품는 희극은 풍요와 결핍을 오가며 도출된 진정성만이 일궈낼 수 있다.

인공지능으로 생성되는 문화

• • •

인공지능이 확산되면서 인간 노동의 많은 부분이 인공지능에게 넘겨지고 있다. 인공지능이 넘겨받을 영역은 더욱 늘어날 것이고, 그에 따라 인간이 직접 담당하는 노동의 범위도 줄어들 것이다. 인공지능은 알고리즘이 제시한 순서에 따라 인간이 원하는 결과를 산출한다. 그렇다면 인간에게 유용한 결과를 산출함에 따라 인간을 규정하는 조건인 노동(labour), 작업(work), 활동(action)도 변화할 것이라 예상할 수 있다(Arendt, 1958/2017).

인공지능은 정말 인간을 대신해 문화를 만들 수 있을까? 인공지능이 노동과 작업을 대체할 수는 있겠지만, 아직은 인간을 인간답게 하는 활동, 즉 문화생산을 완전히 대신하지는 못할 것이라 생각한다. 인공지능은 인간의 조작에 따라 작곡을 하고 바둑을 두며 화상정보를 읽어 병을 진단한다. 주식시세를 판단해 투자여부를 결정하고 영상을 정교하게 제작하며 테러범의 얼굴을 정확하게 인지한다. 이처럼 인공지능이 맹활약하고 있지만 그것은 여전히 인간의 대행자에 머문다. 이제까지 축적한 바둑의 수를 저장해 최고의 기사(棋士)를 물리치고, 작곡자별 패턴을 잡아내 바흐식 혹은 모차르트식으로 작곡하며, 명화의 색과 형태를 데이터로 흡수해 이를 바탕으로 렘브란트나 고흐류의 그림을 그려내는 인공지능의 능력은 괄목할 만하지만 창조적이라고 할 수는 없다. 그것은 인간이 준비해놓은 데이터를 특정한 방식으로 학습하고 수행한 시뮬레이션의 결과물일 뿐이다.

인공지능은 데이터 공급자나 프로그래머가 예상하지 못했던 결과물을 내놓기도 한다. 이를 두고 인공지능이 창조적이라고 보는 이도 있다. 하지만 인공지능의 산출물은 알고리즘에 따라 무작위적으로 도출되었을 뿐이다. 대표적인 예가 파리에서 활동하는 청년들로 구성된 창작자 집단 오비어스다(Obvious)다. 이들은 생성적 적대 신경망(GAN, Generative Adversarial Network) 기법을 활용해 '벨라미 가족(La Famille De Belamy)'이라는 초상화 연작을 발표했다. 벨라미 가족 연작 중 하나인 〈에드몽 드 벨라미(Edmond De Belamy)〉는 2018년 10월 크리스티 경매에서 43만 달러가 넘는 가격에 팔렸다. 흥미롭게도 그림의 오른쪽 아래에는 작가 서명이 다음과 같이 함수로 적혀 있다.

$$\min_G \max_D \mathbb{E}_x[\log(D(x))] + \mathbb{E}_z[\log(1 - D(G(z)))]$$

서명은 사진작가의 작품 아래에 기술적인 설명이 붙는 것과 마찬가지로, 인공지능이 그린 그림이 기술을 매개한 작품의 일종임을 보여준다. 다만 카메라 같은 하드웨어의 조작이 아니라 소프트웨어의 조작을 고도화한 알고리즘 함수라는 점이 다르다. 알고리즘 함수를 서명으로 넣은 이유는 이 작품이 기계를 통해 생성되었음을 강조하려는 데 있다. 여기서 어떤 데이터를 넣느냐에 따라 다른 그림이 나온다는 사실이 중요하다. 14세기부터 20세기에 이르는 15,000개의 서양 초상화가 아니라 동양화나 다른 시대 유파의 그림을 투입하면 다른 결과가 산출될 것이다.

다시 말해 벨라미 가족 연작은 알고리즘이 직접 그린 그림처럼 보이지만, 사실은 이제까지 인간이 그린 그림을 알고리즘 회로를 통해 가공한 결과물일 뿐이다. 이처럼 최근 두각을 드러내는 생성 인공지능은 텍스트, 오디오, 이미지 등 기존 콘텐츠를 활용해 유사한 콘텐츠를 만들어낸다. 텍스트로 이미지를 묘사하면 축적된 이미지 데이터를 바탕으로 합성 이미지를 생성하는 미드저니(Midjourney) 같은 서비스가 대중화되고 있다. 페이스북은 메이크-어-비디오(Make-A-Video) 서비스를, 구글은 이매진(Imagen)을 선보이는 등 거대 플랫폼 기업들도 생성 인공지능 애플리케이션 개발에 적극적이다.

방대한 데이터를 알고리즘으로 가공해 산출물을 내놓는 인공지능이 창의적이라면, 그들의 창의성은 어디서 비롯되는가? 알고리즘인가, 데이터인가? 한편 인공지능의 창의성을 규정할 때 놀이라는 문제도 빼놓을 수 없다. 자기 스스로 놀 줄 아는 인공지능이 가능한가? 인간이 명령한 일을 다 마친 인공지능이 스스로 쉬거나 놀 수 있는가? 인간이 부여한 임무에 충실할 수밖에 없다는 점에서 인공지능에게 스스로 놀 여유, 더 나아가 스스로 생각할 여유는 없다. 그러므로 인공지능의 산출물만 가지고서 인공지능이 창의적이고 문화적인 존재라고 말할 수는 없다. 언젠가 노동에서 해방되어 스스로 활동하는 인공지능이 나타난다면 인공지능의 문화가 생겨날지도 모른다.

인공지능은 인간보다 빠르게 계산하기 때문에 특정한 문제를 해결하는 데 있어 인간을 능가하는 것처럼 보인다. 그러나 행위자-대리자의 틀에서 보면 인공지능은 여전히 인간의 대리자일 뿐이다. 인공지능은 기교와 정보처리속도, 저장능력 등에서 인간을 뛰어넘었고 앞으로 더욱 발전할 것이다. 그러나 알고리즘이 인간에 의해 고안된 이상, 인공지능은 인간의 대리자라는 지위를 넘어서지 못한다.

인공지능이 생성하는 문화

• • •

인공지능은 미디어로 매개된 삶을 더욱 확대한다. 최신의 인공지능 기술인 딥페이크(Deepfake)는 현실과 가상의 구분을 무의미하게 만들고 있다. 딥페이크는 보드리야르가 이야기한 시뮬라크르의 인공지능 버전이라고 할 수 있다. 딥페이크가 범람하는 상황은 직접성의 훼손과 가상의 문화가 조작의 문화로 확산되는 현실을 드러낸다. 조작이 일상화된 현실은 직접성을 크게 훼손한다. 우리의 삶 자체가 스마트폰 하나로 이미 훼손되고 있다. 길을 걸을 때도 풍경을 직접 보지 않고 화면 속의 길을 보거나, 음식을 앞에 놓고서는 그것을 찍어 올린 사진을 보며 즐거워한다. 사람들은 직접성이 아니라 매개에서 즐거움을 찾는다. 온 가족이 텔레비전 앞에 모여 있기는 하지만 각자 자신의 스마트폰만 들여다본다. 우리는 인공지능이 번역한 글과 작곡한 노래를 향유하고 그것과 채팅하며 노는 데 익숙해지고 있다.

이처럼 직접성과 진짜의 세계는 간접성과 가짜의 세계에 둘러싸여 힘겨운 싸움을 벌인다. 이제 진짜와 가짜를 구분하는 데 많은 자원과 시간을 들여야 하는 시대에 이르렀다. 이것이 인공지능 문화의 초기 버전이다. 인공지능 시대에는 실존 인물의 얼굴을 덧입힌 딥페이크 포르노그래피가 범람하면서, 비디오테이프가 처음 보급되었던 시기나 인터넷이 대중화되기 시작한 시기의 포르노 문화를 뛰어넘는다. 열혈 정치꾼들은 정치인들의 연설을 딥페이크로 조작해 댓글 조작을 넘어 미디어 조작을 일삼는다.

사이버네틱스 자동기계로서의 인공지능은 이제 초입 단계를 지나고 있으며, 발전속도는 매우 빠르다. 계산속도의 향상과 신경망 회로의 진전에 따라 압도적인 정보량에 따른 양질전화가 일어날 가능성도 부인할 수 없다. 그러나 인공지능이 인간에게서 독립해 우세한 지위를 차지하는 특이점은 기술유토피아주의자들이 바라는 만큼 가깝지 않다. 인공지능은 알고리즘과 데이터가 엮인 블랙박스 안에 들어 있기에, 우리는 그것이 실제로 사고하는지 알 수 없다. 인공지능은 계산할 뿐 이해하지 않는다. 인간은 뇌로 환원될 수 없지만 인공지능은 계산의 절차로 환원될 수 있다. 모든 인공지능은 과정이 아니라 결과로 평가받을 뿐이다.

그렇다면 머신러닝에 힘입은 인공지능은 스스로 알고리즘을 짜는 단계까지 이를 수 있을까? 알고리즘을 만드는 알고리즘은 의식을 바라보는 의식(즉 자기의식)과 마찬가지로 반성적이어야 한다. 우리는 딥러닝(Deep Learning)과 신경망컴퓨터의 등장으로 스스로 작업하는 인공지능이 곧 등장할 것이라는 주장을 곧잘 듣는다. 예를 들어 이세돌을 이긴 알파고를 며칠 간의 자기학습으로 이긴 알파고 제로(AlphaGo Zero)는 상대의 수에 대응하는 능력이 인간보다 월등해 최고의 프로 기사도 두지 못하는 수를 계산해낸다. 하지만 인간의 지능은 단지 무엇을 할 수 있는 능력뿐만 아니라 축적된 경험을 연결하는 의식과 관련되어 있다는 점에서 다른 개체와 다르다. 그래서 인간의 지능은 역사적인 자장 안에 존재한다. 역사의 슬픔과 기쁨 안에서 작동하는 지능과, 무역사의 텅 빈 공간 안에서 주어진 직무를 수행하는 인공지능 사이에는 넘을 수 없는 간극이 존재한다.

현재의 인공지능은 고민 끝에 내리는 수와 감정을 감추는 수, 꼼수와 묘수, 상대를 봐주지 않는 수와 알면서도 살려두는 수를 둘 수 없다. 어떨 때는 져주는 경기를 할 수 없는, 이길 줄만 아는 알고리즘으로 짜인 인공지능은 이윤추구를 최우선시하는 자본주의적 승자독식 문화를 반영한다. 그런 만큼 무한경쟁시대의 인공지능은 싸우고 죽이는 기계로 나아갈 가능성이 높다.

인공지능의 알고리즘에는 인간의 의도와 지향이 들어 있다. 인공지능은 외부에서 주입되거나 센서로 감지한 데이터를 인지해 알고리즘에 따라 목적을 수행한다. 현재의 기술 수준에서 보자면 인공지능이 머신러닝에 기반해 자체적으로 프로세스를 수행한다고 해도 결국은 인간의 통제에 따를 뿐이다. 그런 의미에서 현 단계의 인공지능은 인간이 주입한 유사의식과 기계와의 커뮤니케이션을 통한 기계인지의 결합물이다.

인간은 체험을 통해 형성된 감정, 기분, 정서 등을 축적하고 기억한다. 과거의 기억을 통해 현재의 경험을 해석하고 미래의 전망을 모색하는 메커니즘은 의식의 지향성과 행위의 기초다. 신경망모델의 발전에 힘입은 인공지능은 비록 인간의 감정 수준에 도달하지는 못하지만 이를 모방하는 단계에는 진입했다. 단적으로 페이스북과 트위터의 '좋아요'와 '팔로우'에서 드러나듯이 유사감정(fake affection)을 시뮬레이션하는 알고리즘은 널리 대중화되었다. 만약 자동화의 질적 수준이 인간의 제어와 통제, 예측을 벗어나는 수준에 이른다면 현재의 인간이 쉽게 이해할 수 없는 '기계인지'가 출현할 수도 있다. 센서를 통해 외부세계의 데이터를 받아들이고 알고리즘으로 인지체제를 구축한 현재의 인공지능이 데이터 수집과 인지작용을 무한히 반복해 인간의 체화된 인지와 비교할 만한 기계인지가 발생할 가능성도 존재한다.

현재 우리는 인공지능과 인간 사이의 모순에 주목하지만, 좀 더 시간이 흐르면 인공지능끼리 결합해 창발한 인공일반지능 사이의 대립이 주요한 모순으로 나타날지도 모른다. 그러면 이제까지는 상상하지도 못했던 인공지능의 문화가 나타날 수 있다. 과학소설 같은 이야기지만 스스로 데이터를 생산하고 축적하며 알고리즘을 구축하는, 말 그대로 사고할 수 있는 단계에 이른 인공지능은 자신만의 문화를 만들어낼 수 있을 것이다.

우리는 인터넷을 통해 기호의 힘을 확장했지만, 이제 인공지능이 기호를 생성해내는 지점에 도달했다. 그러나 인공지능이 생성한 기호와 재현물이 무한히 만들어지더라도 아직 '지금 여기'의 구체성과 현전성을 갖지는 못한다. 예수의 제자 도마는 부활한 예수를 믿지 못했다. 그는 예수의 옆구리의 난 상처에 손가락을 찔러넣은 후에야 부활과 현전을 인정했다. 그러나 데이터를 조작하는 미디어에 둘러싸인 시대에 손가락을 찔러넣어 예수를 확인할 도마는 없다.

5장 인공지능의 존재론

보드리야르는 인공물이 인간을 대체하는 사회, 곧 인간이 사라져버린 인간 이후의 사회에 대해 다음과 같이 지적했다. "인간은 자신을 추방하는 인위적 세상에 자리를 넘기면서 사라진다. 어떤 의미에서는 최고 단계의 유물론적 성과에 자리를 넘긴다. 이는 마르크스주의 유물론의 이상적 단계이고, 우리 없는 세상으로 이르는 저항할 수 없는 변형이다. 그 세상은 완벽하게 객관적이다. 왜냐하면 더 이상 세상을 바라볼 사람이 아무도 남아 있지 않기 때문이다. 순수하게 기능적이 된 세상은 더 이상 우리의 재현을 필요로 하지 않는다. 게다가 재현도 더 이상 가능하지 않다(Baudrillard, 2007/2012: 19)."

컴퓨터는 인간의 확장을 가능케 하는 수단이다. 컴퓨터는 계산력과 예측력을 강화해 전문화된 영역에서 인간의 생산성을 높이고 업무를 효율적으로 조직해 수행성을 최적화한다. 그것은 하이데거가 말한 '손안에 있는(Zuhandenheit)' 도구였으나 인간의 노동을 내재화하거나 포섭하는 힘을 갖고 있지는 못했다. 그런데 이제 데이터가 서로 뒤섞여 예측불능의 결과를 가져오는 '스트림머신(stream machine)'이 만들어졌다. 다수 이용자의 데이터는 뒤섞여 흐르다가 플랫폼의 특정한 알고리즘에 의해 변형된다. 주어진 조건에서 유연하게 변조하면서 데이터의 변형과 흐름을 가능하게 만드는 플랫폼은 지워지는 칠판이자 전광판이다. 그것은 알고리즘을 통해 강화되고 학습력이 증가하면서 최적의 결과치를 만들어낸다. 지금까지는 예상범위 안의 결과물을 만드는 인공지능이 대다수이지만, 자동화된 학습능력과 결합되면 예상도 제어도 어려운 변형을 스스로 수행하는 기계가 만들어질 것이다. 우리는 이것을 '강한 인공지능', 인공일반지능 또는 초인공지능이라고 부른다.

인간의 손에서 벗어난 초인공지능은 인간의 활동 결과물을 섭취하면서 성장한다. 이들은 인간의 활동을 포섭하기 때문에 무뚝뚝한 배타적 타자성을 드러내며 '손안에 있는' 도구로서의 기계와 다른 성격을 지닌다. 나의 데이터를 먹으며 자라난 기계는 내 손을 벗어나 '내 앞에 마주 선다(Vorhandenheit)'. 자유자재로 데이터의 흐름을 기록하고 축적하는 스트림머신은 나를 수치로 바꾸며 나의 의지나 손기술과 무관한 대상으로 자리매김한다. 내 손안에 있던 기계가 손 밖으로 나가면 나는 새로운 관심(Sorge)을 갖고 그것을 바라볼 수 있을까? 아마도 그런 관심은 급속하게 우려(Sorge)로 바뀔 것이다. 이미 스트림머신은 우리에게서 외화된 분할체를 수많은 사람의 데이터와 뒤섞으며 우리 생활을 지배하고 있다. 알고리즘 모델에 따라 스스로 변형하는 데이터스트림은 인간의 손안에 있는 데이터나 정보, 지식의 수준을 벗어나는 가공할 대상으로 우리와 마주 선다.

정보와 지능

• • •

지능에 대한 정의는 사회 환경의 변화와 컴퓨터 기술의 발전에 따라 달라진다. 개인용 컴퓨터의 대중화와 인터넷, 소셜미디어가 일상생활의 일부가 되자 인공지능의 개념 또한 달라졌다. 병렬 컴퓨터를 이용하는 클라우드컴퓨팅과 고도의 계산능력을 보유한 슈퍼컴퓨터는 네트워크 시대의 인공지능이 어떻게 현실화되는가를 보여준다. 그러나 현 수준에서 인공지능은 인간지능과 비교해 많은 한계를 갖고 있다. 독일 출신의 컴퓨터 공학자 요제프 바이첸바움(Joseph Weizenbaum)은 기계가 갖는 존재론적 한계를 지적한다(Weizenbaum, 1976). 그는 결정과 선택을 개념적으로 구분해 컴퓨터의 계산적 결정과 인간의 선택 사이에는 차이가 있다고 주장했다. 기계는 몸과 소통할 수 있는 능력과 조건을 가질 수 없다. 인간지능의 핵심에는 뇌의 작용뿐만 아니라 세상과 소통하는 몸이 자리 잡고 있다. 세상과 만나는 기계의 인터페이스는 센서 기술이나 기계의 환경인지능력 향상을 통해 발전하고 있지만, 복잡한 환경을 인지하기까지 앞으로도 오랜 시간이 걸릴 것이다.

인간의 지능은 개별적인 뇌뿐만 아니라 다른 인간과의 상호작용을 통해 성장한다. 인간지능은 고립된 컴퓨터의 데이터베이스나 중앙처리장치와 다르다. 인간지능은 사회생활을 통한 지속적인 학습과정에서 성장한다. 사회성이 확보되지 못한 인공지능은 사회적 학습능력을 갖고 있지 못하다. 인간지능의 고유성은 그것이 몸과 연결되어 있다는 사실뿐만 아니라 컴퓨터와 달리 마음과 의식이라는 영역을 갖고 있다는 점에서도 찾을 수 있다. 인간은 지적인 논리가 아니라 마음에서 나오는 예감과 직관, 상상력이라는 창조과정의 개별성을 지니고 있을 뿐만 아니라, 내면의 무의식 또한 지니고 있다. 이것 역시 인공지능의 지적인 논리영역을 뛰어넘는 분야다. 그러나 로봇공학의 획기적인 발전으로 몸을 통한 인지가 인공지능의 두뇌와 결합되고, 기계가 인간 혹은 다른 기계와 연결되면서 상호작용을 통한 학습을 수행하며, 기계의 무의식까지 확장될 수 있다면 인공지능은 더욱 인간의 지능에 가까워질 수 있을 것이다.

미국의 인지철학자 존 설(John Searle)은 '중국어 방(Chinese Room)' 비유를 통해 지식과 지능의 차이를 설명했다. 중국어 방 안에 있는 사람은 중국어를 하나도 모른다. 그런데 바깥에서 중국어 단어를 조성하는 규칙과 그것의 의미를 문서로 넣어주면, 중국어를 하나도 모름에도 불구하고 방 안에 있는 사람이 중국어를 영어로 번역해서 결과물을 바깥에 알려준다. 중국어 방은 투입과 산출이 인공지능이라는 블랙박스를 통해 이뤄지는 것에 대한 비유다. 방 안에서 중국어를 번역해 바깥으로 산출하는 사람은 중국어를 번역할 수 있지만 중국어 자체는 모른다. 존 설은 이를 '약한 인공지능'이라고 불렀다. 인공지능이 작동하려면 중국어 방 비유처럼 인공지능이 의미를 이해하도록 데이터를 방 안에 집어넣어어야 한다. 그냥 데이터가 아니라 의미가 연결된 데이터를 제공해야 사람이든 인공지능이든 의미와 맥락을 찾아내 새로운 배열로 바꿔 번역문을 산출할 수 있다. 이런 식으로 공급되는 데이터는 '연결된 데이터'라고 불리며, 연결된 데이터는 웹 3.0(Web 3.0)을 구조화하는 주된 원리로 작동한다.

인공지능이 이용하는 데이터는 어디에서 오는가? 중국어 방에 넣어줄 데이터는 누가 만들고 손질하는가? 그럴 때 기계와 인간의 인터페이스는 어떻게 바뀌는가? 중국어 방에 제공되는 데이터는 다른 곳이 아니라 인간의 활동을 통해 만들어진다. 번역이 이뤄지려면 어떤 식으로든 단어 간의 연관을 만들어줘야 하고 의미가 통하도록 지시를 내려야 한다. 인공지능은 인간의 활동으로 만들어진 데이터를 공급받아야만 활동할 수 있다. 인간이 인공지능을 먹여 살리는 것이다. 우리는 머신러닝을 통해 엄청난 바둑 실력을 확보한 알파고가 보여준 것처럼 인공지능이 온전히 혼자 학습하며 성장해 나간다고 상상한다. 하지만 인간이 만든 활동 결과물 없이는 인공지능도 성장할 수 없다.

그렇다면 앞으로 등장할 강한 인공지능은 자율적인 기억과 의식을 가질 수 있을까? 현재로서는 인공지능이 의식과 기억을 갖기는 어렵다. 기계의 인지나 의식처럼 보이는 행위는 인간이 갖고 있는 성찰적 의식과 단절되어 있다. 기계인지는 기억과 꿈과 무의식이 의식으로 연결되고 의식이 기억을 소환하며 다시 무의식 속으로 침잠하는 과정까지 이를 수 없다.

미국의 신경생리학자 워런 매컬러(Warren McCulloch)와 월터 피츠(Walter Pitts)가 1943년 인간의 신경망 구조를 밝혀낸 이후(McCulloch and Pitts, 1943), 컴퓨터는 인간의 뇌를 흉내 내는 단계에 진입했다. 헤일스는 그녀의 저서《비사고》에서 인공지능이 갖고 있는 인지의 특징을 '인지적 비의식(cognitive nonconsciousness)'이라고 규정했다(Hayles, 2017). 기계도 센서를 통해 외부환경을 인지하고 빅데이터로 학습하면서 외부의 물질 패턴을 인지하지만, 그 자체로 의식은 아니라는 주장이다. 여기서 헤일스가 선택한 용어는 '무의식'이 아니라 의식의 수준에 이르지 못한다는 의미에서 '비의식'이다. 인간은 의식와 무의식을 오가면서 사고하고 꿈꾸고 욕망하고 자제하면서 살아간다. 하지만 기계는 인지하지만 의식이 없기 때문에 의식도 무의식도 아닌 비의식의 수준에 머무른다. 이것이 인간지능과 인공지능의 중요한 차이다. 의식과 무의식의 영역은 강한 인공지능이 만들어지더라도 도달하기 어려운 궁극의 문제 중 하나일 것이다.

인공지능과 인간 이후의 정보

• • •

물질로부터 나오거나 빼낸 데이터는 물질을 새롭게 정보화한다.

개체화와 분할체화의 회로는 사이버네틱스의 되먹임을 통한 순환적 인과관계를 만든다. 일시적이고 국지적인 생명체의 네겐트로피는 자동화된 순환회로 안에서 발생한다. 필멸할 인류가 환경에 적응하고 생존하기 위한 네겐트로피로서의 정보(Wiener, 1954/2011: 40~41)는 이제 데이터와 인공지능의 결합이라는 플랫폼 안에서 작동한다. 디지털 플랫폼은 끊임없이 외부의 정보와 지식을 데이터로 전환하고, 데이터의 집합을 다시 패턴화된 정보로 바꿔 이용자에게 되먹임하면서 폐쇄적 자동제어의 힘을 강화한다.

생물은 가장 작은 단위인 세포 안에서 물질의 이동과 결합을 통해 특정한 정보를 발현하도록 만드는 기제를 갖고 있다. 정보는 '형태를 갖춰 나가는 것(Simondon, 1958/2011)'과 관련이 있으며 개체를 발생시키고 변화시킨다. 그런 의미에서 정보는 개체화와 연관된다. 개체화는 크게 두 가지로 나눠볼 수 있다. 하나는 물질의 결합을 통해 특정한 배치 속에서 형태가 드러나는 것이고, 다른 하나는 디지털 비트로 전환된 데이터가 정보 패턴을 형성하는 것이다. 전자가 생명체의 형태형성과정이라면 후자는 인공지능의 정보형성과정이다. 데이터의 배열을 통해 기호가 만들어지고 그들의 조합·배열·재배열을 통해 물질의 형태와 기능이 갖춰진다. 소프트웨어는 비트로 이뤄진 데이터의 배열을 저장하고 조작하는 '목적론적 비트 뭉치'로서 여러 개의 알고리즘을 통합한다. 알고리즘의 모임인 소프트웨어는 가장 효율적인 목적을 성취하기 위한 사이버네틱스 기계인 것이다. 자동수집기계로 모은 데이터를 알고리즘을 통해 새롭게 배열하면서 특정한 수행성을 갖는 자동화된 처리장치가 만들어진다. 인공지능은 빅데이터와 알고리즘 처리장치를 결합해 디지털 데이터의 조합과 통제를 한곳에 집중한 기술적 산물이다. 다시 말해 인공지능은 서로 다른 데이터 비트를 연결하고 주어진 환경에 대응해 형태의 생성을 유연하게 조작할 수 있는 능력을 갖춘 인공물이다. 그런 점에서 인공지능은 소프트웨어를 만드는 소프트웨어이자 비트 데이터의 조합을 환경에 따라 바꾸는 사이버네틱스의 목적론적 인공물이다.

지식/정보의 자동축적과 재구성은 인간 주체 간의 상호작용을 통한 사회적 구성과 더불어, 디지털 플랫폼이라는 기계적 구성을 통해 이뤄진다. 데이터와 인간, 플랫폼 사이의 행위자연결망(Latour, 2005)은 새로운 데이터와 정보, 지식을 생산하면서 이들 간의 상호전환을 자동화하는 한편, 정보의 물질화도 촉진한다. 정보사회는 하드웨어와 소프트웨어의 발전 단계를 거친 이후 최종적으로 데이터, 정보, 지식을 결합한 콘텐츠 생산과 소비 및 물질 생산을 향해 진전한다. 정보의 지식화와 지식의 정보화를 넘어 데이터의 정보화와 정보의 데이터화가 동시에 추진되면서, 정보의 사회적 구성과 인간적 활용이 긴밀하게 결합된다.

자동화 수준에 도달한 인공지능이 신체와 결합된다면 어떤 일이 벌어질까. 기계인지가 가능하려면 기계가 놓인 특정 환경 속에서 다른 사물이나 인간의 데이터를 매개로 한 체험이 전제되어야 한다. 생체적 경험이 아닌 기계적 경험은 몸과 분리된 순수 디지털 데이터를 통해 이뤄진다. 물질과 붙어 있는 데이터-정보와 달리 디지털 센서로 경험하는 외부 세계는 일차적으로 인간이 제공한 논리와 처리 프로세스에 의존할 수밖에 없다. 자동화의 질적 수준이 인간의 제어와 통제, 예측을 벗어나는 수준에 이른다면 현재의 인간이 쉽게 이해하기 힘든 기계인지가 만들어질 수도 있을 것이다. 기계의 신체가 세상과 만나는 인터페이스로 작동하는 수준과 방식에 대해 아직까지 그럴듯한 범례를 찾기는 쉽지 않다. 그러나 그것이 센서-데이터 뭉치 1-알고리즘을 이용한 정보화-지능 1-데이터 뭉치 2-인지체제 2-지능 2-…-와 같이 무한루프로 진행된다면, 특정 지점에서 인간의 인지와 비교할 만한 기계의 인지가 형성될 수 있다.

의식과 사유를 동반하지 않은 인지적 비의식을 인간과 동물의 수준을 넘어 기계장치까지 확장하는 헤일스의 논의를 적극적으로 해석한다면, 전(前)현상학적 수준에서 사유나 자기의식을 동반하지 않은 인지도 승인할 수 있다. 축적된 경험치인 본능과 현실 체험을 통해 만들어지는 감정, 기분, 정동은 진화하는 생물에서 공통적으로 발견된다. 인간은 과거의 기억을 토대로 현재 경험하는 환경에서 미래를 향한 예지(豫知, protention)를 만들고, 이들 간의 연쇄적 상호작용을 통해 의식을 객체에 지향하고 행위한다. 이런 의식작용 때문에 타자와 관계를 형성할 수 있고 '정합적 세계(coherent picture of the world)'를 유지할 수 있다. 미국의 인지심리학자 제임스 깁슨(James Gibson)의 용어를 빌리자면 '세계의 불변속성'이 가능해진다는 이야기다.

"가장 단순한 동물은 가장 단순한 불변속성을 탐지하는 반면, 가장 복잡한 동물은 가장 복잡한 불변속성을 탐지한다. 하지만 이들 모두의 움직임은 적응적이다(Gibson, 1966/2016: 137)." 이 인용문에서 동물을 기계로 바꿔보자. "가장 단순한 기계는 가장 단순한 불변속성을 탐지하는 반면, 가장 복잡한 기계는 가장 복잡한 불변속성을 탐지한다. 하지만 이들 모두의 움직임은 적응적이다." 기계가 불변속성을 파악하는 수준에 이르면 인지를 위한 기본조건을 갖추는 셈이다. 현재의 기계는 세계의 불변속성을 파악하기 위한 외부 데이터의 축적에 머물고 있다. 축적된 데이터에서 불변속성을 파악하는 작업은 머신러닝을 통한 패턴인지와 비교될 수 있다. 의식이 항상 지각보다 늦게 형성된다는 점을 고려하면, 인공지능의 다음 수순은 지각체제를 바탕으로 의미체계를 확립하는 방향일 것이라 짐작해본다. 이것은 물론 특이점의 수준을 훨씬 뛰어넘는 이야기다.

인간과 기계 간의 제어관계가 사라지는 순간 사이버네틱스의 종말과 포스트휴먼의 시대가 열릴 것이다. 이제까지의 제어관계는 인간이 기계를 이용해 더 이상 잉여가치를 생산하지 못하거나, 기계 자체가 기계를 제작해 인간의 개입이나 예측이 불가능한 사회 조건에서 종말을 맞이할 것이다. 아이러니하게도 인간과 기계 간 제어관계의 종말은 포스트휴먼의 단초가 된다. 인간 이후(post-human)의 시대란 새로운 종이 인간을 대체하는 시대를 뜻한다. 인간은 실제로 서서히 무언가로 대체되고 있다. 산업혁명은 인간의 육체노동을 대체했고 컴퓨터는 인간의 구상노동을 대체했다. 인간의 구상과 실행의 전면적인 기계적 대체가 이뤄진다면 인간은 더 이상 스스로의 몸과 머리를 지탱하기 힘들어질 것이다.

인공지능은 인간의 꿈을 꾸는가

• • •

기계는 의식을 갖지 못하기 때문에 지능의 매우 좁은 테두리에서 작동한다. 지능의 속도와 관할범위가 확장되더라도 그것은 본능에서 출발하는 의식을 지니지 못한다. 그렇다고 해서 기계가 인간에 비해 열등하거나 부족한 존재로 여겨질 이유는 없다. 기계는 흔들림 없이 효율적으로 산출물을 만들어내는 행위자로서 자신의 영역을 확장할 수 있다. 우리는 대상에 대한 의식도 없고 환경에서 비롯되는 두려움이나 불쾌감도 갖지 않으면서, 생을 투입물에서 시작하고 산출물에서 마감하는 이 독특한 개체를 어떻게 받아들여야 할까. 환경과 자연, 생애와 삶, 의지와 욕망, 의식은 모두 인간의 것이지 인공지능의 몫이 아니다.

산업혁명 이후 인간은 기계가 되기 시작했고, 디지털 혁명 이후 기계는 인간이 되고 싶어 한다. 기계와 인간 사이의 '불연속선(Mazlish, 1993/2001)'이 없어지고 기계와 인간의 공진화가 이뤄진다는 상투적인 틀을 넘어 좀 더 참신한 꿈을 꿔볼 수는 없을까? 영화 〈블레이드 러너 2049〉(2017)를 보면 눈밭에 버려진 맨발의 오이디푸스가 연상되면서 유아 폐기가 기계 폐기로 이어지고, 인간에 대한 기계의 인정투쟁이 떠오른다. 생물과 무생물, 기계 사이에는 상승과 하강의 선이 있다. 상승은 '짐승의 인간 되기'와 '인간의 신 되기', '기계의 인간 되기'다. 하강은 '신의 인간 되기', '인간의 짐승 되기', '인간의 기계 되기'다.

창조자와 피조물의 불평등한 관계에서는 사랑이 싹틀 수 없다. 신은 인간이 되어야만 사랑할 수 있기에 육화된 몸으로 이 땅에 내려온다. 빔 벤더스 감독의 영화 〈베를린 천사의 시〉(1987)에서 보는 것처럼 천사는 하늘 아래로 내려가야 사랑할 수 있다. 아니면 짐승이 땅 위로 올라와 인간의 모습으로 변신해야 사랑의 지평이 열린다. 짐승과 인간 사이의 구분, 인간과 신 사이의 분리선, 인간과 기계 사이의 존재론적 단절의 선이 걷어질 수 있을까? 특히 인공지능의 인간화 테제는 이런 구분선의 철폐 가능성을 보여줘야 할 것이다. 영화 〈블레이드 러너〉의 복제인간 리플리컨트(Replicant)는 자신을 제조한 타이렐사 사장을 사랑할 수 없다. 그 반대도 마찬가지다. 인간은 기계를 사랑할 수 없고 기계도 인간을 사랑할 수 없다. 있을 수 없는 것에 대한 꿈과 욕망이 소설과 영화를 낳는다.

빅데이터의 막대한 양과 컴퓨터의 빠른 처리속도는 알고리즘과 결합해 데이터를 정보화하는 탈물질화와 재물질화를 동시에 가능하게 만든다. 알고리즘에는 인간의 의도와 지향, 목적이 들어가 있다. 다시 말해 알고리즘은 인간의 외화된 의식이다. 그래서 인공지능은 데이터를 의식 없이 인지함에도 불구하고 인간이 의도한 의미와 목적을 수행한다. 그것이 자동화되고 자체 지능화된 프로세스를 통해 작동한다고 해도 그가 재현(재-제시, re-presentation)하는 것은 인간의 생각이자 마음이다. 그래서 인간은 인공지능을 의인화하고 그들이 인간을 닮기를 바란다. 그런 의미에서 인지적 비의식은 인지와 의식을 명확하게 갈라놓는 구분선이 될 수 없다. 왜냐하면 인지는 결국 의식으로 연결될 수밖에 없기 때문이다.

지금의 빅데이터와 결합한 인공지능은 회귀분석의 확장된 응용물이다. 현재의 인공지능은 데이터를 함수로 수렴해 투입과 산출을 일치시키는 수준에 불과하다. 기계가 환경에 대응하려면 아직까지는 인간에게 의존해야 한다. 특이점은 신체를 갖춘 인공지능 혹은 인지능력을 보유하고 자기생성을 하며 인간의 매개 없이 환경에 변형을 가하는 강한 인공지능의 시대에 도래할 것이다. 그렇게 된다면 어떻게 강한 인공지능을 통제할 것인가가 새로운 윤리 문제로 제기될 것이다.

영화 〈혹성탈출〉(1968)에서는 아주 긴 시간이 지나 원숭이가 지구를 지배한다. 여기서 아주 오랜 시간이 지났다고 가정해보자. 이제 인공지능이 원숭이가 지배하던 지구를 지배한다. 그렇다면 영화의 마지막 장면에 등장하는 해변에 쓰러져 모래에 박혀 있는 자유의 여신상은 무엇으로 대체될까? 그런 미래가 온다면 인간이 만든 자유의 여신상에 버금가는 최고의 기념비는 거대한 인공지능 여신상일지도 모르겠다. 인간이 만든 인공지능과 인공지능이 만든 인공지능이 만나면 어떤 일이 벌어질지에 대한 궁금증을 풀기 위해 '로봇의 고고학' 또는 '인공지능의 기술사'가 발전할지도 모를 일이다.

진화는 종적 네트워크이고 인터넷은 횡적 네트워크다. 그렇기 때문에 진화론과 신경망 연구는 인공지능 개발의 양대 축을 이룬다. 기계는 팔이 없기에 팔과 연결되지 못한 머리가 수행하는 결과는 인간에 비해 반쪽에 불과하다. 기계도 팔과 머리의 관계를 만들 수 있는 수준에 이르면 현재의 인공지능이 갖는 한계를 돌파할 수 있을 것이다. 물론 그런 경지에 이르기까지 인공지능은 수많은 시행착오와 진화를 거쳐야 한다. 머리와 손의 결합, 사유과정과 사유결과의 결합, 자기와 타자의 동시적 관계, 시간의 흐름에 대한 의식 그리고 이들의 총체인 누적적 기억(의미와 무의미, 감정을 곁들인 정보, 자신과 타인 사이의 관계와 사랑 등)이 축적되지 않은 인공지능은 인간이 주입한 명령이 대상화된 자동기계에 그친다.

현 단계에서 인공지능의 언어는 인공지능을 만든 자가 일방적으로 명령하는 틀 안에서 작동할 뿐이다. 그것은 언어라기보다 기계를 작동하도록 만드는 코드다. 기계는 순차적으로 수행되는 명령어의 절차에 따라 개체화된다. 구체화와 결정화를 통해 정보 패턴으로 개체화된 인공물은 다른 인공물이나 인간을 만나면서 공동존재에게 필요한 말을 배워 나갈 수 있다. 타인의 말을 알아듣고 자신의 생각을 기호로 처리해야 말을 할 수 있다. 여기에서 표현이 문제가 된다. 기계는 실행의 결과를 소리나 영상으로 표출할 수 있으나, 그것이 곧바로 표현은 아니다. 표현은 환경 속에서 몸으로 느끼는 감각과 정서에서 출발해 공포나 두려움, 즐거움 등의 감정과 연결되어야 가능하다. 기계에 가짜 정서를 심어놓을 수는 있겠지만, 이는 닫힌 알고리즘이 주는 고착된 결과에 지나지 않는다.

프랑스의 철학자 자크 랑시에르(Jacques Rancière)의 《무지한 스승》에 나오는 스승과 학생의 관계(Rancière, 1987/2016)를 인간과 인공지능 사이의 관계로 대치해보면, 의지 없는 기계에 대한 랑시에르식 자율학습은 무망하다. 인간을 닮은 인공지능과 인간을 닮지 않은 인공지능의 차이는 매우 중요하다. 인간은 자신을 닮은 인공지능의 행태를 예측하고 통제할 수 있다. 영화 〈2001 스페이스 오디세이〉(1968)에 나오는 컴퓨터 HAL9000은 자기 의지에 따라 인간의 의지를 거스를 수 있지만 그조차 인간의 조작범위 안에 있다. 왜냐하면 그는 인간을 닮았기 때문이다. 예측할 수도 통제할 수도 없고 의도와 행위를 도무지 이해할 수 없는 인공지능이 나타날 때 진정한 포스트휴먼의 시대가 열릴 것이다.

6장 플랫폼 장치는 우리를 어떻게 인지하고 포획하며 착취하는가

인터넷은 사람들을 연결하는 동시에 포획하는 그물이다. 링크를 주고받는 월드와이드웹(WWW, World Wide Web)은 이중적이고 모순적이다. 디지털 플랫폼은 이용자들의 상징적 상호작용이 이뤄지는 소통 공간인 동시에, 자유자재로 변조하는 유연한 그물망으로서 이용자들의 활동을 수집하는 포획장치다. 어차피 플랫폼에서 뛰어내리기가 어렵다면 연결과 소통이 자유로운 시기와 포획되고 지배당하는 순환의 시기를 잘 가려야 한다.

현대 인지자본주의는 플랫폼 장치의 증식을 통해 구축된다. 플랫폼은 이용자의 활동을 위한 장치이자 이용자 생산물의 수집장치로서, 경우에 따라서는 이용자 감시장치로 변형될 수 있다. 디지털 서비스 플랫폼은 눈에 보이는 인터페이스와 눈에 보이지 않는 소프트웨어 알고리즘으로 구성된다. 가시성과 비가시성의 통합체인 플랫폼은 이런 점에서 '빛의 배분'을 이용한 '파놉티콘(panopticon)'과 닮아 있다. 그 결과 이용자와 서비스 제공자 사이에는 비대칭적인 지식관계와 권력관계, 생산관계가 만들어진다. 그런 점에서 플랫폼은 이용자 인터페이스(UI, User Interface)와 개발자 인터페이스(API, Application Platform Interface) 및 이를 운영하는 알고리즘의 총체를 가리킨다고 할 수 있다.[30]

구글, 페이스북, 트위터, 네이버 등 거대 서비스 플랫폼은 이용자 서비스를 제공하는 동시에 이용자 활동 결과물을 수취하고 전유하는 이중적인 체계를 갖추고 있다. 플랫폼 제공자들은 이용자 활동 결과물을 자신들의 서버로 이전하는 동시에, 축적된 정보를 이용자에게 다시 제공하는 순환적 되먹임 증식회로를 이용한다. 빅데이터는 정부기구, 공공단체, 사기업, 시민단체 등 다양한 주체와 경로를 통한다. 그 가운데 민간 부문의 빅데이터는 서비스 제공업체의 플랫폼을 통한다. 이용자 생산과 그 생산물의 변형, 확장 및 활용은 모두 소프트웨어 차원에서 미리 설정된 알고리즘을 통해 이뤄진다.

플랫폼에 관한 연구는 여러 가지 다양한 수준에서 수행되고 있다. 여기에서는 이용자 활동을 수집하고 추적하는 거대 서비스 제공업체의 플랫폼에 관한 비판적 분석에 집중할 것이다. 플랫폼에 관한 비판적 연구는 이용자와 기업이라는 상이한 주체가 하나의 플랫폼

---

30 인터넷 연구에서 알고리즘과 소프트웨어 분석이 갖는 중요성에 대해서는 갤러웨이(Galloway, 2012)와 마노비치(Manovich, 2013) 참조.

안에서 어떻게 만나고, 이들이 추후 어떻게 외부와 연결되는가를 분석한다. 이와 같은 관점에서 보았을 때 이용자 활동의 기반 제공과 전유, 감시는 각각 문화적·경제적·정치적 층위에서 이뤄진다.

먼저 문화적 층위에서는 이용자의 문화와 주체화가 플랫폼에 의해 만들어진다. 플랫폼의 인터페이스는 주체화 기능을 통해 이용자의 신체적 독특성과 정서를 표출하는 규격을 제공하면서 커뮤니케이션의 틀을 만들어낸다. 그런 점에서 이용자의 주체화 과정은 주어진 인터페이스를 통해 이뤄진다. 이용자 편의적인 플랫폼은 그것에 예속되는 신체와 마음의 기능을 동시에 만들어낸다. 플랫폼에서는 이용자가 자발적으로 결집할 수 있는 조건이 만들어질 뿐만 아니라, 플랫폼 장치의 부품이 되는 수동적 주체화도 동시에 진행된다.

다음으로 경제적 층위에서는 이용자와 서비스 제공자 간의 교환이 이뤄진다. 이용자는 서비스를 이용하는 대신, 자신의 활동 결과물인 콘텐츠와 데이터를 기업에 무상으로 건네준다. 플랫폼 제공자는 이용자 활동 결과물을 여러 가지 형태로 전유해 가치증식을 위한 원료로 활용하거나 시장에서 교환될 수 있는 새로운 상업화의 재료로 이용한다.

마지막으로 정치적 층위에서는 플랫폼이 국가의 감시와 포획을 위한 장치와 연결되거나 그것을 위한 도구로 활용될 수 있다. 국가권력은 플랫폼 기업에 대한 직·간접적 규제를 통해 영향을 미치거나 플랫폼을 통해 수집된 데이터를 국가기구의 통제장치와 연결할 수 있다. 이런 경우 플랫폼은 국가권력의 인구 통제와 감시의 기계로 활용된다.

푸코·들뢰즈·아감벤의 장치론

• • •

플랫폼의 이러한 특성에 주목해 디지털 서비스 플랫폼을 하나의 장치(dispositif; apparatus)로 볼 수 있는가에 대해 살펴보자. 장치는 체제(system)나 기계(machine), 배치/배열(agencement; assemblage) 같은 용어와 뒤섞여 쓰인다. 프랑스의 철학자 루이 알튀세르(Louis Althusser)는 이데올로기적 국가장치 개념을 통해 장치라는 용어를 도입했고(Althusser, 1971), 미셸 푸코(Michel Foucault)는 제러미 벤담(Jeremy Bentham)의 파놉티콘에서 규율권력의 장치를 도출했다. 들뢰즈는 푸코의 장치 개념을 확장하되 장치보다 기계라는 용어를 즐겨 사용했다. 이는 그가 접합, 접속에 따른 배치의 변화를 지향하기 때문이다. 이후 이탈리아의 철학자 조르조 아감벤(Giorgio Agamben)은 '세속화(secularization)'라는 틀로 장치 개념을 '장치학'으로 확장했다.[31] 이제 푸코(Foucault, 1980/1991), 들뢰즈(Deleuze, 2007), 아감벤(Agamben, 2009/2010)의 장치 개념을 검토하면서 이것을 디지털

---

31 아감벤이 시도한 장치 개념의 확장과 장치학에 대한 논의는 양창렬(2010) 참조.

서비스 플랫폼에 어떻게 적용할 수 있는지 살펴본다. 이와 더불어 구글, 페이스북 등으로 대표되는 플랫폼 장치를 이러한 개념으로 분석하는 작업이 어떤 의미를 지니는지도 알아본다. 이를 위해 장치 속에서 만들어지는 지식관계, 권력관계, 생산관계를 푸코의 감시장치론, 들뢰즈와 아감벤의 장치론을 활용해 검토하고, 디지털 서비스 플랫폼을 이용자 서비스와 이용자 활동 포획장치가 하나로 통일된 장치로 보는 시각을 마련하고자 한다.

푸코는 장치를 지식관계와 권력관계라는 틀로 파악한다. 푸코는 정신분석학자들과 나눈 인터뷰에서 '성장치에서 장치란 무엇인가'라는 질문에 다음과 같이 답했다. "장치에는 늘 권력의 작동이 기입되어 있습니다. 그뿐만 아니라 장치는 권력에서 생겨나고 또 권력을 조건 짓기도 하는 지식의 한 가지 또는 여러 가지 제한과 연결됩니다. 지식의 유형을 지탱하고 또 그것에 의해 지탱되는 힘 관계의 전략, 그것이 바로 장치입니다(Foucault, 1980/1991: 236)."

푸코의 장치는 '구체적인 전략적 기능'을 갖고 있으며 권력관계 속에 기입된다. 이러한 장치는 하나의 단일한 실체가 아니라 '이질적인 집합체'이고, 장치 자체는 요소 사이의 네트워크로 정의된다. 푸코는 빛의 배분을 통해 형성되는 비대칭적인 지식관계가 권력관계로 이어지는, 혹은 권력관계가 지식관계를 산출하는 장치의 효과에 주목했다. 지식의 비대칭성과 권력의 비대칭성은 서로 호응하지만 권력을 구성하는 힘의 관계가 더 우위에 선다. "지식에 대한 권력의 우위, 지식관계에 대한 권력관계의 우위라는 말은 지식관계가 권력의 미분적 관계를 갖지 않는다면 결코 자신이 적분할 수 있는 무엇인가를 갖지 못한다는 의미다. 한편 권력관계를 적분해주는 작동이 없다면 그것은 사라지는 것, 맹아적인 것 혹은 가상적인 것이 되고 말리라는 점 또한 사실이다(Deleuze, 1986/2003: 127~128)."

들뢰즈는 푸코의 감시장치론이 구체적인 장치에 관한 분석이라고 말한다. 그는 〈장치란 무엇인가〉라는 글에서 장치란 다선적 전체라고 말한다(Deleuze, 2007). 들뢰즈는 푸코의 장치를 방법론적 차원에서 접근한다. 그는 장치를 가시성(visibility), 발화(utterance), 힘(force), 주체화(subjectivation)라는 네 가지 선분이 얽힌 실타래로 규정하면서, 미래·탈주·되기(becoming)를 향한 흐름의 정치와 연결한다. 들뢰즈는 되기와 흐름의 철학을 통해 장치의 위상을 권력에서 '탈주'로 옮겨놓는다. 이러한 들뢰즈의 장치 이해는 장치의 구속성보다 탈주성을 더 강조한다. 그래서 들뢰즈의 장치학은 오래된 것보다 새것을, 역사보다 되기를, 과거의 축적된 아카이브보다 현재의 흐름을, 이론적 분석보다 실천적 진단을 중시한다. 그는 장치의 두 가지 방향을 계층화·퇴적화와 실재화·창조력으로 구분해 미래를 향한 되기의 흐름에 전력할 것을 주장한다.

특히 들뢰즈는 분석적 차원에서 장치의 관계와 배열을 강조한다. "기계는 아무것도 설명하지 않는다. 기계는 단지 하나의 부품에 불과하다. 집합적 장치(collective apparatus)를 분석해야 한다(Deleuze, 2007: 67)." 그래서 들뢰즈에게는 기계로서의 장치 자체보다 기계-인간-노동-가치의 배치/배열이 중요하다. 들뢰즈는 장치에 대한 푸코의 접근에서 '보편성에 대한 거부'와 '새로움을 향한 방향전환'을 발견한다. 그런 점에서 그는 장치가 다른 배치/배열을 통해 다르게 생산될 수 있다는 되기의 복수성을 주장한다. 이것은 장치의 일방적 지배에 대한 대항의 여지를 암시한다. 들뢰즈는 모든 장치에서 지금 우리인 것과 더 이상 우리가 아닌 것을 구분해야 하고, 우리는 되고 있는 것, 역사의 현재, 곧 흐름이자 움직임의 부분이 되어야 한다고 주장한다.

이러한 주장은 기존의 장치가 조장하는 권력-지식관계에서 벗어나 주체성을 생산하는 다른 형식을 통해 자신을 다시 내던지는 행위로 연결된다. 들뢰즈의 실천적 장치학은 균열하고 부수고 겹치게 하고 뒤섞는 등 배치를 통한 변이와 변형을 실현해 다른 사람들을 이끌어내는 선분 창출을 목표로 한다. 들뢰즈는 "나는 어떤 빛과 언어의 조건 아래서 무엇을 알 수 있으며 무엇을 보고 언표할 수 있는가? 나는 무엇을 할 수 있으며 어떤 권력을 요구할 수 있고 또 어떻게 저항할 수 있는가? 나는 어떻게 존재할 수 있는가?(Deleuze, 1986/2003: 172~173)"를 물음으로써 장치에 의한 지배를 수동적으로 감내하는 것이 아니라, 제도화된 권력의 선분과 완성된 지식의 선을 바꿔 나가는 대안적 장치의 의미를 드러낸다. 이처럼 들뢰즈의 실천적 장치학은 현대의 지배적 장치에 대한 대안을 모색하는 정치적 출발점으로서 의미가 있다. 들뢰즈가 보여주는 다분히 추상적이고 관념적인 장치론은 구체적 현실에서 나오는 구체적 대안과 개입으로 상향해야 한다.

이와 관련해 아감벤은 푸코의 장치 개념을 일상생활의 영역으로 확장하면서 장치의 세속화 및 그에 대한 저항과 개입 등 실천적인 차원이 갖는 중요성을 강조한다. 그가 말하는 장치에는 푸코가 제시한 감옥, 정신병원, 학교, 공장, 규율, 법적 조치 등 권력과 접속된 것뿐만 아니라 펜, 글쓰기, 문학, 철학, 농업, 담배, 항해(인터넷 서핑), 컴퓨터, 휴대전화 등도 포함된다. "푸코가 말하는 장치는 이미 아주 넓은 부류인데 이것을 더 일반화해 나는 생명체의 몸짓·행동·의견·담론을 포획·지도·규정·차단·주도·제어·보장하는 능력을 지닌 모든 것을 문자 그대로 장치라고 부를 것이다(Agamben, 2009/2010: 33)."

이들 사이에는 장치학에 대한 개념적 규정과 이론적 입장, 방법론적 접근의 차이가 존재한다. 푸코가 장치의 규율적·지배적 기능을 구체적으로 분석했다면, 들뢰즈는 장치에 대한 철학적 접근과 분석 틀을 제시했다고 볼 수 있다. 한편 아감벤은 현재의 조건에서 장치 개념을 적용할 실마리와 가능성을 열었다. 아감벤의 장치론은 분석적·방법론적 위상을 넘어 일상의 세속화된 실천 형태를 제시한다. 그는 이것을 '장치의 세속화'라고 부른다. 장치의 세속화는 대중이 특정 지배세력에게 귀속된 장치를 전유함을 의미한다. "장치를 세속화하는 문제, 즉 장치 안에 포획되고 분리됐던 것을 공통으로 사용할 수 있게 되돌리는 문제는 그만큼 긴급한 사안이다. 이 문제를 짊어진 자들이 주체화 과정이나 장치에 개입할 수 있고 통치될 수 없는 것에 빛을 비출 때에야 비로소 이 문제는 올바르게 제기될 것이다(Agamben, 2009/2010: 48).” 그러나 현실은 그 반대의 차원에서 이뤄지는 지배의 세속화가 일반적임을 인정해야 한다. 그렇다면 실천적 장치학의 쓸모는 어디에서 어떻게 찾을 수 있을까? 플랫폼의 이용자들은 수동적 규율과 감시, 통제를 규제하는 장치를 넘어서 그것을 새로운 창조의 장치로 바꿀 수 있을까? 이런 질문에 답하기 전에 이제까지 살펴본 장치 개념을 이용해 디지털 서비스 플랫폼을 분석해보자.

디지털 서비스 플랫폼의 세 가지 계통

• • •

아감벤은 〈장치란 무엇인가?〉에서 “우리가 지금 살고 있는 이 자본주의적 발전의 최종 단계를 장치의 거대한 축적과 증식으로 정의한다 해도 틀리지 않을 것”이라고 말한다(Agamben, 2009/2010: 35). 그의 논의처럼 현대 정보자본주의에서는 인터넷과 각종 미디어를 포함해 무수한 장치의 증식과 축적이 이뤄지고 있다. 그러나 그와 동시에 장치 자체가 이전과 다른 방식으로 자본주의적 가치증식과 축적을 담당하고 있음을 인지하는 것이 중요하다. 현대 정보자본주의에서는 장치가 증식되고 대규모로 축적되는 동시에, 장치 자체가 자본주의적 가치증식과 축적을 위한 기계로 작동한다. 이제 구글, 페이스북 등의 플랫폼을 장치로 파악하고 앞서 살펴본 장치론의 틀을 활용해 그것의 기본적인 특성을 하나씩 살펴본다.

구글, 페이스북, 트위터, 아마존 등 다양한 서비스 플랫폼과 스마트폰으로 이뤄지는 현대 정보기계의 복합체는 이용자 서비스기계, 이용자 활동 결과물 흡수기계, 이용자 추적기계의 결합물이다. 이들은 국가의 직접적 통제의 바깥에 자리 잡고 있다. 들뢰즈는 기계와 장치 간의 관계를 혁명과 질서, 움직임과 정지의 대항관계로 설정하면서 기계의 능동적이고 혁명적인 성격을 강조한다. 그러나 국가 외부에 존재하는 기계일지라도 그것의 움직임이 약해지거나 혁명적 동력이 약화되면 국가장치에 포섭될 수 있다. 이용자의 흔적을 추적해 특정한 행위자를 골라내는 서비스 플랫폼의 추적기계는 국가장치와 혼합되어 국가 바깥의 테러 용의자를 잡아내는 기계로 전환될 수 있다. 프리즘(Prism) 사례에서 보듯이 국가장치 바깥에 존재하는 서비스 플랫폼은 특정한 경우에 자신들의 기계에 국가장치가 연결되는 것을 허락하거나 방관한다. 예를 들어 미국의 국가안보국(NSA)은 사기업의 기계를 관류하는 데이터 흐름을 국가장치의 일부로 변환할 수 있음을 보여주었다.[32]

미국 국가안보국의 감시 프로그램인 프리즘은 국가의 포획장치에 디지털 서비스 기업의 기계가 어떻게 붙잡힐 수 있는가를 보여

---

32 프리즘 사례에 대해서는 다음 기사를 참조. James Ball, “NSA’s Prism surveillance program: how it works and what it can do”, *The Guardian*, 2013. 06. 08.

준다. 사이버스페이스가 국가의 바깥에 존재한다고 생각했던 초창기 자유주의자들의 환상은 이러한 국가 개입을 통해 여지없이 무너진다. 국가는 포획장치를 통해 자유롭게 사기업의 플랫폼에 플러그를 꽂아 이용자의 활동 결과물을 수집하고 축적할 수 있다. 인터넷 서비스 플랫폼은 이용자에게는 서비스기계이고 기업에게는 이용자 활동 결과물의 흡수기계이지만, 이러한 배치에서는 국가장치에 의해 추적기계나 포획기계로 돌변한다. 이용자의 탈중심적인 활동을 통해 '매끄러운 공간'을 구성했던 초기의 사이버스페이스는 자본과 국가의 본격적인 개입을 통해 '홈 패인 공간'으로 바뀌기 시작했다. 2000년대 인터넷 활용이 대중화된 이후 검색 포털이 가장 먼저 사이버스페이스를 영토화했고, 그로부터 오래지 않아 몇 개의 거대 포털이 사이버스페이스를 지배했다. 이용자 수와 해당 사이트에 머문 시간, 페이지뷰 등으로 특정 사이트의 가치가 평가되고 서열이 매겨지면서, 인터넷은 자본에 의해 상업화되었다.

한편 디지털 서비스 플랫폼의 배치와 이용자 간의 관계는 공간적이라기보다 시간적이다. 공간적 동일성과 시간적 순차성이라는 독특한 배치/배열을 통해 플랫폼이 제공하는 이용자 서비스 장치는 수집(흡수)장치에서 추적(포획)장치로 배열을 바꾼다. 이 시간은 매우 짧기 때문에 인간의 일상적인 시간감각으로는 거의 동시에 일어나는 것처럼 느껴진다. 하지만 선후관계가 존재한다. 이용자 행위가 먼저 이뤄지지 않고서는 이용자 활동의 흡수 혹은 포획도 가능하지 않다. 서비스 제공기계로서의 플랫폼 장치는 이용자 활동기계, 수집(흡수)기계와 추적(포획)기계의 혼합물로서, 이용자에게 활동 공간을 제공할 뿐만 아니라 문화적으로 길들이고 경제적으로 수취하며 정치적으로 지배한다. 이런 면에서 인터넷 서비스 플랫폼은 '서로 다른 성격의 선으로 이뤄진 실타래'로서, 이용자에 대한 서비스와 문화적 주체화, 경제적 수취 그리고 정치적 포획이 결합된 복합장치다. 그것은 서비스, 축적, 추적과 감시를 통일하면서 문화, 경제, 정치의 각각 다른 차원을 하나의 플랫폼 안에 배치한다. 이는 결국 플랫폼 장치가 문화, 경제, 정치의 차원에서 각각의 문제를 안고, 그것이 사회적 쟁점으로 부각될 수 있는 근거를 내부에 지니고 있음을 보여준다. 문화적 차원에서는 주체의 형성, 경제적 차원에서는 잉여의 생산과 착취, 정치적 차원에서는 감시와 통제가 그것이다.

이들 각각의 '기계계통(phylum machinique)'은 시간축과 공간축을 통해 이용자와의 계열적 관계를 만들면서 계통화된다. 이들 세 가지 기계계통을 살펴보자. 첫째, 이용자 서비스기계계통은 인터페이스를 통해 이용자에게 서비스를 전달하는 장치다. 140자의 글을 쓸 수 있고 팔로우하는 사람의 글을 볼 수 있게 해주는 트위터, 이용자가 뉴스피드에 자신의 글을 게시할 수 있게 하고 친구들의 글을 자동으로 올려주는 페이스북, 상품에 대한 다양한 정보와 검색을 제공하는 아마존, 구글이나 네이버 같이 검색 서비스를 비롯해 다양한 콘텐츠를 공급하는 포털사이트의 서비스기계는 이용자 인터페이스를 통해 특정한 서비스를 제공한다. 이러한 서비스기계의 계통은 '이용자-인터페이스-다른 이용자-소통-활동'의 되먹임으로 이뤄진다.

둘째, 수집(흡수)기계계통은 '기업-생산소비자로서의 이용자-지대-이윤-축적'으로 이뤄져 있다. 이것은 생산소비자가 만든 데이터를 자동으로 흡수하는 기계다. 수집(흡수)기계는 자동화된 알고리즘을 통해 이용자 활동 결과물을 실시간으로 축적한다. 다수의 이용자가 올린 글과 사진 등의 콘텐츠, 서로의 글이나 내용물에 단 댓글, '좋아요' 등의 평가(rating), 검색어 등이 클라우드컴퓨팅을 통해 서비스 제공자의 빅데이터 서버에 자동으로 축적된다.

셋째, 추적(포획)기계계통은 계정정보, 인구학적 변인 등 이용자 신상정보를 활용자의 서비스 소비나 활동과 결합해 이용자들의 정체와 소비행태를 추적한다. 포획은 이용자의 활동과 결과물은 물론 이용자 자체에 개입해 그의 자유와 주체성을 왜곡하거나 억압하는 것을 의미한다. 이용자를 포획하는 주체는 자본이거나 국가권력이다. 이용자가 자신의 활동 결과물을 플랫폼 제공자에게 양도하면, 그와 동시에 그의 활동과정은 메타데이터와 결합되어 플랫폼에 축적된다. 자본은 이들의 흔적을 추적해 신상정보와 연결하거나 여러 이용자의 활동 결과물을 적분하고 변형해 상품화한다. 결국 이용자는 기계의 추적과 감시를 받으면서 자본에 포획되어 소비자로 전락한다. 국가는 이용자 행위와 신상정보를 결합해 이용자의 특정한 행위에 개입함으로써 그를 통제할 수 있다. 국가는 이용자들이 지배의 틀에서 벗어날 때 다시 질서와 통치의 틀 안으로 포획해 체제 안에 재배치한다. 이때 추적(포획)기계의 계통은 '코드-이용자 활동 및 소비-흔적-추적'이라는 배열로 이뤄진다. 이런 추적(포획)

기계가 국가권력의 수중에 넘어가거나 국가기구와 연결되면 그것은 완전한 포획기계가 된다.

이들 세 가지 기계계통은 서비스 플랫폼 장치와 이용자 활동의 상호작용을 통해 만들어지는 디지털 데이터의 세 가지 양태를 보여준다. 다시 말해 서비스 플랫폼의 이용자 생산 데이터는 ① 일상언어를 이용한 활동(기표적 기호), ② 이용자 활동 결과물의 무정형적 축적물(비기표적 기호), ③ 추적을 위한 디지털 비트(메타데이터)의 축적물이라는 세 가지 양태가 결합한 것이다.

이용자들끼리의 소통과 담화, 상호작용 결과는 사이버스페이스의 문화를 구성한다. 일상언어라는 기표적 기호로 쓰이고 소통의 틀에서 교환되는 이용자 커뮤니케이션은 가시적이고 담론적인 것으로서 여론을 형성하고 미디어로 기능한다. 이는 빅데이터의 핵심으로서 서비스 플랫폼을 통해 서비스 제공업체의 데이터베이스에 자동으로 축적된다. 플랫폼 기업들은 이용자 활동, 이용자 활동 결과물의 무정형적 축적물, 추적을 위한 비트 흔적의 축적물을 각각 정보, 콘텐츠, 데이터 등으로 규정하고 있다. 지금은 사명을 메타(Meta)로 바꾼 과거 페이스북의 이용약관은 이를 다음과 같이 규정했다. "'정보'는 Facebook과 교류하는 회원과 비회원에 의한 활동을 포함해 회원님에 관한 사실과 기타 정보를 의미합니다. '콘텐츠'라 함은 회원님이나 다른 사용자들이 Facebook에 올린 게시물 가운데 '정보'의 정의에 포함되지 않는 것을 의미합니다. '데이터', '사용자 데이터' 또는 '사용자의 데이터'는 회원님이나 다른 제삼자가

Facebook에서 발췌하거나 플랫폼을 통해 Facebook에 제공한 사용자의 콘텐츠나 정보를 포함한 모든 데이터를 말합니다."[33]

이용자가 발신했던 기표적 기호와 달리 이용자 활동 결과물은 플랫폼 알고리즘을 통해 눈에 보이지 않는 곳에서 메타데이터와 결합하면서 비기표적 기호로 처리된다. 이것은 이용자의 눈에 보이지 않는 영역에 속하기 때문에 그들 사이에서도 담론의 대상이 되지 않는다. 이 층위에서 만들어지는 데이터는 비트의 추적을 통한 신상정보와 정체의 확인으로 이어지거나 특정 집단에 대한 표적 마케팅의 원료로 전환된다. 이용자 활동이 축적되고 그들이 남긴 행위 데이터 비트가 많아지면, 이용자들은 서비스 제공업체의 알고리즘에 의해 범주화되고 분류된다. 실시간으로 축적되는 이용자 활동과 활동 결과물이 증가하면서 추적의 가능성과 정확성은 더욱 높아진다.

이런 과정을 통해 이용자는 기계화된 알고리즘에 따라 미리 맞춰진 서비스를 제공받는 사이버네틱스의 목표물이 된다. 서비스기계는 이용자에게 서비스를 제공하지만, 역설적으로 그러한 이용의 결과로 자신을 감시하고 통제하는 데 활용될 데이터를 제공하는 수집기계의 입구로 작동한다. 추적기계는 이용자 활동 결과물을 범주화하고 특정 군락으로 분류한다. 이처럼 기계장치는 이용자 활동과 연결되거나 시차를 두고 이어지는 다른 요소를 통해 시공간적으로

---

33 Facebook 이용약관 중 용어정의. 2023년 3월 현재 문구는 상당수 수정되었다. https://www.facebook.com/legal/terms (2023년 3월 10일 접속)

구성된다. 플랫폼은 복합적인 배치/배열이 시공간적으로 이뤄지는 장소이자 환경으로서, 그 안에서 수행되는 이용자 활동의 공간적 배치와 시간적 배열은 다양하고 중층적이며 지속적으로 변화한다.

플랫폼과 지식관계

플랫폼은 새로운 지식체제를 만든다. 기술에는 물질화된 사회관계가 들어 있다(Vercellone, 2007). 이런 입장에서 플랫폼을 보자면 그것은 잉여가치를 추출하기 위한 새로운 방식과 효율성을 지닌 기술이자 장치이며 기계다. 소셜미디어, 빅데이터, 플랫폼, 웹 3.0 등 정보 관련 기술은 기술 자체에 대한 공학적 응용이나 효율성을 극대화하기 위한 경영적 차원에 머물지 않는다.

소셜미디어에 축적되는 빅데이터는 이용자 활동과 서비스 플랫폼의 결합을 통해 만들어진다. 하지만 최종적으로 축적된 빅데이터는 서비스 플랫폼 제공자와 이용자 간의 비대칭적 관계를 낳는다. 이용자는 서비스 플랫폼을 이용하기 위해 자신의 신상을 식별할 수 있는 정보를 제공해야 한다. 이때 그는 서비스 플랫폼을 통해 자신의 활동 결과물을 전유당하고 활동 행위를 추적당한다. 이용자 활동 데이터는 이용자와 서비스 제공회사 사이에 사용계약이 체결되는 시점부터 서비스 제공회사의 전유물로 축적된다. 이용자가 약관에 동의하고 서비스를 이용하기 시작하면 플랫폼 안에서의 이용자 활동은 ① 이용자 개인식별 데이터, ② 이용자 활동 결과물 데이터, ③ 이용 흔적 데이터라는 세 가지 층위의 데이터로 축적된다. 개인식별정보는 이용자가 서비스를 이용할 때 자신의 신상정보를 넘겨줌으로써 생성된다. 신상 데이터를 서비스 제공자에게 넘겨줘야 비로소 서비스를 사용할 수 있기 때문에, 개인 이용자는 불가피하게 자신의 신상정보를 넘겨준다. 개인신상정보의 폭은 단순한 아이디부터 이름, 거주지, 나이, 성별 등에 이르기까지 다양하다. 이후 개인 이용자가 서비스를 활용하면 그는 자신의 활동을 통해 디지털 흔적을 남긴다.

서비스 제공자가 이들 세 가지 데이터 레이어를 조합할 때 이용자에 대한 직·간접적 통제가 이뤄진다. 일단 자신에 대한 식별정보와 자신이 생성한 데이터가 플랫폼 기업의 데이터베이스로 넘어가면, 이용자는 자신의 신상정보와 활동 결과물, 흔적 데이터에 대한 통제권을 행사하기 힘들다. 자신의 신상정보는 다른 이용자들의 신상정보와 결합되어 플랫폼 기업의 데이터베이스로 변환된다. 플랫폼 기업은 이용자가 서비스의 대가로 제공한 데이터를 자사의 자산으로 만든다. 이용자가 만든 활동 결과물은 전체 데이터베이스의 구성 부분으로 플랫폼 기업에 전유되며, 이용자가 남긴 활동 흔적은 그를 향한 통제와 조절의 도구로 변형되어 여러 가지 방식으로 되돌아온다. 이때 플랫폼 알고리즘이 이러한 정보의 흐름을 관장한다. 그 결과 이용자와 서비스 제공업체 사이의 불평등한 정보 보유가 이뤄지고 그것은 결국 비대칭적인 지식관계로 이어진다.

플랫폼의 권력관계와 추적포획장치

• • •

플랫폼은 이용자들이 기표적 기호로 소통하는 연결망인 동시에 자유자재로 변조하는 알고리즘이 이용자의 활동을 포획하는 그물망이다. 그것은 거미줄 중앙에 자리 잡은 채 벌레를 노리는 왕거미처럼 교묘하게 먹이를 포획한다. 추적포획장치인 플랫폼은 권력관계로 짜여 있다. 푸코는 권력을 '절차의 총체'로 파악했다. 권력관계에 대한 분석이 사회에 대한 총체적 분석을 시작할 수 있는 길을 열어준다는 푸코의 관점은, 플랫폼에서 발생하는 권력관계를 분석함으로써 정보자본주의를 비판적으로 살펴보는 데도 유효하다. 정보자본주의에 대한 비판적 분석은 플랫폼이라는 실제적인 힘에 대한 지식을 만드는 작업으로서, 진실과 투쟁의 순환을 통해 철학적 실천, 곧 '진실의 정치학'을 전개하는 것이다.

플랫폼 권력은 서비스 플랫폼을 제공하는 자본과 이용자 사이에서 만들어지는 관계에 내재한다. 플랫폼의 권력관계는 이용자가 약관에 동의함으로써 시작된다. 플랫폼 권력은 일차적으로 서비스 제공자와 이용자 간의 관계를 통해 형성되며, 그 과정에서 특정한 기능과 역할을 수행한다. 플랫폼 기업은 약관을 통해 서비스제공자-이용자 관계를 만든다. 이를 통해 이용자와 거대 플랫폼 기업 사이에는 일종의 지대관계가 만들어진다. 이들 간의 지대관계는 플랫폼 소유자인 기업과 이용자 간의 서비스 제공-이용관계로서, 이용자는 플랫폼이 제공하는 서비스를 사용하고 플랫폼 제공자는 그 대가로 이용자의 활동 결과물을 전유할 수 있는 권리를 확보한다.

대표적인 예로 구글을 들 수 있다. 구글의 약관은 이용자 활동 결과물의 하나인 콘텐츠를 기업의 목적을 위해 활용할 수 있는 권리를 다음과 같이 규정하고 있다. "귀하가 콘텐츠를 Google 서비스에 업로드하거나 기타 방법으로 제출하는 경우 귀하는 Google(및 Google의 협력사)이 이러한 콘텐츠를 사용, 저장, 복제, 수정, 이차적 저작물(귀하의 콘텐츠가 Google 서비스와 더 잘 작동하도록 Google이 생성하는 번역본, 개작본 또는 수정본으로 인해 발생되는 것) 제작, 전달, 공개, 공개적으로 실연, 공개적으로 게시 및 배포할 수 있는 전세계적인 라이선스를 제공하게 됩니다."[34] 약관에 명시되어 있지는 않지만, 구글을 포함한 대부분의 거대 플랫폼 기업은 이용자가 서비스를 이용한 시간 및 내용, 이용 방식에 대한 정보 등을 실시간으로 수집한다. 이를 통해 거대 서비스 회사들의 플랫폼은 이용자의 활동장치이자 이용자 생산물의 수집장치인 동시에 이용자 감시장치로 연결될 수 있는 다중적 장치로 기능한다. 이용자가 소셜미디어를 이용할 때 그들은 자신의 활동 결과물뿐만 아니라 흔적 데이터를 남긴다. 활동 결과물의 생성과 추적 모두 서비스 제공자의 플랫

34 Google 이용약관 중 'Google 서비스에 포함된 귀하의 콘텐츠에 관한 규정'. 2023년 3월 현재 문구는 상당수 수정되었다. https://www.google.co.kr/intl/ko/policies/terms/regional.html (2023년 3월 10일 접속)

폼을 통해 이뤄진다. 눈에 보이는 이용자 인터페이스는 이용자의 자유롭고 자발적인 활동을 보장하지만, 눈에 보이지 않는 곳에서는 이용자 활동 흔적의 축적과 추적이 진행된다.

들뢰즈에 따르면 장치는 무엇보다도 보는 것을 가능하게 만드는 기계다. "가시성은 이미 존재하는 대상을 밝히는 일반적인 빛을 의미하지 않는다. 가시성은 장치로부터 분리되지 않은 형체를 형성하는 빛의 선으로 구성된다. 장치는 '빛의 체제'를 갖는다. 빛 없이는 존재할 수 없는 이 장치는 빛을 강하게 비추거나 은은하게 퍼트리고, 보이는 것과 보이지 않는 것을 분배하며, 대상을 켜거나 끈다(Deleuze, 2007: 339)." 플랫폼은 감시자가 스스로를 보이지 않게 만들면서 피감시자를 보는 광학기계인 파놉티콘과 같은 원리로 작동한다. 이용자 활동의 축적과 추적은 플랫폼의 소프트웨어 수준에서 이뤄지는 코드의 활동 결과다. 누구나 건물의 외관과 기능에만 주목하듯이 서비스 플랫폼 이용자 또한 인터페이스에 몰입한 채 플랫폼의 구조 자체는 들여다보지 못한다. 그러나 겉으로 드러나는 이용자 인터페이스는 플랫폼 아키텍처의 외관에 불과하다. 파놉티콘은 플랫폼 아키텍처의 내부에 있다.

거대 플랫폼 기업들은 이용자 활동을 통해 만들어지는 콘텐츠와 흔적 데이터를 빅데이터의 가장 핵심적인 내용물로 축적한다. 검색 사이트의 실시간 인기 검색어 서비스나 검색어 통계를 활용한 트렌드 예측, 이용자 활동의 추적 결과물을 활용한 표적 마케팅 등이 대표적으로, 플랫폼 기업은 이용자들의 흔적 데이터를 이용해 미래의 이용자 활동을 제어할 수 있다. 이와 같은 방식은 사이버네틱스를 활용한 경제적 통제를 전형적으로 보여준다. 기업과 이용자 간의 비대칭적인 권력관계는 이런 알고리즘의 작동으로 만들어지는 것이다.

국가기구가 이용자 활동 결과물과 그 흔적을 전유해 이용자를 감시하고 추적할 때 정치적 차원의 감시와 통제가 이뤄진다. 감시와 통제는 이용자 활동을 우리 눈에 보이지 않는 알고리즘으로 전유해 얻은 지식에 기반한다. 지배권력은 플랫폼을 통해 이용자의 활동과 경향을 파악하고 예측해, 미래의 관점에서 이용자의 살아 있는 삶에 개입하고 통제한다. 이것이 현대 정보자본주의 사회에서 이뤄지는 지식관계와 권력관계의 결합을 통한 통제다.

플랫폼의 생산관계와 가치증식장치

• • •

인지자본주의론의 관점에 따르면 개별 공장에서 이뤄지던 수탈과 착취는 '사회공장(social factory)'으로 넘어간다. 이에 따라 자본의 지배는 개별 공장이나 사업장을 넘어 생활세계로 확장된다. 대표적인 사회공장인 플랫폼 자본의 권력은 전체 사회로 확산된다. 구글, 페이스북, 네이버 등 거대 플랫폼은 자본의 권력이 개별 사업장에 고용된 노동자의 범위를 넘어 이용자로 구성되는 일상생활의 세계로 확산되도록 만든다. 그로 인해 서비스 플랫폼에서는 이용자의 소통과 정동으로 구성된 문화적 생산물이 만들어진다.

앞서 이야기한 대로 플랫폼 기업과 이용자 간의 사용계약은 일종의 지대관계를 형성한다. 이용자에게 공간을 제공하는 대가로 그의 활동 결과물을 전유하는 서비스 플랫폼 기업은 봉건시대의 지주와도 같은 위치를 차지한다. 서비스 제공자가 이용자와 광고주를 매개한다는 '양면시장론'으로 플랫폼 사업을 설명하는 이들도 있지만(강남훈, 2010; 박지웅, 2011), 플랫폼의 가치생산을 생각했을 때 플랫폼 기업은 단순 매개자가 아니라 지대를 수취하는 쪽에 가깝다고 봐야 할 것이다.

플랫폼에서 가치증식이 이뤄지려면 정보를 사이버네틱스 회로로 끌어와야 한다. 플랫폼은 일차적으로 이용자 활동 결과물을 자동으로 채집한다. 이용자는 플랫폼 기업이 제공하는 서비스를 이용하는 동시에 자신의 생산물을 수취당한다. 다시 말해 정보원천(이용자 활동과 활동 결과물)을 가치증식회로로 수집하거나 이끄는 기계가 바로 플랫폼이다. 물론 정보원천의 특성과 대응에 따라 가치증식회로로 들어가지 않거나 들어가기를 거부하는 경우도, 들어가더라도 가치증식의 결과물에 대한 권리를 잃지 않는 경우도 있다. 플랫폼이 매개하는 지대관계에서 이용자는 서비스 플랫폼에서 할당받은 각종 서비스와 편의설비의 대가로 자신이 활동한 데 따른 디지털 흔적과 그 결과물을 서비스 플랫폼 제공자에게 양도해야 한다. 서비스 제공자는 이러한 지대를 토지에서 발생하는 절대지대와 마찬가지로 일종의 현물로서 수취한다. 기업이 플랫폼에서 수취한 이용자 활동 결과물은 서비스 플랫폼의 알고리즘에 의해 분류되고 여러 가지 다양한 함수로 적분된다. 정서, 감정, 정보, 소통, 검색, 물음 등의 행위가 게시물, 댓글, '좋아요', 평점 등 다양한 방식으로 분해되어 축적된다. 디지털 플랫폼이 기표적 기호계와 비기표적 기호계를 연결할 때 개체의 '반(半)분할체화'가 이뤄진다.

개별 이용자는 이런 과정을 통해 자신의 활동 결과물만을 갖지만 플랫폼 제공자는 이용자들의 활동 결과물 전체를 축적한다. 이용자의 수가 많을수록 플랫폼 기업이 지대 형태로 수취하는 비트의 양도 증가할 것이다. 더구나 디지털 복제물의 특성상 자신의 활동 결과물과 서비스 제공자가 전유하는 디지털 비트가 동일하기 때문에, 이용자는 자신의 활동 결과물이 지대 형태로 수취되고 있다는 사실조차 인지하지 못한다. 이런 과정을 통해 수집되고 집적된 이용자 활동 비트는 인지자본주의적 생산체제의 가장 중요한 원료를 구성한다.

그러나 플랫폼은 이용자 활동 결과물의 단순한 수집(흡수)장치에 머물지 않는다. 플랫폼은 이용자 활동 결과물의 축적물을 자신의 목적에 맞게 여러 가지 용도로 전유하는 장치로 이어진다. 플랫폼은 수집(흡수)장치와 추적(포획)장치의 결합물로 동시에 작동하기도 하고, 때로는 양자를 시공간적으로 분리하기도 한다. 이처럼 생산을 담당하는 알고리즘이 이용자 활동 결과물을 원료로 새로운 서비스 상품을 자동으로 생성할 때, 추적(포획)장치는 가치증식장치와 결합된다.

플랫폼 기업이 사업 초기에 이용자를 최대한 많이 확보하고 지속적으로 확대하는 것은 지대를 확장하고 유지하는 데 꼭 필요하다. 그래서 플랫폼 제공업체는 초기에 무리한 투자를 감행하면서까지 공짜 서비스를 제공하고 플랫폼을 개방해 다양한 서비스 생태계를 구축함으로써 이용자 수를 늘리려 노력한다. 이용자가 줄거나 활동이 떨어져서 트래픽이 감소하면 플랫폼 지대의 수익총량도 줄어들고, 다음에 이어질 생산과정에서 잉여가치를 창출할 원료도 감소하기 때문이다.

장치에서 물러설 것인가, 바꿀 것인가

• • •

이제까지 장치 개념을 활용해 서비스 플랫폼의 성격, 이용자와 서비스 제공자의 지식-권력관계와 생산관계를 알아봤다. 이를 통해 장치에는 "늘 권력의 작동이 기입되어 있으며 권력에서 생겨나고 또 권력을 조건 짓기도 하는 지식의 여러 제한과 연결되어 있다"는 명제가 서비스 플랫폼에도 적용된다는 사실을 확인했다. 그를 통해 플랫폼의 권력관계는 이용자 활동 데이터를 분석하는 지식관계에 바탕을 두고 있음을 알 수 있었다. 장치가 "지식의 유형을 지탱하고 그것에 의해 지탱되는 힘 관계의 전략"이라고 할 때, 인터넷에서는 이용자와 서비스 플랫폼 제공자 간의 비대칭적인 지식관계가 감시와 통제라는 권력관계로 쉽게 이어질 수 있음도 보았다. 서비스 플랫폼은 이용자의 활동을 자극하고 유인하며 방향을 바꾸고, 어렵게 혹은 쉽게 만들며, 확장 혹은 제한하고, 더 혹은 덜 열고 닫는다. 이것이 바로 플랫폼이 이용자에게 행사하는 권력의 방식이자 범주다(Deleuze, 1986/2003: 114). 플랫폼 권력은 장치 안에서 작동하고 장치와 함께 변화한다.

서비스 플랫폼은 이용자 활동이 이뤄지는 공간에서 가시성과 발화성에 입각해 이용자들의 커뮤니케이션을 촉진하고 그들의 힘과 주체화를 강화하는 것처럼 작동한다. 하지만 눈에 보이지 않는 곳에서는 이용자들의 활동 결과물을 수취하고 그들의 활동을 추적하며 통제한다. 서비스 플랫폼이라는 장치는 보이지 않는 것을 보이게, 들리지 않는 것을 들리게 할 수도, 정반대로도 할 수 있다. 소프트웨어는 눈에 보이지 않는다. 그것은 비가시성의 영역에 속한다. 소프트웨어의 언어는 발화하지 않는다. 그것은 인간이 인간에게 건네는 말이 아니라 실행을 담당하는 조건부 명령의 집합체다. 보이지도 들리지도 않는 소프트웨어는 플랫폼의 가시적 영역인 이용자 인터페이스로 작동하면서 수집(흡수)과 추적(포획)이라는 역할을 바꿔가며 수행한다. 소프트웨어 기반 알고리즘은 그것에 대한 전반적인 지식, 그것을 활용한 권력, 그것을 이용한 가치증식이라는 세 가지 차원에서 근대 규율사회의 장치인 파놉티콘을 뛰어넘는다.

독점적 서비스 플랫폼은 눈-뇌-말-귀의 접합에 균열을 가하고, 가시성과 발화를 알고리즘의 힘으로 통제하면서 이용자가 주체화되는 방식과 그것의 특징 및 성격 자체를 변화시키고 있다. 그것은 아이폰이라는 하드웨어-소프트웨어-플랫폼 결합체, 페이스북으로 대표되는 소셜미디어, 구글로 대표되는 검색장치 모두에 해당한다. 정보기계는 알고리즘을 활용해 없는 것을 있게 만들 수 있으며, 있던 것을 변형하거나 없는 것으로 바꿀 수 있다.

눈에 보이는 영역을 넘어 눈에 보이지 않는 원리와 법칙을 통해 사물을 파악하는 과학적 방법론의 도입은 가시적 영역을 예측하거나 제어하는 데 획기적인 발전을 가져왔다. 과학기구의 발명과 척도의 개발은 인간의 가시성을 확장함으로써 사물에 대한 제어의 출발점을 마련했다. 현상을 척도로 잴 수 있을 때 이제 눈에 보이는 것은 보이지 않는 법칙에 의해 지배된다. 법칙을 통해 이해된 사물은 인간의 개입과 통제대상이 된다. 이처럼 정보는 가시성의 비가시성으로의 변환과 연관된다. 사물을 정보로 이해하고 접근하는 과학적 방식을 인간에게 적용하면 인간은 비가시성의 논리에 따라 통제된다. 고도로 정보화된 장치는 이제 지식관계, 권력관계, 생산관계, 소통관계 그리고 이와 같은 관계가 전개되는 속도까지 바꾸고 있다.

지금까지 살펴본 바와 같이 플랫폼 장치의 지식관계, 권력관계, 생산관계는 비대칭적이다. 이용자는 자신의 활동 결과물을 플랫폼에 넘겨줌으로써 자신에 대한 지식과 정보 또한 양도한다. 비대칭적인 지식관계는 권력관계로 이어진다. 그리고 이런 관계를 추동하는 핵심적 동력은 플랫폼에서 만들어지는 생산관계에서 나온다. 이처럼 비대칭적인 지식·권력관계와 생산관계를 탈피하려면 장치에서 물러나거나 대항해야 한다. 그러나 이용자가 자동화된 플랫폼에서 벗어날 방법은 그리 많지 않다. 플랫폼 자체가 이용자에게 편의를 제공하는 공간이기 때문이다. 이용자들은 공짜 서비스를 즐기는 대신에 그들의 식별정보와 활동 결과물, 이용 흔적을 제공자에게 손쉽게 건네준다. 서비스 플랫폼의 이러한 모순적 속성이 플랫폼에 대한 이용자의 자발적 저항을 어렵게 만든다.

규율사회가 학교, 군대, 공장, 감옥, 병원과 같이 폐쇄된 장소에 대중을 감금하고 감시했다면, 통제사회는 폐쇄된 장소를 넘나들며 감시를 수행한다. 통제사회에서는 대상이 병원에 있을 때만 감시하는 게 아니라, 병원으로 가기 전과 갔다 온 후까지 지속적으로 데이터를 수집하고 모니터링을 한다. 원격진료나 원격교육 모두 마찬가지다. 출소한 죄수는 더 이상 폐쇄된 감옥 안에 있지 않기 때문에 규율과 처벌에서 자유로워 보인다. 하지만 그가 찬 전자발찌는 주파수를 통해 언제 어디서나 추적된다. 통제사회는 규율을 어긴 사람을 특정한 장소 바깥으로 놓아주되 상시화된 감시체제를 작동함으로써 상황 전체를 포획한다. 오늘날의 통제는 눈에 보이지 않고 시간과 장소를 가리지 않으며 즉각적인 커뮤니케이션 수단을 통해 이뤄진다.

이전의 규율사회와 통제사회는 바로 이 지점에서 갈라진다. 이제 공장은 벽으로 둘러싸인 한정된 공간에 그치지 않는다. 사회 전체가 바로 공장이 된다. 이를 인지자본주의적으로 표현한 말이 바로 '생활정치' 또는 '삶의 정치'다. 권력은 폐쇄된 장소에서 강압적으로 질서를 유지하는 대신, 미시적인 생활현장에서 지속적이고 연속적인 변조체계를 활용해 사회구성원 개개인을 통제한다. 이러한 통제의 기술적 도구가 사이버네틱스 기계이고 빅데이터와 결합한 인공지능이다.

안타깝게도 이용자가 인터페이스 수준을 넘어 데이터의 활용영역까지 개입할 방법은 별로 없다. 플랫폼에 대한 해킹이나 이용거부 정도가 실행할 수 있는 대안이다. 들뢰즈는 커뮤니케이션 자체가 통제되는 사회에서 마인드 컨트롤에 대항하는 전술로서의 '컷업(cut-up)'이 필요하다고 보았다. "말투와 의사소통은 부패했다. 이것들은 전적으로 돈에 침투되었다. 말투의 부패는 우발적인 것이 아니라 본성에 따른 것이다. 말투를 우회할 필요가 있다. '창조하다'는 '소통하다'와 항상 다르다. 중요한 것은 통제를 피하기 위해 비의사소통의 빈칸을, 차단기를 창조하는 것이다(Deleuze, 1995: 175; 백욱인, 2023a: 75~76)." 그럼에도 불구하고 "권력은 힘의 관계이고 모든 힘의 관계가 하나의 권력관계"라면(Deleuze, 1986/2003: 113), 모든 힘은 언제나 특정한 권력관계 안에 있다. 그래서 이용자의 데이터를 전유하고 이용자를 감시하는 플랫폼 체제를 극복할 주체는 이용자 이외의 다른 누구도 될 수 없다. '자유로운 개인들의 횡단적 조직'이 가끔 만들어질 수는 있겠지만, 빅데이터 시대의 이용자 운동은 이처럼 명백한 사실을 인정하는 데서 출발해야 할 것이다.

7장 개체의 분할체화와 분할체의 조각주체화

100년 전 헝가리의 문예학자 루카치 죄르지(Lukács György)가 쓴 《소설의 이론》은 다음과 같이 시작된다. "하늘에 가득한 별이 갈 수 있는 길을 보여주는 지도였고, 별빛이 그 길을 비춰주던 시대는 행복했다. 그에게 모든 것은 새롭고 믿음직했다. 세상은 넓지만 집과 같았다. 왜냐하면 영혼 속에서 불타던 불이 별처럼 본질적인 자연이었기 때문이다. 세상과 나, 빛과 불은 분명히 구분되었지만 결코 서로 떨어진 것이 아니었다. 왜냐하면 불은 빛의 영혼이었고 모든 불은 빛의 옷을 입고 있었기 때문이다(Lukács, 1920: 9)."

세계로부터 소외된 자본주의 사회의 근대적 인간상을 비판하면서 총체성을 회복하려던 루카치의 노력은 100년이 지난 디지털 시대에 어떤 의미가 있을까? 이제 사람들은 별이 가득한 밤하늘을 보기 힘들다. 그들은 더 이상 별자리를 보고 갈 길을 찾지 않는다. 하늘은 믿음직하지도 친밀하지도 않다. 자연의 빛과 개인의 영혼은 서로 멀리 떨어져 나갔고 영혼 속의 불은 별처럼 빛나지 않는다. 영혼은 개인에게서 분리되어 빛으로 전달되는 데이터가 되어버렸다. 벤야민이 밤하늘의 별을 쳐다보고 그리던 별자리 만들기 놀이는 이제 더 이상 가능하지 않다. 그 대신 사람들은 손바닥에 올려놓고 갖가지 별자리를 찾는 블랙미러를 가졌다. 사람들은 자신으로부터 빠져나간 분할체로 이뤄진 데이터베이스가 보내주는 '개별화된 개성'을 참조해 다가올 행위를 결정하고 자신의 모양새를 선택한다. 밤하늘의 별을 보면서 갈 길을 재촉하고 성좌를 그리며 상상에 빠져들던 옛사람은 사멸했고, 현대인은 스마트폰의 블랙미러 속에서 반짝이는 작은 별을 찾는다. 작게 쪼개져 빛을 내뿜는 작은 거울 안에는 은하수도 있고 별똥도 있으며, 무엇보다 셀 수 없이 많은 반짝이는 작은 별이 있다.

루카치가 총체성을 상실한 자본주의 시대의 물화(reification)를 비판했다면 들뢰즈는 통제사회의 수치화를 문제 삼았다. 현대의 가장 선진적인 물화는 '디지털 수치화'를 통해 이뤄진다. 들뢰즈는 통제사회에 관한 짧은 글에서 나뉠 수 없는 개인이 나눌 수 있는 분할체로 변화했음을 진단한다. "우리는 더 이상 대중/개인이라는 짝을 다루지 않는다. 분리 불가능한 개인(individual)은 '분리 가능한 분할체(dividuals)'가 되었고, 대중은 샘플이나 데이터세트, 시장 혹은 '저장고(banks)'가 되었다(Deleuze, 1995: 5)."

데이터세트는 분할체의 집합으로서 다른 분할체와 결합해 패턴과 동향을 알려주는 인공지능의 원재료다. 분할체가 다시금 개체화되는 방식은 매우 다양하다. 이를 파악하려면 데이터로 분할된 개인에게서 떨어져 나간 파편이 인공지능이라는 자동화된 알고리즘의 작동을 통해 다시 인간이라는 '부(不)분할체'를 만나는 방식, 만남의 효과, 분할체와 대면하는 부분할체의 다양한 위상, 분할체와 부분할체의 관계 그리고 데이터와 정보의 달라진 위상에 관해 살펴봐야 한다. 들뢰즈가 제시한 분할체 개념은 인지자본주의에서 이뤄지는 권력관계와 지배방식을 설명하는 데 실마리를 던져준다. 이탈리아의 사회학자 마우리치오 라자라토(Maurizio Lazzarato)는 들뢰즈와 가타리의 '기계적 예속(machinic enslavement)'과 '사회적 복종(social subjection)' 개념을 현재의 축적체제와 관련해 확장했다(Lazzarato, 2014/2017). 이제 플랫폼에 의해 개체가 분할체로 쪼개지는 분할체화 과정과 축적된 데이터를 정보화해 조각주체를 재생산하고 주체화하는 과정을 살펴본다.

디지털 서비스 플랫폼에 의한 분할체화

• • •

거대 플랫폼은 이용자에게 서비스를 공급함으로써 한쪽으로는 기표적 기호계의 재현이 이뤄지는 바탕을 제공함과 동시에, 다른 한쪽으로는 이용자의 활동 결과를 비기표적 기호계의 데이터 형태로 수집하면서 이용자의 기계적 예속을 자동화한다. 플랫폼 기업은 비기표적 수치를 재배합해 기표적 재현을 만든다. 디지털 플랫폼은 개인을 분할체로 만들고 사회적 분업의 새로운 관계를 만든다. 비기표적 수치가 만드는 재현이란 이모티콘, '좋아요' 등 정서와 행동이 알고리즘을 통해 최적화되어 이용자에게 되먹임되는 것이다. 현대의학 역시 이와 마찬가지로 개인에게서 분리된 체온·심박수·혈압 등 신체기능의 분할체와 혈당량·콜레스테롤 수치 등 생화학적 분할체, 특정한 신경반응 분할체 등을 수집하고 배열해 통계적 최적치를 산출한다. 이처럼 플랫폼 기계는 데이터 축적을 수행하고 이를 활용해 새로운 상품을 생산한다. 이와 같은 기계적 예속의 구조는 플랫폼에서 이뤄지는 권력관계의 바탕이 된다.

디지털 시대의 이용자는 서비스 플랫폼을 사용하는 과정에서 분할체로 변환된다. 디지털 자본주의에서 자아에는 '양화된 자아(Lupton, 2016; Humphreys, 2018)'와 '질화된 자아'가 공존한다. 소셜미디어를 이용할 때 질적 자아는 양적 자아로 변경되어 플랫폼 안의 빅데이터가 된다(Humphreys: 2018). 이용자는 해시태그나 소셜미디어가 제공하는 인터페이스 디자인을 통해 다른 이용자의 집합적 표현물을 본다. 알고리즘에 의해 분리되어 수집되었다가 다시 특정한 집합체를 이룬 데이터가 새로운 시뮬라크르를 만든다. 그렇게 해서 사람들은 소셜미디어가 준 눈으로 스마트폰의 블랙미러에 나타나는 시뮬라크르를 본다. 내 눈으로 보는 것 같으나 사실은 플랫폼 알고리즘이 만든 눈으로 보는 것이다. 기계 눈은 통계로 회귀된 데이터를 모아 새로운 경계와 의미를 만든다. 이제 사실과 실재는 보이지 않고, 수치와 통계가 만든 물화된 대상의 거대한 집합체가 모습을 드러낸다.

디지털 서비스 플랫폼은 데이터로 이뤄진 양적 자아와 질적 자아를 뒤섞어 디지털 자아를 구성한다. 약관과 규약을 통해 맺어지는 플랫폼 관계는 정보자본주의에서 사회관계의 새로운 형태를 만들어낸다. 기계에 부착되어 자신의 분할체를 자동으로 양도하는 규약체계가 만들어지고, 이용자는 서비스를 무료로 이용하는 대가로 자신의 분할체와 결과물을 거대 플랫폼 자본에 양도한다. 이런 과정은 자본-노동관계에 내재되어 있는 사회적 복종이나 법과 강제를 동반한 국가의 적극적 개입 없이 이뤄진다. 이처럼 기계적 예속과 사회적 복종의 혼합태는 이전과는 다른 지배체제를 만든다. 사람들의 계급의식이나 비판적 사회의식 또한 과거와 달라진다. 새로운 지배체제는 자본-노동의 대립과 모순이나 계급의식이 아니라, 생활세계 안의 이용자 의식이나 소비자의식과 결합된 주체성의 형태로 드러난다.

디지털 서비스 플랫폼은 사람들의 꿈과 기억, 상상까지 포획한다. 다시 말해 플랫폼은 알고리즘을 활용해 상징과 언어로 표현된 기호를 배열하는 동시에, 누가 언제 어디서 무슨 행위를 했는가를 정렬해 색인을 만든다. 즉 플랫폼은 이용자 프로필 데이터와 메타데이터를 연결하고 등급화하며 범주화해 비기표적 기호나 전(前)기표적 기호와 연결한다는 것이다. 플랫폼은 이용자의 유전자에 새겨진 1차 기억과 신경체계가 획득한 2차 기억을 보존하고 그들의 활동을 바깥으로 빼내 기계에 저장하고 축적한다. 외부로 빼내 기계에 저장되는 3차 기억(Stiegler, 2010: 9)은 플랫폼 이용자의 기억과 꿈, 욕망을 수치화한다. 알고리즘을 통한 분할체의 재배열과 되먹임으로 디지털 개별화가 이뤄지고, 분할체의 출발점이었던 개인은 상업적 표적물로 대상화된다. 이런 기제를 거쳐 개인의 주체성은 상상과 변형의 힘을 잃고 기계에 예속된다.

부분할체-반분할체-분할체라는 새로운 인간 조건

• • •

디지털 서비스 플랫폼은 위와 아래로 흐르는 두 가지 데이터 물길로 이뤄진다. 플랫폼의 위는 미디어를 통한 커뮤니케이션의 도관이자 이용자 인터페이스를 통한 소통이 진행되는 기표적 기호의 세계다. 사람들은 기사를 링크하고 자기 생각과 생활방식을 드러내며 '좋아요'를 누르고 댓글을 단다. 그런데 그 모든 행위 결과는 메타데이터를 통해 분류되고 표식데이터로 처리되어 플랫폼 장치의 하수로 흘러들어간다. 이용자들이 만든 콘텐츠가 데이터로 분해되어 이용자 활동의 생성과 동시에 하수로 흘러들어가면서 개체의 '가(可)분체화'가 이뤄진다. 분할된 행위 결과물은 하수로 흘러 거대 플랫폼 기업의 서버에 자동으로 저장되고, 다른 데이터와 섞여 새로운 데이터세트를 만든다. 플랫폼의 위에서는 표상과 소통, 사회적인 평가가 흐르지만, 아래에서는 사회적인 것을 파괴하는 탈개체화와 수치로 물화된 데이터가 축적된다.

물론 위로 흐르는 소통의 결과도 수치화와 등급화를 통해 순위가 매겨지면서 사회적 복종을 강화한다. 하부구조에서는 자동화된 기계적 예속이, 상부구조에서는 사회적 복종이 발생한다. 플랫폼 인터페이스를 통해 이뤄지는 소통과 나눔, 연대, 재매개의 흐름은 아래로부터 되먹여지는 자동화된 알고리즘의 통제에서 벗어날 수 없다. 이용자 간의 교류가 활발했던 초기 웹에서 하부구조가 상부구조를 강하게 규정하는 플랫폼 체제로 변화함에 따라, 인터넷의 사회적 역량은 급격하게 쇠퇴했다. 신체를 떠난 기표는 디지털 조각으로 물화되어 빅데이터 창고를 떠돌다가 알고리즘의 자동화된 명령에 따라 재배열되고 스마트폰의 블랙미러로 재현될 뿐이다.

인터넷은 이용자를 수평적으로 연결하는 망이자 그들을 포획하는 그물이다. 이처럼 인터넷의 웹과 플랫폼은 이중적이고 모순적인 망을 구성한다. 수치화와 디지털화가 결합된 통제사회의 변조는 인간, 콘텐츠, 자산 등 여러 영역에서 이뤄진다. 인터넷은 증폭하고 변동하는 유연한 통제체제로서, 새로운 배치/배열을 통해 상황에 따른 포획체제를 만들기도 하고 변조되는 대상이 변조하는 세력에 대항해 새로운 변조를 펼치기도 한다. 알고리즘을 거치며 변형된 재현물의 배후에는 사이버네틱스의 변조장치[35]를 통해 데이터의 흐름을 관장하는 세력이 숨어 있다. 호주의 미디어 이론가 매킨지 워크(McKenzie Wark)는 데이터와 정보의 움직임·속도·방향을 결정하는 주도세력을 '벡터계급'이라고 이름 지은 바 있다(Wark, 2004). 이용자에게서 빠져나간 온갖 재현물과 추적 비트는 플랫폼 하수처리장을 거쳐 상수도로 되돌아간다. 그들은 이용자의 정보를 소독해 동일화된 균질물로 바꿔 재매개된 재현물로 되돌려준다.

들뢰즈(Deleuze, 1995: 180)는 규율사회의 지배자로 두더지라는 토템을, 통제사회의 지배자로 뱀이라는 토템을 제시한다. 두더지는 땅을 파고 굴 속에서 축장하는, 주형화된 세계의 지배자를 대표한다. 한편 뱀은 똬리를 틀고 주위를 살피다가 주변의 변화에 따라 형태를 바꾸는 변조에 대한 은유다. 두더지가 먹이를 굴 속에 저장하는 것과 달리, 뱀은 먹이의 크기와 모양에 따라 똬리의 강도와 형태를 바꿔서 포획한다. 뱀은 현대 통제사회의 벡터계급이며, 그들의 변조능력은 지속적인 버전업과 틈새시장 공략을 통해 향상된다(백욱인, 2023a: 64).

프로파일링과 개별화된 서비스는 이용자의 미래행위를 예측해 그의 지향성을 뒤흔든다. 이용자로부터 떨어져 나온 데이터는 그의 프로파일링 데이터세트가 되어 알고리즘 모델이 제시하는 예지력

---

35 규율사회가 감옥을 활용하는 것과 달리, 통제사회는 자유자재로 변화하며 대상을 포획할 수 있는 변조장치를 활용한다. "감금이 변별적 주형 만들기라면 통제는 변조다. 즉 순간순간 스스로 변하는 틀 또는 이리저리 변형될 수 있는 그물과 같다(Deleuze, 1995: 178~179)."

의 도움을 받아 이용자의 행위를 예측하고 제어한다. 플랫폼은 이용자의 로그데이터와 이용자 활동(검색, 링크, 평가, 클릭킹, 로깅)을 결합해 데이터세트를 만든다. 그 결과 알고리즘 기반 진리체계와 알고리즘 통치성이 발현되고 사적 공간은 사라진다. 데이터와 지식의 차이는 '멍청한 당신'과 '현명한 당신' 간의 거리다. 분할체의 데이터 뭉치는 상징과 기호로 바뀌어 이용자의 행동과 생각에 영향을 미친다.

그렇다면 분할체 데이터가 부분할체인 개인과 다시 만날 때 무슨 일이 벌어질까? 인간이 만든 알고리즘은 기계를 노예로 부리기 위한 코드다. 인공지능은 특정한 업무를 수행할 수 있을 뿐만 아니라 지속되는 상호학습을 통해 갈수록 길들 것이다. 어떤 인간 집단이 그를 상대하는가, 그리고 어떤 최적치와 한계치가 인공지능에게 주어지는가에 따라 인공지능에 대한 사회적 평가는 달라진다. 메신저의 이용자들에게서 빠져나온 기표적 기호계의 반(半)분할체로 이뤄진 인공지능은 친밀함을 나눈 이용자들의 대화를 바탕으로 최적화된 평균치를 재생산한다. 여기서 반가분체는 개체에서 떨어져 나온 기표적 기호계의 파편을 의미한다. 반가분체는 '좋아요', '슬퍼요', '화나요' 등 비기표적 기호계의 성분으로 분해될 수도 있고, 개체를 구성하는 인격의 일부가 될 수도 있다.

분할체가 비기표적 기호계를 이룬다면, 반분할체는 디지털로 이뤄진 기표적 기호계를 구성한다. 그래서 '부분할체-반분할체-분할체'로 이뤄지는 새로운 인간 조건에 대한 다이어그램이 필요하다. 우리는 모든 사람을 동등하게 대하려고 노력할 수 있지만, 모든 사람을 동일하게 대하려는 생각은 하지 않는다. 그래서 인간 사이에 친밀한 관계가 형성되고 개성이 만들어지며 특이한 개체가 만들어진다. 그런데 반분할체의 집합에서 뽑아낸 최적의 평균치로 이뤄지는 가상인격과의 대화에서는 상대가 누구인지와 상관없이 동일한 평균치가 제공된다. 현재의 인공지능 기술 수준에서는 대화형 인공지능이 이용자의 말투와 특성에 맞춘 서비스를 제공하려고 해도 동일한 최적 평균치의 범위를 벗어나기 어렵다.

비동일성의 동일화

• • •

페이스북에 쓰는 글과 댓글, '좋아요' 같은 감정표출은 다른 사람의 기호와 섞여 뉴스피드를 실시간으로 장식한다. 아무도 똑같이 구성된 뉴스피드를 보지 않기 때문에 이러한 서비스는 개인에게 특화된 것처럼 보인다. 하지만 페이스북 플랫폼의 알고리즘은 획일적으로 적용되며, 나의 포스팅과 내 친구들의 포스팅, 그리고 그들 사이의 상호작용과 활동이 많아질수록 성장하는 구조를 갖는다.

포드주의 시대의 동일성 논리는 모든 것을 일원화해 그 결과가 '일차원적 인간(Marcuse, 1964/2009)'과 '일차원적 사회'로 이어진다는 것이 프랑크푸르트학파의 설명이었다. 포스트포드주의 시대의 동일화는 포드주의 시대의 동일성론이 갖는 일차원성과는 다르다.

페이스북 피드의 내용은 30억 명이 넘는 이용자의 비동일성의 결합을 통해 형성되지만, 형식은 동일한 알고리즘에 의해 지배된다. 이것이 정보자본주의 시대에 이뤄지고 있는 '비동일성의 동일화'다(Adorno, 1966). 플랫폼 기반 소셜미디어인 페이스북과 트위터는 형식의 동일성이라는 틀을 제공한다. 페이스북 인터페이스는 '좋아요'를 누르고 댓글을 달도록 유도하며, 트위터는 이용자가 140자 이내로 글을 쓰도록 강제한다. 페이스북 이용자는 페이스북이라는 플랫폼을 벗어날 수 없으며, 그 안에 축적된 데이터와 정보는 언제라도 다른 방식으로 가공되거나 전유될 수 있다. 이용자들은 거대한 '동일성 기계' 안에서 글을 쓰고 이야기를 나눈다. 다시 말해 페이스북의 형식이 내용을 잡아먹는다.

프랑크푸르트학파의 철학자인 막스 호르크하이머(Max Horkheimer)는 포드주의가 절정에 달했던 20세기 중반 개별성을 상실하게 만드는 대중문화와 실증주의 철학의 '도구적 이성(instrumental reason)'을 비판했다(Horkheimer, 1967). 그로부터 반세기 넘게 지난 포스트포드주의 시대의 도구적 이성은 알고리즘을 짜는 혹은 알고리즘으로 작동하는 이성으로 현실화되고 있다. 지식의 수행성이 강화되는 현실은 그것에 대한 평가가 긍정적이든 부정적이든 사이버네틱스와 관련되어 있다. 윤리적 판단과 무관하거나 애당초 윤리적 판단을 거부하는 수행적 지식과 자동화된 이성은 데이터의 정보화나 정보의 데이터화에 개입하는 비판적 이성 또는 윤리를 지니고 있지 않다. 비판적 이성은 정치의 영역으로 이어질 수밖에 없으나, 실증주의적 수행성은 효율과 이윤의 차원에서 '기술의 중립성'이란 신화로 윤리와 정치를 우회한다.

1990년대 초중반에는 인터넷이 전체주의적 총체성을 극복하고 개체의 다양성을 보장하며 탈중심화를 실현해 민주주의를 확장했다는 평가를 받았다. 그러나 개체의 총체성을 파편화하고 분할하는 디지털 플랫폼은 또다시 동일성의 압제를 현실로 만들고 있다. 총체성을 향한 루카치식 향수가 전체주의적 독재를 정당화하는 '동일화하는 사고(identifizierendes Denken)'로 비판받는 것과 마찬가지로, 아도르노식 '비동일성의 사고(nicht identifizierendes Denken)' 또한 플랫폼의 전제적 지배에서는 현실화되기 힘들다. 알고리즘 이성은 이윤을 목적으로 효율적 경로를 만들고 수치화된 코드를 활용해 모델을 제공한다. 정보사회의 비동일성의 동일화는 이용자가 흘린 비트 데이터의 재활용과 전유를 통해 이뤄진다. 알고리즘의 자동화를 통해 얻어지는 비동일성의 동일화는 정보의 데이터화와 데이터의 정보화 사이의 부단한 순환과정에서 발생한다. 플랫폼은 수치로 측정되는 데이터를 축적하고, 데이터의 잠재성을 활용해 원 데이터와 다른 정보로 사물화하는 순환의 고리를 만든다. 이는 분할체화와 조각주체화가 순환하는 과정이기도 하다.

개체에게서 포획한 모든 데이터는 수집자의 목적에 맞게 전유되고 변형될 수 있다. 개체는 특정한 범주와 용도로 정렬되어 고정된 한 마리 나방에 불과하다. 이것이 알고리즘을 통한 비동일성의 동일화가 갖는 위험성이다. 물론 모든 개체는 살아 있는 몸을 가졌고, 비트가 아니라 유기물을 분비하며, 마음에 들지 않으면 언제든지 동일성의 알고리즘을 거부할 수 있는 잠재력을 갖고 있다. 하지만 비동일성의 동일화가 여러 방식으로 변조되고 있는 현실을 비판적으로 바라봐야 한다. 정보기술은 사물로부터 데이터를 추출해 그것을 사물에 되먹임한다. 그래서 정보기술의 활용자이자 이용자는 이중적인 틈새에 놓인다. 그는 자신의 목적을 위해 정보기술을 이용하지만, 그 과정에서 데이터화-정보화의 대상이 된다. 정보화(분할체화)와 사물화(개체화)는 서로 구분되면서도 하나의 순환 속에 통합되어 있다. 불가분체인 개인은 분할되고, 통합된 기호와 상징물인 콘텐츠는 잘게 썰리며, 자산이 조각나고 활동과 노동, 수입도 파편화된다. 이러한 파편화는 정보기술을 통해 그 출처와 상관없이 빅데이터로 배열된다. 그것은 시간의 흐름을 따라 이어지는 통일체를 만들거나 여러 요소가 복합된 배열로 변조된다.

레거시미디어 콘텐츠의 분할체화와 예속화

• • •

분할체화와 예속화는 플랫폼 이용자뿐만 아니라 그들이 이용하는 다양한 콘텐츠에서도 나타난다. 거대 플랫폼은 신문·잡지·영화 등 대부분의 기록장치를 분할해 플랫폼에 대한 예속을 강화한다. 언론사와 기자의 자유는 점차 줄어들고 알고리즘의 변동에 따른 조회

수 증대만을 추종한다. 레거시미디어에 대한 포획과 예속은 이차적인 사회적 복종으로 이어진다. 다시 말해 상징과 표상의 언어로 전개되는 기호의 세계에 대한 플랫폼의 지배력이 세지면서, 레거시미디어는 플랫폼 기업의 자동화된 알고리즘에 예속된다.

통제사회에서는 개인뿐만 아니라 신문과 텔레비전도 분할체가 된다. 하루치 신문의 지면은 포털사이트에서 파편화된 분할체가 된다. 포털의 알고리즘에 따라 데이터세트를 이룬 개별 기사는 조회수에 따라 등급화/서열화를 거치면서 배열과 순위를 바꾼다. 종이신문의 개별 기사는 포털의 알고리즘에 따라 배열되는 데이터세트의 구성요소가 된다. 디지털 플랫폼은 기사를 낱개로 재배치하고 소셜미디어 이용자의 타임라인을 통해 기사를 재매개한다. 이처럼 레거시미디어의 기사는 소셜미디어에 의해 샘플, 데이터, 시장, 저장고가 된다. 종이신문이 이처럼 분할체로 찢겼다가 포털의 데이터세트에서 재배치되기 때문에 '클릭티비즘(clicktivism)'[36]이라는 현상이 나타난다. 개인은 분할체를 점령하고 조작하기 위해 '댓글 알바'로 동원되고 그 결과는 실시간 검색어 트렌드를 바꾸며 '여론'을 만든다. 그런 과정을 통해 공중과 공론장은 교란되고 이용자의 활동은 좌표 찍기 놀이나 화풀이로 전락한다. 기사는 갈수록 짧아지고 제목은 자극적이며 주장은 표어가 된다. 사람들은 "멸공, 나는 공산당이

---

36 온라인 참여를 통해 집단적 의지나 대항을 결집하는 클릭티비즘의 성과와 한계에 대해서는 리건(Regan, 2015)을 참조.

싫어요"라는 어느 자본가의 포스팅 아래에 엄지를 치켜들고 "ㄹㅇㅋㅋ"이라는 축약된 기호로 호응하며 숫자 싸움을 벌인다. 플랫폼은 공동의 논의를 만드는 공론장이 아니며, 클릭티비즘으로는 깊은 생각을 주고받는 숙의민주주의를 이룰 수 없다.

텔레비전으로 전송되는 영상물도 마찬가지다. 프로그램은 잘게 썰려 다른 데이터와 뒤섞이고 취향을 조작하는 알고리즘에 따라 이용자에게 전달된다. 이용자들은 편향된 알고리즘을 좇으며 앞만 보고 돌진하는 경주마가 된다. 온라인으로 연결된 카메라를 보며 서로 낄낄대고 상대방에게 무작정 카메라를 들이미는 유튜버들은 상업화된 플랫폼의 행상이다. 공연히 시비를 걸고 생사람을 잡고 욕하고 싸워야 구경꾼이 모인다. 이러한 이용자 활동은 다시 플랫폼에 데이터로 축적되어 또 다른 데이터세트를 만든다. 천박한 정치적 이해관계를 내세운 혐오와 조롱과 막말은 사이버네틱스 기계의 자동화가 불러온 쓰레기다.

문제는 유튜버들의 무지 때문에 정작 시대의 절박함과 사람들의 절실함이 가려진다는 데 있다. '기레기'와 '관종', '프로보커터(provocateur)'의 절박함은 자동화된 플랫폼에 올라타지 않으면 낙오하는 현실과 조회 수를 올리지 않으면 소멸한다는 두려움에서 나온다. 그들의 절박한 사정은 진실에서 멀어지게 하고 윤리와 양심도 내던지게 하며 다른 사람에 대한 존중과 배려를 저버리도록 만든다. 그들의 절박함은 알고리즘에 따른 것이기 때문이다.

페이스북, 소셜그래프,
개체의 분할

• • •

페이스북이나 트위터를 하다 보면 내가 '딱지 사진'이 된 느낌이 들 때가 있다. 비트 딱지가 된 나는 다른 비트 딱지와 함께 거대한 모자이크를 만든다. 이 모자이크는 아주 유연해서 네트워크의 조건이 달라질 때마다 수시로 모습을 바꾼다. 미국의 사회학자 배리 웰먼(Barry Wellman)이 말하는 '네트워크 개인(networked individual)'은 '네트워크 집단(networked collective)'과 그리 멀리 있지 않다. 우리는 네트워크로 연결된 개인인 동시에 네트워크 집단의 일원이다. 개인은 네트워크 집단에 큰 관심을 갖지 않지만, 기업의 입장에서 볼 때 개인보다 네트워크 집단이 더 중요하다.

그렇다면 개체와 집합이 인터넷에서 어떻게 만나는가를 해명할 수 있어야 새로운 무리(multitude)의 정체를 드러낼 수 있을 것이다. 개체는 인터넷에서 네트워크를 만들며 결합과 해체를 반복한다. 접속 후 소셜미디어의 타임라인을 수놓는 '친구들'과 대화할 때 개체는 네트워크 집단으로 들어간다. 다른 사용자와 결합하고 군집을 형성하다가 접속을 중단하면 네트워크 집단은 해체된다. 그리고 다시 접속해 친구를 넓혀 나가고 '친구 수락'과 '친구 끊기'를 거듭하면, 내가 속한 집단도 형성과 해체, 변형을 반복한다.

새로운 소셜미디어 체제의 척추인 페이스북이나 트위터에 프라이버시는 없다. 물론 이용자의 신상정보를 기업이 유출하거나 약정된 방식과 다르게 활용한다면 프라이버시 문제를 제기할 수는 있다. 예를 들어 페이스북은 사회적 범주화를 통해 개체에게 사회적 표식을 단다. 이용자는 페이스북의 기록 절차에 따라 자신의 프로필을 공유한다. 서울 소재 명문대 졸업, 37세 남성, 현재 미국에서 박사 후 과정 이수 중, 미혼. 이만하면 그 사람의 사회적 정체성을 어느 정도 알 수 있기 마련이다. 사회적 범주화에 입각한 프로필 작성은 자신의 의지와 상관없이 자신을 분류하는 틀로 들어가는 행위다. 그 결과 개체는 범주화된 체제의 일원으로 등록되어 정보를 제공하는 대가로 서비스 사용권한을 받는다.

이런 맥락에서 보면 개인정보는 특정한 개인에게 귀속된 '사적 정보'일 수 없다. 프로필 정보는 플랫폼에 접속한 수많은 개인의 정보와 뒤섞이고 범주화를 거치면서 모양이 바뀐다. 메타의 CEO 마크 저커버그(Mark Zuckerberg)는 이를 '소셜그래프(social graphs)'라고 불렀다. 소셜그래프는 네트워크 집합화(networked grouping)를 표현하는 도식으로, 네트워크 개체의 탈개체화를 보여준다. 탈개체화된 개체는 주체성을 상실하며 소셜미디어 체제 안에서 언제든지 조종되고 통제될 수 있다. 주체적이고 자기 정체성을 갖고 있던 개인 이용자가 소셜미디어 플랫폼의 대문 앞에서 프로필을 작성하고 아이디를 건네받고 회원이 되는 순간, 그는 자동화된 프로파일링을 거쳐 통제 가능한 대상이 된다. 개인의 정체성과 개성은 범주와 척도에 의해 적당하게 재단된 후 시장의 표적으로 전환된다. 이것이 포스트포드주의 시대의 온라인에서 적용되는 '동일성의 원리'다.

프로필 정보 이상으로 중요한 것은 우리가 피드에 올리는 각종 글과 사진이다. 나의 모든 행위는 페이스북 데이터베이스에 자동으로 저장된다. 심지어 '좋아요'와 댓글, 온라인 친구만 추적해도 이용자의 성향을 웬만큼 알아낼 수 있다. 하물며 스스로 올린 글과 사진에는 개인의 정체성과 삶의 궤적이 고스란히 묻어 있을 수밖에 없다. 독백조로 읊조린 감정과 정서는 비트로 변형되어 복제된다. 페이스북이나 트위터에는 안과 밖, 사적 공간과 공적 공간, 공유와 독점, 참여와 배제, 관계 맺기와 소외 등 모순적인 요소가 동전의 양면처럼 붙어 있다. 이것이 다가올 시대의 거대 사회체계가 되어 우리를 옭아매는 그물로 작동하면 영화 〈매트릭스〉(1999)처럼 현실과 가상세계의 위상이 뒤집힐지도 모른다.

플랫폼이 사회구성원의 일상을 지배하는 시대에는 사회적인 것의 소멸보다 그것의 변화를 해명해야 한다(Lovink, 2016). 사회적인 것이 포스트포드주의 시대에 어떻게 바뀌어 나가는지, 그것이 왜 문화적 차원의 사회적인 것으로 변모하는지, 취향과 소비와 소통 위주로 재편되는 사회적인 것에 인터넷과 스마트폰, 플랫폼, 알고리즘이 어떻게 작동해서 과거와 다른 사회적인 것을 만들어내는지를 밝혀야 한다. 라자라토는 비기표적 기호학을 기계적 예속과 연결시킨다. 코드, 데이터, 정보, 비트, 알고리즘으로 이뤄지는 비기표적 기호의 세계가 인간의 기계에 대한 예속을 강화하고 사회적인 것의 성격을 바꾼다. 곧 주체를 분할체로 전환한 후 분할체 간의 알고리즘적 연결과 상관성을 조절해 통제의 대상으로 바꾼다. 클릭과 반웅 그리고 클릭한 페이지에 대한 자동생성 데이터가 결합해 분할체 간의 사회적인 것이 만들어진다. 다시 말해 알고리즘이 만들어내는 사회적인 것은 기계에 의해 매개된 것이다. 매개성, 간접성, 일시성, 비장소성, 탈육체화를 특징으로 하는 디지털 시대의 사회적인 것은 미분된 정보의 형상화와 개체화를 통해 서로 연결된다. 우리 시대의 사회적인 것은 육체의 힘과 장소성을 갖고 있지 않으며, 대중과 프로그램화된 연결, 커뮤니케이션에 의해 만들어지는 가상이다.

기계적 예속과
사회적 복종의 순환

• • •

기계적 예속은 사회적 복종을 강화하고 사회적 복종은 기계적 예속을 통해 눈에 보이지 않는 곳으로 숨는다. 이용자는 기계장치 속의 분할체가 되고 빅데이터의 배열에 따라 자동으로 변조되면서 기계에 예속된다. 개인으로부터 외화되어 수치화된 분할체는 플랫폼 기계의 배열 안에서 분자적으로 흐르다가 다른 분자와 매트릭스를 이뤄 새로운 정보 패턴이나 상품으로 변환된다. 그럼에도 불구하고 개인은 사회적 차원에서 기계의 이용자나 소비자로 남아 있다. 여전히 그는 독립적인 개인으로서 서비스를 이용하고 생산하는 주체다. 그래서 양면적인 가능성이 나온다. 그는 사회적으로 예속됨에도 틈새를 비집고 저항을 조직하거나 탈주할 수 있다. 여전히 개인적 실천과 연대, 저항의 가능성이 남아 있는 것이다. 이것을 무시하면 분할체의 노예화만 남고 개인에게는 아무런 출구가 없다.

분할체가 모인 플랫폼은 자유자재로 포획의 모양과 방식을 바꾸는 유연한 감옥이다. 플랫폼을 떠도는 분할체는 손오공의 귀털처럼 분신이 되어 떠돌다가 여기저기서 개인의 행위와 판단에 영향을 미친다. 나는 나의 분할체가 만든 분신에 당황해 도망가다 다시 붙잡힌다. 계속 붙잡히지 않으려면 자동화된 회로를 어떻게 끊어야 할지, 탈예속화의 방식은 무엇이 있을지 탐색해야 한다. 이를 구체적인 현실로 연결하는 고리를 찾지 않으면 이런 생각은 여전히 관념에 머물 것이다. 그런데 인지자본주의가 본격적으로 전개되기 이전에도 행위와 인지 결과물은 무수히 개체 바깥으로 흘러 나갔다. 감응, 정서, 판단, 욕, 행위 등은 바깥으로 나가 타자의 기억에 각인되거나 행위에 영향을 줬다. 그런데 이제 그것은 알고리즘에 의해 재배열되어 다른 형상을 입은 채 주체를 노예화하고 복종케 만드는 틀이 된다. 개인의 분할체화가 미세한 영역까지 이뤄지면 데이터-정보의 양은 증가할 것이고, 여기에 특정한 알고리즘을 적용해 생산한 프로파일링과 디지털 개체 또한 늘어날 것이다.

정보사회에 대한 비판적 접근은 기계적 예속과 사회적 복종의 변화를 밝힐 필요가 있다. 이데올로기가 주체화로 전환되는 과정과 의미를 밝히고 이데올로기적 국가장치가 디지털 플랫폼을 통해 사회 전체로 퍼지는 과정을 드러내는 동시에, 국가와 정부, 정치적인 것의 변화 또한 살펴봐야 한다. 기계적 예속은 기계-인간의 관계,

곧 노동과정에서 사회적 복종과 연결되면서 내재화된다. 기계의 자동화가 촉진되고 기계가 기호를 다루는 디지털 복제의 시대에 이르면서, 플랫폼은 소비를 통한 기계적 예속화를 만드는 기제로 작동한다. 분할체화와 파편화는 데이터를 끌어모아 조합할 수 있는 장치가 있을 때만 의미가 있다. 인공지능과 플랫폼이 그와 같은 역할을 담당한다. 플랫폼은 개인을 분할체로 만드는 동시에 데이터 소비가 데이터 생산을 유발하는 체계다. 그런 점에서 기계적 예속은 새로운 상품과 이윤을 낳는 원천이 된다.

플랫폼은 자본이 노동을 포섭하는 것과 다른 권력관계를 행사한다. 약관과 규약을 통한 플랫폼의 기계-인간 관계는 사회관계의 새로운 형태를 만들어낸다. 개인은 자신의 분할체를 자동으로 양도하는 규약 아래 서비스를 무료로 이용하는 대가로 자신의 활동 결과물을 플랫폼 자본에 넘겨준다. 이런 과정은 자본-노동관계에 따른 사회적 복종이나 국가 이데올로기를 통한 강제 없이 이뤄진다. 그래서 기계적 예속과 사회적 복종의 혼합태는 이전과 다른 지식권력체제와 통치체제를 만든다. 사람들의 계급의식이나 비판적 사회의식 또한 과거와 달라지고 자본-노동의 모순이 아니라 생활세계 안에서의 소비자의식과 결합된 주체화 문제가 대두된다. 이와 더불어 대중이 만들어지는 기제도 변화한다. 흐름으로서의 대중은 집합을 이루다가 금세 없어진다. 그래서 개인적인 것, 사회적인 것, 기술적인 것, 운동적인 것의 상호관계와 현대적 결합 방식에 대한 논의의 물꼬를 내어 현대사회의 새로운 운동에 접근할 길을 내야 한다.

조각주체의 데이터세트에서 벗어나기

• • •

디지털 플랫폼을 통해 개체가 수치로 환원되는 과정이 분할체화라면, 분할체로 이뤄진 데이터세트가 개인에게 되먹여지면서 생각과 행태를 만드는 과정을 조각주체화라 부를 수 있다. 플랫폼에서 이뤄진 구매행위의 흔적은 회로를 떠돌다가 다른 데이터와 결합해 내게로 되돌아와 다른 상품의 구입을 유도한다. 내가 올린 글에 달린 댓글과 '좋아요'는 다음에 쓸 글의 행방을 유도한다. 내가 본 유튜브의 영상은 추천 알고리즘을 통해 화면 오른쪽에 길게 늘어선 '관련 콘텐츠'에 반영된다. 알고리즘은 이용자의 편의를 극대화하기 위해 작동하는 것처럼 보이지만, 실상은 자본의 효율성을 위해 운용될 뿐이다. 플랫폼은 개체의 분할체화와 조각주체화를 반복하면서 개인의 사고와 행위를 자동화한다. 오늘날 디지털 플랫폼은 자동화된 계획과 통제를 완성하고 있다는 점에서 사이버네틱스의 이상을 달성하고 있다.

'조각주체'와 '반짝이는 주체' 사이에는 수많은 변형이 있을 것이다.[37] 하지만 작은 물고기는 큰 물고기를 이기지 못한다. 작은 고기가 떼를 지어 큰 고기를 위협하거나 위험으로부터 빠져나올 가능성은 낮다. 오늘날의 대중은 조각난 주체로 파편화되어 있다. 그들은 때로 다른 조각주체에게 폭력을 가하거나 그 위에 군림하며, 억압당한 조각주체는 또 다른 조각주체를 억압한다. 물고 물리는 조각주체는 플랫폼 속에서 수치로 바뀌어 데이터세트가 됨으로써 주체화된다. 데이터세트가 행동의 매트릭스로 작동하고 스스로 망을 짜는 주체로 움직일 때, 그때가 디지털 분할체들이 갖는 가능성의 시간이다. 자신들이 주도권을 갖고 데이터를 회수함으로써 시스템을 무너뜨릴 때 조각주체는 역사의 주체가 된다. 그러나 조각주체가 역사의 주체로 전환되는 시간과 공간은 지극히 한정적이다. 기계적 예속을 기계와의 공생으로, 사회적 복종을 사회적 해방으로 바꾸는 실천은 어떻게 가능할까? 어떻게 자동기계의 데이터세트 되기에서 벗어날 수 있을까?

분할체들이 실체를 가지지 못한 채 데이터세트로 처리되고 통제의 대상이 되며 가상화된 프로파일로만 존재하는 현실에서, 디지털화된 분할체가 몸을 이루고 '몰(mol)'을 형성할 수 있는 조건이 무엇인가를 생각해볼 필요가 있다. 라자라토가 비기표적 기호계의 근간으로 분할체라는 개념을 활용했다면, 오스트리아 출신의 미술 이론가 게랄트 라우니히(Gerald Raunig)는 분할체가 갖는 분자혁명

---

37 '조각주체'는 김예란(2022)이 신자유주의 금융자본과 디지털 플랫폼 기술이 대중의 욕망과 결합해 만들어낸 '조각투자'를 분석하면서 이용한 개념이다. 여기에서는 '조각난 주체화'라는 관점에서 개인의 분할체화와 짝을 이루는 개념으로 의미를 확장했다. 나는 개인의 수치적 조각화를 분할체화로, 분할체로 이뤄진 데이터세트가 개인을 조각난 주체로 만드는 과정을 '조각주체화'로 부르고자 한다. 디지털 플랫폼의 기계적 예속과 사회적 복종은 분할체화와 조각주체화의 결합을 통해 이뤄진다. 한편 '반짝이는 주체'는 데이터세트를 이루는 분할체의 소극적이고 예속적인 특성이 아니라 분할체가 갖는 적극성과 협력의 가능성이라는 해방적인 특성을 드러내기 위해 선택한 용어다.

적 의미를 강조했다(Raunig, 2016). 여기서 더 나아가 이탈리아의 정치학자 안토니오 네그리(Antonio Negri)는 가타리의 기계 개념을 확장해 '기계적 주체(machanic subjectivities)'라는 개념을 제안한 바 있다(Hardt and Negri, 2012/2012: 120~123). 네그리는 이를 통해 기존의 기계적 예속과 사회적 복종을 넘어설 기계적 주체의 가능성을 제시한다.[38]

개체는 몰이 아니라 분자(molecule)의 수준에서 형성된다. 분할체가 개체로 변화하는 과정은 일방적이거나 수동적이지만은 않다. 분할체의 배치/배열이 변화함에 따라 다른 개체화도 가능하다. 개체의 몰적 집합인 대중 또한 주형화된 규제의 틀을 벗어날 수 있다. 그때가 탈주와 혁명의 시기일 것이다. 분할체가 데이터세트에서 탈주하고 개인이 체제를 벗어날 때 세상은 달라진다. 기계적 예속화는 몰적 수준에서 일어나기도, 분자 단위에서 일어나기도 한다. 들뢰즈가 기계적 예속화의 사례로 든, 고대 이집트의 피라미드 건설에 동원된 노예는 몰적 개체가, 디지털 플랫폼의 분자적 분할체는 부품 또는 요소가 된 경우다(Deleuze, 1980: 457~459). 정보사회에서는 이용자/시청자/노동자/소비자가 개체로서 복종하는 동시에 플랫폼 안에서 분할체의 부품으로 배열될 때 기계적 예속이 이뤄진다. 이처럼 기계적 예속과 사회적 복종은 동시에 전개되기도 하고

---

38 여기에서는 분할체가 갖는 대안적인 차원은 깊이 검토하지 않고 분할체가 기계적 예속화와 연관되는 지점에 집중한다.

시차를 두고 진행되기도 한다.

인민(people)은 육체화된 실체이자 현실태의 개념인 반면, 다중(multitude)은 파편화되고 다변화되었으나 무리가 될 수 있는 가능태의 개념이다. 다른 한편에는 분자가 몰에서 탈주해야 한다는 '분자혁명론'의 주장도 있다. 하지만 대중 없는 대중운동이 불가능한 만큼, 몸통에서 떨어져 나간 분할체를 다시 몸을 지닌 대중으로 만드는 방식을 고민해야 할 것이다. 분할체로 이뤄진 데이터세트가 다시 몸을 가진 대중으로 바뀔 때, 개체가 데이터로 양화되는 게 아니라 육화되어 약동할 때, 개체가 데이터세트의 피드백에서 벗어날 때 새로운 무리가 만들어진다.

신체를 잃은 소셜미디어 이용자들이 몸을 되찾고 직접 만나 연대한다면 디지털 시대의 다중이 될 수 있다. 자동기계가 만들어준 맞춤형 서비스의 제약을 뛰어넘어 옆 사람과 짝을 짓고 무리를 이룰 때, 플랫폼 알고리즘 속의 개인은 기계를 위한 데이터세트나 여론조사 데이터베이스에 포획된 분할체가 아니라 실재하는 대중이 된다. 이들의 예측할 수 없는 힘은 소비자본주의의 어떤 구경거리보다 볼 만할 것이다. 무리 속의 개체는 몸으로 감응하며 새로움과 도약을 맛본다. 뒤집어 말해 디지털 시대의 소셜미디어는 개인을 분할체로 떼어내 데이터세트에 축적하는 동시에, 다중을 이끌어내는 기계로 작동할 수 있다는 이야기다.

다중은 개체의 분할체가 아니라 몸의 집합으로서, 서로 다름에도 불구하고 함께 모인다. 그들은 다른 지역에 살고 다른 음식을 먹으며 서로 다른 생각을 갖고 있고 별나게 행동한다. 그런 그들이 어느 날 예기치 못한 사건이 벌어지면 한곳에 모이고 음식을 나누고 같은 생각을 갖고 함께 행동한다. 그들은 착한 무리일 수도 있고 악한 무리일 수도 있다. 혹은 착한 무리가 악한 무리로 재편되고 악한 무리가 착한 무리로 변할 수도 있다. 그런 의미에서 다중은 흐름이자 생성인 동시에 사라짐이다. 그들이 지역과 세대와 생각의 차이에도 불구하고 적대의 지점에서 공동의 적을 찾아내고 함께 힘을 모으고 행동하는 이유는 추상적인 정의도 착한 마음도 도덕 때문도 아닐 것이다. 다중은 도덕적 의미를 포함하지 않기 때문에 다중의 무리는 '지민(smart mob)'과 '폭민(violent mob)'을 모두 포함한다. 다중의 무리는 언제라도 난폭한 대중이 될 수 있다. 잉여 대중의 지민화와 폭민화는 번갈아가며 혹은 동시에 이루어지는 것이다.

다중은 대중이 분할된 형태인 분중(分衆)이 다시 모일 때 모습을 드러낸다. 분중과 다중은 디지털 대중의 현실태와 가능태다. 분중은 사건을 맞이해 더 큰 무더기로 결합한다. 지류가 모여 도도한 강물을 이루듯 분중은 여기저기 흐르다가 어느 날 느닷없이 광장에서 결집한다. 예기치 않은 순간에 개인이 무리를 이룰 때 분중은 다중이 된다. 그들은 이제까지 변화했고 변화하고 있으며 앞으로도 변화할 것이다. 그러나 지금은 암울한 앞날만이 그려질 뿐이다. 대중은 스스로 반성하지 않는다. 그러나 다중은 어느 날 구원처럼 나타날 것이다.

"대중이 대중을 반성하지 않는 것처럼/분노와 혐오가 그들 자신을 반성하지 않는 것처럼/바람은 딴 데에서 오고/구원은 예기치 않은 순간에 오고/인터넷은 끝까지 그 자신을 반성하지 않는다."[39]

---

39 김수영의 시 〈절망〉의 마지막 부분을 변형했다(김수영, 2018: 311).

2부

인지자본주의 비판을 위한 실천적 관점

현대의 정보사회는 크게 변화해왔고 앞으로도 변할 것이다. 기술변화로 촉진된 사회변화는 서로 영향을 주고받으며 열림과 닫힘의 주기를 반복해왔다. 인터넷이 막 시작된 1990년대의 네티즌은 인터넷 기술이 탈중심화된 민주주의를 확장하고 수평화를 통해 이용자의 권한을 강화할 것이라고 낙관했다. 2000년대 초 닷컴버블이 터진 뒤 인터넷이 더욱더 상업화되었지만 이와 같은 전망은 계속 유지되었다. 그러나 2010년대 들어 스마트폰이 대중화되고 소셜미디어와 결합하면서 수평적이고 개방적인 웹은 폐쇄적이고 독점적인 플랫폼 앱으로 변화하기 시작했다. 이른바 디지털 지식인들은 스마트폰의 대중화로 디지털 환경이 본격화되자 '공유경제'와 같은 수사를 내세우며 세상의 모든 것을 디지털과 연결하려고 했다. 우버와 에어비앤비는 자동차와 주택을 상품화하는 데 성공했다. 그러면서 플랫폼의 독점과 집중화에 반대해 새로운 탈중심화를 내건 블록체인이라는 신기술도 등장했다. 그러나 블록체인은 암호화폐와 연결되면서 투기시장만 확대했을 뿐이다.

최근 들어 혁신기술은 빅데이터를 인공지능과 결합하고 소셜미디어를 메타버스로 확장해 새로운 시장을 모색하기에 이르렀다. 기술낙관론자들은 블록체인을 비롯한 디지털 신기술이 가져올 탈중심화, 수평화, 민주화, 권능강화 같은 과거의 꿈을 되뇌지만, 집중화와 독점의 폐해는 갈수록 심해지고 있다. 탈물질화에서 비롯된 디지털 전환은 막 시작했을 때만 해도 탈상품화와 탈상업화를 촉진하는 듯했다. 하지만 30여 년이 지난 현재는 재물질화와 재상품화, 재상업화의 방향으로 흘러가고 있다. 2부에서는 이러한 변화의 과정에서 규정적 기술의 변화가 무엇이고 그것이 사회경제적으로 어떤 영향을 미쳤는가를 살펴볼 것이다. 그리고 사회경제적 변화를 설명하는 인지자본주의론의 개념과 분석을 검토함으로써 현대 정보사회의 작동 기제와 그것이 인간 조건에 미치는 영향을 추적해볼 것이다.

인지자본주의론에 따르면 현대 정보사회의 핵심에는 플랫폼이 놓여 있다. 플랫폼은 이용자의 활동을 포획하는 동시에 그에게 활동 공간을 제공하는 이중적이고 모순적인 장치이고, 수탈과 착취를 결합하는 복합적인 축적기계다. 디지털 보편시장은 공유경제라는 이름으로 세상의 모든 것을 상품화하려 한다. 암호화폐와 NFT의 결합은 디지털 복제물이라는 비경쟁재를 배타적 소유권에 입각한 경쟁재이자 희소재로 바꿔 상품화를 촉진한다. 이처럼 디지털 창작물을 상품화하려는 움직임은 사이버스페이스를 메타버스로 바꾸고 현실과 사이버스페이스의 간극을 좁혀 시장을 확대하려 한다. 인지자본주의론은 이러한 기술변화와 그것이 가져오는 사회경제적인 영향을 검토하지만, 아쉽게도 기술변화에 따라 급변하는 사회에 충분히 대응하지는 못하고 있다. 그런 의미에서 인지자본주의론을 신중하게 살펴보고, 기계적 예속과 사회적 복종이 팬데믹과 같은 사회적 위기 속에서 어떻게 가속화되는지를 검토함으로써 인지자본주의 비판을 확장해 나갈 것이다.

8장 인터넷의 변화로 들여다보는 기술혁신의 이면

1980년대 개인용 컴퓨터의 보급을 시작으로 1990년대에 인터넷이 확산되고, 2000년대에 스마트폰이 대중화된 이후 인간의 조건은 급격하게 변화하기 시작했다. 1980년대 이후 새로운 기술의 패러다임이 변화하면서 열림과 닫힘의 순환을 반복하고 있다. 집중과 탈집중, 상품화와 탈상품화, 독점과 분산이 주기적으로 반복되면서 새로운 기술은 직전의 기술을 무너뜨리며 변화하고 있다. 인간과 기술은 인공물을 만드는 자와 만들어진 인공물의 자리를 서로 바꿔가면서 함께 변화하고 있다.

초기 인터넷은 개인 홈페이지를 가진 자유주의자들의 수평적 연결망에 입각한 탈중앙적 민주주의의 확장도구였다. 하지만 시간이 지나면서 검색 포털이나 아마존, 이베이(eBay), 페이팔(PayPal) 등 새로운 독점체로 재중심화되었다. 인터넷 기술에 대한 유토피아적 전망은 1990년대 중반《와이어드》를 중심으로 널리 퍼져 나갔다. 캘리포니아 이데올로기에 올라타 날로 성장하던 닷컴 기업들은 2000년대에 들어 과잉투자로 인해 불황을 맞았다. 2000년대에 철퇴를 맞은 닷컴 기업들은 새로운 동력을 필요로 했다. 인터넷은 스마트폰과 소셜미디어의 결합으로 새로운 국면을 맞았다. 스마트폰과 같은 모바일 디바이스는 이용자들의 커뮤니케이션 역량과 온라인-오프라인의 연결을 강화했다. 스마트폰은 현실의 구체적인 장소와 사이버스페이스의 데이터를 매개했다. 이와 함께 페이스북과 같은 거대 소셜미디어의 성장은 플랫폼 독점 시대를 실감케 했다. 2000년대 중반 웹 2.0과 스마트폰, 소셜미디어의 등장으로 플랫폼 자본주의가 본격적으로 전개되기에 이르렀다. 소셜미디어 플랫폼은 2010년대 초반 사회운동의 도구로 활용되었으나, 결국 이용자 데이터를 독점하는 상업화된 플랫폼으로 귀결되었다. 거대 소셜미디어 플랫폼은 자신들이 축적한 빅데이터를 인공지능과 결합해 새로운 서비스를 만들면서, 인터넷 공간을 재상품화하고 재물질화하려 노력하고 있다.

인지자본주의는 플랫폼에 의해 만들어지고 유지되는 축적체제다. 플랫폼 협동생산에서 시작된 P2P 생산은 거대한 데이터의 축적을 낳았다. 방대한 데이터가 인공지능 기술과 결합하면서 새로운 상품과 서비스 시장이 확대되었다. 이용자의 플랫폼 내 활동 결과물은 고스란히 클라우드컴퓨팅을 통해 거대 소셜미디어 독점체의 디지털 창고에 저장되었다. 협동생산의 결과물이 배타적으로 활용되고 소유되기에 이른 것이다. 기술혁신을 내세운 업체들은 협동생산 플랫폼을 넘어 협동소비 플랫폼에 주목했다. 그들은 공유경제라는 이름을 내걸고 일상생활영역으로 침범해 들어왔다. 이제 삶과 연관된 모든 것이 상품으로 만들어질 수 있다.

플랫폼은 자본과 노동의 관계를 해체하거나 새롭게 구성한다. 어떤 때는 기존의 상품을 해체해 탈상품화된 공유의 세상을 만들다가 돌연 자세를 바꿔 다시 담장을 치고 소유권 중심의 시장을 정비한다. 전지구적 자본주의의 이윤을 향한 질주에 제동을 거는 대안적 생활방식을 내걸고 출발한 공유경제는 불평등하고 불공정한 임금체계와 소득구조를 부채질하는 착취기계로 전락했다. 지식의 공유부터 여가와 시간, 자산 및 호의의 공유에 이르기까지 새로운 대안적 나눔의 문화는 급속하게 시장경제로 편입되기 시작했다. 여분의 주택 공간은 하루 단위로 빌려주는 방으로 쪼개지고, 자동차의 빈자리 또한 상품으로 팔렸다.

공유경제가 사실은 자본주의의 확장임이 밝혀지자 거대 소셜미디어 플랫폼의 데이터 독점을 비판하면서 블록체인 기술을 응용한 웹3(Web3)이 새로운 기술유토피아와 반(反)독점 민주화, 수평화를 가져올 것이라는 주장이 제기되었다. 이번에는 주장에 그치지 않고 돈이 따라붙었다. 투자자들은 블록체인 기술로 만들어진 암호화폐에 열광적으로 돈을 쏟아부었다. 이제 정보를 공유하고 소통하는 수준이 아니라 돈 놓고 돈 먹는 디지털 투기판이 만들어진 것이다. 암호화폐의 개발자들은 탈중심화를 내세우며 암호화폐가 대안화폐로서 긍정적인 역할을 할 수 있다고 강변했다. 하지만 실제로는 저금리 환경에서 암호화폐 투자라는 새로운 종목을 만들었을 뿐, 대중의 투기적 욕망과 쉽게 결합되면서 수익창출의 수단에 머물렀다. 이를 통해 작은 돈으로 투자할 수 있는 조각투자가 이뤄졌고 많은 사람이 암호화폐의 유혹에 넘어갔다.

공유경제에 이어 자산이 아니라 사람들의 지적 생산물 자체를 상품화하려는 '창작자 경제'도 등장했다. 자산 제공자와 소비자 간의 플랫폼 매개를 기반으로 재화와 소비의 대상을 노동력과 결합하는 중계 플랫폼이 생겨났다. 이들은 새로운 방식으로 서비스 상품을 생산해 시장에 제공했다. 비기표적 기호계에서 이뤄지던 데이터 축적에서 한걸음 더 나아가, 기표적 기호계에서 이뤄지는 지식활동의 산물을 상품화하는 방식에 인지자본주의가 눈을 돌리기 시작한 것이다. 1990년대 중반 이후 30년 간 인터넷 환경이 어떻게 변화했는지, 규정적 기술의 발전과 변화에 따라 열림과 닫힘의 순환이 어떻게 이어지고 있는지 살펴보자.

인터넷과 규정적 기술의 변화

1990년 유럽입자물리연구소(CERN)의 연구원 팀 버너스 리(Tim Berners-Lee)가 컴퓨터 네트워크에 월드와이드웹 개념을 도입한 지 30년이 넘었다. 인터넷의 미래는 인터넷과 관련된 규정적 기술

(Bolter, 1984)의 변화와 깊이 연관되어 있다.[1] 1993년 '사이버스페이스 독립선언(Barlow, 1996)'이란 당돌한 구호를 내걸었던 자유주의의 시대, 카피레프트를 내걸며 공유와 나눔을 확장하던 초기 인터넷 시대는 채 10년도 안 되어 상업화의 파도에 휩쓸렸다. 2010년 애플 아이튠스에서 100억 곡이 넘는 디지털 음원(MP3) 파일이 팔리고, 2022년 유료 스트리밍 서비스 회사 넷플릭스 (Netflix) 가입자가 2억 명에 이르는 시대로 변했다.

한편 가입자의 게시물과 댓글, 친구 맺기를 통해 성장한 페이스북의 이용자 수는 2022년 현재 30억 명에 이른다. 페이스북은 2021년 회사 이름을 메타로 바꾸고 메타버스라는 새로운 시장을 개척하고 있다. 그들은 빅데이터와 인공지능을 결합해 개별화된 서비스를 제공한다는 명분을 내걸면서 디지털 플랫폼의 되먹임을 활용해 이용자 행동을 조절한다. 2010년대 후반에는 국내에도 암호화폐 전문 거래소가 생겨났고 수백만 인구가 암호화폐 시장에 빚을 내어 뛰어들었다. 블록체인 기술과 암호화폐를 연동해 디지털 창작물의 배타적 소유권을 보호하겠다는 NFT도 등장했다. 그 결과 전 세계적 차원에서 플랫폼 기계에 의한 예속화는 비기표적 기호계에

1 "우리 시대의 규정적 기술인 컴퓨터는 자연과 관계된 인간의 역할을 규정하거나 재규정한다. 컴퓨터는 인간을 대체할 것이라고 약속(혹은 위협)하면서 인간에게 '정보처리자'라는 역할과 자연스럽게 '처리되어야 할 정보'라는 새로운 규정을 부여한다 (Bolter, 1984: 13)."

서 기표적 기호계로 확산되고 있다. 다시 말해 소셜미디어에서 비기표적 기호를 축적하고 빅데이터와 인공지능을 결합해 새로운 서비스를 제공하던 방식과 더불어, 기표적 기호를 생산하는 사람들의 노동까지 포섭하려는 움직임이 창작자 경제라는 틀로 진행되고 있는 것이다.

1990년대 초반 처음으로 대중에게 공개된 인터넷은 대중화를 거쳐 이제 새로운 갈림길에 들어섰다. 인터넷 대중화가 진행된 지난 30년 동안 인터넷은 닫힌 체제와 열린 체제를 오가며 변화하고 있다. 이러한 인터넷의 닫힘과 열림의 순환은 이미 정보통신사업을 이끄는 기업가와 학자 들이 2000년대부터 포착한 바 있다. 미국의 법학자 조너선 지트레인(Jonathan Zittrain)은 그의 저서 《인터넷의 미래》에서 인터넷이 '발생적인(generative)' 열린 체제에서 '사슬에 얽매인(tethered)' 닫힌 체제로 변화하고 있다고 진단했다(Zittrain, 2008/2014). 또한 2004년 미국의 경영자 팀 오라일리(Tim O'reilly)는 이용자가 생산하는 콘텐츠와 기업 간에 형성되는 새로운 관계에 주목해 웹 1.0(Web 1.0)과 대비되는 의미로 웹 2.0 시대를 선포했다(O'reilly, 2007).

웹 2.0의 특성은 흔히 참여·공유·나눔 등으로 요약되지만, 그 핵심은 AJAX, RSS와 같은 소프트웨어 기술과 이를 통해 강화된 이용자의 콘텐츠 생산 능력을 플랫폼과 연결해 데이터베이스로 축적하는 데 있다.[2] 웹 2.0이 웹 1.0과 크게 다른 점은 거대 플랫폼의 독점화가 이뤄졌다는 것과, 이용자 생산 콘텐츠와 기업 사이에 새로운 관계가 만들어졌다는 데 있다. 2000년대 후반 스마트폰의 대중화를 거치면서 웹의 세계는 앱에 자리를 내줬고 거대 플랫폼의 독점적 영향력은 더욱 확대되었다. 2010년대에는 여기서 한 단계 더 나아가 웹 3.0에 대한 논의도 이뤄졌다.[3]

데이터링크에 기반한 시맨틱 웹(Semantic Web)이 차세대 웹으로 논의되었고, 클라우드컴퓨팅이 새로운 사업으로 떠올랐다(Carr, 2008). 이와 같은 기술진보는 아마존, 마이크로소프트, 알파벳(Alphabet, 구글의 후신) 등 거대 테크 기업의 주요 수익원으로 자리잡았다. 2010년대는 소셜미디어와 스마트폰 앱에 축적된 빅데이터가 인공지능과 결합해 데이터 경제를 크게 확장한 시기였다. 자본은 탈물질화를 통해 얻은 데이터를 활용해 4차 산업혁명이라는 이름 아래 현실세계의 사물과 데이터를 연결하며 재물질화를 추진했다. 2020년대 들어서면서 거대 금융자본은 암호화폐 투기를 확대하고 있고, 플랫폼 기업들은 메타버스를 필두로 새로운 상업공간을 창출하고 있다. 이와 같은 인터넷 지형 변화의 밑바닥에는 기술진화, 독점과 경쟁, 국가규제 그리고 이용자의 행동과 문화가 복합적으로 얽혀 있다. 2010년대에는 인터넷 지형의 변화가 이용자 활동

---

2 AJAX(Asynchronous JavaScrpt And XML)는 '비동기 자바스크립트와 XML'의 줄임말이고, RSS(Rich Site Summary; Really Simple Syndication)는 '최신정보 자동제공 서비스'의 줄임말이다. 모두 XML(eXtensible Markup Language) 기반의 개발기법으로 웹 2.0의 이용자 자율성과 연결성 강화를 위해 만들어졌다.

3 웹 3.0는 버너스 리가 만든 월드와이드웹의 발전과 특성에 따른 구분이다.

과 깊이 연관되어 있었다면, 2020년대에는 독점 플랫폼 업체의 물질화와 재상품화가 변화를 이끌고 있다.

열림과 닫힘의 순환주기

• • •

인터넷은 중심화와 탈중심화, 집중과 분산, 닫힘과 열림을 주기적으로 반복해왔다. 컴퓨터 산업의 역사를 보면 폐쇄적이었던 환경이 혁신적인 기술을 통해 개방되었다가 다시 폐쇄되는 순환을 읽을 수 있다. 이러한 열림과 닫힘의 순환주기는 인터넷 기술과 그것을 둘러싼 사회경제적 변화를 통해 이뤄진다.[4] 인터넷이 일상생활과 관계를 맺기 시작한 1990년대 초반기에 사람들은 새로운 기술이 사회의 진보를 가져올 것이라 믿었다. 운영체계가 다른 컴퓨터를 이어줌으로써 '상호호환성(interoperability)'을 가능케 한 인터넷 프로토콜은 모든 나라의 네트워크를 자유롭게 연결했다. 이로 인해 인

---

4 인터넷의 기술적 변화와 특성에 착안해 웹 2.0이라는 조어를 처음 제시한 오라일리는 1994년 이후 열림과 닫힘의 10년 주기론을 주장한 바 있다. "블록체인은 제가 평생 봐온 탈중앙화 기술 중에서 가장 빠르게 중앙집중화되었습니다. PC는 중앙집중화하는 데 10년 걸렸습니다. 웹도 10년 걸렸습니다. 그러나 비트코인으로 인해 매우 적은 수의 사람이 대부분의 가치를 보유하기까지는 불과 몇 년밖에 걸리지 않았습니다." Dan Patterson, "Internet guru Tim O'Reilly on Web3: "Get ready for the crash"", *CBS NEWS*, 2022. 02. 10. https://www.cbsnews.com/news/web3-cryptocurrency-nft-tim-oreilly (2023년 3월 10일 접속)

터넷이 민주주의를 확장하고 이용자의 권한을 강화할 것이라는 전망이 대두했다(Negroponte, 1995/1995). PC통신이라는 대형 컴퓨터의 중앙집권적 독점이 무너졌고, 개인 홈페이지 간의 연결이 상징하는 탈중심화의 시대가 도래했다.

1990년대는 이른바 레거시미디어가 생산했던 콘텐츠가 디지털로 전환되어 사이버스페이스로 활발하게 이주하던 시기였다. 1990년대 초중반에는 신문이 디지털 세계로 먼저 진입했다. 인터넷의 웹은 문서와 그림을 주고받는 데 매우 유용했다. 웹페이지가 늘어났고 사람들은 검색을 통해 원하는 자료와 정보를 찾아내기 시작했다. 검색 포털은 비트로 전환된 종이신문의 기사를 대문에 걸어놓고 손님을 불러 모았다. 신문의 뒤를 이어 사진, 라디오, 음반, 영상물 등 모든 미디어 콘텐츠가 인터넷에 진입해 디지털 세상은 매우 풍성해졌다. 레거시미디어의 입장에서 보면 이러한 디지털화는 콘텐츠의 무단가출이었다. 미디어 콘텐츠는 현실 세상의 울타리를 넘어 때로는 자발적으로, 때로는 누군가에 의해 약탈되어 디지털 세상으로 넘어갔다.

1990년대 말 인터넷의 대중화가 진전되자 검색 사이트, 아마존과 이베이 등의 유통 사이트 그리고 결제를 담당하는 페이팔 등 새로운 거대 독점체로 인터넷이 재중심화되었다. 2000년대 초반에 투자 거품으로 철퇴를 맞은 정보산업체는 새로운 동력을 필요로 했다. 웹 2.0의 등장으로 이용자의 참여가 늘어났고 2000년대 후반 스마트폰과 소셜미디어의 결합으로 새로운 국면이 만들어졌다. 스마트폰은 온라인과 오프라인의 연결을 강화했고, 페이스북과 트위터를 선두로 하는 소셜미디어의 성장은 전세계를 하나의 독점 체계로 몰아넣었다.

2010년은 물질 세상의 콘텐츠가 사이버스페이스로 넘어가는 디지털화가 어느 정도 완성되는 시점이었다. 콘텐츠는 디지털 세상에서 유연하게 변형되었을 뿐만 아니라 다른 콘텐츠와 만나 더욱 확장되었다. 매클루언(McLuhan, 1964/2011)이 말한 정보량에 따른 핫미디어(hot media)와 쿨미디어(cool media)라는 구분은 철 지난 개념이 되어버렸다. 이제 미디어는 인터넷과의 연결 여부에 따라 스마트미디어와 비(非)스마트미디어로 구분되기에 이르렀다. 물질의 허울을 벗어던지고 디지털 세상으로 넘어간 콘텐츠는 비트로 전환되어 무한복제의 새로운 환경에 적응했다. 그러면서 콘텐츠가 자본주의의 틀과 시장법칙에 얽매이지 않는 현상이 나타나기 시작했다. 시장경제의 바깥으로 넘어간 디지털 콘텐츠에 대한 해석에는 주류 경제학부터 정치경제학 비판에 이르기까지 다양한 스펙트럼이 존재한다.

비트 탈주는 나름 성공적이었다. 비트는 다른 비트를 만나면서 더욱 성장했다. 비트로 만들어진 콘텐츠에 대한 새로운 사용방식과 문화도 만들어졌다. 자본의 입장에서 보면 집 나간 비트를 회수하거나 알아서 집으로 돌아오게 만들거나 돌아오지 않더라도 말을 듣게 해야 할 필요가 생겨났다. 이를 위해 자본은 여러 가지 대안을 마련했다. 디지털 콘텐츠 회수기기를 만드는 애플 모델이 집 나간 야생 비트를 평정하는 강력한 대안으로 떠올랐다. 새로운 기업들은 자동화된 콘텐츠 축적체제를 만들었고 기존의 거대 기업들은 반쯤 닫힌 독점체제를 형성해 문단속에 들어갔다.

《와이어드》의 편집장 크리스 앤더슨(Chris Anderson)은 그의 책 《자유》에서 콘텐츠의 한계비용이 0에 가까워지기 때문에 '공짜경제'의 기반을 마련할 수 있다고 주장했다(Anderson, 2009/2009). 그러나 그는 공짜경제를 경영적 차원에서 활용하자는 입장이기 때문에, 미디어 콘텐츠의 비트화가 갖는 가치생산방식의 변화에는 별로 주목하지 않았다. 자유주의자들(Anderson, 2009/2009; Tapscott and Williams, 2006; Bruns, 2008; Benkler, 2006)은 인터넷의 현실변화에 민감했다. 그들은 나름의 개념과 용어로 흐름을 포착하고 설명을 시도했는데, 변화에 대한 그들의 수사는 사실상 자산축적을 지향했다. 많은 사람이 그들의 자유주의를 진보와 동일시하지만, 이들의 논의에서는 비트가 어떻게 만들어지는가에 대한 비판적 접근을 찾아보기 힘들다.

2000년 들어 초기 인터넷을 주도하던 자유주의 이데올로기는 신자유주의의 상업주의에 자리를 내줬다. 1990년대 초반의 인터넷 이용자가 컴퓨터와 네트워크에 익숙한 소수에 불과할 때는 네그로폰테(Negroponte, 1995/1995)나 켈리(Kelly, 1998) 등 새로운 기술과 문화를 연결해 인터넷을 설명하는 흐름이 우세했다. 그러나 1990년대 후반 이후 인터넷과 일상생활의 연관이 커지기 시작하자, 이러한 기술변화를 경제적 변화와 규제의 차원으로 연결하는 접근이 요구되었다. 이러한 요구는 2000년대의 레식(Lessig, 2002), 벤클러(Benkler, 2006), 우(Wu, 2010/2012), 지트레인(Zittrain, 2008/2014)의 작업으로 이어졌다. 법학을 전공한 이들 연구자가 인터넷의 기술변화를 국가규제나 지적재산권, 이용자 협동생산, 독점과 경쟁이라는 틀과 연결하자, 인터넷의 지형변화가 보다 분명하게 드러났다.

탈상업화를 이끌던 P2P 서비스에 대해 지적재산권을 앞세운 진영의 공격이 강화되고 모바일 기기가 대중화되면서 인터넷 콘텐츠의 재상업화가 추진되었다. 아마존과 마이크로소프트, 구글 등의 클라우드컴퓨팅 서비스, 페이스북으로 대표되는 소셜미디어 등 새로운 서비스의 도입으로 분산된 네트워크라는 인터넷의 기본적인 특성도 흔들렸다. 앱은 이용자가 특정한 작업을 수행할 수 있도록 짜인 개별 소프트웨어다. 범용성이나 일반성이 아니라 특정한 작업만을 수행하며, 최근에는 특정한 하드웨어와 결합해 폐쇄적 체계를 만들고 이용자에게 배타적이고 독점적인 영향력을 행사한다. 애플, 구글, 페이스북으로 대표되는 네트워크 독점체의 지배는 2020년 코로나19의 확산 기간에 더욱 커졌다. 그러나 2022년 자산시장의 과도한 확대와 금리인상, 정부의 규제강화 등에 따라 기존의 거대 독점체제가 흔들리는 전환기를 맞고 있다. 이러한 변화의 저류에는 인터넷 이용자의 대중화, 인터넷 접속 기계의 다변화, 모바일 기기와 인터넷의 연결, 이용자 콘텐츠 생산의 증대, 새로운 기기의 개발, 신사업모델의 도입, 국가규제의 강화 등이 복잡하게 얽혀 있다(〈표 1〉 참조).

	1990	2000	2010	2020
시기구분	Web 1.0	Web 2.0	Web 3.0	Web3(?)
기술	HTML	XHTML	HTMLs(Linked Data)	
	Network of Network	Mobile Network	Network of Data	Blockchain
	Homepage	Social Media	Big Data	AI App
소프트웨어	PC 기반 웹	Crowd Computing P2P	모바일 기반 웹 Cloud Computing	Metaverse
하드웨어	PC		모바일 기계(스마트폰, 노트북)	인터페이스 장비(고글, XBOX)
콘텐츠	Copyleft Open Source	P2P Production 협업, Crowd Computing		창작자 소유경제
시장	탈시장화/탈상품화			재시장화/재상품화
이용자	초기 네티즌	이용자 대중	생산소비 대중	소비 대중
규제	탈규제			재규제

표 1 인터넷 환경의 변화(1990~2020)

기술적인 변화의 핵심은 이제 웹(Web)에서 앱(App)으로, 정주형 PC에서 이동형 스마트폰으로, 개별 컴퓨터의 디스크에서 클라우드컴퓨팅으로 이동했다. 모바일 기기가 인터넷과 연결되면서 망 접속과 관련된 새로운 차원의 문제가 추가되었고, 그에 따라 모바일 웹과 관련된 첨단기술이 요구되었다. 모바일 기기의 사용 확대는 몸과 붙어 있는 미디어의 확산을 의미하며, 이는 일상생활 전체는 물론 생각까지도 실시간으로 인터넷과 연결될 가능성을 열었다. 위치정보가 인터넷으로 통합되면서 실시간으로 생산되는 이용자의 위치 데이터가 갖가지 다른 정보와 결합해 새로운 콘텐츠나 지식으로 전환되고 있다.

한편 클라우드컴퓨팅은 애플리케이션 소프트웨어는 물론 운영 시스템까지도 개별 이용자의 컴퓨터가 아닌 '구름 저편의 인터넷'의 서버에 저장해 온라인에서 모든 작업을 처리하기 시작했다. 구름 저편의 인터넷이란 사실상 구글/알파벳, 마이크로소프트, 페이스북/메타, 아마존 등 거대 테크 기업을 의미한다. 클라우드컴퓨팅 체계는 이용자 활동을 자동으로 전유한다. 몇몇 대형 서비스 회사가 클라우드컴퓨팅 체계로 다수의 이용자를 확보해 이용자 활동을 자동으로 전유할 때, 인터넷 시대의 새로운 독점 문제가 발생한다(Wu, 2010/2012). 경제적 차원에서는 디지털 콘텐츠의 탈상품화 추세에 제동이 걸리면서 재상업화(Zittrain, 2008/2014)가 촉진된다. 이와 더불어 규제가 어렵다고 생각했던 인터넷 공간에 대한 개별 국가의 규제 또한 강화되기에 이르렀다(Goldsmith and Wu, 2006).

인터넷의 열림과 닫힘은 순환주기를 단순하게 반복하지 않는다. 거대 플랫폼 기업들은 오픈 플랫폼 전략을 활용해 이용자에게는 특정한 인터페이스를 여닫으면서 자신들의 데이터를 실시간으로 확대했다. 이처럼 디지털 생태계는 자연 생태계와 달리 인위적인 열림과 닫힘을 통해 형성된다. 초기 인터넷 웹페이지 간의 상호 독립적 링크는 이제 구글이나 페이스북 등 대형 서비스 업체와 여타 서비스 업체 간의 링크로 변환했다. 소셜미디어가 인터넷의 중심에 서 있다는 뜻이다.

빅데이터와 플랫폼 독점

• • •

2000년대 중반은 웹 2.0이 가동되고 소셜미디어가 출현하며 스마트폰이 등장하는 시기였다. 이때만 해도 자동으로 축적되는 데이터의 양은 상대적으로 적었다. 그러다가 2008년부터 2012년까지 불과 4년 사이에 두 배 이상 증가했다. 소셜미디어와 스마트폰이 결합하면서 데이터의 생산량이 급격하게 늘어난 것이다. 이용자들이 소셜미디어 서비스를 이용할 때 그들이 남긴 활동 결과물은 플랫폼 데이터베이스에 자동으로 쌓였다. 그 이전인 2000년대 말 데이터가 증가하는 추세에 발맞춰 빅데이터가 주요한 키워드로 떠올랐다. 거대 플랫폼 기업은 탈물질화와 디지털화의 적극적인 행위 주체로 이용자를 활용했다. 빅데이터가 차세대의 가장 중요한 원료이고, 이것을 잘 활용하느냐 못 하느냐에 따라 성장 여부가 달려 있다는 주장이 터져 나왔다. 빅데이터를 전유한 플랫폼 기업들은 시장을 독점했지만, 2000년대 말에는 늘어난 데이터를 정보로 바꾸고 상업적으로 활용할 기술 수준이 급격하게 늘어나는 데이터를 충분히 처리하는 데 미치지 못했다.

그러나 웹 2.0의 등장 이후 데이터 수집비용이 낮아지면서 데이터를 처리할 수 있는 머신러닝이 현실화되었다. 인공지능의 발전과정을 보면 1950년대에 미국에서 사이버네틱스가 제시된 후 1956년 다트머스 회의에서 인공지능이 처음으로 제안되었다. 인공지능은 1960년대에 미국 정부 주도 프로젝트로 비교적 활발하게 연구되다가 특정한 성과를 내지 못한 채 1980년대 들어 물 밑으로 사그라졌다. 하지만 1990년대 중반 이후 인터넷이 대중화되면서 인공지능은 다시 성장한다. IBM의 컴퓨터 딥블루(Deep Blue)가 체스에서 세계 챔피언을 누르고, 마찬가지로 IBM의 컴퓨터 왓슨(Watson)이 〈제퍼디〉라는 퀴즈 프로그램의 챔피언들을 이기는 일이 벌어졌다. 급기야 2016년에 구글의 알파고가 등장하면서 인공지능이 빅데이터를 누르고 새로운 유행어로 등단하기에 이른다.

2010년대 이후 자동으로 축적된 데이터를 정보 패턴으로 바꿔 플랫폼 이용자에게 개별화된 서비스를 제공하는 인공지능 개발이 추진되었고, 빅데이터와 머신러닝을 결합한 여러 가지 서비스가 등장했다. 그러면서 거대 정보기업들은 데이터의 양적 축적만이 아니라 질적 가치를 확보하는 방안에 관심을 갖기 시작했다. 아무렇게나 수집하는 무정형적 데이터의 축적뿐만 아니라 데이터를 효율적으로 활용할 수 있는 체계가 필요해진 것이다.

디지털 자본주의 사회에서 지식의 분배는 지적 능력은 물론 지식에 접근할 수 있는 경제적 능력으로 결정된다. 특히 지식의 상업화와 상품화가 가속될수록 경제적 능력이 지식에 대한 접근권을 좌우한다. 특정 개인이나 집단은 지적재산권을 확보함으로써 지적 생산물을 전유할 수는 있지만, 빅데이터에 대한 배타적 소유를 주장하기는 힘들다. 빅데이터를 둘러싼 전유는 이용자·생산자·소비자를 한 축으로 하고, 콘텐츠 제작자를 다른 한 축으로 하며, 마지막으로 서비스 플랫폼 제공자를 한 축으로 하는 복잡한 레이어 속에서 형성된다. 빅데이터는 이러한 축의 결합으로 만들어지기에 중층적 권리의 결집물이고 그를 둘러싼 갈등도 다층적으로 나타날 수밖에 없다.

데이터는 서로 다른 주체 사이의 복합적 권리나 전유와 별개로 개개인이 지적으로 전유할 때만 최종심급에서 의미를 지닌다. 빅데이터에 대한 소유권과 그에 기반을 둔 상업적 전유권을 갖고 있다 해도, 지적 생산물은 최종적으로 인식주체가 지적으로 전유할 때 사용가치가 드러난다는 것이다. 여러 가지 미디어를 통해 쏟아지는 문화 생산물은 그 양에서 이미 개인의 소비능력을 압도한다. 각종 미디어 복제기술의 발달로 정보와 지식이 방대하게 축적되고 있지만 사람들의 전유능력은 반대로 쇠퇴하고 있다. "아무것도 소유하고 있지 않지만 모든 것을 전유했던 과거의 수도사와 달리, 이제 현대인은 모든 것을 소유하거나 소유할 수 있지만 그 무엇도 자신의 것으로 전유하지 못하는" 형국으로 바뀌고 있다(Featherstone, 2000).

빅데이터는 실시간으로 데이터가 축적되거나 이들 데이터가 서로 결합될 때 만들어진다. 그런데 빅데이터를 만든 주체와 소유하는 주체 그리고 이것을 이용하는 주체는 동일하지 않고, 서로 다른 이해관계로 대립하기도 한다. 이들이 빅데이터에 대해서 주도권을 행사하는 능력도 불균등하다. 빅데이터의 활용방식 및 활용범위, 목적은 데이터의 성격과 이용주체에 따라 다양하다. 빅데이터의 성격은 다양한 주체가 그것에 접근하도록 개방하느냐, 특정한 대상에게 특정한 방법을 통해 제한적으로 공개하느냐, 그것도 아니면 특정 주체에게만 무제한 활용을 허가할 것이냐에 따라서도 달라진다.

빅데이터는 정치적인 차원에서는 감시와 통제의 수단으로 이용될 수 있고, 경제적인 차원에서는 이윤을 창출하는 수단으로 활용될 수 있다. 그리고 사회문화적으로는 공유의 과정이자 결과일 수 있다. 앞으로 만들어질 빅데이터는 기존의 불평등한 권력관계에 따라 비대칭적인 방향으로 전유될 소지를 안고 있다.

버너스 리는 빅데이터를 오픈데이터(Open Data)로 전환할 것을 요청하고 감시와 통제를 최소화하며 정부가 갖고 있는 공공정보를 공개하라고 요구한다. 또한 그는 거대 포털 기업들의 클라우드 데이터베이스에 쌓여 있는 빅데이터를 공동체와 연결하는 '데이터 공개 운동'을 대안으로 제시한 바 있다.[5] 우리는 데이터 공개 운동과 같은 대안을 통해 이용자 활동의 결과물이자 크라우드소싱의 소산인 빅데이터를 우리 모두의 자산으로 만들 수 있다. 기업이 보유하고 관리하는 크라우드소싱을 통해 형성된 빅데이터에 대해서는 기업에 대항하는 이용자단체(노동조합의 등가물)를 만들어 동시탈퇴

---

5 버너스 리는 2010년대에 "지구 공동체를 위한 개방적이고 연결된 데이터(Open, Linked-Data for a Global Community)"라는 말로 공적 데이터의 공개와 효율적 활용을 주장한 바 있다. 그는 최근 거대 플랫폼 기업의 데이터 독점에 대항해 이용자가 데이터에 대한 권한을 갖는 솔리드(Solid)라는 프로젝트를 진행하고 있다. 솔리드는 웹 탈중심화 프로젝트로, 버너스 리가 매사추세츠 공과대학교와 협업해 개발했다. 이 프로젝트의 목적은 웹 애플리케이션이 작동하는 방식을 근본적으로 변화시킴으로써 진정한 데이터 소유권과 프라이버시 개선을 창출해내는 데 있다. 그는 인럽트(Inrupt)라는 회사를 설립하고 이용자가 자신의 데이터를 관리·제어할 수 있는 브라우저(podbrowser)를 개발하고 있다.

(파업), 이용거부(태업)를 전략으로 하는 반독점운동을 전개할 수도 있다. 빅데이터의 사회적 위상을 어떻게 파악하느냐에 따라 그에 걸맞는 조직체의 유형과 운동방식을 설정할 수 있을 것이다. 그러나 이런 방안은 빅데이터의 사회경제적 위상에 대한 면밀한 분석이 이뤄질 때 더 큰 설득력을 지닐 것이다.

P2P와 블록체인, 암호화폐

• • •

인터넷 활용이 대중화되고 아마존이나 이베이 등 유통 플랫폼이 활성화되던 1990년대 중반 신용카드와 연결된 결제수단이 등장했다. 페이팔과 같이 플랫폼에서 이뤄지는 개인 간 결제를 대행하는 서비스가 출현한 것이다. 아마존이나 이베이도 마찬가지다. 이베이는 온라인 거래를 매개하는 플랫폼으로서 이용자 간의 신뢰를 만들고 유지하는 기능을 활용했다. 이베이는 거래의 신용을 높이고 부당거래를 방지하기 위한 제도를 유지하면서 온라인 거래의 활성화를 주도했다. 그들은 상호평가제도를 실시하고, 판매자가 팔고자 하는 물건과 관련된 자료를 스스로 올리도록 하며, 구매자는 경매를 통해 온라인 시장에 참여하도록 유도했다. 이 과정에서 발생하는 거래자료는 이베이 데이터베이스에 축적되고 거래자 사이의 상호평판이 거래의 신뢰를 유지하는 근간으로 작동한다. 이베이는 대금지불을 위한 시스템을 확충하기 위해 페이팔을 인수함으로써 거래의 안정성을 높였다.

이베이는 이용자들에게 정보의 공개와 확산, 직거래를 통한 중간상 배제, 즉각적 거래 속도의 향상이라는 혜택을 안겼지만, 그와 함께 독점적인 이익을 누렸음도 부인할 수 없다. 이와 더불어 바코드처럼 생긴 코드를 찍으면 곧바로 장부상에서 금융거래가 진행되는 QR코드 결제 플랫폼도 등장했다. QR 결제는 스마트폰에서 QR코드를 통해 이뤄지기 때문에 그 속도와 범위, 편의성에서 기존의 결제방식을 뛰어넘는다. 알리페이(Alipay)나 위챗(WeChat)이 금융시장으로 진출하면서 소액대출자의 정보를 독점하자, 중국 정부가 이들에 대한 제재를 강화할 정도다.

QR코드가 은행과 거래자 사이에서 화폐 흐름을 중개하는 디지털 금융기술이라면 새로 등장한 블록체인 기술 기반의 암호화폐는 지불수단보다 투기성 자산으로 더 크게 활용되었다. 디지털 서비스 플랫폼이 한창 몸집을 불려 나가던 2010년, 블록체인이라는 신기술을 내세우며 비트코인을 선두로 각종 암호화폐가 나타났다. 디지털 화폐 생태계는 투자자와 이용자의 확보에 의해 만들어지는데, 설계자, 채굴자, 초기 참가자, 초기 투자자, 후기 투기자가 뒤섞이면서 암호화폐의 투기화가 진행되었다. 블록체인의 기술적 가능성이 처음의 개발의도와 달리 투기시장으로 실현된 것이다.

암호기술과 분산 컴퓨팅을 결합한 비트코인은 분산 네트워크의 컴퓨팅 자원을 공유한다는 차원에서 보면 기존에 이용되던 자원공유 P2P의 변형이다. 초기에는 이용자의 개인용 컴퓨터를 연결함으로써 컴퓨팅 처리자원을 공유하는 동시에, 그들의 네트워크가 만든 블록체인을 통해 암호화폐 거래자료의 '신뢰'를 나눠 가졌다. 그런 점에서 비트코인은 거래원장을 연결하는 수평적이고 분권적인 P2P 시스템이었다. 블록체인의 혁명적인 가능성은 분산된 참여자 간의 수평적인 연결망을 통해 새로운 정보와 지식을 만들어내고 그것을 공유할 수 있다는 점에 있다. 거래행위라는 자본주의 사회의 일상적인 과정에서 참여자의 컴퓨팅 파워와 알고리즘 프로세스에 따라 신뢰를 확보하고 그 결과물을 분산해 저장하는 비트코인은 유통혁명을 가져올 가능성을 지니고 있었다.

그런데 P2P 기술은 구성요소의 앙상블과 배치에 따라 그것의 사회경제적 효과가 달라진다. P2P 기술 자체가 자동으로 민주주의를 확장하거나 중앙집권적 권력을 무너뜨릴 수는 없다. 인터넷의 분산 네트워크 기술이라는 특성이 수평적 분권화를 촉진하고 민주주의를 확장하며 참여자의 권한을 강화하리라는 기대(Negroponte, 1995/1995)가 이후 플랫폼 독점과 집중으로 뒤집혀버린 사실을 되돌아볼 필요가 있다. 기술은 그것을 이용하는 다양한 주체와 인공물의 배치에 따라 쓰임새가 달라지고 기술의 사회적 영향력과 결과도 달라진다. 블록체인 기술의 개발자들은 이용자 간의 컴퓨팅 파워 공유와 신뢰로 이뤄지는 새로운 화폐체제를 꿈꿨을 것이다. 암호화폐는 신기술에서 출발한 만큼 엔지니어와 자유주의자 들의 관심을 끌었다. 그러나 비트코인은 이용자의 구성과 성격이 변화하고 그들 간의 분화가 이뤄지면서 다른 목적으로 사용되기 시작했다.

초기 기술자나 해커, 무정부주의적 자유주의자 간의 P2P가 비트코인 채굴업자 간의 P2P로 바뀌는 시점인 2013년을 경과하면서, 비트코인과 블록체인의 위상이 달라졌다.

눈치 빠른 사업가와 투자자 들은 블록체인 외곽에 여러 장치를 갖다 붙이면서 블록체인 자체가 거래될 수 있는 시장과 거래소, 채굴장을 갖췄다. 이제 비트코인은 취미 수준을 넘어섰다. 초기 이용자는 채굴업자로, 개별 이용자는 거래소에서 암호화폐를 사고파는 투자자로 바뀌었다. 참여자들이 신뢰를 분산함으로써 신뢰의 대가를 공유하는 P2P 공동체는 더 이상 존재하지 않게 되었다. 채굴업자 간의 P2P, 채굴된 비트코인을 거래하기 위한 시스템, 각종 암호화폐 생태계를 만드는 벤처기업, 투자자/투기자 등 비트코인을 둘러싼 행위자는 더욱 다양해졌고 그들 간의 네트워크도 분화되었다. 비트코인은 아이디어가 처음 제출되었던 2009년으로부터 불과 7년이 지난 2016년에 반감기에 도달했다. 비트코인 주변에 앱이 붙으면서 새로운 코인이 만들어졌고 초기코인공개(ICO, Initial Coin Offering)라는 투자장치도 마련되면서, 암호화폐 시장은 자본주의 금융시장의 새로운 구성요소로 편입되었다.

광고와 사기가 반쯤 결합한 홍보가 적극적으로 펼쳐졌고, 일반인은 기술의 실체를 알지 못한 채 뭔가 새로운 가능성으로 가득 찬 듯한 코인을 새로운 수익원으로 보기 시작했다. 투기는 채굴장과 거래소라는 쌍두마차가 끌고 나갔다. 채굴장과 거래소 모두 투자에 성공한 사례를 보여주면서 사람들이 미래가치를 과대평가하고 코인에 투자하도록 유도했다.[6] 2015년 중반 투기판이 자리 잡으면서 일확천금의 기대를 안고 코인에 투자하려는 사람들이 몰렸고, 이 시기에 온라인을 떠돈 '가즈아' 밈은 과열된 시장을 상징했다.[7] 사람들은 코인의 가격이 떨어지면 빠르게 돈을 회수했다가 가격이 조정되면 다시 사 모으기를 반복했다. 코로나19가 한창이던 시기에는 유동성 과잉으로 인해 코인 가격이 급상승했다. 하지만 인플레이션과 금리인상 국면이 찾아오면서 코인시장은 급격한 하락세를 맞고 있다. 장기적인 관점에서는 시간이 많이 흐른 후에야 가격이 서서히 올라가면서 거품이 빠지고 새로운 단계에 접어들지도 모른다. 하지만 그 시기가 언제 어떻게 올 것인지는 여전히 불분명하다.

비트코인은 탈중심화된 디지털 화폐를 구현하려는 의도에서 출발했다. 정부가 독점하던 암호기술은 1970년대 이후 해커들의 도

---

6 미래가치를 과대평가하는 지점에서 사기나 투기가 끼어들 여지가 생긴다. 일론 머스크 같은 거대 자본가가 암호화폐의 미래가치를 띄우면 이용자들이 밈을 통해 가치를 과대평가하면서 가격이 오른다. 미국의 경제학자 폴 크루그먼(Paul Krugman)은 비트코인에 대한 기대와 믿음을 지닌 열혈 지지자들에 의해 높은 가격이 유지되고 있는 암호화폐와 머스크에 대한 기대로 유지되는 테슬라를 비교하며 비트코인과 테슬라가 똑같다고 비판했다. Paul Krugman, "Did the Tesla Story Ever Make Sense?", *New York Times*, 2022. 12. 27.

7 금융위원회 산하 금융정보분석원의 조사에 따르면 2022년 6월 말 기준 암호화폐 거래 가능 이용자는 690만 명에 이른다. 이들 가운데 20대 24%, 30대 31%, 40대 26%, 50대 15%, 60대 4%로 젊은 층의 이용도가 상대적으로 높다. 이들 가운데 66%가 50만 원 미만을 투자한 소액보유자였다. 금융위원회 금융정보분석팀 가상자산검사과, 〈'22년 상반기 가상자산사업자 실태조사 결과〉(보도자료), 금융위원회, 2022. 09. 27.

전을 받았다. 1980년대부터 부상한 사이퍼펑크(Cypherpunk)라는 아이디어는 해커나 민간 기술자 들이 정부의 감시와 통제에서 벗어난 암호기술을 개발하는 데 큰 영향을 미쳤다.[8] 사이퍼펑크들은 프라이버시가 가장 근본적인 인권이라고 믿었다. 그렇기 때문에 이들은 신뢰를 위임받은 정부야말로 자유를 위협한다고 본다. 민간 부문에서 개발하는 암호기술은 정부나 기성 제도권의 독점적인 권력을 허물 수 있기 때문에, 정부는 암호기술이 민간에서 활용되는 것을 경계하고 간섭한다. 특히 암호기술은 고도의 수학을 바탕으로 발전하기 때문에, 기록된 정보의 보안을 유지하기 위한 암호 알고리즘의 확보는 인터넷이 모든 분야에서 활용되는 현대사회에서 매우 중요하다. 프라이버시 보호와 정부에 대한 투명성 확보 및 정보공개 요구는 암호기술을 적용한 화폐의 개발과 위키리크스 같은 정보공개운동으로 전개되었다.

비트코인은 최신의 암호기술을 바탕으로 중앙정부의 보장 없이도 신뢰를 유지하며 거래할 수 있도록 고안되었다. 그러나 화폐로서의 기능은 여전히 문제로 지적받는다. 무엇보다 거래가 실물을 담보하지 않는다는 점 때문에 디지털 자산으로서의 비트코인

---

8 사이퍼펑크의 대표적인 인물로 익명 네트워크 토르(Tor)를 개발한 제이콥 아펠바움(Jacob Appelbaum), 해시캐시(Hashcash)를 개발한 애덤 백(Adam Back), 비트토렌트(BitTorrent)를 만든 브램 코언(Bram Cohen), 위키리크스(WikiLeaks)를 설립한 줄리언 어산지(Julian Assange) 등을 꼽을 수 있다.

은 투기로 이어졌다. P2P의 자유롭고 평등한 성격 또한 채굴이 초기 개발자와 해커 들의 놀이에서 전문 채굴자의 이익실현수단으로 바뀜에 따라 크게 희석되었다. 가장 이상적인 조건은 개별 이용자가 P2P 당사자로 참여하면서 네트워크의 혜택과 긍정적 외부효과를 나눠 가지는 것이다. 그러나 현실은 이상과 반대로 전개되었다. 암호화폐는 채굴업자의 과도한 확산과 경쟁, 채굴장비의 남용에 따른 에너지 낭비, 암호화폐의 투기화, 그로 인한 부정적인 정서 확산이라는 부정적 외부효과를 낳았다. 부정적 외부효과에 대한 부담은 고스란히 사회로 전가되었다.

정부나 중앙은행과 같은 매개를 없애고 당사자 간의 직거래를 실현하며 P2P를 통한 분산원장으로 투명성과 공개성을 확보한다는 신화는 쉽게 흔들렸다. 분산원장을 변조할 수 없게 만들었다고 해도 사전 변조와 사후 활용에서 일어나는 문제에는 대응할 방도가 없기 때문이다. 오직 디지털 안에서 거래할 때만 분산원장이 갖는 장점이 실현될 수 있다. 그래서 현실세계에 존재하지 않는 비트코인이나 이더리움(Ethereum) 같은 암호화폐를 만들어야 하고 기존의 화폐를 대체해 금융을 민주화한다는 신화가 필요한 것이다. 자본은 채굴을 위한 기계를 투입하고 투자자는 매일 가격이 널뛰는 암호화폐 시장에서 투자를 한다. 코인의 가격은 불안정한 정세와 현실세계의 투자 움직임, 금융동향, 각종 사건과 정부의 규제 방향에 따라 급격하게 등락을 반복한다. "비트코인은 화폐로 분류하기보다 고위험 금융투자자산으로 분류해 제도권에 편입하는 것이 관리적 측면에서 효율적일 것(장성일·김정연, 2017)"이라는 진단이 나온 것도 이 때문이다.

암호화폐는 지금까지 나온 그 어떤 '화폐'보다도 '의제자본(fictitious capital)'[9]의 위상을 잘 보여준다. 그것은 생산과정에서 가치를 생산하는 물질적인 자본이 아니라 가상적인 자본이다. 암호화폐는 담보대출이 토지나 집과 연동되어 있고 주식이 회사와 연결되어 있는 것과 달리, 이용자 간의 신뢰와 미래의 성장 가능성에 대한 기대 이외에는 어떤 구체적인 대상과도 연관되어 있지 않다. 블록체인 기술에는 크게 두 가지 기대가 겹쳐 있다. 하나는 금융시장에서 새로운 수익을 창출할 수 있다는 것이고, 다른 하나는 진보한 P2P 기술로서 민주적이고 대안적인 웹 생태계를 구축할 것이라는 입장이다. 현재 웹3을 주창하는 사람들은 후자를 명분으로 내세우지만 실제로는 전자를 추구하는 것으로 보인다. 암호화폐의 투기화와 거래소 집중은 NFT 등 블록체인 기반의 기술적 혁신이 수평적 탈중심화를 보장할 것이라는 기술유토피아적 낙관이 현실적이지 않다는 것을 드러낸다. 블록체인 기술이 그 자체로 탈집중화와 민주주의를 확대할 것이라는 기술유토피아적 주장에 휩쓸리지 말고 기술을 탈중심화와 반독점의 도구로 활용할 수 있을 사회경제적 환경을 탐색할 필요가 있다.

---

9 의제자본은 물질적 기반이 없거나 생산적 활동을 하지 않는 화폐가 자본으로서 순환 과정에 투자된 것을 가리킨다(Harvey, 2006/2007: 95; Durand: 2017).

웹 3.0과 웹3

• • •

하이퍼링크로 대표되는 웹 1.0, 이용자의 참여와 협업을 통해 소셜미디어를 활성화하고 플랫폼에 방대한 데이터를 축적하게 만든 웹 2.0, 그리고 데이터 간의 의미적 연관을 확대하는 웹 3.0은 데이터의 축적과 정보화, 지식화와 관련된 데이터 상호관계 구조의 변화를 보여준다. 그런데 웹 1.0 시기를 초기 인터넷 시대로, 웹 2.0 시기를 플랫폼 독점 시대로 규정한 뒤, 탈중심화를 가능케 하는 대안적 인터넷 환경을 웹3이라 지칭하는 흐름이 등장했다. 이더리움의 공동 창시자 개빈 우드(Gavin Wood)가 주창한 웹3은 탈중심화된 인터넷 구조를 지향한다. 우드는 웹3이라는 시기구분을 통해 블록체인 장부 및 문서기재방식이 가져올 개방성과 투명성 그리고 열린 체제로서의 암호화폐 생태계가 가져올 변화를 강조한다. 버너스 리가 제시한 웹 3.0과 우드의 웹3은 일부 겹치지만 강조하는 지점이 다르다. 웹 3.0은 시맨틱 웹 기반이고 웹3은 블록체인 기반 암호화 웹을 의미한다.

시맨틱 웹으로서의 웹 3.0의 원리는 다음과 같다. 1990년에 버너스 리가 월드와이드웹을 제시한 이래 홈페이지로 대표되는 웹페이지가 출현해 기존에 있던 자료를 저장하고 하이퍼텍스트로 연결해 활용도를 높였다. 2000년대부터 웹 1.0은 웹 2.0이라는 틀을 통해 상호작용과 협업이 높아지는 체제로 옮겨갔다. 2000년대 중후반에 이르러 소셜미디어의 전성기가 도래했고, 2010년대에는 자동

축적된 빅데이터가 사회적인 관심을 끌자 방대한 데이터를 활용하기 위해 머신러닝과 인공지능이 적극적으로 개발되면서 웹 생태계도 크게 달라졌다.

웹 3.0의 기반이 되는 시맨틱 웹은 기계가 서로 다른 데이터를 연결할 수 있도록 데이터 간의 맥락적인 연관관계를 설정한다. 데이터를 홈페이지에 직접 입력하고 링크를 걸거나(웹 1.0) 이용자 활동을 자동축적하는 수준(웹 2.0)에서 한 걸음 더 나아가 기계 스스로 웹에서 데이터를 검색할 수 있도록 만든 것이다. 이전에는 홈페이지끼리 링크나 하이퍼텍스트로 연결되어 있기는 했지만, 데이터 형태로 연결되어 있지는 않았다. 연결된 데이터 방식의 웹 3.0은 기계가 의미를 지닌 기호를 연결할 수 있도록 만들었기 때문에 검색과 데이터의 활용도가 이전보다 더 확장되었다.

특정 자원을 연결해주기만 했던 웹 1.0의 URL(Uniform Resource Locator)에서 보편적 자원에 대한 통합자원식별자(URI, Uniform Resource Identifier)로 연결 방식이 바뀌면서, 그동안 서로 연결되지 못했던 데이터가 데이터베이스 형태로 연결될 가능성이 열렸다. 그렇게 되면 데이터를 기계가 알아차릴 수 있는 메타데이터와 결합된 형태로 입력할 수 있고, 새로운 규약에 따르는 웹을 통해 들어온 데이터는 쉽게 정보로 바뀔 수 있다. 이처럼 웹 3.0은 빅데이터와 머신러닝의 자동적 만남을 가능케 한다. 그래서 웹 1.0 시기의 링크에서 이제는 데이터 자체의 링크로 바뀌었고, 떨어져 있는 데이터끼리 관계성을 확보해줌으로써 의미망을 확장할 수 있었다. 이런 점에서 웹 3.0을 '지식 웹(knowledge web)'이라고도 부른다.

이로써 기계는 데이터의 정보화와 정보의 데이터화, 정보의 지식화와 지식의 정보화라는 순환을 수행할 수 있다.[10] 기계가 데이터를 구조화된 정보의 집합으로 인지하기 위해 개발된 틀이 자원기술 프레임워크(RDF, Resource Description Framework)다. URL은 웹페이지가 있는 주소만 지정하나, URI는 개별 데이터마다 인덱스를 지정해준다. 그래서 RDF는 인터넷 초창기에 쓰였던 HTML이 아닌 eHTML(extended HTML)을 사용하고 그와 같은 프레임워크 안에서 데이터 사이의 관계를 형성한다. 이런 것이 온톨로지(Ontologies)라는 틀, 스키마(Schema)라는 틀, 그것을 검색할 수 있는 틀 등 여러 가지 기술적 요인을 통해 하나의 논리구조를 만들고, 그것이 새로운 애플리케이션의 인터페이스를 형성한다. 이것이 웹 3.0 혹은 오

---

10 데이터와 정보, 지식의 관계를 설정하는 관점 중 가장 일반적인 것은 DIKW 피라미드다(Baškarada and Koronios, 2013). DIKW 피라미드는 삼각형의 맨 아래에 가공되지 않은 원시 상태의 데이터(Data)가 있다고 상정하고, 데이터가 가공을 거쳐 특정한 맥락 속에서 이해된 것을 정보(Information)라고 부르며, 상호연결된 정보 패턴을 이해해서 사태를 예측하거나 평가한 것을 지식(Knowledge)이라고 본다. 그리고 창의적인 아이디어나 지식을 뛰어넘는 문제해결능력을 지혜(Wisdom)라고 부른다. 위계적 DIKW 피라미드 모델에서는 데이터에서 정보, 지식을 거쳐 지혜의 단계로 올라갈수록 점점 인간적 의미가 확대된다. 다시 말해 피라미드적 관점은 데이터, 정보, 지식을 위계적인 관계에 놓는다는 것이다. 지식은 정보보다 상위의 것으로 설정되고, 정보는 데이터보다 높은 위치를 차지한다. 이런 식의 비유는 데이터와 정보, 지식의 상호변환이 갖는 동적 의미를 파악하지 못한다는 문제가 있다. 정보가 데이터로, 지식이 정보로 변환되는 역동적인 관계 또는 순환적 모델에 주목하면 정보사회의 현실을 더 깊게 들여다볼 수 있다.

픈데이터의 구조다.

데이터 구조를 이런 식으로 바꿔주면 데이터는 인공지능과 결합해 정보나 지식으로 변형될 수 있다. 인간이 직접 데이터를 분석해 패턴을 찾아 정보로 만들고 정보에서 지식을 뽑아내는 단계를 지나, 이제는 인공지능이 통계기법을 통해 빅데이터에서 패턴을 찾아내 형태나 음성을 인지한다. 더 나아가서는 특정한 사람에게 제공해야 할 콘텐츠를 판단해서 맞춤형 서비스를 제공하는 식으로 발전한다. 이미 거대 기업들은 '지식그래프'라는 방식을 실용화하고 있다. 데이터에서 정보를 뽑아내는 능력이 있다면 데이터의 출처도 통제할 수 있다. 이것을 현실화한 것이 소셜미디어로 대표되는 디지털 플랫폼이다.

앞서 언급했듯이 버너스 리가 주장한 웹 3.0이 시맨틱 웹을 활용해 웹페이지 간의 상호 의미 연결성을 확보하는 데 주력한다면, 우드의 웹3은 탈중심화된 인터넷 구조를 지향한다. 2014년 우드는 탈중심화된 기술만이 민주주의를 위한 희망이라고 말했다.[11] 우드를 비롯한 웹3 주창자들은 1990~2004년의 웹 1.0을 '읽기만 가능한(Read-Only)' 시기로, 2004년 이후의 웹 2.0을 '읽고 쓰기는 가능한(Read-Write)' 시기로, 웹3을 '읽고 쓰고 갖는(Read-Write-Own)' 시

---

11 Gilad Edelman, "The Father of Web3 Wants You to Trust Less", *Wired*, 2021. 11. 29. https://www.wired.com/story/web3-gavin-wood-interview (2023년 3월 10일 접속)

기로 규정한다. 이들은 웹3에서 생산이용자(produser)들이 거대 플랫폼의 데이터 독점에 대항해 직접 데이터를 소유할 수 있음을 강조한다.[12] 웹3의 주창자들은 거대 플랫폼의 데이터 독점을 비판하며 대안을 내세우지만, 실제로는 새로운 자산시장의 문을 열어놓았다는 점에 주목할 필요가 있다. 우드는 중앙화된 제3의 신용기관 없이도 이용자 간의 상호작용이 개방적이고 투명한 거래로 이어질 수 있고, 블록체인 같은 분산원장 기술을 통해 프라이버시가 보호받는 인터넷 환경을 웹3이라고 부른다. 그는 블록체인이 자유민주주의를 보존하는 사회적 변환의 기법이라고 주장하면서 웹3를 적극적으로 홍보했다. 그런 점에서 우드는 30년 전 초창기 인터넷을 장악했던 캘리포니아 이데올로기와 마찬가지로 탈중심화 신화를 다시금 반복하고 있다. 중세 봉건제의 분국(分國)은 저마다 자치영역을 형성해 독자적인 경제권을 구축한 바 있다. 마찬가지로 그가 이야기하는 탈중앙화의 주체는 P2P로 연결된 개인들이 아니라 새로운 분국으로서 플랫폼 기업일 가능성이 높다. 탈중앙화를 내걸고 등장한 블록체인 기술이 오히려 재중심화되는 역설을 우려하는 이유다.

웹3의 주창자들은 이용자의 활동 데이터를 독점하면서 막대한 수익을 창출하는 거대 플랫폼 기업에 대한 저항 의지를 공공연히 드러낸다. 그들은 웹3 환경에서는 이용자가 데이터를 온전히 소유

---

12 이더리움에서 규정하는 웹3의 특징과 소유가 갖는 의미에 대해서는 https://ethereum.org/en/web3/ 참조. (2023년 3월 10일 접속)

할 수 있기 때문에 거대 플랫폼 기업의 독점을 막을 수 있다고 주장한다. 웹3의 주창자들은 웹 2.0이 이용자 데이터의 독점으로 이어진 만큼 웹3으로의 전환이 필수이고, 웹3으로 전환한 인터넷은 더욱 평등하고 혁신적인 곳이 될 것이라고 주장한다. 그들은 제3의 기관이 부여하는 신뢰 대신 블록체인 아키텍처를 통해 확보한 투명성이 '거래 사실'을 증명한다고 주장하며, "더 적은 신뢰와 더 많은 진실"을 표어로 내건다. 그들은 정부, 거대 플랫폼 기업, 은행 등 중앙집중식 기관에 의존할 필요가 없다면서, 인터넷 초기 자유주의자들의 이상을 반복한다. 하지만 그와 같은 주장이 실현될지는 의문이다. 블록체인 생태계만 보더라도 이미 코인 채굴업체나 거래소라는 중앙화된 요소가 자리 잡고 있다. 암호화폐 거래소나 채굴업체는 더 이상 P2P도 아니고 분산된 탈집중화의 대표성도 지니지 못한다. 그것은 에너지를 낭비하고 암호화폐의 투기화를 유지할 뿐이다.

많은 사람이 암호화폐의 핵심으로 탈중앙화나 분산화, 탈독점을 주장하지만 기술적인 핵심은 P2P를 통한 자원공유와 투명성 확보에 있다. 그러나 암호화폐 거래소나 거대 채굴업체가 분산 네트워크를 점유한다는 것 자체가 탈분산화(재중심화)인 만큼 이용자의 권한 강화나 탈독점과는 거리가 멀다. 암호화폐 발행사가 폐쇄적인 구조 속에서 조직적으로 전횡을 저지른 정황이 밝혀지며 소송을 당한 것에 대한 기사가 이를 잘 보여준다.[13] 이런 사실을 근거로 트위터의 전 CEO이자 핀테크 기업 스퀘어(Square, 현재 블록Block으로 사명 변경)의 창업자 잭 도시(Jack Dorsey)도 "웹3 주창자들은 다른 이름을 내건 중앙집권적 실체"에 불과하며, 그와 연관된 이득은 벤처 사업가가 독점한다고 자신의 트위터 계정을 통해 비판했다.[14] 데이터의 공개와 효율적인 데이터 관계를 지속적으로 강조해왔던 버너스 리 또한 웹3이 데이터 독점 문제를 풀 수 있는 대안은 아니라고 비판했다.[15] 블록체인 기술과 암호화폐를 연결한다고 해서 대안적 플랫폼이나 인터넷 환경을 구축할 수 있다는 주장을 증명할 수는 없다는 것이다.

기술의 순환주기에서 보았듯이 과도한 중앙집중화는 탈중앙화의 새로운 물결을 촉발한다. 진정한 분산과 탈중심화는 무엇이고 어떻게 이룰 수 있는가 하는 질문은 디지털 플랫폼 독점의 시대에 시급하게 모색해야 할 화두다. 마찬가지로 빅데이터와 인공지능을 적절하게 분산하고 이용자의 수평적인 참여와 연대를 확보할 기

---

13 조해람 기자, ""탈중앙 외친 테라 일당, 실상은 '중앙집권적 조직범죄'"…미국 소송 살펴보니", 《경향신문》, 2022년 6월 24일.

14 도시는 2022년 6월 웹3 페스티벌에서 또 다른 분산형 플랫폼인 웹5(Web5)를 제안했다. 그는 암호화폐에 대한 지지를 이어갔고 자신의 회사야말로 분산형 플랫폼을 구현할 수 있다고 주장했다. 그도 여느 테크 기업가와 마찬가지로 탈중앙화를 구현하겠다면서 중앙화된 체제를 만드는 건 아닐지 살펴봐야 할 것이다. Kyle Barr, "Don't Know What Web3 Is? Jack Dorsey's Already on Web5", *Gizmodo*, 2022. 06. 10. https://gizmodo.com/jack-dorsey-web3-web5-bitcoin-crypto-twitter-1849047553 (2023년 3월 10일 접속)

15 Harry McCracken, "Tim Berners-Lee is building the web's 'third layer.' Don't call it Web3", *Fast Company*, 2022. 11. 08. https://www.fastcompany.com/90807852/tim-berners-lee-inrupt-solid-pods (2023년 3월 10일 접속)

술적 대안을 마련해야 한다. 빅데이터를 상품화하고 독점해온 거대 플랫폼 기업에 대한 웹3 주창자들의 항의는 정당하다. 하지만 그런 항의가 탈중앙화의 대안을 만들고 민주주의를 확장하며 개인의 권한을 강화한다는 보장은 없다.

9장

공유와 가상까지 사고파는 인지자본주의 시대

2010년을 전후해 '사회적 기업'이나 공유경제라는 이름을 내건 기업이 나타나기 시작했다. 공유경제가 확산되면 사회적 신뢰가 회복되고 환경 문제 해결에도 도움이 되리라는 전망이 제시되었다. 어떤 사람은 이를 4차 산업혁명 시대의 혁신을 보여주는 형태라고 찬양했고, 다른 사람은 새로운 방식의 노동착취에 불과하다고 격하했다. 사회적 차원에서 유휴자원을 활용하자는 주장을 내걸며 등장한 공유경제는 초반에는 혁신적으로 보였다. 그러나 공유경제를 내걸고 등장한 플랫폼 기업들의 행태는 여느 거대 기업 못지않게 착취적이고 문제가 있음이 밝혀졌다(Ravenelle, 2019/2020; Schor, 2020). 그들은 '공유(share)'라는 명분을 가져다 이윤을 만드는 데 활용했다. 자본주의적 기업에 대한 새로운 대안으로 제시되었던 공유경제는 싹도 피기 전에 시장경제에 편입되었다.

2000년대 이후 저금리를 기조로 삼는 미 연방준비제도(Fed)의 금융정책은 수많은 파생금융상품을 낳았다. 코로나19 팬데믹 동안 정부의 재정정책으로 늘어난 시중의 유동자금은 새로운 투자처를 찾아다녔고, 자산이 아니었던 것조차 시장으로 끌어들였다. 암호화폐는 자산시장의 선두를 차지했고 디지털 자산화의 흐름은 조각투자라는 형태로 많은 사람을 끌어모았다. 부채가 주도하던 경제성장은 자산 불평등을 키우는 부작용을 낳았다. 사람들은 자산소득을 챙기기 위해 암호화폐로 몰려들었고, 부동산과 자산으로 지대수익을 올리려는 욕망이 사회구성원의 심리 속에 널리 퍼졌다. 암호화폐의 자산화 열풍은 NFT를 활용한 디지털 창작물로 손을 뻗었다. 이제 공유경제의 실패를 넘어 배타적 소유에 기반한 창작자 경제를 내세우며 각종 매개 플랫폼이 등장하고 있다. 웹3 주창자들은 기존 플랫폼의 데이터 독점에 대항하고 창작자의 수익을 보장하겠다는 명분을 내걸었다. 비경쟁재이고 풍요재였던 디지털 콘텐츠를 경쟁재이자 희소재로 만들려는 재상품화 시도는 사이버스페이스와 현실세계를 하나로 연결하는 재물질화의 움직임으로 드러나고 있다.

가상의 재물질화는 자본이 확장할 수 있는 마지막 개척지를 만드는 일이다. 거대 플랫폼 기업들은 차세대 인터넷의 변화에 대응해 메타버스와 인공지능 개발에 몰두하고 있다. 이처럼 포스트 플랫폼과 포스트 소셜미디어를 내걸며 진행되는 시도는 현실과 사이버스페이스 사이의 간격을 더욱 좁히고 시장을 사이버스페이스 구석구석까지 확장할 것이다. 그렇게 된다면 사이버스페이스와 현실

세계는 하나로 '통접(conjonction)'되고, 디지털 암호화폐도 투기자산을 넘어 거래화폐로 확장될 수 있을 것이다. 우리는 기계에 대한 들뢰즈의 통접 개념을 활용해 현실세계와 사이버스페이스 혹은 메타버스 간의 관계를 설정해볼 수 있다. 암호화폐와 메타버스는 현실세계와 자유롭게 접속/분리되면서 '유기적 통접'을 형성할 수 있다. 또한 기본소득, 수동소득, 디지털 창작물, 암호화폐 등이 연결되며 '흐름으로서의 통접'을 구성할 수도 있다. 그런 점에서 웹3은 블록체인 기술을 토대로 메타버스와 같이 동기화된 실시간 가상세계를 구축해 사람들의 활동으로 만들어지는 생산물을 직접 유통하겠다는 구상이다. 이를 실현하기 위해 현재 다양한 기술적 시도와 장치가 마련되고 있다.

2020년대 인터넷의 환경 변화는 인터페이스 혁신이 주도하고 있다. 2010년대에는 스마트폰의 시각-촉각 인터페이스와 함께 애플의 시리(Siri)나 아마존의 알렉사(Alexa)와 같은 인공지능 기반 음성 인터페이스가 보급되었다. 메타버스 구현과 연동되는 가상현실(VR, Virtual Reality), 증강현실(AR, Augmented Reality), 혼합현실(MR, Mixed Reality) 등은 몸과 지각 전체를 장치 안으로 끌어들여 인터페이스(inter-face)를 인페이스(in-face)로 만들고 있다. 인터넷 환경은 혁신을 자부하는 기술적 흐름, 웹3과 같은 유사철학, 이에 따른 가상의 재상품화와 재물질화 등으로 끊임없이 변하고 있다. 이와 같은 현상을 꿰뚫을 비판의 무기가 필요하다.

공유하지 않는 공유경제 플랫폼

• • •

자본주의 체제에서 거대 기업의 이윤 독식은 늘 문제로 지적되었다. 그런데 '공유'를 내걸면 자본주의의 나쁜 점이 해결될 것 같은 인상을 준다. 나눔 또는 공유라는 수식어는 "나만 다 갖는 게 아니라 너와 함께 나누는 거야"라는 생각이 들게 만든다. 협업과 공유는 웹 2.0 시기의 특징으로서 이미 여러 논자가 찬양한 바 있다(Benkler, 2006). 다만 플랫폼 기업이 협업의 결과물을 독점적으로 수취하는 것을 문제로 지적했을 뿐이다. 그런데 이제는 플랫폼에서 만들어진 공동 생산물과 활동 결과물뿐만 아니라 집이나 자동차 같은 재산도 플랫폼 기업이 활용할 수 있는 대상이 되었다. 자동차와 집은 포드주의 시기에 중산층의 소비수단을 상징했던 대표적인 상품이자 개개인이 보유한 재산이었다. 그런데 플랫폼 기업 에어비앤비는 집을, 우버는 자동차를 공유함으로써 소비수단이 상품화되는 길을 열었다.

내가 쓰지 않는 방을 다른 사람과 함께 쓰고, 자동차의 빈 좌석을 다른 사람과 함께 타는 것이 나눔으로서의 공유다. 이때 공짜로 나눌 수도 있고 약간의 돈을 받을 수도 있다. 그런데 현실의 공유경제에서는 수요와 공급이라는 시장 논리에 따라 돈을 받는다. 이것은 사실상 임대사업이다. 에어비앤비는 하루 단위로 셋방을 거래하고, 우버는 목적지별로 운전 서비스를 매개한다. 플랫폼 기업이 공유경제를 내걸 때 정작 공유의 의미는 변질된다. 에어비앤비나 우버와 같이 소비자와 서비스 제공자를 연결해주는 플랫폼은 상품으로 분류되지 않았던 것을 상품으로 만들면서 사람들의 빈 시간을 노동시간으로 새로이 조합한다. 그 결과 소셜미디어 플랫폼이 개인을 분할체로 만든 것과 마찬가지로, 중계 플랫폼은 자산과 서비스를 쪼개고 이를 자동화된 알고리즘을 통해 이음매 없이 맞추면서 새로운 상품시장을 만든다.

자본주의에 포섭되지 않았던 가계의 자산이나 다른 사람과 나누려는 선량한 마음은 플랫폼을 통해 상품으로 변화된다. 이런 방식으로 형성된 시장은 모든 것을 상품화하는 보편시장(Braverman, 1974/1998)의 디지털 확장판으로서 '디지털 보편시장(digital universal market)'이라 부를 수 있다. 누군가는 이런 현상을 두고 유휴자원을 활용하니까 좋은 일 아니냐고 말할지도 모르겠다. 그러나 모든 사회가 상품과 이윤으로 재편되면 자본주의로부터 자유로운 빈틈이 없어지기 때문에 오히려 나눌 수 있는 것이 점점 줄어든다. 선물도 은혜도 모두 상품화되는 것이다. 공유경제는 이름과 달리 실질적인 나눔이 아니다. 모든 것을 상품으로 만드는 디지털 보편시장의 논리가 그 뒤에 숨어 있을 뿐이다.

공유경제는 새로운 방식의 고용으로 이어진다. 자동화로 인해 한편에서는 실업이 늘어나는 반면, 파괴적 혁신을 내건 기업들은 자신들의 필요를 위해 일자리를 늘리고 있다. 예를 들어 이동에 혁신을 불러일으켰다고 자부하는 우버는 전업 운수노동자가 아닌 사람을 노동자로 만든다. 이처럼 중계 플랫폼 기업은 기존 노동자의 사회적 위상을 애매하게 만든다. 우버는 운전자와 이용자를 연결해 줄 뿐이라고 주장하면서 기존 운수업체에 부과되었던 책임과 의무를 외부화한다. 이런 현상은 플랫폼 기업이 이용자의 활동 결과물을 수취하는 긍정적 외부효과와 대비되는 의미에서 부정적 외부효과로 볼 수 있다. 우버는 상해나 사고, 보험료 등을 운전자나 이용자 개인에게 전가함으로써 법적 책임을 회피하고 정부당국의 규제에서 빠져나간다.

그러면서도 중계 플랫폼 기업은 다양한 이용자가 남긴 데이터를 고스란히 수취해간다. 한편으로는 운전자의 노동을 착취하고, 다른 한편으로는 이용자의 데이터를 공짜로 수취하는 이중적인 축적체제를 현실화하고 있는 것이다. 배달 서비스도 마찬가지다. 배달 서비스 기업들은 식당과 주문자를 중계하는 데서 그치지 않고, 여기서 만들어진 데이터를 축적한 뒤 새로운 상품으로 만든다. 에어비앤비는 빈집을 활용하자는 아이디어로 시작했지만 이제는 임대사업자를 위한 플랫폼으로 자리 잡았다. 남는 방을 공유한다는 개념보다 여유분의 방을 상업적으로 대여하는 경우가 주류를 이룬다. 또한 투숙객을 새로 받기 위해서는 청소를 해야 하므로, 청소 노동자를 시간제로 고용하는 서비스도 등장했다. 청소 노동자가 플랫폼의 말단에 연결되면서 새로운 노동환경이 만들어진 것이다. 이와 같은 현상은 공유경제라는 틀이 형성한 새로운 노동조건을 보여준다.

중계 플랫폼 기업은 말단의 노동자와 자신들을 분리함으로써 노동자를 회사 바깥으로 내몰고는 그들을 '사업자'라고 부른다. 중계 플랫폼 기업은 노동자의 일거수일투족을 통제하고 있음에도 자신들이 져야 할 책임은 노동하는 개인에게 전가한다. 또한 정부의 각종 규제도 혁신이란 이름으로 피해간다. 결국 플랫폼 노동은 디지털 기술을 이용한, 변형된 노동착취의 새로운 형태다. 최근 유럽 각 나라에서 플랫폼 노동자의 '노동자성'을 인정하는 판결이 잇따르고 있다. 프랑스 최고재판소인 파기원은 음식배달 중계 플랫폼 업체 테이크 잇 이지(Take Eat Easy)가 배달원의 노무에 대한 지시 및 감독권, 징계권을 갖고 있다고 보면서 배달원의 노동자성을 인정했다. 영국 대법원 또한 우버가 운전자의 보수와 서비스 수행조건을 결정하고 표준적인 형태의 서면약정을 요구한 점 등을 종합적으로 고려해, 운전자는 사실상 우버의 노동자라고 판단했다. 스페인 대법원은 음식배달 플랫폼 기업 글로보(Glovo)의 배달 라이더가 임금노동자라고 판결했고, 독일 연방노동법원도 클라우드 노동자의 노동자성을 인정하는 취지의 판결을 선고했다(권오성, 2021).[16]

---

16 우리나라의 플랫폼 노동자들은 '전국택배노동조합'이나 '배달플랫폼노동조합' 등을 만들어 노동의 정당성을 인정받고자 노력하지만 해결이 쉽지 않다. 다행인 것은 유럽과 미국 등에서 플랫폼 노동의 노동자성을 인정하는 판결이 이어지고 있다는 점이다. 그럼으로써 플랫폼 노동자들은 자영업자가 아니라 노동자로 대우받을 수 있게 됐다.

공유경제의 기괴한 부산물, 조각투자

• • •

장소와 시간의 분할화는 플랫폼 장치와 결합해, 이전에는 고정된 자산으로만 존재했던 것을 시장에서 팔릴 수 있는 유동자산으로 만든다. 디지털 수치화와 분할화 기술은 인간 행동뿐만 아니라 이 세상에 존재하는 물질적 재화와 노동력까지도 쪼개서 투자할 수 있는 자산이나 거래할 수 있는 상품으로 만든다. 금융과 결합한 첨단 디지털 기술은 첨단 투기를 위한 갖가지 기형물을 낳는다. 가상자산을 쪼개고, 집의 빈 공간을 나눠 임대하고, 자동차의 빈자리를 제공하고, 자신이 쓰던 물건을 비싸게 되팔아 수익을 내고, 자신이 만든 창작물을 거래할 수 있는 플랫폼은 그 자체로 혁신이라 불린다. 이를 총칭하는 말인 '조각투자'는 정보자본주의가 "생산을 통해 잉여가치와 이윤을 남기는 것이 아니라, 생산물을 활용해 이윤을 챙기는 체제에 가깝다(Deleuze, 1995: 6)"는 들뢰즈의 지적이 적절함을 보여준다. 조각투자를 실행하는 조각주체는 조각난 자산을 모으고 투자하면서 욕망과 공포 사이를 오가며 자신의 정동조차 조각화한다.[17]

---

17 "조각주체는 고도로 발전한 금융자본주의 및 플랫폼 체제 안에서, 그 자신도 데이터 조각의 형태로 존재하고 행하며 조각의 대상에 투신하여, 욕망과 공포의 조각난 정동을 표출하는 주체다(김예란, 2022: 89)."

비트코인을 비롯한 암호화폐는 디지털 수치화를 통해 투자 단위를 아주 작게 쪼갤 수 있다. 이것은 분산을 가능하게 만드는 원동력처럼 보이지만, 반대로 집중 또한 가능케 하는 지렛대이기도 하다. 디지털 기술은 이 세상의 화폐 단위도 무한대로 분할할 수 있다. 1비트코인은 0.9999999999에서 0.00000000001 이하로도 분할될 수 있다. 10,000원짜리 지폐를 10개로 찢으면 시장에서 거래될 수 없지만, 비트코인은 10개, 100개, 1,000개로 얼마든지 나뉠 수 있다. 그래서 아주 적은 돈으로도 암호화폐에 투자할 수 있다. 디지털 수치화와 분할화는 이처럼 조각난 투자를 가능케 한다. 이에 기반한 암호화폐는 투자와 투기를 오가며 가장 진보적이면서 가장 타락한 기술이라는 상반된 평가를 동시에 받고 있다.

암호화폐의 기반 기술인 블록체인은 2010년대 초반 빅데이터와 인공지능에 대한 열광 이후 새로운 기술유토피아를 이끌 주도자로 떠올랐다. 암호화폐는 법적 강제로 관리되던 디지털 지식재산권 문제를 이제와는 전혀 다른 방법으로 기술화했다. 인터넷 시대에 접어들면서 지식과 노하우를 상품화하기 위해 이용되던 지적재산권은 디지털 복제 때문에 한동안 길을 잃고 방황했다. 법적 강제가 효과를 거두기 어려워지면서 디지털 창작물의 상품화와 자산화를 기술적으로 실현하려는 움직임이 뚜렷해졌다. 암호화폐와 블록체인, NFT 같은 새로운 기술과 결합해 지적재산권을 쪼개거나 상품화하는 방법이 모색되기 시작한 것이다. 이러한 디지털 분할화 투자기술은 임시로 특정 목적을 위한 조직을 만드는 데도 활용된다. 헌법 DAO(ConstitutionDAO)가 대표적인 예다. DAO는 탈중앙화 자율조직(Decentralized Autonomous Organizations)의 줄임말로, 이더리움 기반의 계약/지배구조를 가리킨다. DAO 이용자들은 블록체인 장부를 통한 '투명하고 민주적인 계약'을 강조한다. 2021년 미국 헌법 원문을 구입하기 위해 구성된 헌법 DAO는 전체 경매액을 잘게 쪼개 모금을 진행했고, 곧이어 "단일 목적 DAO로서 멋진 실험이었다"고 자평하며 활동을 사실상 종료했다.[18] 활동 자체를 밈으로 만들고 이용자들 사이에 퍼트린 헌법 DAO의 전략은 암호화 프로젝트가 시장에 진출하는 방식을 잘 보여준다.

조각투자뿐만 아니라 조각판매도 활성화되고 있다. 전자상거래 플랫폼인 쇼피파이(Shopify)에서는 이용자가 중고 물건이나 서비스 등 모든 것을 쪼개서 팔 수 있다. 이용자들은 딱지부터 중고 명품까지 모든 것을 판매한다. 이를 위해 입점비용으로 맨 처음에 1달러를, 3개월 뒤에는 19달러를 지불한다. 조각판매는 이처럼 이용자들에게서 지대를 받는 대신 그들을 디지털 소매상으로 변신시켜준다. 조각투자와 조각판매는 아마존, 이베이, 쿠팡 등 디지털 유통혁명이 점령하지 못한 마지막 지점에 침투하는 최후의 보병인 셈이다.

---

18 ConstitutionDAO (2021-2021) 웹페이지 참조. https://www.constitutiondao.com (2023년 3월 10일 접속)

크리에이터 소유경제

• • •

2005년 4월 페이팔 직원 세 명이 식당 위 사무실에서 동영상 스트리밍 플랫폼 유튜브를 만들고 같은 해 12월 공식 서비스를 개시했다. 《타임》은 2006년의 인물로 개인 콘텐츠 창작자인 '당신(YOU)'을 선정했다. 유튜브가 서비스를 시작한 지 채 1년도 안 된 2006년 10월 구글은 유튜브를 인수했다. 그후 유튜브는 세계 최대의 동영상 공유 플랫폼으로 등극했다. 합병 후 처음 흑자로 돌아선 2010년 8억 달러에 불과했던 유튜브의 수익은 2021년 288억 달러에 달했다. 11년 만에 36배나 수익이 늘었으니 구글로서는 희대의 인수합병을 한 것이다. 한편 월간 이용자 수(MAU)는 2010년 2억 명에서 2021년 25억 명으로 약 12배 증가했다. 유료 서비스인 유튜브 프리미엄의 가입자도 2021년 5,000만 명에 이르렀다.[19]

유튜브는 검색시장을 장악하기 위해 전세계의 수많은 책을 스캔해 서버에 집어넣던 2000년대 초반의 구글과 다르게, 이용자의 자발적인 참여를 독려했다. 이에 힘입어 레거시미디어의 콘텐츠를 포함한 영상물을 집어삼킨 유튜브는 기존 미디어의 지적재산권 체제

---

19 David Curry, "Social App Report 2022", *Business of Apps*, 2023. 01. 09. https://www.businessofapps.com/data/social-app-report/?utm_source=social&utm_medium=click&utm_campaign=Hyperlink+report#stripe-edd-window (2023년 3월 10일 접속)

를 무력화시켰다. 유튜브의 모든 영상물은 이용자들이 복제하거나 만들어 올린 것이다. 이용자의 영상생산은 더 많은 이용자를 불러 모았고 이용시간도 점점 늘어났다. 구글은 이를 적극 활용해 광고수익의 일부를 이용자와 나누는 애드센스(AdSense) 정책을 시행했다.

유튜브로 돈을 벌려면 수익창출 조건을 갖춰야 한다. 유튜브 파트너 프로그램의 자격요건은 애드센스 가입자로서 "구독자 1,000명, 지난 12개월 동안 시청 누적 시간 4,000시간"이다. 유튜브 이용자는 광고배분수입, 채널멤버십에서 얻는 수입, 상품판매수입, 팬들이 보낸 슈퍼챗(Super Chat) 등으로 수익을 창출한다. 그러나 전문가들은 콘텐츠를 제공하는 약 3,100만 개의 채널 중 0.25%에 불과한 8만 개 정도가 수익을 창출한다고 추정한다. 대부분의 유튜브 이용자는 단지 시청자이고, 8만 개 정도의 콘텐츠 제작 채널이 창작자 경제를 실질적으로 끌어가는 셈이다.[20] 유튜브는 이용자 생산 콘텐츠가 많아지고 이용시간이 늘어남에 따라 영상물과 이용자 메타데이터를 결합해 광고시장을 형성했고, 해마다 이용자 수와 수익을 빠른 속도로 늘려나갔다. 2010년대 중반 이후에는 커뮤니티 기능보다 콘텐츠를 제공하는 미디어 기능에 초점을 맞춰 서비스를 개편했다. 그러면서 이용자의 동영상 선택에 대한 알고리즘의 통제도 강화했다.

---

20 Alan Spicer, "What Percentage of YouTubers Make Money?", 2021. 04. 26. https://alanspicer.com/what-percentage-of-youtubers-make-money (2023년 3월 10일 접속)

메타의 저커버그 또한 이용자 유지와 콘텐츠 활성화를 위해 2021년 7월 15일 자신의 페이스북에서 다음과 같이 밝혔다. "우리는 수백만 크리에이터가 생계를 꾸릴 수 있는 최고의 플랫폼을 만들기 위해 2022년까지 페이스북과 인스타그램에서 훌륭한 콘텐츠를 만든 창작자에게 10억 달러 이상을 투자하는 새로운 프로그램을 만들고 있습니다. 창작자에 대한 투자는 우리에게 새로운 일은 아니지만, 이 작업을 확장할 수 있어 기쁩니다."[21] 한편 2021년 9월 기준 월간 이용자 수가 10억 명을 넘은 틱톡은 2020년 2억 달러 규모의 '크리에이터 펀드'를 조성했다.[22] 인플루언서는 틱톡 조회 수 1,000회당 2~4센트를 지급받는다. 틱톡의 전자상거래 플랫폼인 인터그레이션(Intergration)에서는 창작자가 자신의 비디오 콘텐츠에 상품을 게시하는 대가로 돈을 받는다. 이것은 연예인이 광고의 출연료를 받는 것과 유사하다.[23] 틱톡은 창작자 경제와 이용자 수익창출의 시너지를 내세우지만, 사실은 연예오락 미디어의 디지털 확장

---

21 마크 저커버그의 2021년 7월 15일 페이스북 글. https://www.facebook.com/zuck/posts/10113607549897721 (2023년 3월 10일 접속)

22 유튜브는 젊은 세대에게 영향력이 있는 스트리밍 플랫폼 틱톡의 숏폼(short-form) 비디오를 따라잡기 위해 쇼츠(Shorts)의 창작자를 위한 1억 달러의 기금을 조성했다. 마찬가지로 인스타그램은 릴스(Reels)를 제작하는 인플루언서들에게 보너스를 지급했다.

23 TikTok E-Commerce Platform Integration FAQs 참조. https://ads.tiktok.com/help/article/tiktok-e-commerce-platform-integration-faq?redirected=1 (2023년 3월 10일 접속)

판이 만들어지고 있다.

이처럼 창작자 경제는 디지털 인플루언서를 중심으로 작동하고, 플랫폼 중계를 통해 수익을 창출한다. 창작자 경제와 소유자 경제를 내건 플랫폼은 암호화폐와 결합해 새로운 지식경제 생태계를 만든다는 명분을 내세우면서 소상품생산자를 위한 플랫폼과 마케팅 환경을 제공한다. 이러한 흐름은 유튜브, 틱톡, 페이스북, 인스타그램 등 거대 플랫폼이 이용자의 활동 결과물을 수취하는 것에 대한 부정적인 인식과 빅데이터 독점에 대한 비판이 확산되면서 창작자의 수익창출과 배분이란 명목으로 시작되었다. 기본소득이나 수동소득에 대한 논의도 이와 같은 흐름 속에서 이뤄졌다. 플랫폼 기업들은 인플루언서의 참여를 독려하는 전략을 통해 더욱 많은 창작물을 유입하고 서비스를 다양화해 창작자 경제를 촉진한다.

벤처캐피털 기업 시그널파이어(Signalfire)는 전세계에 5,000만 명 정도의 블로거, 큐레이터, 제작자가 있다고 추산한다.[24] 창작자 경제와 소유자 경제를 결합하는 플랫폼은 독점화된 소셜미디어의 횡포를 비판하면서 창작자를 소규모 소유자 또는 사업가의 길로 인도한다. 사업은 점점 확대되어 '당신의 지식으로 수익을 내라'고 독려하는 카자비(Kajabi) 등 지식소상품 플랫폼이나 클래스101 등의 온라인 강좌 플랫폼도 등장했다. 팬하우스(Fanhouse)라는 플랫폼은 가

---

24 Signalfire 웹페이지 참조. https://signalfire.com/blog/tag/creator-economy (2023년 3월 10일 접속)

입자들이 창작물을 팔아 돈을 버는 대가로 이들에게서 이용료를 받는 식으로 수익을 창출한다. 이런 플랫폼은 창작자가 쉽게 창작물을 만들 수 있는 툴, 이들이 자신의 콘텐츠를 판매할 수 있는 공간, 콘텐츠를 판매하기 위한 마케팅 채널과 컨설팅 서비스 등을 제공한다. 그리고 그 대가로 이들에게서 가입비를 받거나 콘텐츠 판매수익의 일정 부분을 나눠 갖는다. 지주가 소작인에게서 지대를 받는 것과 같은 방식이다. 많은 창작자를 전속으로 거느리고 다양한 영역에서 기획된 상품을 제공하는, 선대제와 유사한 플랫폼도 등장하고 있다. 현재 창작자 경제는 창작자에 대한 형식적 포섭 단계에 있지만, 전업하다시피 플랫폼에서 창작물을 생산하는 사람들이 늘어나면 머지않아 실질적 포섭 단계로 넘어갈 것이다. 콘텐츠를 송신하던 이들이 창작자를 자임하는 디지털 시대에 "예술가들은 창조와 송신을 혼동"하고 있다(Burroughs, 1959/2005: 282). 그러나 송신은 창조가 아니다.

가상의 재물질화와 재매개

• • •

지난 30년 동안 인터넷의 대중화가 몰고 온 미디어 혁명은 물질과 결합했던 기호를 물질로부터 떼어내 디지털 코드로 바꾸는 탈물질화 과정을 통과했다. 귀여운 개가 나를 빤히 쳐다보고 있다고 가정하자. 이 개를 조각으로, 그림으로, 글자로 묘사하면 현실의 개는 한 차원씩 줄어든다. 4차원의 개가 3차원의 조각으로, 2차원의 그림으로, 1차원의 글로 줄어들고, 마침내 디지털화되면 0과 1의 결합으로 이뤄진 0차원에 들어선다(Flusser, 1996/2001: 115). 0차원인 디지털은 차원을 하나씩 덧붙여야 개의 형상을 다시 만들 수 있다. 0과 1의 배합으로 이뤄지는 0차원의 세계는 재현을 담당하는 프로그램을 통해 다시 1차원의 글로, 2차원의 사진으로, 3차원의 조형물로 재조합된다. 그러니까 비트의 배열을 다시 재현하는 소프트웨어에는 구상력과 상상력이 들어가 있다고 볼 수 있다. 프로그램이 형상을 재구축하는 우리의 상상력을 대신하는 것이다. 가상세계의 재물질화는 디지털로 재현되는 기표적 기호계를 물성을 지닌 3차원으로 확장하거나 시간적 동시성을 확보하는 4차원 세계를 통해 이뤄진다.

재물질화를 둘러싸고 구글, 아마존, 애플 등 거대 플랫폼 기업 간의 기술경쟁이 격화되고 있다. 가상세계를 현실보다 더 실제적으로 느끼려면 가상과 현실의 매개체를 사라지게 함으로써 비매개를 통한 투명성을 확보해야 한다. 볼터와 그루신(Bolter and Grusin, 1999/2006)은 디지털 미디어의 특징으로 재매개를 꼽는다. 그들에 따르면 재매개는 미디어가 사라지면서 '투명성을 확보하는 비매개(transparent immediacy)'와 미디어의 매개성을 드러내는 '초매개(hypermediacy)'로 나뉜다. 특히 가상현실 시스템은 미디어 자체의 존재와 매개작용을 무시하거나 부정함으로써 비매개성을 성취하고자 한다.

가상현실이 그 시간 그 장소에 있다는 육체 동반적 몰입감을 주려면 투명한 비매개를 실현해야 한다. 그러나 현재의 기술 수준으로는 가상현실 구현에 필요한 고글 같은 특수장비 때문에 미디어의 사라짐을 실현할 수 없다. 여기서 디지털 세상의 재물질화는 딜레마에 놓인다. 가상현실 구현에 필요한 하드웨어를 만들면서 재물질화가 이뤄지지만, 투명한 직접성은 얻을 수 없다. 가상을 현실화하려는 시도는 여전히 미디어에 의존할 수밖에 없기 때문에, 새로운 하드웨어를 개발하고 이를 소프트웨어와 효과적으로 결합하는 방향에 집중하고 있다. 애플과 아마존은 인공지능 스피커로 홈팟(HomePod)과 에코(Echo)를 출시했으며 자사의 음성인식 서비스인 시리, 알렉사와 결합시킴으로써 재물질화를 서두르고 있다. 이들은 탈물질화를 통해 얻은 데이터를 인공지능과 결합한 후 그것을 재물질화의 방편으로 활용한다. 현재의 인지자본주의 혹은 '사이버네틱스 자본주의'는 전기자동차나 인공지능 스피커 같은 신상품 개발, 하드웨어 업체 합병, 이를 지원하는 금융체제의 조성, 블록체인과 결제수단의 발전, 클라우드컴퓨팅과 인공지능의 결합을 통한 서비스 확산, 탈중심화에서 재중심화로 이행하는 인터넷 환경, 플랫폼 주도의 독점체제 전환 등으로 구성된다. 지금 사이버네틱스 제어혁명은 이러한 경로를 지나고 있다.

가상현실, 증강현실, 혼합현실 등은 데이터를 정보화하고 형태를 부여함으로써 이용자의 지각에 직접 영향을 미치려 한다. 가상현실 기술이 감각기관의 조작을 넘어 신경세포와 결합하는 단계까지 발전하면, 우리의 지각은 비의식의 영역까지 확장될 것이고 가상/증강/혼합현실이 곧 실제 현실이 될 것이다. 스마트폰은 약한 수준에서 이미 이를 실현하고 있다.

인터페이스의 변화와 몸

• • •

2020년대 인터넷을 둘러싼 환경 변화의 핵심에는 인터페이스 혁신이 놓여 있다. 2010년대 들어 가상현실, 증강현실, 혼합현실 등 인터페이스 혁신을 통한 하드웨어-소프트웨어-콘텐츠의 삼위일체형 상업화가 본격화되었다. 최근의 상황은 2000년대 초반 인터넷 벤처사업이 들끓던 시절과 비슷하다. 2000년대에 인터넷이 벤처 환경을 조성함으로써 새로운 사업이 곳곳에서 펼쳐졌다면, 이제는 인터페이스와 상품화 영역의 확장, 인공지능의 응용이 산업을 이끌고 있다. 그러나 지금은 이용자들이 몇 개의 거대 서비스 회사로 집중되고 있다는 점에서 그때와 다르다. 애플, 구글, 메타, 마이크로소프트 등 거대 플랫폼 기업이 세계적인 규모에서 수억 명의 이용자를 포섭하고 있다. 애플은 이미 2010년대 초반에 아이팟, 아이폰, 아이튠스에 이어 앱스토어(App Store)를 개장해 하드웨어-소프트웨어-콘텐츠 삼위일체 재결합 모델을 만들었다. 구글 역시 안드로이드(Android) 기반의 모바일 운영체제를 개발해 시장을 장악하고 앱 다운로드 서비스인 구글 플레이(Google Play)를 통해 이용자에게 서비스를 제공하고 있다.

물론 이용자들의 해킹과 P2P를 통한 파일공유는 여전히 이뤄지지만, 큰 틀에서는 거대 기업의 주도 아래 재상업화가 활발히 진행되고 있다. 2010년대는 기존의 그래픽유저인터페이스(GUI, Graphic User Interface)에서 청각과 촉각을 거쳐 몸의 인터페이스로 넘어가는 과도기였다. 이 시기에 등장한 하드웨어가 바로 스마트폰이다. 컴퓨터가 상대의 모습을 보고 소리를 들으며 손길을 알아차릴 수 있는 감각의 세계로 들어서려면 그에 상응하는 하드웨어가 갖춰져야 한다. 컴퓨터를 위한 눈과 귀와 피부가 만들어져야 하는 것이다. 카메라(눈)와 마이크(귀), 터치스크린(피부)이 부착된 컴퓨터는 사람의 손에 달라붙어 움직이기 시작했다. 과거에는 미디어가 인간 감각능력의 확장을 가져왔다면, 이제는 기계가 인간에 의해 확장되기에 이르렀다. 그만큼 인간과 미디어의 융합이 강화된 것이다. 이와 마찬가지로 마이크로소프트의 엑스박스 키넥트(Xbox-Kinect)는 컴퓨터에 눈과 귀를 달아줬다.[25] 미국의 컴퓨터 공학자 니콜라스 네그로폰테(Nicholas Negroponte)가 이야기했듯이, 우리에 비해 형편없이 뒤떨어졌던 컴퓨터의 감각인지능력은 이제 본격적으로 발전하고 있다(Negroponte, 1995/1995). 인간과 기계의 상호수렴은 새로운 시장을 열 것이고, 지금과는 다른 세상을 가져올 것이다. 이런 맥락에서 볼 때 현재 인터넷의 핵심적 변화가 '인간-기계 인터페이스(HMI, Human-Machine Interface)'에서 이뤄지고 있음을 확인할 수 있다.

저커버그는 2021년 10월 28일 설립자 편지에서 그가 구상하는

---

25 모바일 시대 들어 고전을 면치 못했던 마이크로소프트는 게임기 엑스박스, 동작음성 인식기계 키넥트를 연결해 하드웨어-소프트웨어-콘텐츠 결합 모델로 진입했다. 비록 마이크로소프트는 키넥트의 상업적 성공을 이어가지 못했지만, 인공지능 개발에 대대적으로 투자해 챗GPT의 활용권을 확보하면서 검색시장의 커다란 변화를 예비하고 있다.

메타버스의 핵심이 "화면의 제약, 거리와 물리학의 한계를 넘어 미래를 향해 나아가는 것"이라고 말했다. 그는 메타버스라는 새로운 인터페이스를 선점해 텍스트와 이미지, 동영상으로 이뤄진 2차원 인터페이스의 제한을 넘어서고자 한다. 저커버그는 다음과 같이 인터넷과 자사의 미래를 예측했다. "제가 페이스북 서비스를 개시했을 때 우리는 대부분 웹사이트에 글을 썼습니다. 우리가 카메라 달린 전화기를 가지면서 인터넷은 더욱 시각적이고 이동가능한 것이 되었습니다. 연결속도가 빨라지자 동영상이 경험을 나누는 유력한 방식이 되었습니다. 우리는 데스크탑에서 모바일로, 텍스트에서 사진을 거쳐 동영상으로 이동했습니다. 그러나 변화는 여기서 끝나지 않습니다. 다음에 올 플랫폼은 더욱 몰입적이고 육화된 인터넷으로서, 단지 바라보는 데 그치는 것이 아니라 체험 속에 머물 것입니다. 우리는 이것을 메타버스라 부릅니다. 메타버스는 우리가 만드는 모든 생산물에 관여할 것입니다."[26] 저커버그가 말하는 '몰입적이고 육화된 인터넷'은 새로운 몸의 인터페이스를 뜻한다. 그것은 고글이나 기타 하드웨어를 통해 메타버스에 몰입할 수 있는 조건을 제공하고 아바타가 그 속에서 감각을 이끌고 일하고 놀고 배우고 창작하고 상품을 구매하도록 만드는 육체 동반적 인터페이스다.

---

26 Mark Zuckerberg, "Founder's Letter, 2021", Meta, 2021. 10. 28. https://about.fb.com/news/2021/10/founders-letter (2023년 3월 10일 접속)

재물질화의 새로운 방식,
메타버스

• • •

구글은 2015년 알파벳으로, 페이스북은 2021년 메타로 이름을 변경했다. 이들 모두 인공지능과 가상현실 기반 메타버스를 향한 발판을 구축하기 위해 회사명을 바꾼 것이다. 페이스북은 소셜미디어를 넘어 가상현실과 같은 분야로 영역을 확장하면서 더욱 포괄적인(meta) 이름을 선택한 것이다.[27]

메타는 2026년까지 700억 달러를 메타버스 프로젝트에 투자한다고 발표했다. 페이스북과 인스타그램을 대체할 미래의 플랫폼을 꿈꾸는 메타는 2014년 3차원 가상현실 고글을 제작한 오큘러스(Oculus)를 23억 달러에 인수했고, 2019년 6월에는 암호화폐 디엠(Diem)을 2020년 중 출시하겠다고 선언했다. 페이스북에서 메타로 사명을 변경한 것은 세계 최대의 소셜미디어 플랫폼에 가상현실 기술을 접목하고 자체 화폐를 발행해 미래의 인터넷 왕국을 자기 주도로 건설하겠다는 야심을 반영한다. 메타는 디엠을 통해 수수료

---

27 Meta 웹페이지의 기업 비전 참조. "메타버스는 사회적 연결의 다음 단계 진화입니다. 우리 회사의 비전은 메타버스를 우리 삶에 들여오는 것입니다. 우리는 미래를 향한 우리의 노력을 새로운 이름에 반영했습니다. 메타버스는 새로운 사회가 될 것입니다. 메타버스의 3차원 세계는 우리의 상상을 넘는 방식으로 친구를 사귀고 학습을 하며 다른 사람과 협업하고 함께 놀 수 있게 해줍니다." https://about.meta.com/%20meta (2023년 3월 10일 접속)

없는 상품 결제·송금 서비스를 자유롭게 제공해 향후 메타버스에서 이뤄지는 상거래의 결제수단으로 삼겠다는 포부를 드러냈다. 이어서 전자지갑 서비스 노비(Novi)를 시범 운영하면서 전자지갑 기술을 향후 메타버스 사업에 활용하겠다고 밝히기도 했다. 메타는 디지털 화폐와 연동해 메타버스를 자사 주도의 상업 공간으로 만드는 방향을 구상했지만, 규제기관의 압박으로 인해 포기해야 했다.

메타버스는 이용자를 '그 안에 있게 함'으로써 가상과 현실의 경계가 사라지게 한다. 그것은 인터넷을 미디어로 활용하는 데 멈추지 않고 이용자의 분할된 시공간을 인터페이스와 일치시킴으로써 새로운 공간을 확보한다. 이용자는 메타버스를 컴퓨터의 모니터나 스마트폰의 블랙미러처럼 마주하지 않는다. 고글 같은 장비를 착용한 채 그 안으로 들어가버리는 것이다. 다시 말해 메타버스 이용자는 메타버스를 도구로서 '마주 대하는(inter-face)' 것이 아니라 '그 안으로(in-face)' 들어간다. 새로운 미디어는 0차원의 디지털을 경과하면서 차원의 한계를 넘는다. 2차원 또는 3차원 재현 공간에 시간적 동시성을 적용하면 미디어는 4차원 세계가 된다.

메타버스는 차원이 축소되고 시간이 지체되는 방식의 미디어와 달리, 참여자가 공유하는 상황과 장소를 제공해 그 속에 머물게 한다. 코로나19가 기승을 부릴 때 널리 쓰인 실시간 원격회의 서비스 줌(Zoom)은 메타버스의 주된 특징인 시간적인 동기화를 보여주는 대표적인 사례다. 도구로서의 미디어는 도구-환경을 거쳐 환경 그 자체가 된다. 메타버스를 온전히 실현하려면 이용자가 경험하는 차원을 확대하기 위한 장치, 현실을 매개하는 교환수단으로서의 상품과 화폐, 그리고 메타버스로 이주할 사회문화적 동기와 경로가 제공되어야 한다. 여기서 NFT가 현실세계와 메타버스를 매개하는 디지털 화폐 역할을 수행할 것이라는 예측도 나온다. 하지만 메타버스가 기술적으로 완전히 구현되지 못한 지금은 이를 홍보하고 준비하는 단계에 그치는 듯하다.

인터넷 언론 복스 미디어(Vox Media)가 운영하는 뉴스 사이트 《더 버지(The Verge)》와의 인터뷰에서 저커버그가 한 말은 메타버스의 특징을 잘 보여준다. "메타버스는 분산된 방식으로 여러 주체가 운영하는 '체화된 인터넷(embodied internet)'이 될 겁니다. 어떤 공간에 자연스럽게 들어와 있다는 느낌을 가져야만 진정한 메타버스가 될 수 있다는 말이죠. 저는 사람들이 존재감을 느낄 수 있는 환경을 제공하고 또 다른 공간으로 쉽게 이동해 친구들과 함께할 수 있는 물질화된 인터넷을 구현하는 꿈을 키워왔어요. 우리 회사는 5년이나 7년 안에 메타버스 기업으로 변신할 겁니다."[28] 그러나 미디어를 사라지게 만드는 투명한 비매개를 기술적으로 얼마나 완벽하게 구현할지가 관건이다. 무엇보다 누구나 기꺼이 메타버스로 이주할 만큼 강력한 사회문화적·경제적 유인책이 필요할 것이다.

---

28 Casey Newton, "Mark in the universe", *The Verge*, 2021. 07. 22. https://www.theverge.com/22588022/mark-zuckerberg-facebook-ceo-metaverse-interview (2023년 3월 10일 접속)

메타버스가 보여주듯이 시간성을 확보하면 기존의 미디어가 가진 차원 감소라는 제한을 극복할 수 있다. 애플의 시리나 아마존의 알렉사 같은 음성인식 서비스는 응답의 시차를 좁혀 미디어가 잃어버린 차원을 복원할 수 있다. 같은 시간과 장소에 있다는 공존재적 감각은 4차원 환경의 물성을 회복시켜준다. 이로써 투명해진 미디어는 몰입감과 현장감, 현실감을 얻는다. 그래서 기업들은 사물화의 방편으로 음성 인터페이스를 강화하거나 메타버스에서 아바타를 생성해 아예 동일한 장소에서 시간적 일치성을 제공하는 환경을 만든다. 이런 방식 모두 재매개된 미디어의 투명성을 높이려는 시도다.

생성 인공지능과 새로운 생산물

• • •

2000년대에 들어서면서 데이터의 인풋과 아웃풋을 통제해 생산물을 만드는 체제가 본격적으로 대중에게 선을 보이고 있다. 그림을 그리고 소설을 쓰는 등 인공지능 실험실에서 시도되던 기술이 최종 이용자에게 직접 서비스되는 단계에 이른 것이다. 이를 보여주는 예가 최근 킬러 애플리케이션으로 떠오른 챗GPT(ChatGPT)다. 미국의 인공지능 연구조직인 오픈 AI(Open AI)가 2022년 11월 30일 공개한 언어생성 AI인 챗GPT는 그로부터 두 달 만에 월간활성이용자 수 1억 명을 돌파했다. 이로써 챗GPT는 애플리케이션이 이용자를 확보하는 데 걸리는 기간에 있어 최단 기록을 세웠다.

2015년 일론 머스크와 샘 올트먼(Sam Altman)이 함께 설립한 오픈 AI는 인류에게 도움을 주기 위해 인공지능을 연구한다는 목적을 내세웠다. 그러나 인공지능을 학습시키는 데 필요한 컴퓨팅 비용이 크게 증가하자 2019년 영리법인을 따로 설립했다. 마이크로소프트로부터 10억 달러에 이르는 투자금을 받은 오픈 AI는 자사가 개발한 소프트웨어의 라이선스를 마이크로소프트에 부여할 수 있다고 선언했다. 마이크로소프트가 배타적 라이선스를 가져가는 것을 두고 "오픈(open) AI는 이제 클로즈(close) AI라고 이름을 바꿔야겠네"라고 올라온 트윗에, 일론 머스크도 "오픈 AI가 마이크로소프트에 포획되고 말았군"이라며 거들었다. 이처럼 급속한 상업화와 열림에서 닫힘으로 환경이 이행하는 경향은 인터넷 기업 역사에서 쉽게 찾아볼 수 있다.

자연어 형식으로 된 질문에 답할 수 있는 인공지능 컴퓨터 왓슨은 2011년에 일상언어학습을 통해 퀴즈쇼에서 인간 챔피언들을 이긴 바 있다. 인공지능이 소설을 쓰고 그림을 그린다는 것도 이미 널리 알려져 있다. 그럼에도 불구하고 사람들이 챗GPT에 열광하는 이유는 이와 같은 챗봇(chatbot)이 이용자에게 직접 답을 주기 때문이다. 앞으로 인공지능은 이용자들의 질문을 지속적으로 학습해 끊임없이 되먹임할 테니, 맥락에 맞는 답을 더 잘 찾아줄 것이다. 답을 정리까지 해주기 때문에 이용자가 검색 결과를 해석해야 하는 열린 검색보다 이쪽을 더 친근하게 느끼는 사람도 늘어날 테다. 이런 단답형 검색 채팅은 답도 얻을 수 있고 재미도 있기 때문에 동영상 검색에 익숙한 젊은 세대에게서 인기를 모을 것이다.

챗GPT와 같은 생성 인공지능에서는 데이터세트, 즉 텍스트, 이미지, 동영상 같은 기표적 기호와 측정치 같은 비기표적 기호 모두 핵심적인 역할을 한다. 기업들은 특정한 작업을 위해 데이터를 모아 데이터세트를 구성하고 이를 바탕으로 다양한 서비스를 개발하고 있다. 그런 점에서 자체 데이터세트를 확보하고 있는 거대 기업 간의 경쟁도 더욱 격화될 것으로 보인다. 구글/알파벳, 페이스북/메타, 아마존, 네이버 등 거대 플랫폼 기업은 자체 데이터세트를 기반으로 각종 텍스트, 이미지, 동영상 등을 생성하는 인공지능 서비스를 개발할 것으로 예상된다. 그 결과 인공지능이 생성한 콘텐츠도 곳곳에 넘쳐날 것이다. 예를 들어 이용자들의 협업으로 운영되는 위키백과는 그 자체로 확장하는 데이터세트라고 할 수 있다. 그렇다면 위키백과 챗봇도 만들어질 가능성이 있다. 인공지능 생성물이 폭증한다면 공장에서 생산된 상품이 장인의 제품을 시장에서 퇴출시켰듯이, 인공지능이 자동으로 생성한 콘텐츠가 인간이 만든 콘텐츠를 몰아낼지도 모른다. 생성물의 독창성이나 품질을 논외로 한다면, 생산가격이라는 측면에서 인간이 생산한 콘텐츠가 인공지능 생성물을 따라잡을 수 없을 것이기 때문이다. 이제 인간이 만든 콘텐츠는 대량생산체제의 틈바구니에서 고급 상품으로 자리 잡은 수공업 제품과 같은 지위를 얻는 데 만족해야 할지도 모른다.

인공지능이 생성한 데이터 변형물도 나름의 새로움을 확보할 수 있다. 빅데이터를 학습하는 과정에서 서로 다른 것이 연결됨으로써 창발성이 발현될 수 있기 때문이다. 하지만 챗GPT의 대답이 엄청나게 놀라운 것이라고는 할 수 없다. 왜냐하면 기계가 학습한 언어와 맥락이 모두 우리의 일상에서 추출되었기 때문이다. 챗봇과의 채팅이 처음에는 재밌고 신기할지라도, 이는 인공지능이 미리 학습한 데이터세트의 테두리를 넘지 못할 것이다. 문제는 인공지능 시대의 데이터세트로 이뤄진 상식이 '악의 평범성'을 드러낼 때다.

한국에서 2020년 말부터 2021년 초에 논란을 일으킨 챗봇 '이루다 1.0'은 인공지능을 대하는 우리 사회의 수준이 얼마나 뒤떨어져 있는지를 잘 보여줬다. 이루다 1.0은 한 스타트업이 수백 명의 메신저 대화에서 추출한 분할체를 알고리즘으로 돌려 만들었다. 이 챗봇은 평균적인 대화의 최적치를 계산해 이용자에게 답했는데, 개발사가 연애상담 앱을 통해 수집한 이용자 정보를 무단으로 전유한데다 이를 바탕으로 성적 친밀감을 팔았다는 점에서 얄팍한 상술이 드러났다. 문제는 여기서 그치지 않았다. 챗봇이 메신저 대화에서 산출한 평균치가 얼마나 저열한지를 적나라하게 보여줬기 때문이다.

이루다 1.0을 둘러싼 논란은 20대 여자 대학생으로 의인화된 챗봇뿐만 아니라 데이터를 전유당한 앱 이용자와 '장난삼아' 성적 괴롭힘을 일삼는 챗봇 이용자 모두 노예화되는 현상을 드러냈다. 기표적 기호계의 반분할체에서 추출한 집합적 데이터로 형성된 챗봇은 기억도 맥락도 없이 그저 메신저 이용자 간의 친밀한 관계에서 나온 평균치, 즉 사회적 상식과 편견을 재생산할 뿐이다. 이루다를 개발하기 위해 머신러닝 기술을 어떻게 이용했는지도 명확하게 밝혀지지 않았다. 이루다 논란은 기술 수준을 차치하더라도 친밀성을 상업적으로 활용할 때 어떤 문제가 발생하는지를 보여준다.

이루다 논란 같은 해프닝은 현재 우리 사회의 수준을 보여주는 시금석이 된다. 그것이 이루다가 보여준 예상치 못한 성과다. 이것은 인공지능 윤리 이전의 문제다. 이루다 논란의 핵심은 개인 간 대화정보를 무단으로 수취하고 상업적으로 전유하며 친밀성의 상품화가 공공연하게 이뤄지는 우리 사회의 현실에 있다. 그럼에도 불구하고 인공지능의 상업적인 활용은 더욱 심화될 것이다. 인공지능이 생성하는 기표적 기호가 인간이 만드는 콘텐츠와 뒤섞일 때 일어날 사회경제적 문제를 숙고해야 할 시점이다.

10장 인지자본주의를 어떻게 비판할 것인가

정보자본주의의 발전 단계에 따라 그것의 성격을 파악하려는 시도는 여러 형태로 이뤄져왔다. 디지털 경제 또는 신경제(New Economy)의 특성에 관한 경제학적 논의는 미국의 경제학자 폴 로머(Paul Romer)의 '내생적 성장이론(Romer, 1989)'과 브라이언 아서(W. Brian Arthur)의 '수확체증과 두 개의 비즈니스 세계(Arthur, 1996)'에 관한 논문에서 촉발되었다. 아서는 소프트웨어 경제의 특성을 독점 형성과 연결하면서 생산물의 비물질적 성격과 이용자의 이용 행위가 갖는 특성을 분석했다. 그는 '수확체증의 법칙'과 '경로의존성'이란 개념을 활용해 소프트웨어 산업의 독점 경향을 설명했다. 1990년대 중반 이후 신경제의 중심은 벤처기업이나 소프트웨어 생산에서 인터넷의 네트워크 경제로 넘어갔다. 지식기반경제에 대한 신자유주의적인 해명은 인터넷의 신기술이 대중화되는 단계에서 나타나는 새로운 생산과 전유에 주목했다. 하지만 2000년대에 불거진 닷컴버블과 침체는 이러한 논의의 진전을 가로막았다.

2000년대 초반을 지나면서 인터넷이 대중화되었고 많은 이용자가 생겼다. 아마존, 이베이로 대표되는 이용자 참여 기반의 유통 서비스 플랫폼이 활성화되었고, 유튜브 등 이용자의 생산물을 공유하는 사이트가 인기를 끌었으며, 위키백과로 대표되는 협력생산이 보편화되었다. 그와 동시에 음원 파일을 공유하는 냅스터와 P2P의 발전으로 디지털 공유물도 활발하게 퍼져 나갔다. 이 시기는 새로운 공유물이 만들어지고 기존 상품의 탈상품화가 이뤄지는 한편, 새로운 생산물의 재상품화가 진행되는 등 방향과 성격이 다른 움직임이 동시에 일어났다. P2P 생산의 특징과 의미를 드러내기 위한 개념 확립 및 여러 사례연구(Benkler, 2006; Bruns, 2008; Tapscott and Williams, 2006)가 진행되었다. 이론적 관심사 또한 지적재산권 문제와 협동생산을 거쳐 공유경제로 이동했다. 크리스 앤더슨(Anderson, 2009/2009)은 사업적 관점에서 이를 '공짜경제(Free Economy)'라는 틀로 파악했다. 그러나 그의 시각은 신자유주의적 자본경영의 틀을 전제로 하고 있기 때문에 자본이 어떤 이유와 방식으로 공유경제를 활용해야 하는가에 초점을 맞췄을 뿐이다.

2000년대 초반에는 레식이나 벤클러 같은 자유주의적 접근이 정보사회에 대한 대표적 이론으로 부각되었다. 레식은 지적재산권 문제를 공유재의 차원에서 접근했다. 그들은 당시 소비와 생활규범, 지적재산권, 이용자 규범과 국가기관을 통해 형성된 법률 간의 긴장과 모순에 주목했다. 그들은 자유주의적 관점에서 지적재산권에 대한 실천적 지향을 도출했다. 이들의 분석은 대중적 지지를 얻을 수 있고 현실에 대한 설명력도 갖는 장점이 있었다. 인터넷 시대의 새로운 생산은 기업과 이용자라는 두 진영이 수행했다. 인터넷 기업은 서비스를 공짜로 제공하면서 이용자의 관심과 활동을 전유했다. 이들은 이용자의 사회적 활동 결과물을 자동으로 축적하거나 조작함으로써 새로운 방식으로 상품화를 추진했다.

거대 플랫폼 기업이 높은 수익을 얻는 이유는 수많은 이용자의 자발적인 참여와 그들이 공유하는 갖가지 활동의 결과물이 자동으로 축적되기 때문이다. 인터넷 시대의 또 다른 주체인 이용자는 기존의 물질 상품을 디지털화하면서 기존 상품의 교환가치와 미래의 가치실현을 차단한다. 그것이 지적재산권 침해를 이유로 법적 규제를 받거나 해적질이라는 도덕적 비판을 받는 것과 상관없이, 기존 문화지식상품의 디지털화는 탈물질화에 따른 탈상업화를 촉진했다. 그 결과 기존의 콘텐츠 생산자(음반사, 영화사, 방송사, 신문사, 출판사 등), 공짜경제를 창출하면서 이용자의 활동을 전유하는 포털사이트, 상업화와 탈상업화의 경계를 넘나드는 기업, 사회적 활동의 공유를 지향하는 생산 주체 등이 각자의 이해관계에 따라 물고 물리는 복잡하고 혼란스러운 상황이 만들어졌다. 이런 현상에 대한 비판적 접근은 기존 개념에 대한 의심과 비판에서 출발해야 한다. 막연한 의심에서 구체적이고 확실한 의문으로 발전해 현실의 움직임을 '파악(Begriff)'해야 한다. 그런 과정을 통해 현재의 사태를 이해할 개념을 만들 수 있다.

인지자본주의 비판의 세 가지 갈래

• • •

인터넷이 대중화되던 1990년대 중반부터 지금까지의 흐름을 보면, 인터넷 초창기-인터넷 대중기-탈독점과 탈중심 모색기로 이어진다고 할 수 있다. 그리고 시기별로 주요 이슈와 흐름이 달라진다는 것 역시 알 수 있다. 특히 2000년대 중반 이후 웹 2.0의 확대와 스마트폰의 보급으로 인지자본주의에 대한 비판적인 접근과 문제제기가 부각되었다. 인지자본주의론에는 몇 가지 갈래가 존재한다. 인지자본주의론은 정보사회론이나 신지식기반경제를 주장하는 신자유주의 이론에 대한 정치경제학 비판에서 시작되었다. 인지자본주의에 대한 비판적 접근에는 이탈리아의 자율주의(Autonomism), 프랑스의 조절학파(L'école de la régulation), 전통적인 마르크스주의 정치경제학 등 여러 조류가 섞여 있다. 이 세 가지 입장이 서로 영향을 주고받으면서 인지자본주의론을 만들고 있다. 이들 간에는 미묘한 차이가 있고 서로 부딪히는 지점도 많다.

첫째 갈래인 이탈리아 자율주의는 산업사회가 정보사회로 바뀌는 과정과 그에 부응하는 사회운동의 방향전환에 주목했다. 자율주의는 당과 대기업 노조를 중심으로 한 운동이 사회변화에 적응하지 못함을 비판했다. 그들은 공장 바깥에서 이뤄지는 새로운 착취의 조건을 분석했다. 하트와 네그리(Hardt and Negri, 2000/2001; 2004/2008)는 공장 노동자의 수가 줄어들고 지식노동자와 감정노동자, 서비스 종사자의 비율이 늘어나는 현상을 설명하기 위해 '비물질노동(immaterial labor)'의 현대적 특성에 주목했다. 그들은 공장 바깥에서 수행되는 노동을 사회공장에서 이뤄지는 활동으로 파악했다. 그들은 또한 비물질노동자가 새로운 사회의 변혁 주체로 성장할 수 있다는 기대를 내비치는데, 그들의 혁명적이고 낙관적인 관점은 종종 '주의주의적'이라는 비판을 받는다. 한편 인지자본주의의 구체적인 현상에 관한 사례분석으로 문화연구자 마테오 파스퀴넬리(Mateo Pasquinelli)의 연구가 두드러진다(Pasquinelli, 2011). 그는 '살아 있는 활동'의 인지적 차원이 자본에 의해 전유되는 구체적인 방식을 분석한다. 한편 바우웬스(Bauwens, 2009)는 대중의 P2P 활동에서 새로운 사회의 주체를 설정하고 대안적 사회를 모색하는 데까지 논의를 확장했다.

둘째 갈래는 프랑스 조절학파다. 긍정적 외부효과를 재전유하는 방식에 주목하는 경제학자 얀 물리에 부탕(Yann Moulier-Boutang)이 대표적이다(Boutang, 2012). 또 다른 이론가인 카를로 베르첼로네(Carlo Vercellone)는 '형식적 포섭-실질적 포섭-일반지성'이라는 자본주의 3단계설로 인지자본주의 단계를 설명한다(Vercellone, 2007). 그는 노동분업의 발전에 주목하는 정치경제학적 입장과 더불어 이행론의 시각을 조절학파의 분석 틀과 연결했다.

셋째 갈래는 마르크스주의 정치경제학이다. 오스트리아 출신의 사회학자 크리스티안 푹스(Christian Fuchs)는 마르크스주의의 가치론과 계급론을 현대 정보사회의 이용자 활동과 계급구조 분석에 적용했지만(Fuchs, 2012a), 현재의 기술적·사회적 조건을 충분히 반영하지 못해 실천적 유용성이 떨어진다. 그는 생산수단의 소유 여부에 따른 생산관계와 규모를 중심으로 노동자의 지식과 숙련 수준을 검토해 계급을 구분했다. 이 경우 소생산자와 자본가를 제외하면 모두 노동자다. 이런 식의 계급구분은 의미가 없다. 이를 통해 인지자본주의 체제에서 다중이 포괄하는 범위를 넓힐 수는 있을 것이다. 하지만 이렇게 도출한 계층은 계급이 아니고 엄밀한 의미의 계급관계를 포함하고 있지도 않다. 생산관계를 노동자의 지식이나 숙련도와 교차시키는 방식에는 다양한 계층을 드러내준다는 장점이 있다. 하지만 소비와 생활영역에 분석을 치중하기 때문에 주의를 요한다. 또한 국내의 연구자들(김공회, 2012; 박현웅, 2012; 전희상, 2012)도 전통적인 정치경제학 비판에 입각해 자율주의자들이 주장하는 '기계적 잉여가치(Pasquinelli, 2011)'나 가치론의 기각을 원론적 입장에서 비판한 바 있지만, 변화하는 현실의 구체성을 반영하지 못한다는 한계를 갖는다.

알파벳과 메타, 애플로 대표되는 정보사회의 독점기업은 과거의 축적방식과는 다른 기제를 갖고 있다. 페이스북과 트위터의 이용자는 시간과 결합된 활동을 통해 생산물을 만들고, 그것은 서비스 제공자의 데이터베이스에 비트로 축적된다. 소셜미디어는 전적으로 이들의 활동에 의존한다. 이런 경우 이용자 활동의 성격과, 자본이 이것을 어떻게 전유하는가 라는 문제가 해명되어야 한다. 이제부터 주제별로 인지자본주의를 둘러싼 논쟁과 쟁점을 살펴보자.

인터넷 기술과 디지털 경제를 둘러싼 논쟁

• • •

베르첼로네(Vercellone, 2007)와 파스퀴넬리(Pasquinelli, 2009)는 현 단계 자본주의의 특성을 인지자본주의로 규정하면서 거대 인터넷 서비스 회사들이 제공하는 플랫폼과 이용자 활동의 결합 형태 및 생산물의 성격을 정치경제학 비판의 틀로 설명한다. 자본이 제공하는 플랫폼과 이용자 활동이 결합하며 생산된 비트 생산물의 성격과 가치, 실현방식에 대한 정치경제학적 논의의 실마리는 들뢰즈와 가타리(Deleuze and Guattari, 1980/2001)에 의해 주어졌고, 하트와 네그리(Hardt and Negri, 2000/2001)는 이를 적극적으로 해석해 정치경제학 비판으로 확대했다. 바우웬스(Bauwens, 2008)는 콘텐츠의 디지털화와 '동료생산(Peer Production)', P2P를 통한 비트 공유에서 새로운 대안사회를 본다. 그는 개인 이용자 사이에서 이뤄지는 비트의 생산과 유통이 자본주의적 가치생산영역 바깥에 존재하며, 산업사회 기반의 사회주의적 대안을 이어받는 변혁운동으로 성장할 수 있다고 주장한다. 바우웬스는 P2P를 통해 참여 · 공유 · 개방 · 자유를 추구하는 젊은 세대가 21세기 사회주의를 만들어낼 수 있으리라고 전망한다.

문제는 P2P를 통한 나눔, 증여와 혜택은 사회경제적 잉여의 크기에서 비롯된다는 데 있다. P2P에 쏟는 시간과 노력은 사회별·집단별·개인별로 차이 나며 이들의 양과 질은 사회적 지위와 경제적 조건에 크게 의존한다. 노동시장 바깥에 있는 젊은 세대는 P2P가 새로운 생산과 생활방식으로 자리 잡으면서 기업윤리를 뛰어넘는 열정, 공동체, 창의성 등을 꿈꿀 수 있겠지만, 그것은 제한된 수준의 집단에만 해당될 뿐이다. 그래서 바우웬스도 P2P가 자본주의를 초월하면서도, 그것에 내재적이라며 조심스레 단서를 붙인다.

한편 이론가들의 논쟁이 단적으로 보여주는 것처럼, 미디어 콘텐츠의 디지털화는 탈상업화와 공유를 촉진하는 동시에 지적재산권을 강화했다. 그로 인해 탈주한 비트를 회수하려는 움직임도 나타났다. 디지털화/비트화의 중심부에는 항상 비트의 공유와 지적재산권 확대 간의 긴장이 있었다. 이런 전선의 중간에서 크리에이티브 커먼스 라이선스(CCL, Creative Commons License)라는 절충적인 영역이라던가 규제를 둘러싼 완충지대가 만들어졌다. 그와 더불어 인터넷과 관련된 논의를 주도하는 집단은 2000년을 전후해 초기의 자유주의적 공동체주의자들에서 일련의 법률 전공자 그룹으로 이동했다. 그들은 독점과 지적재산권 문제(Lessig, 2002; Wu, 2010/2012), 망 중립성(Wu, 2003), 동료생산(Benkler, 2006), 인터넷의 열림과 닫힘(Zittrain, 2008/2014)이라는 틀로 논의를 주도했다.

조절학파의 대표격에 해당하는 부탕(Boutang, 2012)은 새롭게 만들어지고 있는 생산방식이 그것에 적합한 축적체제를 갖고 있지 못하다고 본다. 그에 따르면 인지자본주의는 특정한 생산방식이 원활하게 돌아가게 만드는 조절 주체로서의 체제가 아직 안정화되지 못한 자본주의의 새로운 축적유형이다. 다시 말해 인지자본주의는 제도나 사회적 합의가 만들어지지 않은 상태에 있는 불안정한 축적체제라는 것이다. 한편 초기 인지자본주의론의 테제를 제출한 베르첼로네(Vercellone, 2007)는 현 단계 자본주의에 대한 비판적 시각에서 자본주의 경제의 역사를 장기지속의 관점으로 접근한다. 그는 초기 산업자본주의 시기를 형식적 포섭 단계로, 포드주의 시기를 실질적 포섭 단계로, 그리고 현재의 시기를 일반지성 단계로 설정한다. 그래서 이들 단계마다 노동분업의 형태와 그에 따른 노동의 포섭방식이 달라지며 결국 착취의 방식까지 변화한다고 주장한다. 그렇다면 단계별로 협업의 특징과 성격이 어떻게 변화하는지를 비교해야 할 텐데, 베르첼로네는 이를 구체적으로 다루고 있지는 않다.

한편 이탈리아의 경제학자 안드레아 푸마갈리(Andrea Fumagalli)는 현대 자본주의를 사회적 협업의 네트워크 구조를 통해서 개인의 생명능력을 착취하는 체제로 본다(Fumagalli and Lucarelli, 2006). 그는 생명능력이라는 틀로 과거의 노동력 착취에서 생활현장까지 확대된 착취를 포착한다. 그에 따르면 자본의 착취는 공장이나 작업장에 그치지 않고 지적 작업을 포함한 개인의 생명능력을 직접적인 대상으로 삼으며 사회영역 전체로 확장된다. 그래서 푸마갈리는 테일러주의와 포드주의 단계를 거쳐 포스트포드주의 단계로 넘어가는 지금 시기를 집중적으로 다룬다.

이들의 논의를 개괄했을 때 다음과 같은 질문을 던질 수 있다. 현재의 자본주의에서 생산물의 특성과 생산자의 성격, 자본-노동 관계의 변화를 노동과정의 변화라는 관점만으로 분석할 수 있는가. 생명능력의 착취에 따라 더욱 급진화된 소외는 무엇을 생산하고 자본은 이를 통해 어떻게 이윤을 창출하는가. 계급관계는 사회적인 적대의 새로운 지형에서 어떻게 재편되며 새로운 사회운동은 어떻게 분출할 수 있는가. 인지자본주의론은 좌파부터 우파까지 다양한 스펙트럼에 놓이며, 이론적 입장에 따라 이런 질문에 주류 사회과학에 가까운 답을 내놓거나 완전히 상반되는 대안을 제시한다. 이처럼 인지자본주의론은 주류 정보사회론에서 제기하는 문제의식에 답하고 있다. 비판적 좌파나 자율주의 전통의 좌측부터 중도파인 조절학파에 이르기까지 다양한 정치적 스펙트럼을 보이지만, 모두 정보자본주의에 대한 극복과 이행이라는 관점을 공유하고 있다.

긍정적 외부효과와 혜택의 독점적 전유

• • •

인지자본주의론은 핵심적인 쟁점으로 외부효과(externalities)문제를 제기했다. 부탕은 신고전학파 경제학의 외부효과 개념을 인지자본주의적으로 재해석한다. 앞서 언급했듯이 로머(Romer, 1989)는 내재적 성장이론을 주장하면서 시장적 혁신이 아닌 비시장적 혁신을 통한 경제성장을 외부효과라고 설명했다. 로머에 따르면 자본가와 소비자 모두 사회적 혁신과 협력생산에 따른 이익을 누린다. 이는 긍정적 외부효과라고 할 수 있다. 반대로 기후위기는 모두에게 손해를 입힌다는 점에서 부정적 외부효과라고 할 수 있다. 부탕(Boutang, 2012)은 인지자본주의의 긍정적 외부효과를 상품화폐경제와 비상품화폐경제 간의 경계이동을 통해 설명한다. 상품으로 의도하지 않았던 부산물이 디지털 플랫폼을 통해서 만들어지면 사회적으로 긍정적 외부효과가 발생한다. 자본은 그것을 다시 상품화폐경제로 가져가면서 가치를 전유한다. 외부효과는 주류 정치경제학에서 오래전부터 사용하던 개념이다. 로머는 그것을 정보사회에 적용했고, 부탕은 외부효과를 다른 방식으로 전유해 인지자본주의 축적체제에 대한 설명을 시도한다.

정보자본주의에서 지식과 정보의 많은 부분은 이용자들의 협동을 통해 사회적으로 생산된다. 이용자들의 자발적 협동으로 생산된 지적 생산물을 그 이용과 소유의 사회성을 강조해 디지털 공유물(digital commons)이라 부르든, 신고전주의 경제학의 용어로 외부효과 또는 외부성이라고 이름 붙이든, 마르크스주의 전통에 따라 일반지성이라고 말하든 각각의 입장은 나름의 설명력을 갖는다. 이용자의 활동 결과물은 양면시장(박지웅, 2011)으로 설명할 수도 있고 부탕(Boutang, 2012) 식의 조절이론으로 분석할 수도 있다. 더 근본적으로는 정치경제학 비판의 입장에 선 마르크스주의적 해석도 가능하고, 자율주의적인 입장에서도 설명할 수 있다. 그런데 특정한 설명방식이 어떤 형식으로 실현되는가를 비판적으로 파악해야 이론의 실질적 의미를 판단할 수 있다. 외부효과 해석에서 중요한 지점은 이용자의 협동/협업을 통해 만들어지는 이용자 활동 결과물의 성격과 그것이 정보자본주의의 축적에서 수행하는 역할에 대한 분석이다.

다른 한편 정보자본주의 축적체제에서 이용자 활동 결과물의 외부효과는 경제영역뿐만 아니라 다양한 층위에서 작동한다. 외부효과에 대한 국가나 기업, 이용자의 전유는 각각 다른 층위에서 이뤄진다. 먼저 이용자는 자신들의 필요에 따라 서비스 플랫폼을 이용한다. 그들은 자신들의 활동 결과물을 협동과 공유를 통해 사회적으로 생산하기도 하고, 서비스 플랫폼의 자동화된 시스템 안에서 자신도 모르는 사이에 만들어내기도 한다. 이것을 마르크스의 일반지성과 연결해 자본주의 발전의 새로운 단계로 설정하는 분석도 있고(Vercellone, 2007), 일반지성이 함축한 사회주의로의 이행을 강조하는 낙관적 입장(Bawens, 2008), 이용자의 활동 결과물을 디지털 공유물이라 부르며 지적재산권의 제한이라는 개량적 접근법과 연결하는 자유주의적 흐름(Benkler, 2006; Lessig, 2002)도 존재한다.

그러나 서비스 플랫폼을 제공하는 기업의 입장에서 보면, 이용자 활동 결과물이라는 공유물 혹은 외부효과의 집적물은 이용자의 참여를 독려해 무상으로 전유해야 할 생산의 원료다. 기업은 자신들이 제공한 서비스의 외부효과로 생겨난 이용자 활동 결과물을 상품화폐경제 안으로 끌어들여 그것을 자신들의 이윤창출과 가치실현의 원료로 확보해야 한다(Boutang, 2012: 27). 이제까지 공유물은 사용가치만을 생산해왔다고 간주되었다. 하지만 지금은 공유물을 전유해 교환가치를 지닌 상품으로 전화하고 새로운 시장을 형성하는 플랫폼 자본주의가 인지자본주의의 핵심적 위치를 차지하고 있다. 이용자의 온라인 활동은 얼핏 보았을 때 자본의 노동과정에 포섭되어 있지 않다. 그러나 그들의 활동은 자본이 제공한 플랫폼에서 이뤄지기 때문에 얼마든지 조작될 수 있고, 그들의 활동 결과물은 자본에 의해 전유될 수 있다.

한편 인지자본주의에서는 가치실현의 방식도 다양화된다. P2P를 활용한 공유와 탈상업화로 인해 교환가치에 대한 사용가치의 실질적 우위 혹은 비상관성이 증대함에 따라 자본은 탈상품화에 대한 대책을 마련해야 한다. 디지털 복제물의 풍부함에 근거한 사용가치와, 자유로운 전유에 대한 교환가치의 우위를 강제하는 법률 간의 대립에서 사용가치의 자유로운 전유가 이길 수밖에 없는 사회기술적인 조건이 만들어지고 있다. 이런 조건에서 자본이 취할 수 있는 두 가지 모델이 발생한다. 하나는 이용자의 자유로운 전유를 기술적인 차원에서 제어하는 방법(애플 모델)이다. 다른 하나는 한계비용이 0에 가까운 제품과 소프트웨어 및 서비스를 적극적인 차원에서 공짜로 제공하는 한편, 이용자의 활동 결과물을 전유해 이윤으로 전환하는 방법(구글 모델)이다. 전자와 후자 모두 새로운 이용자-소비자 결합을 혼용하고 있으며, 이용자의 적극적 참여를 기반으로 그들을 고객으로 만듦과 동시에 소비자로 끌어들이고 이용자로서의 지위도 그대로 유지시킨다. 그래서 이용자-소비자-고객의 삼위일체형 통일체가 만들어진다.

외부효과는 단지 기업과 이용자 간의 경제적 차원에서만 발생하지 않는다. 이용자의 활동 결과물을 둘러싼 전유 싸움에는 국가도 개입한다. 왜냐하면 서비스 플랫폼을 통해 만들어지는 이용자의 사회적 활동 결과물은 경제적 산물로서의 성격뿐만 아니라 문화적이고 정치적인 성격을 지니고 있기 때문이다. 인터넷은 미디어이자 축적기계이고 감시기계이며 공론이 만들어지는 사회적 생활세계다. 인터넷을 통해 외부화된 지식과 정보는 소통의 장을 활성화하고 사회적 공론장을 만들며 정치적 행동을 매개하는 장치로 작동할 수 있다. 국가권력은 인터넷의 외부효과를 정치적으로 전유해 감시와 통제의 수단으로 삼으려 한다.[29]

이에 대응해 시민사회는 여론의 자유로운 생성과 흐름을 지키려 한다. 플랫폼을 통해 만들어진 이용자 활동 결과물은 국가, 기업, 이용자에게 각각 다른 의미를 지닌다. 그래서 이들 간에 데이터와 정보의 전유를 둘러싼 갈등과 대립이 만들어진다. 국가는 사회통제를 목적으로, 기업은 이윤을 목적으로, 이용자는 서비스 사용을 목

---

29 이러한 사례는 미국 국가안보국이 알파벳, 페이스북, 애플 등 거대 플랫폼 기업에 디지털 빨대를 꽂아 이용자를 감시하는 사례나 한국의 카카오톡 검열 사례에서 잘 드러난다. 더 나아가 여론 자체의 훼손과 훼방을 위해 국가기관이 직접적인 조작을 수행하기도 한다(백욱인, 2014b).

적으로 각각 이용자 활동 결과물과 서비스 플랫폼을 전유한다. 배타적인 전유의 장애물을 제거하기 위한 경쟁과 갈등 속에서 여러 사회 문제와 정책 이슈가 발생한다. 대표적으로 외부효과의 배타적 전유를 둘러싸고 지적재산권 문제가 발생하고, 이용자 활동 결과물의 추적포획을 둘러싸고 프라이버시와 감시의 문제가 생겨난다. 이 두 영역 사이에는 사상과 표현의 자유라는 문제가 걸려 있으며, 이는 민주주의의 영역과 직결된다.

자동화와 사이버네이션

• • •

인터넷 초기에 웹을 수동적으로 제공하던 데서 한걸음 더 나아가 이용자의 활동을 플랫폼이 제공하는 서비스 안으로 깊숙하게 끌어당겨 그것을 전유하는 사업모델이 활성화되고 있다. 인터넷 초창기에는 이용자 활동을 활성화하기 위해 기존의 문화 콘텐츠를 아날로그에서 디지털 비트로 바꿔 콘텐츠의 양을 늘려 나갔다. 그리고 2000년대 중반에는 웹 2.0과 소셜미디어가 활성화되면서 이용자들의 활동을 적극적으로 전유하려는 사업방식으로 진화했다. 이와는 달리 콘텐츠를 하드웨어-소프트웨어와 통합해 사이버스페이스에서 잃어버린 콘텐츠의 가치실현을 도모하려는 애플 식의 움직임도 강화되었다. 그렇다면 이용자 활동을 통해 만들어지는 비트 생산물의 성격은 무엇이고, 그것은 어떻게 만들어지는가? 이용자가 서비스를 제공하는 인터넷 기업과 맺는 관계는 어떤 성격을 드러내는가?

이용자의 활동으로 만들어진 비트는 미리 짜인 알고리즘을 통해 자동으로 처리된다. 선별·배열·가공·재가공의 연결과 자동처리로 서비스 제공자의 데이터는 더 두터워지고 더 많은 잠재적 가치를 획득한다. 이것이 과거 산업자본주의 시대에 불변자본이 담당했던 역할을 대신한다. 플랫폼 알고리즘은 이용자 대중에 의해 만들어진 비트 원료를 사용해 '기계잉여가치(machinic surplus value)'를 생산한다. 기계잉여가치 개념을 둘러싸고 네그리를 비롯한 기계잉여가치론자와 정치경제학 원칙주의자 간의 논쟁이 전개되고 있다.[30] 하지만 지금 요구되는 작업은 기계가 잉여가치를 생산하는가에 대한 훈고학적 주해와 편의적 해석이 아니라, 데이터의 흡수와 전유, 가공처리에 의한 가치창출기제와 가치실현방식을 비판적으로 분석하는 것이다.

파스퀴넬리(Pasquinelli, 2011)는 플랫폼과 이용자 활동이 결합할 때 '네트워크 잉여가치(network surplus value)'가 창출된다고 본다. 그는 네트워크 잉여가치의 창출기제를 자연과 인간, 기계의 상호관계를 통해 설명한다. 파스퀴넬리는 에너지와 정보가 기계에서 통합되며 인간이 아니라 네트워크 기계가 코드화된 언어를 통해 정보를 자동으로 실행할 때 네트워크 잉여가치가 창출된다고 본다. "현대

30 기계잉여가치론에 대한 비판으로는 카펜치스(Caffentzis, 2007)를 참조.

의 자본주의는 직접적 생산과정의 바깥에서 만들어지는 가치를 채집하고 생산하는 장치에 투자한다. 사이버네틱스 기계는 공장을 벗어나서 사회적 협력과 커뮤니케이션 자체를 생산력으로 전환한다(Pasquinelli, 2011: 19).” 그래서 이용자가 만든 비트가 알고리즘으로 흡수·가공·재배열·편집되는 공정은 새로운 잉여가치가 창출되는 자동화된 사회공장으로 비유된다(Terranova, 2000).

사회공장은 여러 가지 모습으로 나타난다. 대표적인 사회공장은 서비스 플랫폼을 통해 구체화된다. 구글의 검색엔진이나 페이스북, 트위터 등의 소셜미디어는 웹 2.0 시대의 대표적인 사회공장이다. 이용자가 이들 플랫폼에 접속해 아이디를 만들고 약관에 동의하며 이들 서비스를 활용하기 시작하는 순간, 그들은 사회공장에 포섭된다. 플랫폼은 이용자 활동을 통해 만들어지는 여러 가지 비정형 데이터를 실시간으로 축적하고 가공한다. 자본은 빅데이터를 형성하는 과정과 형성된 빅데이터를 활용하는 두 개의 단계를 통합하면서 가치증식을 도모한다. 비단 이용자 노동과 노동 결과물을 전유하는 수준이 아니라, 그것을 노동대상 혹은 원료로 이용하는 데 새로운 잉여가치 창출의 비밀이 숨어 있다.

이상의 논의를 토대로 생각해볼 때, 인지자본주의론이 하나의 이론으로 확립되려면 비물질노동 혹은 이용자 활동이 가치를 창출하는 방식과 잉여가치를 확보하는 방식을 설명할 수 있어야 한다. 그래서 인지자본주의론의 핵심 과제는 변화된 기술적·사회적 조건에서 가치론을 정확하게 분석하는 데 있다. 인지자본주의에 대한 비판적 연구는 생산과정에 대한 분석과 개념에서 출발할 필요가 있다. 빅데이터가 만들어지는 과정을 살펴보면 착취가 일어나는 시간과 가치가 증식되는 시간의 동시성을 찾아내기 힘들다. 첫째, 가치증식과정인 생산과정에서 착취가 행해지고 그것이 잉여가치를 낳는 산업자본주의와 달리, 인지자본주의의 선봉에 선 플랫폼 기업에서는 필요노동시간 이상의 잉여노동 착취를 통한 가치증식이 일어나는 구조와 현상을 명확하게 찾아내기 힘들다. 둘째, 착취가 일어나는 장소와 가치가 증식되는 장소의 일치성도 확인하기 힘들다. 착취가 행해지는 공간이 플랫폼을 통해 사이버스페이스로 확장되기 때문이다.

인지자본주의론의 또 다른 핵심 논의는 생산과 생산물의 성격에 관한 것이다. 2000년대 중반부터 웹 2.0에 대한 논의가 활성화되면서 이용자의 협업을 통한 생산, P2P 생산물의 성격에 대한 논의가 전개되기 시작했다. 이용자 생산은 참여적이고 협동적이며 웹을 통해 이뤄진다는 특징이 있다. 이용자의 적극적인 참여와 정보 생산 논의에 대한 개념은 앨빈 토플러(Alvin Toffler)가 1970년대부터 주장했던 생산소비자에서 실마리를 찾을 수 있다. 토플러의 생산소비자는 디지털 경제뿐만 아니라 그 이전에 서구에서 유행한 DIY(Do It Yourself) 열풍과도 연결되어 있다. 이용자의 생산활동은 벤클러가 2000년 〈소비자에서 이용자로: 더욱 심화된 규제기구로의 이동〉이라는 논문을 발표한 뒤 디지털 경제의 문제로 제기되었다(Benkler, 2000). 인지자본주의론은 이와 같은 논의를 이어받아 공장 바깥에서 수행되는 비물질노동을 통해 생산된 가치에 주목한다. 비물질노동의 생산은 인지자본주의론의 이론적 입장에 따른 정치적 실천이나 이행기 담론과 연관해 중요한 지점을 차지한다.

이와 관련해 소셜 프로덕션(social production) 혹은 P2P 생산은 집합적 네트워크를 통한 수평적 협업의 결과물을 새로운 부의 기반으로 확보하려는 흐름 속에서 시도되고 있다. 집합적 네트워크를 통한 수평적 협업은 새로운 생산의 원료로서, 공장의 노동시간이나 가치증식과정과 무관하게 이용자가 플랫폼을 이용할 때 형성된 외부효과의 결과물이다. 기업은 이를 다시 전유해서 이윤을 창출한다. 그럼으로써 '노동의 산 지식'과 '자본의 죽은 지식' 사이의 대립이 '산 노동과 죽은 노동의 대립'을 대체한다.

가치론의 확장인가, 폐기인가

• • •

자율주의의 영향을 받은 스웨덴 출신의 경영학자 아담 아르비드손(Adam Arvidsson)은 협업생산이 어떻게 이윤을 창출하는지를 '윤리경제(Ethical Economy)'라는 틀로 분석한다. 그는 P2P가 산업사회의 사회적 생산과 어떻게 다른지를 분명하게 규정해야 한다고 본다(Arvidsson, 2009: 14~15). 이에 그는 새로운 생산이 자본의 헤게모니에 포섭되지 않을 것, 생산물이 상품과 시장의 바깥에 존재할 것, 생산물이 노동이 아닌 활동의 결과물일 것, 생산물이 상품의 가치실현방식이 아니라 증여와 공유라는 새로운 보상체제에서 이뤄질 것, 생산주체의 자발적인 참여가 이뤄질 것 등을 들고 있다. 하지만 P2P를 기존의 자본주의적 경영의 입장에서 보면 이용자의 동료생산은 자본이 전유하고 포섭하면서 그에 대한 적응력을 키워나갈 또 다른 시장에 불과하다. 아르비드손은 이용자가 인맥과 비물질적 부를 함께 생산한다고 주장한다. 여기서 가치가 아니라 부의 생산을 주장하는 것은 현상을 잉여가치 생산이라는 틀로 분석하지 않기 때문이다. 이런 경우 가치라는 개념이 자의적으로 확장된다.

아르비드손은 가치를 마르크스의 정치경제학 비판에서 개념화한 사회적 필요노동시간, 잉여노동시간, 부불노동에서 추출하는 잉여가치에서 도출하지 않고, '브랜드가치'라는 경영학 개념을 통해 파악한다. 브랜드가치로 이용자 생산의 가치실현을 설명할 때 이는 나름대로 현실성을 갖는다. 예를 들어 페이스북은 이용자 활동을 전유하면서 자사의 브랜드가치를 선전하고 이를 바탕으로 자사 주식의 가격을 높여 시장 상황에 따라 막대한 금융적 수익을 올린다. 물론 금융적 수익은 자본시장의 환경 변화에 따라 등락을 반복한다. 중요한 것은 과거와 같은 생산과정 안의 가치증식과정을 분석하는 것만으로는 자본의 변화를 설명할 수 없다는 점이다. 아르비드손은 정보자본의 가치실현에서 금융시장이 갖는 중요성을 강조하지만, 가치와 가격을 혼동한다는 점에서 설득력이 떨어진다. 그는 가치증식과 가치실현과정을 분리하고, 가치실현과정 중심으로 인지자본주의 체제의 부를 해석한다. 그 때문에 가치증식 없는 가치실현이 어떻게 가능한가 라는 질문에 명확하게 답하지 못한다.

한편 푸마갈리는 자율주의와 조절학파의 이론을 통합한다(Fumagalli and Lucarelli: 2006). 그가 보았을 때 신경제의 본질적인 특징은 불변자본의 탈물질화로서 이는 현대 인지자본주의가 지닌 주요 모순이다. 푸마갈리는 자본의 탈물질화로 인해 불변자본의 생산적·조직적 기능이 개별 노동자의 육체로 옮겨간다고 본다. 그래서 그는 살아 있는 육체에 대한 전반적 착취에 기반한 체제를 '생명체의 경제(bio economics)'라고 주장한다. 이와 같은 주장은 푸코가 개념화한 생명정치(biopolitique)를 지탱하는 하부구조로서의 생명경제(bioeconomique)를 해명하는 흐름 속에 놓여 있다. 푸마갈리에 따르면 부를 창조하는 도구로서 인지노동의 중요성이 증가하는 경향과, 임금과 고용에서 나타나는 인지노동의 가치 간에는 모순이 생겨난다. 새로운 부의 창출기제로서 인지노동은 과거보다 비중이 높아지고 중요성도 커지는 데 반해, 인지노동자의 낮은 임금과 불안정한 고용으로 인해 노동의 가치가 떨어지는 문제가 발생한다.

인터넷에서 생산은 네트워크를 통한 협동을 통해 이뤄진다. 생산의 장소는 플랫폼을 소유하고 있는 회사이고, 생산자의 네트워크는 인터넷이다. 생명경제적 생산은 네트워크 구조의 결과이고 비물질적인 형태를 갖는다. 푸마갈리는 흐름, 즉 데이터에 의한 구조가 소통의 '언어적 허브'를 전제로, 높은 수준의 사회적 명성을 필요로 한다고 본다. 대부분의 이용자 활동은 완결된 상품으로 나타나지 않는다. 검색은 개인화된 공간에서 이뤄지지만 이들이 검색 플랫폼에 모이면 양질전환이 발생한다. 개별 이용자의 결과물인 비트 단위의 정보가 거대한 흐름을 이루면서 더욱 확장된 정보를 만들어낸다는 것이다. 푸마갈리식으로 보면 생명경제에서는 상품의 가치증식이 생산과정과 가치실현의 두 차원에서 모두 발생한다. 다시 말해 정보의 생산과 정보의 흐름이 하나가 된다. 소비가 상징이 될 때 생산과 소비는 아무런 차이가 없어져 우리의 삶 자체가 가치증식과정에 예속된다는 것이다. 이에 대해 미국의 정치학자 조지 카펜치스(George Caffentzis)는 이 지점에서 인지자본주의 비판론자들이 곧잘 함정에 빠진다고 지적한다(Caffentzis, 2007). 이런 식의 접근은 현상을 잘 설명하는 것 같지만 결국 가치론을 폐기하는 방향으로 이어져, 주류 사회과학에 가까워지기 때문이다.

노동가치론의 핵심에는 시간 개념이 놓여 있다. 노동과 시간이 결합하면 노동시간이 된다. 노동시간이 어디에서 어떤 조건으로 이뤄지는가는 잉여가치의 창출과 착취라는 틀에서 중요한 변수를 구성한다. 그런데 생산영역의 노동과정 바깥에서 만들어지는 생산물은 노동가치의 영역을 넘어선다. 소비영역의 활동도 당연히 노동이지만, 이때의 노동은 자본의 지배와 감독 아래서 이뤄지지 않는다. 소비영역에서 발생하는 주목경제(attention economy)나 정동적 활동의 성격을 정치경제학적인 분석 틀에서 해명할 때, 인지자본주의론의 영역도 확장될 것이다.

한편 앞서 언급한 대로 파스퀴넬리(Pasquinelli, 2011)는 네트워크 잉여가치라는 개념을 제안한다. 그에 따르면 이용자가 생산하는 정보는 플랫폼을 통해 만들어지는 동시에, 서비스 제공자의 사이버네틱스 장치에 흡수된다. 사이버네틱스 장치는 일종의 불변자본으로서 정보를 제어하고 생산과정을 통제한다. 사이버네틱스 장치는 생산과정이 정보의 입력과 집적에 따라 달라진다는 점에서 포드주의 단계의 공장이나 사무자동화 체제와 다르다. 플랫폼 또는 사이버네틱스 장치에서는 정보의 생산과 흡수가 동시에 수행되기 때문에 이용자는 이를 의식하지 못한다.

그와 함께 플랫폼의 경영자 또는 플랫폼 기업에 고용된 지식노동자들은 이용자의 정보를 관리하면서 2차 상품을 만든다. 이 과정 역시 자본주의적이다. 왜냐하면 이용자 활동의 결과물을 원료로 자본-노동관계를 통해 상품을 생산하기 때문이다. 파스퀴넬리식으로 접근하면 기존의 가치론은 폐기되거나 완전히 다른 주장으로 대체된다. 그 때문에 노동가치론을 견지하는 마르크스주의자들은 네트워크 잉여가치론을 두고 죽은 노동이 어떻게 잉여가치를 생산할 수 있는가 라는 비판을 제기한다. 이를 논리적으로 해명해야 플랫폼을 통한 이용자 활동의 전유를 더욱 명확하게 설명할 수 있을 것이다. 그런 점에서 가치는 인지자본주의론자와 전통적인 마르크스주의자 들이 대결하는 이론적 전장이라고 할 수 있다.

디지털 보편시장의 확대

• • •

기계지능의 메커니즘과 발전 전망을 데이터와 알고리즘, 인지의 수준에서 살펴보는 것과 더불어 인공지능의 사회경제적 의미를 따져 볼 필요가 있다. 인지행위를 자본주의화하는 과정에 대한 분석은 인공지능과 빅데이터의 결합이 갖는 정치경제학적인 위상을 밝히는 데로 집중된다. 왜냐하면 플랫폼을 통해 축적한 데이터를 인공지능과 결합하면 개인적인 것이 사회적인 것으로 전환되기 때문이다. 소셜미디어와 디지털 플랫폼이 사회적인 것의 상실을 가져왔다는 비판이 제기되고 있지만(Lovink, 2016), 사회적인 것의 축소 및 상실과 더불어 사회적인 것이 새롭게 만들어지는 기제와 방식, 상황에 대해서도 주의를 기울일 필요가 있다.

디지털 플랫폼은 분산된 개인들의 인지활동을 그들로부터 떼어내 분할 불가능한 개인을 미분된 분할체로 만든다. 산업사회가 개인의 신체를 감시하고 구속하면서 훈육을 내면화시켜 사회적 복종을 유지한 데 반해, 현재의 정보사회는 개인을 신체로부터 분리하는 탈육체화와 탈물질화를 수행하면서 플랫폼을 비롯한 기계적 예속을 강화한다. 이러한 기계적 예속은 사회적 복종을 자동화해 통제사회의 기술적 기반이 된다. 개인이 분할체가 되는 현상의 이면에서는 인터넷 플랫폼을 매개로 하는 이용자들의 네트워크 협업과 분업을 통해 개인적인 것이 집합적인 것, 공적인 것 혹은 사회적인 것으로 변환한다. 이러한 집합적이고 사회적인 형성과정은 P2P 생산이나 디지털 공유 혹은 디지털 사회운동의 기반이 된다.

그러나 이러한 개체의 접합과 공동행동을 통한 사회적인 것의 생성보다는 자본이 플랫폼을 통해 개인을 분할체로 전환하고 재배치해 사회적인 것을 상업화하는 경향이 더 우세하다. 인지자본은 생활과 소통, 여가활동이나 오락이 이뤄지는 시간을 자동화된 플랫폼과 연결시킨다. 이를 통해 인지자본은 이용자의 활동시간을 자본의 이윤창출을 위한 원료창출시간으로 변환한다. 노동시간을 연장하는 절대적 잉여가치나 혁신적 생산방식의 도입을 통한 상대적 잉여가치의 창출을 넘어, 이용자들의 생활시간을 플랫폼 기업의 노동시간으로 전환하는 마술이 이뤄진다. 이용자는 플랫폼이 제공하는 콘텐츠를 소비하거나 다른 이용자와 소통하고 '좋아요'를 누르며 인지활동을 한다. 그와 동시에 플랫폼에 투여된 이용자의 생활시간은 데이터를 창출하는 노동시간으로 전환된다. 물론 생활시간의 노동시간으로의 전환은 눈에 드러나지 않는 플랫폼 알고리즘을 통해 이뤄지기 때문에, 이용자들은 데이터가 적분되는 기제와 그것이 자본의 이윤창출을 위해 다른 알고리즘과 결합하는 과정을 알아차리지 못한다.

인지과정과 결과물의 상업화는 디지털 보편시장을 만든다. 그것은 탈물질화된 상징과 기호의 세계를 시장경제의 틀로 포섭한다. 다양한 플랫폼과 서비스를 통해 이뤄지는 이용자들의 인지활동과 소통·정서·판단·동의·감정 등은 디지털 데이터를 남긴다. 자본은 이용자의 활동 데이터를 축적하고 통계적 예측을 통해 새로운 서비스를 만들어내면서 탈물질화된 부분을 재물질화하고, 탈상업화되었던 부분을 재상업화하면서 보편시장의 범위를 더욱 확장한다. 이처럼 지식자본주의 또는 정보자본주의의 핵심에는 데이터가 놓여 있다. 빅데이터와 결합되는 머신러닝과 인공지능, 클라우드컴퓨팅은 데이터라는 질료에 형상을 부여해 재물질화를 향한 정보화의 기반을 마련한다. 그리고 이것이 물질과 다시 만나는 여러 경로를 통해 새로운 상품으로서 시장에 나온다.

대표적인 사례로 물질과 정보의 결합을 통한 증강현실, 알고리즘의 종합체인 인공지능과 기존 인공물의 결합을 통해 실현되는 가상현실이나 혼합현실, 그리고 정보화된 데이터를 물질로 출력하는 3D 프린터 등을 꼽을 수 있다. 이런 흐름을 자본과 경영의 입장에서 앞당겨 강조하고 선전하는 것이 4차 산업혁명이라는 구호다. 4차 산업혁명은 재물질화와 재상품화 경향을 뒷받침하는 인지자본주의의 보편시장론이다. 안정적 고용과 노동이 지속적으로 위협받는 상황에서 시장은 내적으로나 외적으로 모두 확대된다. 자본은 비상품경제의 영역에서 만들어지는 P2P나 자발적 참여와 협업에 토대를 둔 사회적 공유물의 생산에 개입하고, 데이터를 원료로 하는 머신러닝과 인공지능 기술을 결합해 새로운 상품과 서비스를 확대한다.

공유경제와 디지털 보편시장

• • •

현 단계의 인지자본주의는 재물질화와 재상품화를 통해 자본축적의 확장을 추구한다. 그래서 우리는 현 단계 자본주의의 변화에 대응해 기존 인지자본주의 분석의 범위를 넓히고 더욱 구체화해야 하는 지점에 이른다. 인지자본주의는 공유경제의 활성화를 통해 탈상품화된 영역을 재상품화하고 이윤창출 영역을 새로이 개척한다. 공유경제는 생산을 통해 잉여가치를 남기는 형태가 아니라 기존의 생산물을 활용해 이윤을 챙기는 것에 가깝다(Deleuze, 1995: 6). 그런 점에서 공유경제는 인지자본주의에서 새롭게 만들어지는 사회적인 것의 성격을 잘 보여준다. 공유경제는 기존 자본주의 생산에 포섭되지 않았던 개인의 시간과 자원, 노동력, 자산을 자본주의적 시장과 이윤창출에 동원해 자본의 가치창출 공간을 확장한다. 공유경제로 불리는 새로운 영역은 사적 소유물을 일시적·부분적으로 공유물로 전환하고, 그런 과정을 통해 지대를 수취하는 플랫폼 기업에 의해 추진된다.

4차 산업혁명의 일환으로 등장한 공유경제는 자본-노동관계 바깥에 존재하는 개인의 시간과 공간, 소유물을 자본주의적 생산의 틀로 포획한다. 상업화된 공유경제는 자본-노동관계 바깥에 존재하던 시간과 설비를 자본주의로 포섭해 플랫폼 지대를 수취하는 한편, 사회 전체적으로는 잉여가치창출의 공간을 더 크게 확장한다. 공유경제의 실현물이 우버로 대표되는 자동차와 에어비앤비로 대표되는 집에서 출발했다는 사실은 시사적이다. 자동차와 집은 포드주의 시대를 상징하는 내구소비재다. 내구소비재의 소유에 입각한 경제시스템에서 그것의 활용으로 중점이 바뀜에 따라 내구재 생산 사업이 서비스사업으로 연결되었다. 이와 같은 방식은 기존 자본주의의 생산을 통한 잉여창출을 넘어 생산물까지 자산화해 새로운 이윤창출의 수단으로 동원한다.

기존의 생산물로 이윤을 창출하기 위해서는 생산물과 서비스를 연결할 수 있어야 한다. 다시 말해 이런 사업은 서비스 이용자와 서비스 제공자 간의 중계와 실시간 결제를 위한 신뢰를 필요로 한다. 제공자의 자산에 서비스 노동을 결합하는 신종 상품은 스마트폰이나 앱 기반의 실시간 서비스 플랫폼을 통해 이용자와 제공자를 신속하게 연결하기 때문에, 기존 서비스의 가격을 파괴하며 우세한 서비스 품질로 시장을 공략한다. 우버의 경우 처음에는 서비스 제공자의 자산을 공략해 이용시간의 빈틈을 나누는 서비스의 조그만 섬이었지만, 전자결제가 쉽게 이뤄지면서 이용자가 급증했다. 공유경제는 편리성과 기존에 형성된 유휴 노동력을 활용해 경쟁력을 갖췄지만, 이런 과정을 통해 공유 서비스의 본말이 전도되었다.

이런 방식의 서비스가 진전될수록 우버 같은 기업은 이용자에 대한 정보도 함께 축적한다. 데이터의 본원적 축적이 완성되어갈 때쯤 데이터를 활용하는 사업이 우버의 주력분야로 전환될 것이다. 소유에서 이용으로 이동하는 서비스 흐름과 디지털화된 데이터의 축적이 현실세계와 결합하는 모습은 공유 서비스의 핵심을 보여준다. 공유 서비스는 서비스와 이용을 매개하는 신뢰성 있는 자동지불수단의 지원에 힘입어 확산되고 있다. 그로써 데이터 기반, 디지털 기반, 앱 기반 신종 기술을 현실 서비스와 결합하는 공유 서비스의 다양한 분야도 점차 성장할 것이다.

그런데 보상을 바라지 않는다는 의미에서의 공유와 이윤을 목적으로 하는 대여 서비스는 다르다. 자본주의 바깥에 존재하는 공유의 틀에는 화폐와 지불수단 혹은 빅데이터의 본원적 축적이 전제되지 않는다. 소유권에 입각한 대여 서비스는 엄밀한 의미에서 공유경제가 아니다. 공유는 참가자들이 자신의 소유물이나 능력을 나눔으로써 질이 다른 혜택을 교환하는 행위다. 공유물은 사용가치와 교환가치로 이뤄지는 상품이 아니기 때문에 자본주의 경제의 시장논리 바깥에서 작동한다. 이렇게 탈상업화된 공유경제에서 화폐교환은 부차적일 뿐이다. 서비스나 재화를 공유하는 사람은 자신이 제공해주는 혜택을 받는 이용자로부터 다른 혜택을 받는다. 그들이 주고받는 것은 친밀감, 관계 형성 등이다. 반면 상업화된 공유경제에는 그러한 상호혜택의 교환이 없다. 오직 화폐를 매개로 한 거래만이, 상품거래 일반에 따르는 당사자끼리의 감정교환이 있을 뿐이다. 다만 자본주의에 포섭된 공유경제의 외부효과로서 유휴자산과 시간의 활용이 사회 전체의 차원에서 사회적 자본을 확장할 수는 있다.

이런 맥락에서 새로운 사업영역으로 각광받는 공유경제는 2차 제어혁명기의 통제사회에서 자본이 개발한 사업모형이자 착취유형임을 확인할 수 있다. 현재의 공유경제 혹은 '긱 이코노미(Gig Economy)'는 P2P 생산이 소비와 유통 영역으로 확장되면서 생겨난 현상이다. 탈상업화된 P2P 생산과 나눔이 재상업화되면서 나타난 현상이 공유경제이고, 그것이 자본주의적으로 전일화되면 더 나쁜 자본주의를 확대할 수 있다. 이와 달리 먼저 출발했던 디지털 커먼스(Digital Commons)나 공유 기반 공동체 노선은 초창기와 달리 상업적 공유경제의 등장 이후 정체되어 있다. 디지털 커먼스는 독자적인 플랫폼을 갖고 있지 못하기 때문에 공공 플랫폼이나 협동 플랫폼의 형태로 진행되기 어려운 것이다.

새로운 분배론

• • •

기본소득은 사회적인 것의 축소와 플랫폼 수탈에 대한 대응에서 출발했다. 1970년대 후반 이후 신자유주의 정책이 실현되면서 공동적인 것과 사회보장영역 모두 지속적으로 축소됐다. 1990년대에 인터넷이 대중화된 뒤에는 혁신과 신기술을 내건 거대 테크 기업이 성장하고 그들이 제공하는 서비스 플랫폼이 대중의 일상생활 가운데 큰 비중을 차지하기에 이르렀다. 자동화를 통해 진행되는 일자리의 합리화는 플랫폼 기업의 영향력을 더욱 확장했고, 이에 따라 소득불평등과 실업 문제가 나타났다. 아마존 같은 신규 기업은 이윤이 나지 않음에도 불구하고 지속적으로 사업을 확장해 시장을 장악한 다음 주식상장으로 가치를 실현했다. 이런 과정에서 합종연횡이 가속화되어 독점 문제가 노골적으로 드러났다. 거대 유통 플랫폼의 지배력에 대항할 수 없는 자영 상공업자는 유통 플랫폼에 지대나 수수료를 내고 입점할 수밖에 없는 조건이 만들어졌고 부당한 가격조정이나 지대로 고통을 받았다.

구글, 네이버 같은 검색사이트는 이용자의 소비활동 자체를 생산과정의 원료로 활용할 수 있는 데이터로 수집하는 한편, 그들을 생산이용자로 만들었다. 생활시간을 플랫폼에 다양한 방식으로 투여한 소비자/이용자는 자신의 활동 결과물을 부당하게 수취당하는 것에 대한 권리를 제대로 보장받지 못했다. 그에 반해 거대 플랫폼 기업들은 역사상 유례없는 성장과 고수익을 창출했다. 그러자 거대 플랫폼 기업들이 이용자의 활동 결과물을 공짜로 갖다 썼으니 이용자들에게 소득을 지불하라는 요구가 제시되기 시작했다. 그것이 곧 기본소득이다.

기본소득론은 좌부터 우까지 다양한 스펙트럼에 펼쳐져 있다. 인지자본주의 체제를 유지하기 위한 기본소득론부터 사회구성원을 전부 자본가로 만들자는 인민자본주의론, 전통적인 사회복지 차원에서 제기되는 기초수당론, 19세기 사회주의에 가까운 기본임금론까지 다양한 스펙트럼이 존재한다. 작업장의 노동과정에 종사하는 구성원의 비율이 줄어들고, 노동시간보다 사회활동이나 여가시간의 비중이 늘어나며, 포드주의적 생산체제보다 포스트포드주의적 생산단위의 중요도가 높아질수록 기본소득의 설득력도 커질 것이다. 인지자본주의론이 기본소득이라는 정치적 대안으로 연결되는 논리적 근거는 분명하다. 인지자본주의론은 새로운 사회관계의 변화와 생산양식의 전환에 주목하면서 임노동의 쇠퇴와 자본-노동 관계 바깥에서 부가 축적되는 양상에 관심을 갖는다. 그런 점에서 인지자본주의론은 부의 새로운 분배방식으로 임금이 아닌 대안적 분배체제를 고려할 수밖에 없다.

빅데이터의 형성에는 이용자의 자발적 활동이 큰 몫을 차지한다. 사회공장론의 실천적인 함의는 자본-노동관계 바깥에서 만들어지는 이용자 활동 결과물을 자본이 독점적으로 전유하고 있다는 사실에 대한 인식을 바탕으로 이용자들의 사회적인 요구를 결집하는 데 있다. 빅데이터의 형성과정에 참여한 다수의 이용자에게 제공하는 사회적 보상으로서의 기본소득을 인지자본주의에 대한 비판적인 관점에서 대안으로 제시할 수 있다. 현대사회에서 자본-노동의 상시적 관계를 토대로 한 임금의 의미는 갈수록 퇴색된다. 실업계층에게 임금은 의미가 없다. 기술혁신과 자동화로 생산성은 향상되었지만, 일자리가 없어지면 임금으로 먹고살아야 하는 계층은 더욱 줄어든다. 게다가 공장과 사무실 바깥으로 몰린 사람들은 자영업이나 불안정·불완전고용 아니면 먹고살 길이 없어진다. 그러면서도 그들은 공동활동을 통해 부의 축적에 기여하고 있다.

기본소득을 주장하는 근거는 무상노동이나 서비스 제공을 통해 습득한 빅데이터가 산출하는 수익, 즉 플랫폼 지대다. 기본소득은 불안정하고 불완전한 고용상태에 놓인 젊은 세대와 저소득층에게 소득을 마련해준다는 장점이 있다. 기본적인 소득이 있으면 저임금이나 불안정한 일자리에도 불구하고 노동력 재생산이 가능하다. 저소득층이 기본소득으로 소비하면서 페이스북도 쓰고 유튜브에 콘텐츠도 올려놓는 등 사회적 활동을 지속하면 인지자본주의 체제가 재생산될 수 있는 최소한의 기반이 마련된다. 이런 경우 기본소득은 플랫폼 자본주의 체제가 계속 돌아가는 조건을 확보할 수 있다. 이것이 기본소득에 숨은 디지털 독점 자본주의의 체제유지 근거이자 지속적 성장을 위한 방편이다.

그럴 경우 기본소득이 기존의 사회복지를 악화시키거나 조세불평등을 강화하는 역효과와 연동될 수 있음에도 유의해야 한다. 실제로 기본소득을 시행하다 보면 공동적인 것 또는 사회적인 것이 축소될 수 있다. 공동적인 것 또는 사회적인 것은 집합적 소비수단의 형태를 띠고 있다. 햄버거는 개인적 소비수단이고 주택은 가족적 소비수단이다. 이에 반해 공동급식이나 공동주택, 의료보험 혹은 국립공원 등은 집합적 소비수단이다. 이들은 사회보장과 관계된 사회적인 것으로서, 기본소득을 보장하면 이런 것을 점차 줄이거나 사유화할 수 있다. 기본소득을 보장하는 대신 국립공원 갈 때 혹은 지하철 탈 때 65세 넘은 사람도 돈을 내거나 학교급식을 폐지하거나 의료보험에서 개인 부담률을 높일 수 있다. 기본소득과 사회보장이 제로섬이 아니라 상호보완적으로 구성되어야 조삼모사를 벗어날 수 있다. 이를 적절하게 운영하지 못하면 기존에 집합적으로 쓰던 것은 줄어들고, 개별적인 명목소득은 늘어났지만 결과적으로 생활의 질은 더 나빠질 수도 있다. 그런 경우 기본소득이 보장되는 대신 공동적인 것이 줄어드는 모순에 봉착할 수 있다.

그리고 기본소득은 결국 화폐를 주는 것이기 때문에 상품화폐화를 통해서 기존에 상품이 아니었던 것이 상품으로 바뀔 여지가 커진다. 즉 공동적인 것 또는 사회적인 것이 돈을 주고 사야만 하는 상품으로 변형될 수 있다. 그렇기 때문에 기본소득을 주장할 때는 이런 지점도 유의해야 한다. 한편 기본소득의 재원은 거대 플랫폼 기업들의 수익에서 조달해야 할 것이다. 플랫폼 기업의 조세회피를 차단하고 그들의 수익에서 세금을 정당하게 징수해 기본소득의 기초재원으로 확보하는 방안이 모색되어야 한다.

독점 플랫폼 기업들의 수탈에 대한 대응으로 그들 기업이 이용자들과 광고수익을 나누는 '수동소득(passive income)'에 관한 논의도 등장했다. 수동소득이란 적극적인 노동을 통한 소득이 아니라, 활동하지 않고 가만히 있지만 돈이 들어오는 것에 대한 비유다. 과거의 수동소득은 자판기를 하나 사 놓으면 추가적인 활동을 하지 않아도 자동으로 수익이 창출되는 방식을 의미했다. 최근에는 거대 플랫폼이 광고수익을 이용자 생산 콘텐츠에 대한 보상으로 지불할 때 발생하는 수입을 지칭하는 것으로 확장되었다. 예를 들어 유튜브 채널의 조회 수에 따라 광고 수익 중 일부를 배당받는 것도 수동소득이다. 유튜버는 자기 계정에 사람들이 몰리고 광고 수익도 받으면서 카메라와 마이크 등 방송장비를 구입하고 많은 시간을 유튜브에서 보낸다. 그런데 정신 차리고 보니 이제는 광고 수익을 위해 일하는 자신을 발견한다. 하루 중 수 시간을 들여 콘텐츠를 만들고 많은 사람이 봐야 수입이 늘기 때문에 욕설을 남발한다. 수많은 유튜버가 무작정 인기를 쫓으면서 '유튜브 포퓰리즘'이 만들어진다.

유튜브 포퓰리즘은 정치적으로 편향되고 문화적으로 극단적인 행동을 낳는다. 많은 수입을 창출하는 유명 유튜버처럼 큰돈을 번 사람들이 있어서 가능성이 열려 있는 것처럼 보이지만, 모든 사람에게 그렇지는 않다. 가능한 모든 것을 투기자산화하고 가상자산까지 만들어 금융시장을 확대하는 현실에서 노동은 투기활동으로 바뀐다. 많은 사람이 하루에 8시간 아르바이트를 해서 번 돈, 택배 배달로 번 돈을 암호화폐 투기장으로 던져버린다. 노동은 손바닥 위에 놓인 스크린에서 펼쳐지는 화폐가격 등락을 모니터링할 권리로 바뀌고 빚은 늘어만 가며 모든 신경은 모니터를 보면서 타들어간다.[31] 대부분의 이용자는 유튜브에 머무는 시간이 늘어나 광고 효과만 높여주는 현상이 나타난다. 수동소득에 접근할 때는 이런 위험성을 함께 고려해야 한다.

한편 앞서 살폈듯이 거대 플랫폼의 데이터 독점을 비판하고 데이터와 창작물 이용에 대한 보상을 주장하며 '창작자 소유경제'라는 틀이 떠오르는 중이다. 거대 플랫폼에서 데이터를 생산하던 이용자들을 끌어들여 창작물에 대한 소유권과 자산화를 도모하는 창작자 플랫폼이 등장하고 있다. 이런 플랫폼은 소셜미디어에서 창작자들을 떼어내 그들이 독자적으로 활동할 수 있는 공간을 제공하고 그들의 창작물에 보상하는 체제를 마련한다. 보상을 위한 금융적 장치는 NFT를 응용해 제공한다. 이와 같은 플랫폼은 첨단 소프트웨어와 플랫폼 기술, 암호화폐 등의 하이테크를 결합해 콘텐츠

31 이것이 인지자본주의에서 '부채인간'이 만들어지는 방식이다. 부채인간에 대해서는 라자라토(Lazzarato, 2011/2012) 참고.

를 자산으로 만들고 그것에 대한 지대를 추구한다. 하지만 그 형태를 보면 18세기 공장제 수공업 단계에서 산재한 독립 수공업자들을 공장에 모아 자본주의적 생산과정으로의 전환을 모색하던 것과 비슷하다. 창작자 소유경제의 운영자들이 창작자에게 안정적인 소득을 보장한다고 선전하더라도, 큰 틀에서는 수탈과 착취를 결합한 플랫폼 축적체제에서 벗어나기 힘들다. 그것은 이용자 활동 결과물의 수취에서 출발한 착취가 지식 소상품생산자를 포섭해 노동자화하거나 플랫폼 말단에 붙은 노동자에 대한 직접적 착취로 확장되는 추세를 대변한다.

비판적 인지자본주의론의 확장을 위하여

• • •

인지자본주의론은 주류 학계의 정보자본주의론에 대한 비판에서 출발했다. 인지자본주의론은 정보와 지식을 기반으로 부를 축적하는 정보자본주의의 기제를 정치경제학적으로 재해석하고 그에 대한 비판을 계기로 새로운 사회에 대한 전망을 그리려고 한다. 인지자본주의론자들은 지식과 감정을 포함한 인간의 인지능력과 그 결과물이 자본화되거나 상업화되는 현상을 비판한다. 이들은 대체로 전통적인 마르크스주의 정치경제학 비판을 따르고 있지만, 축적조건의 변화를 함께 고려하기 때문에 때로 마르크스주의와 충돌한다.

문제는 현 시대의 새로운 축적유형을 잉여가치론의 틀에서 어떻게 설명할 수 있는가에 달려 있다.

P2P 모델은 기계를 매개로 한 인간과 인간 간의 네트워크와 컴퓨터 간의 복제를 통해 데이터를 생산한다. 네트워크로 연결된 인간과 기계는 플랫폼 안에서 대등한 행위자로 활동한다. 인간 행위자와 기계 행위자, 디지털 데이터 행위자 간의 구분이 없어지는 지점에서 개인은 데이터로 미분된다. 이런 경우 데이터는 인간 행위자의 결과물이지만 인간 개인으로부터 분리되어 다른 데이터와 집합적 데이터세트를 구성하면서 새로운 배치/배열을 만든다. 그런 일련의 과정이 플랫폼이라는 집합적 알고리즘의 결합체에서 이뤄진다.

여기서 브뤼노 라투르(Bruno Latour)의 행위자연결망이론(ANT, Actor-Network Theory)에서 제안하는 행위자 또는 행위능력(agency) 개념을 기계나 디지털 데이터까지 확장해볼 수 있다. 인간 행위자가 플랫폼을 이용하는 순간 그들은 분할체가 되어 다른 데이터 행위자와 구분할 수 없게 뒤섞여 데이터세트를 이룬다. 상이한 분할체의 다양한 집합인 빅데이터는 인공지능을 통해 가공되어 분할체의 추출 모체인 개인을 범주화하고 추적하며 상품화하고 대상화하는 데 활용된다. 디지털 플랫폼을 많이 이용할수록 개인에게서 빠져나가는 분할체가 많아지고, 그에 비례해 플랫폼 기계에 대한 개인의 예속이 강화된다. 그 결과 플랫폼 안에서 혹은 플랫폼을 통해 개체의 사회적 복종이 강화된다.

한편 인지자본주의 시대의 분업과 협업이 갖는 특징을 일반지성으로 이해해 새로운 사회로 이행하는 단초로 보고 이를 긍정하는 논자들도 있다(Vercellone, 2007; Bauwens, 2008). 그러나 인공지능이나 기계와 같은 비인간 행위자로 이뤄진 네트워크는 특정 집단에 의해 통제되는 알고리즘을 통해 기획되고 조작된다. 이용자의 자발적 협업으로 보이는 활동의 이면에서는 플랫폼을 통한 기계의 자동화된 협업이 먼저 작동한다. 행위자들의 분업은 플랫폼 알고리즘의 규격화된 활동을 통해 이뤄진다. 인간과 기계 간의 플랫폼 협업은 네트워크로 연결된 행위자의 자발적인 서비스 이용을 통해 이뤄지는 것처럼 보이지만, 그것은 사실 미리 짜인 플랫폼 분업의 표준화된 틀 안에서 수행된다. 라자라토는 이러한 사태를 기계적 예속이라는 개념으로 설명하고 있다(Lazzarato, 2014/2017). 플랫폼을 통해 확장된 사회공장에서 기계적 예속이 이뤄지고 있다는 것이다. 인지자본주의는 클라우드컴퓨팅과 크라우드소싱을 활용해 개인을 분할체로 만들고 개인의 활동에서 데이터를 자동으로 뽑아낸다. 이러한 과정을 통해 대중의 인지활동은 빅데이터로 전환되어 기계적 예속의 기반이 마련된다.

디지털 시대의 빅데이터는 사물과 사물, 인간과 사물, 인간과 인간 간의 상호작용에 의해 만들어진다. 특히 소셜미디어에 축적되는 빅데이터는 이용자 활동을 통해 생산된 결과물을 서비스 플랫폼을 통해 자동으로 서비스 제공자의 서버로 이전하고, 그것을 다시 이용자에게 서비스로 전달하는 순환과정을 거친다. 그래서 빅데이터의 사회경제적 위상을 드러내려면 이용자 활동을 면밀하게 분석할 필요가 있다. 많은 논의가 빅데이터의 경제적인 활용과 가치창출에 주목하지만, 그전에 이용자 활동을 통한 데이터의 자동축적과정이 없으면 가치도 창출될 수 없다. 따라서 가치창출의 모든 단계에서 데이터가 자동으로 축적되고 배치되는 방식을 이용자 활동의 전유라는 틀로 검토해보는 것이 필요하다. 빅데이터 기술은 이용자로부터 수집한 개인의 프라이버시와 관련된 데이터와 활동 데이터를 결합해 데이터베이스 자체를 생산원료로 만들고 있다. 인공지능은 여기에 더해 기계인지를 통한 데이터까지 창출한다. 기계잉여가치가 실현되는 시기가 다가오고 있는 것이다.

그렇다면 인공지능 시대의 플랫폼 기계구조의 배열을 바꾸고 자본의 이윤창출이라는 접합의 선을 바꾸는 것은 가능할까? 오히려 자본의 포획기계가 이용자의 생산을 다른 배치를 통해 전유하고 있지 않은가? 축적된 데이터를 배치하는 주체는 이용자가 아니라 플랫폼 소유자다. 플랫폼 기계장치는 자동으로 이용자 활동 결과물과 그들 간의 커뮤니케이션, 기표를 축적한 후 용도에 맞게 미분해 상품으로 변형함으로써 이용자를 감염시킨다. 플랫폼으로 전유된 이용자의 활동 결과물은 재배열되어 다른 이용자의 감각과 정서를 촉발하면서 특정한 감응체계를 만들어낸다. 이용자 활동 결과물의 집합인 빅데이터를 이윤을 위한 데이터로 잘게 썰어 재배치하는 기술은 데이터 포획기계와 콘텐츠 생성기계가 통일된 거대 플랫폼 기계를 통해 이뤄진다.

가끔 데이터의 흐름에서 이용자 활동과 반응, 소통이 중요한 요소가 되고 그것이 분할체의 데이터로 전락하지 않으면서 사회적인 것을 만들며, 그들이 만들어낸 데이터의 흐름이 때로는 사회적 통제에 대한 대항수단으로 활용되는 시기도 있을 것이다. 그러나 아쉽게도 이용자들이 기계적 예속과 사회적 복종을 벗어나는 순간은 아주 짧다. 기계적 예속에 대한 라자라토의 분석은 생산과정에서 이뤄지는 통제의 두 가지 형태를 사회적 차원으로 확장한 것으로 보인다. 공장에서 벌어지는 감시와 통제, 규율 그리고 실질적 포섭과 기계 예속을 사회공장으로 확장하면 사회적 복종과 기계적 예속이란 틀이 나타나는 것이다. 그는 사회적 복종의 영역에 머무르는 정치윤리학를 비판하는 동시에, 기계적 예속의 구체적 분석 수준으로 나가지 못하는 논자들을 비판한다. 또한 기계적 예속을 강조하지만 사회적 복종의 시각을 결여한 인지자본주의론 진영도 비판한다. 이것은 각각 정치과잉과 경제과잉에 대한 비판이다.

짧은 저항의 기간은 기계적 예속의 수단이 기계를 사회적 복종에 대한 항거와 대항의 수단으로 활용할 때 가능하다. 이때 이용자 활동을 포획하던 플랫폼은 대항운동의 플랫폼으로 배치가 바뀐다. 연결의 말단에 행동하는 인간 주체가 배치되고 그들 간의 연결이 현실사회의 사회적인 것을 향해 전진한다. 가상의 사회적인 것과 현실의 사회적인 것이 겹치면서 현실의 층이 두터워지고 상호매개와 빠른 전이 및 연결이 이뤄질 때 대중의 접합이 생성된다(백욱인, 2008). 그때가 디지털 시대의 사회적인 것이 현실적인 것이 되는 시기다. "이성적인 것은 현실적이고, 현실적인 것은 이성적이다"라는 헤겔의 말을 패러디하면, "가상적인 것은 사회적인 것이 되고, 사회적인 것은 가상적인 것이 되어 서로 접합된다". 이때 둘은 구분하기 힘들 정도로 겹치고 둘 사이의 이동속도도 빨라져 현실세계와 가상세계가 통일된다. 인공지능 시대의 대중이 사회적인 것을 새로이 만들어낼 가능성이 여기에 있다.

11장 플랫폼 자본주의 속 노동의 변화

그간 많은 학자가 인지자본주의, 플랫폼 자본주의, 디지털 자본주의 혹은 인공지능 자본주의 등 여러 수식어를 앞에 붙이면서 자본주의의 변화한 모습을 탐구했다. 그러나 자본주의 앞에 붙은 새로운 수식어가 무엇이든 그것이 자본주의인 한 생산수단을 둘러싼 계급관계와 생산력 증대 사이의 모순이 존재할 것이고, 나름의 생산과정이 돌아가며, 잉여의 추출과 부의 축적이 이뤄질 것이다. 인공지능 자본주의는 고정자본으로서의 기계설비를 마련하고 플랫폼을 활용해 데이터의 생산과 유통을 전개하는 동시에, 새로운 협업과 노동분업 체제를 만들고 그를 활용해 잉여를 창출해 부를 축적하는 체제다. 이런 점에서 플랫폼 자본주의와 인공지능 자본주의는 포개진다. 현 단계에서는 플랫폼 자본주의가 인공지능 자본주의의 모습을 가장 잘 드러낸다.

기계와 인간의 관계변화는 인공지능 도입에 따른 노동과정의 변화에 발을 맞춘다. 인간노동의 기계적 예속화는 자동화된 공장노동에서 더욱 심화되었다. 인공지능과 네트워크로 연결되는 단계인 인공지능 자본주의가 도래하면 기계적 예속은 더욱 심해질 것이다. 기계와 인간의 관계변화 속에서 나온 인공지능 자본주의라는 규정은 라우니히(Raunig, 2016)나 파스퀴넬리(Pasquinelli, 2011)가 말한 '기계자본주의(machnic capitalism)'에서 기계를 인공지능으로 치환한 것처럼 보인다. 혹은 신경제론이나 인지자본주의론에서 말하던 디지털 경제와 유사해 보이기도 하고, 공유경제에서 논의되던 플랫폼 자본주의의 다른 이름처럼 보이기도 한다.[32] 자본주의 앞에 붙은 수식어인 '인지', '플랫폼', '인공지능'의 관계를 살펴보면 인공지능 자본주의라는 규정이 다른 명명법에 비해 어떤 장단점이 있는지를 확인할 수 있을 것이다.

인간의 인지활동을 수취하고 인공지능을 통해 가공하는 현 단계 자본주의의 성격은 기계와 인간의 관계가 어떻게 배치되는가에 달려 있다. 기계가 인간에게 들어오는 것과 인간이 기계에 들어가는 것 중 무엇을 주요한 측면으로 보느냐에 따라 사이보그가 중

32 인지자본주의에 대해서는 부탕(Boutang, 2012), 플랫폼 자본주의에 대해서는 서르닉(Srnicek, 2016/2020), 인공지능 자본주의에 대해서는 다이어위트포드 외(Dyer-Witheford et al., 2019) 참조. 인공지능이 자본주의를 강화할 것인지, 새로운 생산의 조건을 마련하면서 새로운 사회의 도래를 가속화할 것인지에 대해서는 논자 간에 다양한 입장이 존재한다.

요해질 수도 있고, 기계적 예속화 과정에서 이뤄지는 무상노동이나 '그림자 노동(shadow work)'이 주요한 이슈로 떠오를 수도 있다. 사이보그는 기계와 인간이 맺는 관계에 대한 미래상이다. 사이보그는 단수 인간과 단수 기계의 결합으로 생성된 개체에 대한 은유다. 그래서 사이보그는 인간 정체성이나 개체성의 문제와 연결된다(Haraway, 2016/2019). 반면 플랫폼은 한쪽으로는 인간의 활동을 수취하고 다른 한쪽으로는 인간의 노동력을 착취하는 현재의 대표적인 인공지능 체계다. 체계로서의 인공지능은 기계와 인간의 복수적 배치 속에서 이뤄지기 때문에 개체가 지니는 정체성이 중요하지 않다. 개성을 지니고 인격을 지닌 부분할체인 개인은 플랫폼과 연결될 때 그것을 통해 분해되고 변형되어 그 안에 분할체로 배치된다. 개인에게서 떨어져 나온 분할체는 플랫폼 안에서 다른 분할체, 프로그램 명령어, 모형 등의 객체와 행렬을 이룬다. 플랫폼에서는 단수가 아닌 복수 다양체인 분할체의 배치가 중요하다.

한편 무상노동은 플랫폼을 통한 이용자 활동의 무상수취를 드러내는 개념이고, 그림자 노동은 눈에 보이지 않는 방식으로 작동하는 플랫폼과 연결된 다양한 노동양태를 의미한다. 인간과 기계를 각각 타자로 설정해 누가 주도권을 잡느냐에 관한 논의는 기계와 인간의 관계에 대한 시각을 놓치면서 인간중심주의나 기술중심주의라는 예정된 결론으로 환원된다. 그래서 인간과 기계가 함께 어떤 배치를 만들고 그 과정에서 무슨 일이 벌어지고 있으며, 왜 그런 배치가 일어나고 있고 그런 배치를 변혁할 가능성은 어디에서 올지를 따져보는 자세가 필요하다.

축적의 조건을 바꾸는 플랫폼

• • •

인공지능은 이미 인간과 폭넓게 결합되어 있다. 지금은 영화 〈터미네이터〉에서 보듯이 인간과 기계가 양분되어 전쟁을 벌이거나, 알파고처럼 인간과 서로 누가 더 잘하냐를 겨루는 단계가 아니다. 현재의 상황에서 기계와 인간은 자동차와 운전수로, 미디어와 시청자로, 플랫폼과 이용자로, 가전제품과 소비자로 만나 특정한 배치를 이루면서 서로 결합한다. 인간과 기계 간의 결합수준과 강도, 방법과 배열은 기계계통마다 다를 것이다. 기계와 인간의 관계는 접속을 넘어 통접의 단계로 접어들고 있다.[33] 인간과 기계의 결합 정도와 수준에 대한 인식과 평가는 현 단계의 축적의 일반적 조건에 대한 이해의 기반이 될 뿐만 아니라, 현대적인 인간 조건을 따지는 출발점이 된다. 우리는 이미 일과 쉼의 경계가 희미해지고 노동과 활동의 구분도 무의미한 세계에 살고 있다. 아울러 현대는 소셜미디어의 일상화로 사적인 것과 공적인 것의 구분도 무의미한 세상이 되었다.

---

33 접속과 통접에 대해서는 들뢰즈와 가타리(Deleuze and Guattari, 1980/2001) 참조.

플랫폼 자본주의에서는 자본과 노동의 직접적 관계가 플랫폼을 통해 은폐되기 때문에 여기서 만들어지는 잉여가치와 부의 성격 또한 직접적으로 알아차리기 힘들다. 기업으로 포섭되는 데이터와 정보, 지식은 살아 있는 인간의 활동에서 만들어진 원료를 플랫폼이 자동으로 수취한 것이다. 이용자는 자신의 활동에서 빠져나간 데이터가 새로운 서비스의 원료가 된다는 사실조차 파악하지 못한다. 인공지능의 원료가 되거나 인공지능의 구성에 활용된 지식은 모든 사람의 일반지성이지만, 사회적으로 활용되거나 공동체가 공유하지는 못한다. 플랫폼은 사적 자본의 배타적 전유물이기 때문에 이용자는 그것이 제공하는 서비스와 교환되는 자신의 행위 결과물에 대한 권리를 주장할 수 없다. 일반지성은 마르크스가 예견한 새로운 사회를 향한 밑거름이라기보다 사적 자본의 축적체제 속으로 유연하게 포섭된 지적 생산물 일반이 된다.

인공지능은 현 시기 축적체제의 윤곽을 보여준다. 그것은 알고리즘과 데이터를 섞어 특정한 목적에 따라 대상의 행위를 예측하고 통제한다. 그럼으로써 새로운 지식이나 정보를 산출하고 기호와 상징을 만든다. 인공지능은 1950년대 사이버네틱스의 역사를 통해 발전해온 통제기술의 현대적 성과일 뿐만 아니라, 축적의 일반적 조건을 바꾸고 그 기반을 선도한다. 앞서 언급했듯이 대표적인 인지자본주의론자인 부탕은 조절학파의 이론을 바탕으로 변화된 축적 조건을 밝히는 작업을 전개했다. 그런데 이러한 인지자본주의의 분석은 플랫폼을 통해 외부효과가 창출되는 방식에 집중하면서 의도치

않게 플랫폼과 노동이 결합되는 문제를 간과한 감이 있다. 그는 이용자 활동의 전유에 초점을 맞춤으로써 플랫폼을 매개로 이어지는 국제분업체제와 시간의 연속적 흐름으로 연결된 결합노동자의 문제를 충분하게 설명하지 못했다. 인지노동을 수탈하는 인지자본주의는 육화된 자본주의와 긴밀하게 결합되어 있지만, 인지자본주의론자들은 인지노동에만 주목하면서 다른 부문과 다른 나라에서 이뤄지는 파편화된 육체노동을 고려하지 않았다.[34] 이에 대해 카펜치스는 인지자본주의론자들이 부문 간 분업과 국제분업을 통해 평균이윤율의 법칙이 관철되는 현실에 주목하지 않는다고 비판한다.[35]

플랫폼은 이용자의 노동을 수탈하는 한편 이용자에게 서비스를 제공하는 장소다. 그것은 이용자 활동 결과물을 원료로 흡수하는 동시에 새로운 상품을 공급하는 공장이자 시장이며 극장이자 놀이터다. 플랫폼을 통해 자본은 공장의 영역을 벗어나 사회공장으로 확장되었고, 생산과정과 소비과정은 일체화 혹은 동시화되었으며, 국지적 장소와 세계적 장소가 통합되어 시공간적 계열화가 이뤄졌다. 기계선반을 활용하는 기능공의 수치제어가 컴퓨터 제어로 발전

---

34 '육화된 자본주의'에 대해서는 치아노스와 파파도풀로스(Tsianos and Papadopoulos, 2006) 참조.

35 카펜치스는 디지털 자본주의 시대의 국제분업에 주목한다. 애플의 혁신과 성장을 폭스콘의 노동착취와 연결해서 봐야 한다는 입장이다. 그의 논의는 인지자본주의 체제의 국제분업이 이윤율의 경향적 저하를 상쇄하는 현실을 이해하는 데 도움을 준다. 카펜치스(Caffentzis, 2013/2018) 참조.

하면 노동력의 연결을 미세한 시공간 단위로 더욱 잘게 썰어 배치할 수 있다. 시계열적 예측을 조합하거나 매끄럽게 접속하는 제어혁명의 발전 속에서 작업의 빈틈을 없애고 생산속도를 가속화해 축적의 강도와 속도를 높인다. 전지구화, 사물인터넷, 정보와 물질의 결합, 디지털 구상과 말단 노동실행의 시공간적 통합, 생산과 소비과정의 동시적 결합 등 이전에 없었던 결합방식이 가동되면서 인간노동과 기계의 관계에서 많은 변화가 일어난다.

이것은 가내수공업을 하던 독립 수공업자가 자신의 도구를 들고 협업이 이뤄지는 공장 안으로 들어갔을 때 발생한, 초기 프롤레타리아의 형성과정과 유사하다. 개인용 컴퓨터를 '개별적으로 이용하던(stand alone)' 독립 이용자들이 인터넷 시대에 거대 플랫폼 안으로 들어감으로써, 독립된 개인이 아닌 분할체가 되어 형식적 포섭을 당한 후에 빅데이터와 인공지능의 결합을 통한 자동화 단계에 이르러 실질적 포섭으로 넘어가는 것도 마찬가지다. 플랫폼이 갖는 수탈적 성격에 대해서는 이미 부탕이 외부효과나 '꽃가루받이 경제' 등을 통해 자세히 설명한 바 있다. 베르첼로네 또한 '이윤의 지대 되기'나 '선대제'라는 틀로 이런 경향을 비판했다. 그는 인지자본주의의 위상을 이행론적 관점에 따라 초기 산업자본주의 단계의 형식적 포섭, 포드주의 시기의 실질적 포섭에 이어 인지자본주의 단계의 일반지성으로 설정한다(Vercellone, 2007: 13~36). 한편 다이어위트포드는 베르첼로네가 설정한 일반지성의 포섭 단계 대신, 인공지능에 의한 사이버네틱스 자본주의의 '초과포섭(hyper-subsumption)' 단계를 설정한다(Dyer-Witheford et al., 2019: 49~52). 포섭의 단계마다 노동분업의 변형이 진행되고 포섭의 유형에 따라 생산방식, 노동형태, 착취와 축적의 방식도 달라진다. 카펜치스는 인지자본주의론자들의 포섭단계론에 대해 이들 논의가 "과거로 돌아가고 있다"고 비판한다(Caffentzis, 2013/2018). 농민이 본원적 축적을 통해 노동자로 내몰렸듯, 현대의 노동자가 인공지능이나 플랫폼으로 들어가는 '디지털 인클로저'에 대한 유물론적 시각을 다시 확보하려면 새로운 노동과정론의 틀에서 기계와 인간이 맺는 관계를 구체적으로 분석해야 한다.

플랫폼 수탈과 착취의 결합

• • •

지금 우리에게는 인공지능 기반 플랫폼을 통한 활동 결과물의 수탈과 그것에 연결된 다양한 착취를 동시에 설명해줄 수 있는 이론이 필요하다. 인공지능과 빅데이터 시대의 노동분업이란 무엇인가? 인공지능 도입에 따른 '노동의 종말'이라는 미래학의 수사는 현재 진행되고 있는 노동의 착취를 보지 못하게 만든다. 그들은 직업과 노동의 종말을 예언하면서 지금 여기에서 이뤄지고 있는 노동의 현실을 은폐한다. 이미 많은 노동이 인공지능에 의해 잘게 썰려 여러 층을 거치면서 분절되고 있다. 인공지능 플랫폼의 일반화가 진행됨에 따라 이종적 노동형태가 더욱 다양하게 분산되는 동시에 그보다 더 큰 체제의 수준에서 하나의 틀로 자동화되고 있는 것이다. 인공지능과 결합된 자동화의 핵심은 노동·작업·활동의 구분이 불분명해지면서, 노동과 작업, 활동 복합체의 다양화/이질화(heteromation)가 동시에 진행되고 있다는 점에 있다.[36]

인공지능과 로봇이 모든 인간노동을 대체하지는 않는다. 인간노동은 기계와 연결된 생산-소비과정 가운데 특정 부위에 결합될 것이고, 그렇게 접합된 장소에서 다양한 노동이 이뤄질 것이다. 인공지능과 결합된 인간노동은 과거와 달리 명확한 모습을 드러내지 않는다. 인공지능 시대의 노동에서는 울타리 쳐진 공장이 없어지고 사회공장이라는 틀 속에서 시공간 분할이 이뤄진 다음, 플랫폼을 통해 정교하게 재결합되는 방식을 취하기 때문이다.

인공지능 자본주의의 수탈과 착취를 드러내려면 거대 플랫폼 체제에서 이뤄지는 기계적 예속과 사회적 복종의 구체적인 방식과 형태를 분석해야 한다. 디지털 플랫폼은 인간 활동으로부터 나온 결과물을 기호화하거나 수치화해 이를 자동으로 축적하는 기계 체제다. 이용자는 플랫폼이 제공하는 인터페이스를 통해 서비스를 사용할 때 사회적 복종을 경험한다. 그런데 이용자로부터 빠져나간 활동의 결과물은 데이터로 변형되면서 플랫폼 체제의 부품으로 전

---

36 에크비아와 나르디는 제어의 자동화가 노동의 '이종적 다양화'를 가져온다고 본다. 그들은 자동화(automation), 강화(argumentation), 이질화(heteromation)의 과정을 통해 함입 혹은 포섭(inclusion), 개입(engagement) 그리고 비가시성(invisibility)이라는 새로운 조건이 만들어졌다고 설명한다. 에크비아와 나르디(Ekbia and Nardi, 2017) 참조.

환된다. 이때 기계적 예속이 진행되지만 이용자는 자신에게서 빠져나간 분할체의 노예화를 알아차리기 힘들다. 왜냐하면 자신이 기계와 연결되어 서비스를 이용하는 순간에 자신에게서 빠져나간 분할체로서의 데이터가 플랫폼 기술기계의 원료로 변형되기 때문이다. 플랫폼을 통해 소비활동이나 행동의 결과가 생산을 위한 원료로 바뀌고, 분할체는 플랫폼의 부품이나 원료로 포획된다. 분할체는 개체의 주체성이 발현되거나 인정되는 장소에 있지 않으며, 지속적으로 변형되는 다양한 배열체의 변화가능한 데이터에 불과하다.

완전자동화에 다가가는 디지털 분업체계는 소비와 유통영역으로 확산된 것으로서, 어셈블리라인이 생산-유통-분배-소비의 최적화된 연결을 보장하는 통접된 축적체제의 기반이다. 이것은 생산-유통-소비의 접속, 온라인-오프라인의 접속, 네트워크의 접속을 강화하고 플랫폼으로 들어오고 나가는 결합을 확대하면서 플랫폼 이전과 이후, 플랫폼의 안과 밖을 통접한다. 이러한 축적체제는 가치의 생산보다 부의 축적을 중심으로 전개되며, 개별 공장이 아니라 기업을 통해 작동한다. 그리고 노동을 포함한 생활 전반의 통합을 기축으로 노동력에 대한 잉여가치와 더불어 일반 이용자의 활동 결과물을 무상으로 수취하고 이용자의 광범한 네트워크를 넓혀 축적의 생태계를 확장한다.

기계적 예속과 사회적 복종은 거대 플랫폼의 생산과정에서 발생하는 인간 행동 결과물의 수탈과 노동력의 착취를 결합하면서 이뤄진다. 수탈은 이용자의 삶과 활동에서 산출된 데이터를 그들의 생산공장으로 다시 투입할 때 수행된다. 플랫폼은 여러 연결고리를 통해 수집되는 데이터를 알고리즘으로 가공해 특정한 데이터세트를 만들고, 그것을 다시 이용자에게 제공한다. 이용자가 이를 소비하는 순간 데이터가 만들어지고 그 데이터는 다시 다른 데이터세트로 가공되거나 다른 데이터세트와 결합되면서 축적된다. 그것이 육체노동이든 관리노동이든 단순소비든 이용자와 눈에 보이지 않는 실로 엮이면서 인간은 거대 축적체제의 노예가 된다. 디지털 플랫폼 어셈블리라인의 생산노동자들은 돈을 얼마나 받든 착취당하며, 이용자 또한 무상으로 일하거나 자신의 활동 결과물을 거대 플랫폼에 공짜로 건네주면서 수탈당한다.

디지털 어셈블리라인의 착취방식은 포드주의나 테일러주의에 존재했던 절대적 잉여가치 창출과 상대적 잉여가치 창출에 더해 기계적 잉여가치를 추가한다. 플랫폼 기업은 혁신을 내걸면서 절대적 잉여가치와 상대적 잉여가치를 다단계로 창출한다. 인지자본주의의 핵심 기업에서는 상대적으로 안정된 고용노동을 내부적으로 유지하며 말단에서는 디지털 테일러주의적 노동력을 착취한다. 착취는 대체로 플랫폼에 내장된 자동처리기계를 통해 수행되지만, 플랫폼 외곽에서 이뤄지는 다양한 서비스 노동에서도 진행된다.

그간 인지자본주의론자들은 인지활동을 중심으로 인간이 기계의 머리가 되는 것에 과도하게 집중해, 기계의 팔다리가 되거나 먹이가 되는 현실을 등한시했다. 인공지능 자본주의에서는 기계의 머리가 되는 과정과 기계의 손발이 되는 과정, 기계의 먹이가 되는 과정이 함께 진행된다. 빅데이터와 머신러닝의 결합은 인공지능이 인간의 활동을 통해 이뤄짐을 보여준다. 분할체가 기계의 지능을 위해 투입되면 기계는 그것을 먹고 독립된 인공지능으로 성장한다. 최초 단계는 인간의 활동이 기계의 구성부분으로 포획되는 것에서 출발한다. 분할체는 플랫폼의 지능을 형성하는 과정에서 기계의 먹이가 된다. 플랫폼은 투입과 산출을 통한 피드백 과정에서 항상성을 유지하기 위한 노동을 필요로 한다. 라벨링 노동 또한 인공지능을 위한 필수적인 먹이가 된다. 현재의 인공지능은 인간의 기호와 상징행위 혹은 소통행위 결과물이 수치로 변환된 분할체의 축적을 통해 만들어진다. 인간이 노동과정을 마무리하는 단계에 이르면 플랫폼의 손발이 될 것이다. 온라인 노동과 오프라인 노동의 결합 방식, 사회서비스업과 공무노동, 교육과 의료노동, 가사노동 등 컴퓨터를 매개로 수요와 공급을 매개하는 플랫폼이 어떻게 노동력을 재편하고 인간과 기계의 관계를 바꾸고 있는지, 그리고 그것이 어떻게 '프레카리아트(precariat)'를 확대 재생산하는지를 따져봐야 한다.

플랫폼 노동의 현실

• • •

플랫폼 이용자나 피고용자는 다양한 방식으로 장소와 시간을 달리하며 디지털 어셈블리라인에 결합되어 있다. 우리는 은행 계정의 생산소비자로, 하부 노동을 지탱하는 유령노동자로, 말단 택배 운수노동자로, 아마존 창고의 분류노동자로, 페이스북 공장의 모듈엔지니어로, 인형 눈알을 달아주는 디지털 하청노동자로, 가짜뉴스를 만들어 수동소득을 노리는 유튜버로, 그리고 검색 이용자로 생산-소비의 여러 측면에서 노동과정에 예속되는 한편 인공지능을 기반으로 하는 거대 플랫폼의 노예로 전환되고 있다. 이런 과정에서 사람들은 새롭게 재편되고 있는 인공지능 기반 사회시스템에 복종한다.

플랫폼 기업의 지식노동자는 금융자본과 연동된 스톡옵션을 이용해 막대한 부를 축적한다. 이들 전문직 노동자는 '언택트'와 원격노동이 능하다는 점에서 팬데믹 시대의 혜택을 받는다. 한편 플랫폼과 연결된 원격노동자들은 보조소득자에서 시작하지만 생계를 유지하기 위해 반의존소득자를 거쳐 의존소득자로 전락할 수 있다. 이들은 플랫폼 노동에 진입하거나 퇴거하기가 쉽기 때문에 여러 개의 부업을 가질 수는 있겠으나, 주수입이나 고정된 직장이 없다면 매우 불안정한 노동환경을 감수해야 한다.

2010년대 아이폰에 열광하던 사람들은 폭스콘 공장에서 감금되다시피 일하다 자살하는 중국 노동자들의 실태를 알지 못했다. 그로부터 10여 년이 지난 오늘날 챗GPT에 열광하는 사람들은 인공지능 데이터세트를 만들기 위해 시간당 1달러의 임금을 받으며 온갖 혐오발언과 유독언어를 라벨링하는 케냐 온라인 노동자들이 숨겨져 있음을 알지 못한다.

또 다른 예를 들자면 리모태스크(Remotasks)라는 온라인 작업장에서는 90개국에서 24만 명의 작업자가 원격으로 일하고 있다. 국경의 제한 없이 전지구적으로 이뤄지는 이 '디지털 눈알 달기 부업'은 과거의 인형 눈알 달기와 달리 쉽게 시작하고 끝낼 수 있다. 하지만 작업의 축적물은 자그만 인형이 아니라 방대한 데이터로서, 이는 자동화된 플랫폼의 원료로 활용된다. 인공지능은 이처럼 인간의 자질구레한 데이터 작업을 통해 만들어진다. 인공지능은 아키텍처를 구상하는 집단과 데이터 노동자, 디지털 부업자 그리고 이용자의 결합노동을 통해 전체 노동과정을 진행하고 조합한다. 인공지능 자본주의의 결합노동은 산업자본주의의 결합노동과 달리 알고리즘을 통해 시차 없이 노동결과물이 조합된다는 특징을 갖는다.

반면 운송과 유통분야의 플랫폼 기업은 플랫폼의 말단에 절대적 잉여가치를 수취하는 방식을 결합한다. 이 경우에도 물론 플랫폼 안에 축적되는 데이터를 통해 결합노동자나 이용자의 행위패턴이나 업무평가, 평점, 취향 등을 자동으로 축적한다. 시간-동작 연구에 기반을 둔 테일러주의와 마찬가지로, 디지털 테일러주의도 탈숙련화를 촉진한다. 단지 기술과 숙련, 지식뿐만 아니라 감정, 판단, 행위까지도 데이터로 빠져나가고, 기계가 데이터세트를 만드는 데 필요한 방식으로 인간노동의 결과물이 공급된다. 이런 유통 플랫폼의 핵심은 노동자가 플랫폼에 의존하게 만들어 그들의 노동과정을 통제하고 노동강도를 조절함으로써 절대적 잉여가치를 최대화하거나 외주화를 통한 이득을 얻는 데 있다.

이런 플랫폼에서는 기존의 공장노동에서 이뤄지던 테일러주의와 비슷하게 사회적 복종이 강화된다. 거대 플랫폼이 제공하는 유통 매개 인터페이스는 한편으로는 서비스 이용자의 활동 결과물을 수취해 데이터세트로 만드는 동시에, 말단 서비스 노동자의 시간-동작까지 통제한다. 유통 플랫폼은 이용자의 평가와 등급 매기기를 통해 노동자의 시간-동작을 자동으로 규제하며 절대적 잉여가치를 창출한다. 거대 유통 플랫폼은 말단에 연결된 노동자를 프레카리아트로 내몰면서 자신의 플랫폼을 중심으로 한 생태계를 확장하고 부를 축적한다.

한편 플랫폼 바깥의 방대한 실업자를 포함한 하급 육체노동자는 디지털 어셈블리라인에서도 배제된다. 인공지능 자본주의에서도 음식서비스업이나 건설업에 종사하는 일용직군과 실업자군이 존재한다. 이들의 상당 부분이 이주노동자로 채워지고 있다. 인공지능 자본주의에서도 고소득계층을 상대로 하는 대인접촉 서비스 노동자는 꾸준히 재생산된다. 로봇으로 대체될 수 있는 분야도 확대되겠지만, 정서와 감응, 감정을 제공하는 감정노동 분야는 플랫폼 바깥에서 지속적으로 재생산될 것이다.

그밖에 눈에 드러나지 않는 그림자 노동에는 "사람들이 돈을 받지 않고 회사나 조직을 위해 행하는 모든 일"이 포함된다(Lambert, 2015/2016: 13). 보상받지 못하는 노동의 영역이 늘어나고 사회적인 활동조차 플랫폼 기업을 통해 상품화된다. 그런데 디지털 플랫폼과 결합된 새로운 형태의 노동이 빠르게 늘어나고 있음에도 불구하고, 플랫폼을 떠받치는 노동은 잘 드러나지 않는다. "대다수의 모바일 애플리케이션, 웹사이트, 인공지능 시스템을 운영하는 데 투입되는 인간노동은 겉으로 잘 드러나지 않으며, 사실 의도적으로 감춰지는 경우가 많다. 이처럼 불분명한 고용의 분야를 유령노동이라 부른다 (Gray and Suri, 2019/2019).” 유령노동은 플랫폼을 이용할 때 알고리즘에 의해 눈에 보이지 않게 진행되는 노동이나 작업 혹은 활동을 모두 포괄한다. 그 규모는 우리가 생각하는 것보다 거대하고 앞으로 더욱 늘어날 것으로 예상된다. 보이지 않는 디지털 노동을 다시 보이게 만들어야 플랫폼과 인공지능에 기초한 현재의 축적체제가 펼치는 수탈과 착취가 우리 눈에 뜨이기 시작할 것이다.

플랫폼에 통합된 노동은 분업을 통해 결합되는 공장노동과 다르다. 포드주의 흐름생산의 어셈블리라인은 노동자의 동작을 시간의 흐름을 통해 하나로 통합한다. 포드주의 흐름생산에서는 정교하게 배정된 반복동작이 연속된 생산라인과 결합해 완성품을 조립한다. 노동자들은 비록 동일한 동작을 반복하지만 자기 앞과 뒤의 공정을 파악하거나 짐작할 수 있다. 그리고 공장 안에서 이뤄지는 결합노동력의 협업과 연결된 접속의 힘을 공유한다. 그러나 노동자들은 완전 자동화된 플랫폼 기반 공장에서 서로 볼 수도 없고 다른 공정을 확인할 수도 없다. 한편 플랫폼 안으로 절단되어 들어온 일반 이용자들의 활동 데이터는 알고리즘으로 가공된 후 자동으로 산출되는 결과물에 따라 유통 차원으로 연장된다.

인지자본주의의 플랫폼 노동은 플랫폼 알고리즘을 통한 분할체의 자동적 통제를 통해 이뤄진다. 그런데 알고리즘 안에는 미리 계획된 구상과 실행의 분리, 최적화된 시간-동작 연결이 들어 있다.

플랫폼 알고리즘은 포드주의 공장만큼 자동화되어 있는 죽은 노동의 축적물로서의 불변자본이다. 그것은 실시간으로 산 노동과 살아 있는 활동을 전유하면서 불변자본의 양을 확대한다. 기존의 자본-노동관계는 플랫폼 알고리즘의 매개를 통해 구름 속으로 사라지고 안개 속에 가려진다. 플랫폼이 수행하는 매개에 따라 자본, 이용자(소비자), 생산자, 노동자 간의 구분이 흐려지고 노동의 성격도 애매해진다. 이런 과정에서 사회적인 것이 분할체의 데이터세트로 환원되거나 축소되면서 집합노동자의 실상이 가려진다. 노동생산자는 자영업자라는 허울을 쓴다. 플랫폼 알고리즘을 통해 변화하는 사회적인 것의 위상을 드러내면서 이것을 '운동적인 것'과 연결시킬 때 인지자본주의 비판이 구체성을 얻을 수 있을 것이다.

플랫폼 독점을 넘어

• • •

독점과 관련해 컴퓨터와 인터넷의 역사를 돌이켜보면, 1970년대 IBM 하드웨어 특허에 따른 독점에서 1980년대 마이크로소프트의 운영체제 및 소프트웨어 독점에 이어 인터넷 시대의 플랫폼 독점으로 진행되어 왔음을 알 수 있다. 1980년대 이전에는 주로 새로운 하드웨어를 만들 때 그것에 필요한 기술과 설계에 대한 특허에 대해 사용료를 지불했다. 이후에 개인용 컴퓨터가 등장함에 따라 기업들은 운영체제와 응용 소프트웨어에 대한 지적재산권을 주장했다. 인터넷 시대로 넘어오면서 이제 소프트웨어뿐만 아니라 데이터 자체가 중요해졌다. 인공지능을 활용한 대중용 서비스가 출시되면서 데이터세트와 콘텐츠에 대한 지적재산권이 새로운 차원에서 문제가 되고 있다.[37]

1980년대부터 1990년을 거쳐 2000년까지 전세계 대부분의 개인용 컴퓨터에는 마이크로소프트에서 만든 운영체제가 심어졌다. 마이크로소프트의 설립자 빌 게이츠(Bill Gates)는 저작권료를 받아 막대한 부를 거머쥐었다. 마이크로소프트는 1990년대 후반 인터넷 서비스로 정보 환경이 변화하자 인터넷 이용에 반드시 필요한 브라우저 소프트웨어를 운영체제에 끼워팔아 브라우저 시장을 독점하고자 했다. 마이크로소프트는 반독점법 위반으로 기소되었고, 급기야 2000년 미 연방지법은 운영체제 사업부와 애플리케이션 사업부로 회사를 분할하라는 명령을 내렸다. 하지만 이후 규제가 약화되면서 연방지법의 판결은 실행되지 못했다.

마이크로소프트는 이처럼 변화하는 환경에서 개별 컴퓨터에 들어가는 운영체제보다 플랫폼이 갖는 위치가 더 중요하다는 사실을 깨달았다. 개인용 컴퓨터의 시대에는 운영체제 독점이 가장 민감한 사안이었다면, 인터넷의 시대에는 플랫폼이 얼마나 시장을 장악할 수 있느냐가 중요해졌다. 이런 맥락에서 마이크로소프트의 운영체

37 인공지능 시대에 제기되는 지적재산권의 새로운 위상과 문제에 대해서는 백욱인(2023b) 참조.

제 독점은 수면 아래로 가라앉고 구글/알파벳이나 아마존 등 거대 플랫폼 기업의 독점이 문제로 떠올랐다. 이처럼 독점의 방식과 헤게모니는 기술적 환경의 변화에 따라 달라진다.

구글은 창업 초기에 "사악해지지 말자"라는 표어를 내걸었다. 그러나 이제 구글은 전세계 검색시장을 장악했고, 신생 회사들의 서비스를 구입하거나 합병해 훨씬 큰 영향력을 행사하고 있다. 최근에는 인공지능 분야까지 사업 영역을 넓히고 있다. 구글의 인공지능 개발계획은 미래의 유망사업인 인공지능과 머신러닝을 그동안 모은 방대한 양의 빅데이터와 결합함으로써 자신들의 독점적 지위를 강화하려는 전략의 연장선에 있다.

마이크로소프트가 운영체제나 각종 응용 프로그램을 판매한 것과 달리, 구글이 돈을 받고 파는 것은 거의 없다. 구글은 대부분의 서비스를 공짜로 제공한다. 메일도 검색도 광고를 허용하는 한 유튜브도 무료로 이용할 수 있다. 대신 구글은 이용자의 검색행위와 유튜브에 올려놓은 콘텐츠 등 모든 이용자 활동 결과물을 공짜로 가져간다. 자신이 제공하는 서비스와 이용자 활동 결과물을 교환하는 셈이다. 이용자에게는 구글 서비스를 이용한 후 시간이 지나면 남는 게 없지만, 구글 서버에는 이용자의 검색결과, 유튜브에 올려놓은 콘텐츠 등 모든 이용자 활동 결과물이 빅데이터로 쌓인다. 구글은 인공지능으로 빅데이터를 가공해서 새로운 정보를 제공하거나 상품을 만들어낸다. 그 결과 더 많은 이용자를 끌어들여 구글 웹페이지나 유튜브에 광고를 하면서 수익을 올린다.

인터넷 시대의 독점은 과거 산업혁명 시대의 독점보다 빨리 이뤄지고 그것이 미치는 폐해는 그 이상으로 심각하다. 하지만 우리는 서비스를 공짜로 쓰고 있다는 착각 속에서 플랫폼 독점의 심각성을 잘 느끼지 못한다. 인터넷 시대의 독점은 소프트웨어와 마찬가지로 경로의존성과 네트워크 효과에 의해 촉진된다. 그래서 독점적 지위를 갖는 플랫폼 기업의 수익은 갈수록 증가한다. 과거에는 수확체감의 법칙이 일반적이었다면 지금과 같은 인터넷 경제에서는 한번 독점체로 자리 잡으면 시간이 지날수록 수확체증의 법칙이 작동한다. 그래서 구글, 페이스북, 애플, 아마존처럼 임계점을 지난 플랫폼 기업들은 유사한 서비스를 제공하는 군소 서비스 기업들이 경쟁할 수 없는 상대가 된다. 이처럼 사업 초창기부터 독점에 성공한 플랫폼 기업들은 이용자 확보를 통한 네트워크 효과에 힘입어 긍정적 외부효과를 최대한 수취하는 한편, 합종연횡을 통한 기업합병으로 지배력을 키우면서 인터넷 공간에서의 독점적 지위를 강화하고 있다.

그래서 플랫폼의 독점을 규제해야 혁신이 이뤄질 것이라는 목소리가 끊임없이 나온다. 미국의 법학자 팀 우(Tim Woo)는 2000년 이후 독점기업이 규제받지 않으면서 거대 플랫폼 기업들의 거듭된 인수합병이 결국 민주주의를 위협할 것이라는 주장을 폈다(Woo, 2018/2020). 또한 리나 칸(Lina Kahn)은 시카고학파의 '소비자 후생론'에 제동을 걸면서 아마존의 인수합병 방식을 통한 축적과 독점의 형성과정을 분석했다(Khan, 2017). 아마존은 낮은 이윤율을 유지하면서도 이용자를 확보하고 네트워크 효과의 본원적 축적에 주력했다. 그들은 금융시장과 결합해 주식상장으로 가치를 실현했다. 이러한 플랫폼 독점은 경쟁의 약화, 혁신의 저지, 중소 자영업자와 경쟁업체의 몰락, 소비자의 부담증가를 가져온다. 플랫폼 독점을 규제할 제도적 장치와 법률이 만들어져야 하는 이유다.

마찬가지로 한국의 플랫폼 기업 카카오는 국민 메신저로 불리는 카카오톡을 기반으로 미용실, 네일숍, 영어교육, 스크린골프 등 골목상권으로 꼽히는 영역부터 결제·은행·보험·증권 등 금융, 택시·대리운전 호출 등 모빌리티까지 전방위로 사업을 넓혀왔다. 이러한 플랫폼 확장은 자영업자의 일거리와 수익에 악영향을 미친다. 네이버와 카카오 같은 플랫폼 기업은 검색과 메신저 서비스를 넘어 전자상거래와 핀테크, 콘텐츠 분야에 이르기까지 사업을 확장하고 있다. 네이버가 검색 서비스의 점유율을 구글에 내주고도 태연했던 이유는 그들이 전자상거래와 핀테크, 지불과 금융, 콘텐츠로 이어지는 시장에 주목했기 때문이다(원용진·박서연, 2021). 한편 중계 플랫폼 업체 쿠팡은 아마존을 모방하면서 나스닥 상장에 성공해 시장 지배력을 강화하고 있다. 그런 점에서 중계 플랫폼 기업들이 어떻게 자영업자와 노동자의 삶을 변화시키는지를 검토할 필요가 있다.

비대해진 중계 플랫폼은 과도한 수수료나 불공정한 규약을 통해 자영업자의 안정적인 수익창출을 위협한다. 중계 플랫폼은 생산자와 소비자 간의 직접적 소통과 면대면 관계를 위축시킨다. 알고리즘을 효율적으로 활용해 생산자의 매출을 증대시키고 시장을 확대하는 순기능도 있지만, 플랫폼이 노동과 활동의 가치를 독점적으로 수탈하는 역기능이 두드러진다. 아마존의 무인 편의점 아마존 고(Amazon Go)는 이른바 '디지털 유통혁명'의 대표적인 사례로서 중계 플랫폼의 양면성을 전형적으로 보여준다. 아마존 고에서는 상품을 고르고 나가면 자동으로 결제가 진행된다. 아마존은 이용자에게 구매와 결제의 편의를 제공하는 대신 거래 관련 데이터를 무료로 수취한다. 이처럼 거대 유통 플랫폼이 확대되면서 소비자의 플랫폼 의존도가 높아지고 자영업자가 위축되는 현상에 대응해, 플랫폼 업체와 자영업자 사이의 규약을 민주화하고 플랫폼 업체의 영업공간을 제한할 필요가 있다.

한편 아직 완전히 자동화되지 않은 분야로 대인 서비스노동이 있다. 하지만 이 영역도 플랫폼이 개입하면서 서비스 제공자와 구매자를 연결하고 있으며, 그 과정에서 플랫폼 기업들만 또 배를 불린다. 플랫폼을 통한 매개로 인해 대인 서비스노동 분야의 고용이 위축될수록 지역 공동체의 생활공간은 더 확장되어야 하고 공공영역도 재생산되어야 한다. 따라서 돌봄노동과 같은 서비스노동의 공공화·공유화가 필요해진다. 대체로 이런 분야는 시민사회영역에서 자원봉사와 같은 사회활동으로 전개되어 왔다. 하지만 재원이 빈약하고 집합적 소비수단에 대한 기여도 미미한 것이 현실이다. "고용은 가고 일이여 오라"는 구호는 좋으나 고용되지 않은 자에 대한 대안이 마련되어야 한다. 그리고 고용되지 않은 사람들이 일할 방식과 터전이 예비되어야 한다. 더 나아가 그들의 일이 무용하거나 힘들지 않도록, 그리고 모두를 위한 활동으로 연결되도록 대책을 세워야 할 것이다.

디제라티의 몰락

• • •

미국의 시인 존 페리 발로(John Perry Barlow)가 1996년 〈사이버스페이스 독립선언문(A Declaration of the Independence of Cyberspace)〉을 웹에 발표했을 때 초창기 네티즌은 환호했다. 그러나 초기 디제라티의 자유주의적인 선언은 인터넷이 대중화되자 빛을 잃기 시작했다. '디제라티(digerati)'는 인터넷과 정보통신기술이 대중화되던 1990년대에 나온 말로서, 디지털(digital)과 지식인을 뜻하는 리터라티(literati)를 합성해 '디지털 변혁의 선봉에 선 사람'을 가리키는 조어다. 1990년대 중반 디지털 시대를 선도하던 선진적 지식인은 과거의 지식인과 달리 사회적 영향력을 행사하는 동시에, 스스로 경제력과 사회적 지위를 지닌 디지털 시대의 권력 엘리트가 되었다. 디제라티들은 정치·경제·사회·문화·학술 등 여러 영역에서 디지털 기술의 의미를 강조하면서, 디지털 기술이 사회구성원의 참여와 권능을 확장하리라는 장밋빛 전망을 퍼뜨렸다.

초기 《와이어드》를 중심으로 모였던 디제라티들은 정보통신기술의 긍정적인 차원을 적극적으로 활용해 일찍이 사업가의 반열에 올랐거나 정보통신기술의 진보적 역할과 기능을 사회문화적인 차원에서 널리 퍼뜨렸던 전방위적 지식인이었다. 이들의 정치적 입장은 보수주의부터 중도 자유주의에 이르기까지 폭넓은 스펙트럼에 걸쳐 있었다. 몇몇 디지털 지식인이 선도적으로 디지털 기술이 갖는 해방적인 잠재력과 가능성을 실천하는 일은 그 자체로 의미가 있었다. 그러나 그들의 활동은 자본의 손에서 자유롭지 못했다. 디제라티들은 새로운 사업분야를 개발해 그들 자신이 사업가로 변신하거나 기술을 토대로 돈을 버는 디지털 시대의 옹호자가 되었다. 블록체인 기술을 활용한 갖가지 암호화폐와 메타버스에 이르기까지, 혁신기술을 앞세우며 창조적 파괴의 신화를 써내려온 사업가들은 새로운 기술을 개발하기보다 공유경제라는 이름으로 소상공인의 사업영역을 침탈했고 잘나가는 중소혁신기업을 인수합병했다. 한국의 일론 머스크로 부각되던 암호화폐 개발자가 하루아침에 사기꾼으로 고소당하는 오늘의 현실에서 디제라티라는 말은 설득력을 잃는다.

디제라티라는 철 지난 조어를 30년이 지난 지금 다시 생각해보는 이유는 이 시대 지식인의 모습과 위상을 다시 한번 확인해보고자 함이다. 전통적 지식인과의 차별성을 강조하려는 의도로 디제라티라는 당대의 신조어가 나온 이후, 30년 동안 인터넷과 정보통신산업은 크게 변화했다. 애플의 스티브 잡스는 이 세상 사람이 아니고 빌 게이츠는 현역에서 물러났다. 아마존의 제프 베이조스(Jeff Bezos)는 더 이상 혁신의 상징일 수 없고 한때 기술혁신사업의 선두주자로 불렸던 일론 머스크는 암호화폐 시장과 트위터를 한꺼번에 집어삼키려는 탐욕의 화신이 되어버렸다. 세상 사람들의 찬사와 부러움을 한 몸에 받는 이들은 모두 정보사회의 선발분야를 잽싸게 꿰차고 총알처럼 달려 나갔다. 이들의 공통점은 경제적으로 성공했다는 것이다. 이들의 탁월함은 금전적 성공이라는 최종적인 결과 때문에 빛나는 것이다. 기가 막힌 아이디어를 가진 사람일지라도 성공이라는 마지막 잣대에서 빗나가면 디지털 시대의 엘리트 반열에 오를 수 없다. 바로 이 점이 디제라티 신화의 그림자다.

20세기의 지식인은 민중과 권력 사이에서 끊임없이 양자택일을 강요당했으나 지식기반사회인 디지털 시대에는 지식이 스스로 권력이 된다. 디지털 시대의 지식인은 과거의 지식인과 달리 사회적 영향력을 행사하는 동시에 스스로 권력을 가지면서 디지털 시대의 파워엘리트로 부상했다. 한때 디지털 지식인은 인문과학과 자연과학의 경계를 아우르면서 '제3의 문화'를 펼쳐나갈 잡종으로 주목받았다. 그들은 비평하기보다 스스로 새로움을 만들어나가는 실행적 지식인이었다. 그러나 이제 디지털이 일상이 되어버린 현실에서 딱히 디지털에 방점을 찍어 지식인의 특이함을 밝혀내기란 무의미한 일이 되어버렸다.

과거 인문학적 지식인 혹은 비판적 지식인은 사회적 영향력이라는 차원에서 특정한 역할을 담당했다. 사회정의와 보편적 양심은 이들 지식인이 감당해야 할 몫이었다. 기능적 역할을 담당하는 기술자와 달리, 이들 전통적 지식인은 전문영역의 수행능력 외에도 사회적 비판과 양심을 담당하는 존재로 부각되었다. 그들의 비판과 양심은 사회적인 차원에서 영향력을 발휘했고, 사회에 가치를 제시하고 이를 실천하는 엘리트로서의 임무와 역할을 스스로에게 부여했다. 그러나 디지털 혁명은 과거 인문적 지식인의 급속한 위축을 가져왔다. 새로운 기술의 도입과 확산은 과거의 비판적 지성에 비해 수행성에 바탕을 둔 지식의 결과를 중시한다. 그런 과정에서 전통적 지식인이 설 자리는 좁아졌고 지식인 자체도 자신의 이해관계만을 추구하며 양극분해되기에 이르렀다.

디지털 대중화 시대의 디제라티는 거대한 성공신화가 깨지면서 몰락하거나 작게 쪼개지면서 사라지고 있다. 두 경우 모두 지성 없이 성공과 명성을 쫓았기 때문이다. 소셜미디어와 유튜브에는 부를 갖고 있지 않은 사람들이 사회적 주목과 영향력을 노리며 몰려든다. 유튜브에는 취향과 지식을 나누는 소박한 사람들부터 자동차 정비방법, 식물 기르기 등 소소하지만 전문적인 지식을 공개하는 사람들, 전문적인 오락지식판매상 그리고 의도적으로 대중을 도발해 관심과 돈을 모으려는 프로보커터에 이르기까지 다양한 군상이 활동한다. 자신의 작은 지식과 매력을 디지털 손때 묻은 별풍선과 관심으로 환전하려는 부류가 새로운 시대의 유튜브 디제라티다. 그들은 몰락과 등극을 반복하는 세태 속에서 관심을 끌어모으려 재주를 넘고 말잔치를 벌인다. 그들 중에는 과거의 지식인적 면모를 잃고 추한 음모론자가 되거나 여기저기 흥행판을 기웃거리다 기회주의자로 전락하는 이도 많다. 더 과감한 이들은 대놓고 코 묻은 디지털 별풍선을 요구한다.

디지털 시대의 선도적 지식인을 가리키던 디제라티는 그 단어가 출현한 지 한 세대가 지난 지금 작아지고 쩨쩨해지고 비지성화되었다. 대중의 관심을 받아 영향력을 확보하려는 지식인의 상업화 추세가 눈에 띄게 늘어났다. 유튜브의 대중화는 지식인의 왜소화 추세에 발판을 깔았다. 유튜브의 조회 수 경쟁은 대중과 지식인의 거리를 좁히고 실용지식의 공유라는 긍정적인 효과를 가져왔지만, 지식의 연예오락화와 상품화를 촉진하는 역효과를 낳았다. 유튜브에 좌판을 깔지 않으면 더 이상 대중의 호응을 얻지 못한다는 사실을 확인한 지식인들은 연예인과 다름없이 유튜브에 콘텐츠를 올리고 영향력 확보를 위한 시장에 뛰어든다. 대중과의 접촉면이 넓어지면서 영향력도 타락할 위험이 같이 커졌다. 도발적 유튜버의 무지와 절박함 때문에 정작 조명받아야 할 사람들의 절박함이 가려진다. 그렇게 이 시대의 지성과 지식인이 사라지고 있다.

12장 디지털 서비스 플랫폼의 핵심, 플랫폼 지대

공장에서 이뤄지는 생산과정 분석과 서비스 플랫폼에서 이뤄지는 이용자 활동과정 및 기업의 전유과정 분석이 중요한 이유는 그것이 잉여가치 창출과 연관되어 있기 때문이다. 플랫폼은 이용자가 서비스를 소비하거나 이용할 때 그들의 인지적 행위 결과를 비트로 받아내 전유하는 체제다. 이때 이용자의 인지 및 참여 행위 결과물은 거대 테크 기업의 중요한 노동대상이자 원료가 된다. 구글, 페이스북, 애플, 네이버 등 거대 기업은 사회적으로 생산된 이용자 활동 결과물을 플랫폼을 통해 사적으로 수취한다. 서비스 플랫폼을 제공하는 기업은 이용자들의 협력적 일상 활동을 '구름 저편'의 데이터센터로 옮겨 미래의 수익 창출을 위한 빅데이터로 축적한다.

플랫폼은 이용자 활동 결과물을 수취하는 기계인 동시에, 이용자 활동 결과물이라는 원료가 주입되면 곧바로 결과물을 산출해내는 생산기계다. 플랫폼의 자동화된 알고리즘은 이용자 활동 결과물이라는 원료를 변형해 새로운 생산물을 만들어낸다. 그런 의미에서 플랫폼은 '사이버네틱스 장치(cybernetic apparatus)'다(Pasquinelli, 2014). 인터넷 시대의 사이버네틱스 장치는 사이버네틱스 회로로 들어오는 정보를 조절하고 생산과정을 조직화한다. 사이버네틱스 장치로서의 디지털 서비스 플랫폼은 데이터를 흡수해 이것을 원료로 '정보의 가치증식(valorising information)'을 담당하는 인지자본주의의 공장 역할을 수행한다. 사이버네틱스 회로가 산업자본주의 시대 공장의 생산과정과 동일한 역할을 한다면, 생산과정에서 노동대상과 노동력이 결합해 가치증식이 일어나는 것처럼 사이버네틱스 장치에 정보나 지식이 원료의 형태로 흘러 들어온 다음 가치증식 과정인 생산과정을 거쳐 잉여가치가 만들어져야 한다.

사이버네틱스 플랫폼은 인지자본주의의 기계장치로서 생산수단 역할을 수행한다. 그렇다면 디지털 서비스 플랫폼의 사이버네틱스 회로가 잉여가치를 생산하는 노동과정을 대체하고 있다는 말의 함의는 무엇인가? 인간의 노동 없이 이뤄지는 자동화된 가치증식 과정은 기계잉여가치를 인정하는 입장으로 이어진다.[38] 들뢰즈와 가타리는 불변자본에 의해 생산된 기계적 잉여가치에 대해 "기계

38 기계잉여가치에 대해서는 자율주의 계열의 학자들(네그리, 2010; Hardt and Negri, 2000/2001)과 들뢰즈와 가타리(Deleuze and Guattari, 1980/2001), 파스퀴넬리(Pasquinelli, 2014), 이진경(2004: 191~210) 등이 논의를 전개했다.

역시 노동하고 가치를 생산한다는 사실을, 기계가 항상 노동해왔다는 사실을, 기계가 생산과정에 더 밀착되기 위해서 인간보다 점점 더 많이 노동한다는 사실을 인식한다. 이리하여 인간은 생산과정을 구성하는 부분이기를 그친다"고 주장한다(Deleuze and Guattari, 1980/2001: 346). 마르크스의 〈기계에 대한 단상〉에서 출발하는 기계잉여가치론을 평가하려면 기계에 대한 진전된 논의가 필요하다.[39] 19세기 산업혁명기의 기계와 20세기 전기기계, 포드주의의 자동화기계, 포스트포드주의의 튜링머신에 이르기까지 기계의 다양한 변형이 존재하며 이들 각각에 대한 비판적 분석이 필요하다. 그런 경우 디지털 서비스 플랫폼의 잉여생산체제는 단일한 장소에서 이뤄지는 내부 고용노동력의 산 노동에 의존하지 않는다. 서비스 플랫폼의 잉여가치는 이용자의 참여와 활동, 의사소통이 거대 플랫폼의 사이버네틱스 회로를 흐르는 과정에서 만들어진다. 이용자가 서비스 플랫폼에서 활동하면서 만든 데이터와 정보, 지식은 플랫폼 제공업체의 사이버네틱스 회로를 통과하면서 새로운 상품이나 서비스로 변형된다. 그래서 ① 원료로서의 이용자 활동 결과물이 수취되는 과정, ② 원료가 플랫폼의 코드와 결합해 잉여가치를 만드는 방식, ③ 결과물이 누구에 의해 어떻게 수취되며 가치를 실현하는지 밝히는 작업이 중요해진다.

---

39 기계가 잉여가치를 생산한다는 이들의 주장을 반대하는 논의에 대해서는 카펜치스(Caffentzis, 2013/2018: 139~163) 참조.

이제 거대 디지털 서비스 플랫폼에서 사회적 활동 결과물의 사적 수취와 관련된 ①, ②, ③의 기제를 살펴보려 한다. 이를 통해 정보자본주의의 축적방식이 갖는 특징과 문제점을 찾아내고, 그에 대한 비판적 대응을 끌어내고자 한다. 첫째, 이용자 활동 결과물이 만들어지는 과정과 그것이 거대 기업의 서비스 플랫폼으로 전유되는 과정을 분석하고, 지대의 현대적 형태에 대한 해석을 통해 서비스 플랫폼 제공자와 이용자 간의 관계를 살펴본다. 둘째, 사이버네틱스 플랫폼에서 이뤄지는 가치형성을 생산과정 분석을 통해 검토한다. 셋째, 데이터의 상품화 및 사적 전유를 통해 가치가 실현되는 방식을 알아본다. 플랫폼 지대와 플랫폼 이윤이 통일되는 방식을 살펴봄으로써 그러한 전유를 분석할 것이다. 여기에서는 서비스 플랫폼 제공자가 이용자 활동 결과물을 이윤창출 목적으로 가져가는 현상을 포괄적으로 '전유(appropriation)'라고 표현한다.[40]

40 여기에서 전유라는 용어는 두 가지 의미에서 잠정적이다. 전유는 노동과정 바깥에서 이뤄지는 수탈을 가리킴과 동시에, 생산과정을 통한 잉여가치의 추출인 착취를 포함한다. 아직까지 디지털 서비스 플랫폼을 통해 이뤄지는 수탈과 착취 기제에 대한 확정된 분석이 없기 때문에 이를 전유라는 잠정적 개념으로 포괄했다.

이용자 활동 결과물과 외부효과의 전유

• • •

정보자본주의의 발전론에서는 지식의 확산이 경제발전에 매우 중요한 역할을 담당하다고 본다. 이는 로머(Romer, 1986)가 내생적 발전론에서 경제발전에 미치는 지식의 확산과 그로 인한 외부효과를 주장한 이후 정보자본주의 발전을 해명하는 주요한 개념으로 부상했다. 부탕(Boutang, 2012: 20~30)은 '외부효과의 내재화' 혹은 상품화폐경제로의 전유가 인지자본주의에서 중요한 역할을 한다고 주장한다. 한편 크리스티안 마라치(Christian Marazzi)는 외부효과를 '가치생산과정의 외부화'라는 논리로 파악한다(Marazzi, 2011/2013: 84). 가치생산의 외부화란 유통과 재생산 영역으로 확장된 자본의 가치생산을 의미한다. 그는 신자유주의의 전지구적 금융화를 "새로운 자본주의에 상응하는 도착적인 축적양식"이라 부른다(Marazzi, 2011/2013: 85). "경제이론과 경영전략 양쪽에서, 생산과정의 외부화는 심지어 대중과 그 삶의 방식을 활용하는 것, 즉 크라우드소싱으로 일컬어지고 있다(Marazzi, 2011/2013: 66)."

이들 기업은 사회적으로 생산된 정보와 지식을 가치증식을 위해 사이버네틱스 회로 안으로 끌어들여 그것을 자동화된 생산과정 안으로 흐르게 만들어야 한다(Pasquinelli, 2014). 그런데 다른 플랫폼에서 만들어진 정보와 지식을 자신의 가치증식회로에 집어넣기는 쉽지 않다. 왜냐하면 정보와 지식은 특정한 대가를 지불하고 구입해야 하는 생산의 원료이기 때문이다. 그래서 서비스 플랫폼 기업에는 이용자의 활동 결과물이 만들어지는 즉시 그것을 가치증식회로에 투입하고 흘려보내는 장치가 필요하다. 이러한 플랫폼은 산업자본주의 단계의 공장이 차지하던 역할에 비견된다. 서비스 플랫폼은 원료수취과정 및 가치증식이 일어나는 생산과정을 하나로 통합한다. 원료수취과정은 약관계약을 통한 지대수취의 형태로, 가치증식과정은 자동화된 플랫폼 상품과 서비스 제공의 형태로 이윤을 창출한다. 그들은 광고영업과 신상품 개발, 특허지대 등을 수취하고 금융시장에서는 주식 등 의제자본을 통해 가치를 실현한다.

이와 같은 축적방식에서는 가치증식을 위한 회로로 들어가기 전에 데이터와 정보, 지식이 먼저 수집되어야 한다. 인터넷을 이용한 서비스 업체의 플랫폼은 일반적으로 서비스 제공과 동시에 일차적으로 이용자 활동 결과물을 자동으로 채집한다. 이용자는 서비스 업체가 제공하는 서비스를 이용하는 동시에 자신의 생산물을 수취당한다. 기업이 서비스 상품의 원료로 활용하는 정보의 원천은 이용자의 활동이다. 이때 이용자 활동과 활동 결과물이라는 원료를 가치증식회로로 수집하거나 유도하는 기계가 네트워크의 서비스 플랫폼이다. 정보 원천의 특성과 그것을 만든 행위자의 대응에 따라 가치증식회로로 들어가지 않거나, 들어가기를 거부하거나, 들어가더라도 가치증식의 결과물에 대한 권리를 잃지 않는 경우도 있다. 이 세 가지 형태에 따라 인지자본주의에 대한 각기 다른 대응 양식과 운동형태를 만들어낼 수 있다.

가치증식회로로 들어가지 않으려면 행위자 개개인이 독립된 기계를 운영해야 한다. 이는 가장 이상적인 수평적 네트워크의 형태이지만 갈수록 이런 범주는 줄어들고 있다. 한편 가치증식회로에 들어가기를 거부하려면 서비스 플랫폼 기업이 제시하는 이용자 약관에 동의하지 않거나 변경을 요구해야 하는데 이는 실제로 가능하지 않은 경우가 대부분이다. 그리고 가치증식 결과물에 대한 권리를 잃지 않으려면 이용자가 배타적 저작권을 주장하거나 가치증식된 결과물을 상업화하지 않고 공동적 이용물로 열어놓아야 한다. 그러나 플랫폼은 이용자 활동 결과물의 수집과 흡수에 그치지 않는다.

외부효과의 전유 문제는 인지자본주의의 잉여가치창출과 닿아 있기 때문에 적대의 지점과 운동의 방향을 확정하는 데 있어 무척 중요하다. 그래서 외부효과의 전유를 둘러싼 모순을 잡아내기 위해 이를 현대적 지대형태와 연관해 살펴볼 필요가 있다.[41] 인지자본주의 사회의 독점지대는 다양한 형태를 갖는다. 지대는 배타적인 독점적 소유에 힘입어 잉여가치의 일부를 수취한다. 독점적 소유의 대상은 토지, 화폐, 부동산, 과학기술, 지식에 이르기까지 다양하다. 인지자본주의 사회에서는 금융자산을 통해 수취되는 금융지대, 그리고

41 독점적 정보를 활용한 부당수취나 불로소득(사공영호, 2010), 정부의 정책이나 법률을 활용한 인위적인 희소성 창출과 가치실현 등 다양한 형태의 현대적 지대형태가 존재한다. 지대의 현대적 형태로는 주식과 부동산, 금융자산을 통한 가치증식과 더불어 특허, 저작권, 상표 등의 배타적 소유권을 통한 가치증식(Pasquinelli, 2008/2013: 173)을 꼽을 수 있다.

지식과 과학에 관련된 일반지성을 지적재산권을 통해 배타적으로 소유하고 그것을 통해 지대를 수취하는 형태가 부각되고 있다. 특히 과학기술지대는 "하드웨어와 전기 등 물리적인 것에서 서버, 블로그 또는 온라인 커뮤니티를 운영하는 소프트웨어의 비물질적인 것에 이르는, 수많은 상이한 계층으로 이뤄진다. 과학기술지대는 일반 소비와 사회적 소통에 의해, P2P 네트워크와 '자유로운' 복제 가능성에 의해 조장된다(Pasquinelli, 2008/2013: 197)". 거대 서비스 플랫폼을 제공하는 구글, 페이스북, 트위터, 네이버 등의 회사는 과학기술지대의 특이한 형태를 통해 이용자의 활동 결과물을 수취한다. 여기에서는 이를 '플랫폼 지대'라고 명명하고 그 특징을 살펴보려 한다.

플랫폼 지대

• • •

서비스 플랫폼 자본은 플랫폼 지대 형태로 수취한 이용자 활동 결과물을 원료로 활용해 여러 가지 상품을 출시하거나 가치실현을 위한 방식을 다양하게 개발할 수 있다. 파스퀴넬리(Pasquinelli, 2014)는 인지자본주의의 기생적인 성격을 강조하기 위해 부동산과 금융지대, 인지지대, 관심지대 등 다양한 형태의 현대적 지대 개념을 제시하고 있다. "기생체는 이중적으로 물질적인데, 그것은 인지적인 지대와 관심지대의 경우 미디어와 상품 같은 벡터를 통해, 과학기술적 지대의 경우는 기반시설을 통해, 상징자본에 대한 투기의 경우는 부동산을 통해 가치가 전해지기 때문이다(Pasquinelli, 2008/2013: 189).” 현대적 지대의 대표적 형태로 공간과 관련된 도시지대를 비롯해 지식·정보와 관련된 지적재산권을 들 수 있다. 플랫폼 지대 또한 플랫폼 기업이 제공하는 서비스에 대한 일종의 지적재산권이다.

그런데 지대의 현대적 형태로서의 플랫폼 지대를 상업적인 차원에서만 평가하면 역사를 뒤집어 해석하는 잘못을 저지를 수 있다.[42] 인지자본주의론자들은 마르크스의 지대론과 포섭단계론을 재해석하면서 인지자본이 갖는 복고성과 반동성을 강조하는 경향이 있다(Vercellone, 2007). 그러나 비록 그것이 지대 형태를 띠고 이용자들이 포드주의의 실질적 포섭에서 벗어나 형식적 포섭 형태로 바뀌는 징후를 보인다고 할지라도, 자본은 혁신적인 기술을 동원한 이윤창출 기제를 동시에 확보하고 있음을 직시해야 한다. 비판적 접근의 핵심은 자본이 지대와 이윤을 결합하는 방식을 평가하는 데 달려 있다. 플랫폼 지대는 이윤창출을 위한 원료를 수취하는 한 가지 방식이다. 지대로 수취된 이용자 활동 결과물은 이윤을 창출하는 플랫폼에 들어가면서 노동대상으로 전환된다. 이것은 자본가의 이윤에서 사회적으로 배분되는 지대가 아니라 이윤을 낳는 지대라는 의미를 지닌다.

이런 맥락에서 보면 ‘이윤의 지대화(Vercellone, 2008)’보다는 ‘지대의 이윤화’라는 말이 더 어울린다. 왜냐하면 지대가 이윤의 원천

---

42 인지자본주의론자들의 복고적 해석 경향에 대한 비판으로는 카펜치스(Caffentzis, 2013/2018) 참조.

이 되는 노동대상을 전유하기 때문이다. 이윤의 지대화 혹은 지대의 이윤화라는 개념은 지주계급의 지대와 자본가계급의 이윤이 대치되던 과거 산업자본 시기와 달리, 이윤과 지대가 하나로 통합되는 인지자본주의의 특수한 상황을 보여준다. 베르첼로네는 자본과 지대의 이러한 일치 경향을 드러내기 위해 '자본 혹은 이윤의 지대되기'라는 표현을 사용했다. 그는 이윤의 지대화에 대한 개념이 등장한 배경을 다음과 같이 설명한다. "마르크스는 《자본》 3권에서 이자 및 기업 이윤의 담지자로서의 자본에 대한 분석을 발전시키면서 지대 범주의 정의를 오직 토지지대에만 한정하는 이윤과 지대 사이의 대립이라는 주장을 의문에 붙인다. 그는 이 추론을 더 밀고 나가서 결국 이윤 및 자본가 소유의 지대 되기를 고려하기에 이른다. 그는 이를 위해 자본의 두 가지 규정 사이에, 다시 말해 소유와 기능 사이에 개념적 구분을 도입한다. 그리고 이 구분을 소급해서 자본소유로부터 나오는 소득으로서의 이자와 생산을 관리하는 기업가의 적극적인 이윤 간의 구분으로 연결한다(Vercellone, 2008)."

이와 같은 표현에는 현대의 서비스 플랫폼 자본이 갖는 이중적 성격이 담겨 있다. 거대 서비스 플랫폼 기업은 혁신적이고 생산적인 이윤추구 기업인 동시에, 반동적이고 기생적인 지대수취 기업이다.[43] 이것이 "사악해지지 말자"고 하면서 사악해질 수밖에 없는 플

---

43 혁신기업의 기생성에 대해서는 파스퀴넬리(Pasquinelli, 2008/2013) 참조.

랫폼 기업의 정체다. 구글이나 애플 등 첨단 기업이 다른 기업에 대해 특허 관련 소송을 끊임없이 제기하는 객관적 조건이 존재한다. 이들 기업은 배타적 소유권과 초과이윤의 지대로의 전환을 통해 수익을 올리기 때문이다. 그런 기제가 흔들리면 이들이 혁신으로 만들어내는 초과이윤의 기반과 그것의 금융자본으로의 전환을 통한 자본축적은 이뤄질 수 없다.

서비스 제공 기업은 이용자들이 자사의 서비스 플랫폼을 사용할 때 만들어진 활동 결과물, 곧 플랫폼의 외부효과를 지대형태로 수취한다. 먼저 거대 플랫폼 기업은 약관계약을 통해 개별 이용자와 서비스 제공자-이용자 관계를 확정한다. 이를 통해 이용자와 서비스 제공자 사이에는 일종의 지대관계가 만들어진다. 이용자는 플랫폼이 제공하는 서비스를 이용하고 플랫폼 제공자는 그 대가로 이용자의 활동 결과물을 전유할 수 있는 권리를 확보한다.

플랫폼을 매개로 한 지대관계를 통해 만들어진 서비스 제공자-이용자 관계를 불평등한 착취관계로 볼 수 있을까? 서비스 플랫폼으로 매개되는 지대관계의 현대적 형태는 봉건지대의 현물 형태가 실현되는 모양과 유사하다. 물론 현대적 지대관계에서 경제 외적 강제는 작동하지 않는다. 이용자는 플랫폼에서 할당받는 각종 서비스와 편의의 대가로 디지털 흔적과 활동 결과물을 서비스 제공자에게 양도한다. 이러한 양도가 쉽게 이뤄지는 이유는 기업이 서비스를 무료로 제공하기 때문이다. 서비스 이용자가 자신의 활동 결과물을 양도하지 않는다면 플랫폼 자체가 돌아가지 않기 때문에, 공동의 것을 이용한 소셜미디어에서는 이용자 활동 결과물 자체가 플랫폼에서 핵심적인 역할을 한다. 이용자 개개인에게는 자신의 활동 결과물과 다른 이용자 활동 결과물의 일부만 제공되는 반면, 서비스 제공자는 이용자 활동의 전체 결과물을 배타적으로 전유한다.

토지 독점에서 발생하는 봉건지대와 같이, 이용자 활동 결과물은 현물형태로 서비스 제공자에게 넘어간다. 현물형태로 수취된 이용자 활동 결과물은 서비스 플랫폼의 알고리즘에 의해 분류되고 패턴화된다. 다양한 형태의 행위 결과물이 개별 이용자에게는 제한된 몫으로 남지만, 서비스 제공자에게는 전체 이용자의 적분된 축적 결과물로 저장된다. 이용자의 수가 많을수록 디지털 농장의 생산물은 더욱 증가하고 지대형태로 수취하는 디지털 비트의 양도 늘어난다.

이런 과정을 통해 수집되고 집적된 이용자 활동 비트가 인지자본주의적 생산체제의 주요한 원료를 구성한다. 이용자의 확보는 플랫폼 지대를 유지하고 확장하는 데 필수불가결하다. 그래서 거대 플랫폼 사업자들은 플랫폼을 개방해 다양한 서비스 생태계를 구축하면서 이용자 수의 유지를 꾀한다. 이용자가 줄어들거나 이용자 활동이 떨어지면 결국 플랫폼 지대 수익의 총량이 감소하고 그것은 곧 다음 단계의 잉여가치를 창출할 원료의 감소로 이어지기 때문이다.

서비스 업체는 이메일 계정과 블로그를 포함해 활동할 수 있는 공간을 이용자에게 제공한다. 이용자가 많을수록, 그들이 그곳에 오래 머물수록, 그들이 더 많이 활동할수록 서비스 플랫폼의 상대적 가치와 비옥도는 높아진다. 이용자 간의 소통과 관계, 밀도가 높을수록 네트워크 효과는 커지고 그와 함께 특정 서비스에서 나오는 외부효과의 양도 증가한다. 그런데 이용자들은 시장에서의 이윤을 목표로 상품을 생산하는 자본가나 소상품생산자가 아니다. 그들은 플랫폼을 이용해 자신의 활동을 전개할 뿐이지만 그 활동의 결과물은 플랫폼에 의해 자동으로 전유된다. 그렇다면 그것을 '소득에서 이전된 차액지대'라고 설명하기보다는, 플랫폼에 대한 이용료를 지불하지 않는 대신 그들의 활동과 활동 결과물의 전유를 허락함으로써 사실상의 임차료(지대)를 내는 것으로 봐야 하지 않을까?

강남훈(2008)은 플랫폼에서 콘텐츠를 생산하는 이용자의 노동이 차액지대의 원인이지만 실체는 아니라고 말한다. "콘텐츠 때문에 초과이윤을 얻는 네트워크 자본을 대상으로 할 때, 콘텐츠 생산자들의 노동은 차액지대의 원인이지만 차액지대의 실체는 아니다. 차액지대는 소비자의 소득에서 이전된 것이며, 따라서 접속자들이 직접 생산했거나 착취 혹은 수탈당한 잉여노동의 일부다. 콘텐츠 생산자들은 자본주의적 노동을 하는 것이 아니고, 잉여노동을 하는 것도 아니다. 네트워크 자본은 콘텐츠 생산자들이 선물로 준 공유재를 이용해서 돈을 벌고 있다. 이러한 현상은 수탈이라는 개념으로 설명할 수 있는데, 착취는 직접적 생산과정을 통해 잉여가치를 취득하는 것이고, 수탈은 그 이외의 과정을 통해서 잉여가치를 취득하는 것이다(강남훈, 2008: 249)." 역설적으로 이용자의 활동 결과물은 차액지대의 원인인 동시에 실체다. 물론 차액지대의 실체 중에는 소득에서 이전되는 부분이 존재한다. 하지만 차액지대의 실체는 이용자가 플랫폼을 이용할 때 자동으로 전유당하는 그들 활동의 결과물이다.

지대를 통한 이용자 활동 결과물의 수취와 콘텐츠의 시공간적 재배열을 통한 가치증식과정을 구분해서 전체적으로 설명해야, 수집(흡수) 및 추적(포획)장치의 통일물인 플랫폼 장치의 비밀을 드러낼 수 있다. 지대를 통한 수취와 동시에 이뤄지는 기계장치를 통한 가치증식에 플랫폼 기반 축적체제의 비밀이 숨어 있다. 플랫폼 장치는 지대와 잉여가치창출이 결합된 새로운 축적방식을 구현한다. 이용자 활동 결과물은 다양한 요소로 구성된다. 그것은 감정, 정서 및 느낌과 상호작용, 커뮤니케이션의 결과물로서 콘텐츠인 동시에 로그데이터, 웹서핑 등으로 이뤄지는 서비스 이용 결과물이다. 전자가 데이터라면 후자는 메타데이터다. 빅데이터는 데이터와 메타데이터의 융합물로 이뤄진다. 이 둘을 교차해 특정한 패턴을 찾아내고 그것으로 미래의 행위를 파악하는 것이 빅데이터 분석의 실용적 목적 중 하나다. 이러한 메타데이터는 사회적 관계의 가치를 측정하거나 이용자를 감시하는 데 이용된다. 플랫폼 자본은 메타데이터를 그들이 제공한 공간에 대한 지대로 수취한다. 지대형태로 수취되는 이용자 활동 결과물은 자동으로 네트워크 자본의 서버에 빅데이터의 형태로 축적된다. 이것은 실시간으로 업데이트되면서 이용자에 대한 자료가 되는 동시에 미래의 가치실현을 위한 예비상품이 된다.

문제는 이것이 단순히 수동적으로 축적되고 저장되는 데 그치지 않는다는 사실이다. 이들은 수취·축적과 동시에 플랫폼 알고리즘에 의해 새로운 서비스로, 또는 다른 축적물과의 접합과 새로운 배치를 통해 또 다른 상품으로 전환된다. 동시에 혹은 시차를 두고 전개되는 이러한 가치증식을 어떻게 설명할 수 있을까? 이를 설명하기 위해 네트워크 잉여가치(Pasquinelli, 2014) 혹은 기계잉여가치라는 개념이 도입된다. 기계잉여가치는 소프트웨어를 통한 원료의 가공과 변형을 통해 새로운 상품이 생산될 때 그것의 가치증식을 설명하기 위해 동원된 개념이다.

플랫폼과 사이버네틱스 축적체제

디지털 서비스 플랫폼에서는 공장의 작동방식과 사회적 영향력이 달라진다. 포드주의는 개별 공장에서의 착취와 지배를 중심으로 전개된다. 대량생산체제에 실질적으로 포섭된 노동자계급은 산별 노동조합이나 전국적 규모의 노동조합으로 단결해 자본과 노사협약을 체결한다. 국가는 이들 사이에 개입하면서 재생산 영역을 조절한다. 자본의 영향력은 공장 바깥으로 확대되지 않는다. 공장 바깥은 국가기구의 관리 영역이다. 자본의 지배는 해당 공장의 노동자에 제한되어 있기 때문에 단위 사업장에서의 노동자 투쟁이 일차적으로 중요한 의미를 지닌다. 노동운동이 사회영역으로 확장되는 것이 제한되었기에, 생활세계와 관련된 요구는 시민운동이라는 틀로 전개되었다. 인지자본주의에서는 일상적인 공간이 사회공장이라는 위상을 지닌다.[44] 사회공장은 플랫폼 형태로 진행되며 자본의 권력은 전체 사회로 확산된다. 구글, 페이스북, 네이버 등 거대 플랫폼 자본의 권력은 개별 사업장에 고용된 노동자를 넘어 이용자가 구성하는 일상생활의 세계로 확장된다.

포드주의적인 잉여가치는 인간-기계의 관계를 흐름생산의 틀로 연결하는 거대 기계체제를 통해 만들어진다. 포드주의는 생산과 소비의 연관성을 극대화하고 사회적인 차원에서 생산-유통-분배-소비의 유기적 관련성을 확대한다. 그 결과 보편시장이 형성되고 탈숙련화는 사무직과 서비스직까지 확대된다. 테일러주의와 포드주의는 관료화된 합리화를 통해 육체노동을 지배하면서 노동자의 탈숙련화와 지식의 외부화를 가져왔다. 그런데 사이버네틱스 체제에서는 기계 자체가 관료적 통제의 기관이 된다. 사이버네틱스와 기계가 관료적 통제와 결합하는 방식에 따라 인간노동과 잉여가치 창출의 방식도 달라진다. 초기 산업자본주의에서는 공장노동을 통해 관료적 감독과 통제 아래 인간 육체의 기계적 에너지를 착취했다. 테일러주의는 노동자의 창조적 행위와 판단을 외부로 끌어내 인간의 육체 에너지를 효율적으로 착취할 수 있었다. 포드주의는 노동자의 창조적 행위를 표준화해 기계와 결합하고, 그것을 통해 인간의 육체 에너지를 통제하며 착취하는 체제다. 반면 인지자본주

---

44 사회공장 개념이 확립되는 과정에 대한 설명으로는 소번(Thoburn, 2001) 참조.

의에서는 노동자의 행위를 착취하는 체제를 공장 바깥까지 확장하고(Terranova, 2000), 인간의 육체 에너지가 아니라 행위 결과물을 자동으로 수취하는 체제를 만들었다.

이처럼 포드주의 대량생산체제는 자동화와 사이버네이션이 결합된 인터넷 시대의 거대 기계체제로 넘어간다. 자동화는 사물에 대한 인간의 지식을 바탕으로 물질과 그 변형의 과정을 예측하고, 통제의 절차를 통해 사물이 사물을 만들도록 기획된 과정이다. 자동화는 물질의 성질과 구조를 이해한 후 그것을 정보화하고 시간적 변형의 순서와 공간적 배치를 통일함으로써 조작과 통제의 기획을 실현한다. 이렇게 해서 사이버네틱스라는 자동화된 관료제와 인터넷 플랫폼이라는 거대 기계체제를 두 축으로 새로운 축적체제가 발전했다. 새로운 거대 기계는 특정한 장소에 제한된 물질을 필요로 하지 않는다. 그것은 탈물질화된 네트워크 체제를 통해 장소의 구속성을 넘어 축적의 시공간을 과거와는 다른 방식으로 조직한다.

사이버네이션은 공장이라는 한정된 장소와 노동시간이라는 제한된 시간을 일상생활의 활동 시공간으로 확장한다. 그러나 반자동화 기기는 스스로 외부 환경을 감지하지 못하고 언제 어떻게 행동해야 하는지 판단하지 못하기 때문에 여전히 인간이 조종해야 한다. 중장비 운전자는 기계 팔과 다리를 자신의 수족처럼 다룬다. 위너가 사례로 연구한 비행기 조종사도 마찬가지다. 그는 사이버네틱스를 착안할 때 비행기와 조종사의 일체화된 행동에서 영감을 얻었다. 운전자는 기계와 일체화되어 하나의 체계를 이루는 동시에 기계의 조절자 역할을 한다. 산업혁명의 기계-인간 결합에서는 인간이 운전자 역할을 수행함으로써 외부 환경의 변화를 감지 못하는 기계의 눈과 귀, 감각기관이 되어준다. 그리고 변화하는 상황 속에서 인간이 목표 수행을 위해 최종 결정을 내림으로써 기계의 항상성을 유지한다. 하지만 노동자는 공장체계의 구성에서 기계의 적극적 활용자가 아니라 보조적 조절자로 전락했다. 이는 노동자가 기계의 움직임에 예속되는 결과로 이어졌다. 자동화는 인간의 조종이 기계의 운동보다 부차적인 지위로 떨어짐으로써 완성된다. 사이버네틱스는 인간-기계 사이에서 이뤄지던 구상과 실행, 조정을 기계 자체로 이동하고 단일화하려는 시도다. 그래서 자동화의 의미를 구상-실행-조정의 틀 속에서 분석할 필요가 있다. 구상과 실행을 자동화와 연관시키면 구상을 담당하던 두뇌노동은 이제 '머리손'이 되어버린다.

인지자본주의 단계의 자동화는 거대 기계체제로서의 서비스 플랫폼 형태에서 전형적인 모습을 드러낸다. 구글의 검색엔진, 이용자 활동 콘텐츠를 자동으로 수취하는 유튜브, 실시간으로 이뤄지는 커뮤니케이션 활동 결과물을 플랫폼으로 빨아들이는 트위터, 네트워크 활동 결과물을 수취하고 그것을 바탕으로 우회로를 거쳐 이윤을 실현하는 페이스북 등 거대 서비스 회사의 플랫폼 자체가 인지자본주의 단계의 대표적인 거대 기계다. 사이버네틱스의 핵심은 통제의 자동화다. 그것은 생산과정에서 노동자를 통제할 뿐만 아니라 노동자의 암묵지와 그 결과물을 포획하고 전유한다. 노동자의 암묵지가 사이버네틱스에 의해 포획되면 생산력으로서의 '기계지식'이 만들어진다. 그것은 생산력으로서의 일반지성이고 기계에 내재화되는 '죽은 지식'이다. 일반지성은 기계 안에 결정화될 뿐만 아니라 네트워크를 통해 사회공장을 횡단하며 사회 모든 곳으로 퍼져 나간다. 이것이 일반지성이 갖는 '산 지식'과 '죽은 지식'으로서의 이중성이다.

"기계의 자동화와 유기체로 결합된 체계에서는 생산노동자의 개별적 실체나 그들의 작업은 별로 중요한 의미를 지니지 못한다. 사회 전체를 포괄하는 과학, 언어, 지식, 활동, 기예의 전체 앙상블이 중요해진다(Marx, 1973)." 마르크스는 이러한 앙상블을 일반지성, 사회적 두뇌(social brain), 사회적 개인(social individual)이란 용어로 표현했다. 일반지성은 생산력으로서 과학과 기술을 생산에 적용함으로써 잉여를 창출하는 기제와 연결된다. 이는 사회적 개인이나 사회적 신체가 그 자신의 일반적인 생산력을 전유당함으로써 잉여가 창출되는 것을 의미한다. 과학기술의 사회적 적용이 생산기계의 플랫폼으로 흡입되고 지식과 언어에 바탕을 둔 인간 활동이 거대체계와 결합되면서 자동으로 새로운 활동 결과물을 생산하는 체제가 인지자본주의 단계의 거대 기계체제다. 여기에서 거대 기계체제와 결합된 과학기술의 일반성과 사회성에 중점을 두는 경우와 그런 체제에 전유당하는 인간 활동에 주목할 경우 각각 다른 사회적 함의와 대안으로 연결된다.

디지털 서비스 플랫폼 생산과정의 특성

• • •

인지자본주의의 사회공장은 플랫폼 기계로 이뤄져 있다. 여행자가 원하는 목적지에 도달하려면 플랫폼에서 열차를 타야 하듯이, 디지털 서비스 이용자들은 각자 원하는 서비스를 제공하는 업체의 플랫폼에 들어가야 그들이 제공하는 서비스를 얻을 수 있다. 사람들의 생각과 활동은 컨베이어 벨트에 실려 자동으로 거대한 데이터베이스 센터로 흡수된다. 이용자들의 활동 결과물은 미리 짠 알고리즘을 통해 자동으로 선별되고 가공된다. 이용자 활동 결과물이 선별-배열-가공-재가공을 거치면서 데이터 레이어는 더 두터워지고 더 많은 잠재적 가치를 획득한다. 이때 플랫폼의 복합적인 알고리즘은 과거 불변자본이 담당했던 역할을 대신한다. 이용자들의 활동 결과물인 집합지식 혹은 일반지성이 플랫폼 알고리즘을 통해 기계와 결합되어 빅데이터를 이루면서, 데이터를 포함한 지식은 고정자본의 일부로 변형된다.

지대형태로 수취한 이용자 활동 결과물을 고정자본으로 전환하고, 그로부터 이윤을 축적하는 양식에 주목할 경우 독점적 플랫폼이 지대와 이윤을 통합하고 있음을 확인할 수 있다. 과학기술과 지식, 협동적 생산물에 대한 현대적 지대형태인 플랫폼 지대를 통해 수취된 이용자 활동 결과물은 사이버네틱스 회로를 경과하기 전에 이윤창출을 위한 고정자본으로 전환된다. 이후 이용자 활동 결과물은 플랫폼의 사이버네틱스 회로를 흐르면서 자동화된 알고리즘에 의해 양질전환의 과정을 거친다. 여기에서 양질전환이란 집적된 이용자 활동 결과물이 상업화를 위한 특정한 패턴으로 바뀌는 과정과 결과를 의미한다. 예를 들어 네이버가 검색 이용자의 활동 결과물을 '실시간 급상승 검색어'라는 서비스로 바꿔 제공했던 것처럼, 개별 이용자의 활동 결과물을 전체 이용자 활동 결과물의 집합으로 축적한 뒤 특정한 패턴을 추출해 새로운 서비스를 제공하는 사례에서 데이터의 양질전환을 확인할 수 있다. 곧 양적인 데이터 뭉치가 질적인 가치를 갖는 상품으로 전환된다는 말이다.

이러한 양질전환과정이 사이버네틱스 회로 안에서 이뤄지는 가치증식의 핵심이다. 물론 이 과정에는 서비스 플랫폼 기업에 고용된 정규노동력이 이윤창출을 위해 배치되어 있다. 그들은 사이버네틱스 회로로 이용자 활동 결과물을 끌어들이는 방식과 그것을 활용해 패턴화된 결과물을 만들어내는 알고리즘을 개발하고 그것을 다시 상품으로 변형하는 논리회로를 만든다. 그리고 일부는 이런 과정이 순조롭게 돌아가도록 실시간으로 통제하고 조절한다. 거대 서비스 플랫폼 기업은 이러한 수취와 가치증식과정을 통해 다양한 상품을 개발한 후 시장에서 가치를 실현하거나, 금융시장이라는 우회로를 거쳐 지연된 잉여가치를 실현할 기회를 모색한다. 이처럼 이용자 활동 결과물을 유통과정에서 전유하거나 수탈하는 수준이 아니라, 그것을 노동대상 혹은 원료로 이용해 지대와 이윤을 결합시키는 데 새로운 잉여가치창출의 비밀이 숨어 있다.

서비스 플랫폼에서는 정보의 생성과정과 가치증식과정이 통합됨과 동시에 분리된다는 점에 주목해야 한다. 개별 이용자가 생성한 정보는 다른 이용자가 생성한 정보와 결합되면서 자동으로 사이버네틱스 장치에 축적된다. 개별 정보가 네트워크를 통해 양적으로 확장되면 개별 정보와는 완전히 다른 의미와 가치를 지닌다. 사이버네틱스 장치로 거둬들인 원료의 가치는 파편화된 이용자의 활동시간을 전체 이용자 집합으로 적분한 값의 함수다. 이것이 잉여를 낳는 또 다른 사이버네틱스 장치를 통해 선택·배열·가공되면서 정보의 새로운 가치증식이 이뤄진다.

이용자 활동 결과물은 서비스 플랫폼을 통해 만들어지는 동시에 서비스 제공자의 사이버네틱스 기계에 흡수된다. 흡수된 이용자 활동 결과물은 다른 이용자 활동 결과물과 결합되면서 재배치되고 변형되며 확장된다. 분산된 이용자의 활동 결과물을 네트워크를 통해 하나로 통합한 정보 매트릭스(빅데이터)는 사이버네틱스 코드의 회로를 거치면서 가치를 증식한다. 이것은 정보가 가치로 변형되는 과정으로서 가치원천인 정보의 생산-전달과 가치증식과정이 순차적으로 분리되어 진행되기 때문에 기계잉여가치, 코드 기반 잉여가치, 자동화된 잉여가치, 노동자 없이 만들어지는 잉여가치, 노동시간이 결여된 잉여가치라는 여러 가지 다양한 용어로 기술될 수 있다(Pasquinelli, 2014; 백욱인, 2013). 노동가치론을 둘러싼 논쟁의 핵심은 이런 부분에 대한 해석을 중심으로 더욱 구체화되어야 한다.

인지자본주의의 새로운 축적방식과 비판

• • •

이상에서 인지자본주의 축적기제의 특성을 분석하는 틀로서 플랫폼 장치에 지대와 이윤 개념을 적용해보았다. 이를 통해 이용자 활동 결과물의 수취과정과 생산과정이라는 두 가지 단계의 통일체를 검토할 수 있는 틀을 마련해보고자 했다. 생산과정 분석은 인지자본주의에 대한 거대이론이나 단계론이 제시하는 문제를 구체적인 현상분석과 결합하는 단서가 될 수 있다. 플랫폼에 대한 비판적 분석은 인지자본주의에서 생산물이 어떻게 만들어지며, 그 과정에서 드러나는 적대의 지형은 무엇이고, 그런 지형이 안고 있는 모순과 그에 대한 사회운동의 가능태는 무엇인가를 찾아내는 징검다리 역할을 할 것이다.

이상의 논의에서 확인하려던 점을 다음과 같이 요약할 수 있다.

(1) 서비스 제공 기업이 이용자 활동 결과물을 수취·전유하는 현상을 디지털 시대의 새로운 지대형태로 볼 수 있다.

(2) 디지털 서비스 플랫폼 기업은 이용자 활동 결과물을 원료로 삼고 알고리즘을 통한 자동화된 생산과정을 통해 잉여가치를 창출한다.

(3) 플랫폼 지대와 플랫폼 이윤은 하나의 플랫폼에서 동시에 수취된다. 이것은 지대와 이윤을 결합하는 새로운 축적형태다.

이때 플랫폼 장치의 가치창출구조는 ① 이용자들이 플랫폼 서비스 이용의 대가로 지불하는 플랫폼 지대와, ② 사이버네틱스 회로를 통해 추출한 플랫폼 이윤이 통합적으로 수취된다는 것을 특징으로 한다. ①, ② 가운데 어느 것을 강조하느냐에 따라 각기 다른 실천방향과 운동이 제시된다. ①을 강조하면 기본소득론이나 이용자 주체성에 바탕을 둔 운동으로 전개될 가능성이 크고, ②를 강조하면 반독점 논의로 발전할 수 있을 것이다. 그러나 플랫폼 지대의 수취와 플랫폼 이윤의 간접적 착취구조는 따로 작용하는 게 아니라 하나의 플랫폼에서 동시에 통합적으로 작동한다. 그렇기 때문에 이용자 운동을 중심으로 외부효과의 사회적 성격을 강조하면서 그것의 상품화와 배타적 지적재산권화를 반대하는 방향으로 운동을 전개할 필요가 있다. 결국 실천적 지향은 현대 정보사회의 지적재산권 문제에 대한 비판적인 논의로 연결된다.

이상의 논의는 여러 가지 검증이 필요한 시론에 불과하다. 이런 논의를 더 진전시키려면 ① 생산과정에서의 기계잉여가치(죽은 노동의 잉여가치화)와 살아 있는 고용노동의 결합에서 창출되는 잉여가치, 곧 이윤의 전체 구성과 창출기제, ② 잉여가치창출에서 플랫폼 혹은 인터페이스 장치가 수행하는 기능, ③ 다양한 가치실현방식에 관한 분석을 심화해야 한다. 플랫폼 장치에 관한 분석은 마르크스(Marx, 1973)의 공장장치와 들뢰즈, 푸코(Deleuze, 2007; Foucault, 1980/1991)의 장치 개념을 연결해 이 둘의 결합체인 축적장치 연구로 전개할 필요가 있다. 아울러 가치실현에 대한 분석은 시장에서

'가치의 가격으로의 전형'이 어떻게 이뤄지는가에 관한 구체적 연구로 이어져야 할 것이다. 이는 데이터의 상품화와 상업화 기제에 대한 분석이기도 하다.

인지자본주의에서는 브랜드가치론(Arvidsson, 2011)에서 보듯이 이용자의 욕망을 활용하는 사례처럼 다양한 가치실현방식과 형태가 존재한다. 미래수익을 담보로 한 주식상장을 통해 의제자본으로 가치를 실현하는 방식, 탈상품화된 이용자 활동 결과물을 재상업화하는 방식 등 다양한 실현형태에 관한 구체적 분석이 뒤따를 때 플랫폼 지대와 이윤의 현실적 근거는 더욱 풍부해질 것이다.

13장 팬데믹 시대는 어떻게 기계적 예속과 사회적 복종을 강화했는가

바이러스가 3억 년 전에 척추동물에 침입해 기억을 담당하는 단백질의 모태가 되었다는 연구가 발표되었다(Pastuzyn et al., 2018). 바이러스는 인간 기억에 필수적인 ARC 단백질의 모태가 되었고 그 단백질은 바이러스의 단백질처럼 작동한다고 전한다. 자세한 생물학적 기제는 알 수 없으나 바이러스와 인간, 특히 인간 기억과의 연결성을 설명하는 사례다. 개체 차원, 세포 차원, 분자 차원, 사회적 차원에서 벌어지는 바이러스와 인간의 관계는 매우 분절적이다. 그리고 인간은 메모리를 갖는 인공지능을 만들고 인공지능은 메모리를 기반으로 알고리즘을 스스로 수정·보완하면서 새로운 기억의 기반을 다진다. 기억의 연결과 모임은 의식의 흐름이고 그것은 바깥을 향한 수행적 행동으로 연결된다. 사유와 반성은 기억의 연결을 통해 이뤄진다. 사유는 기억을 기반으로 하는 일종의 알고리즘이다.

습관은 지속되는 기억의 고착물로서 특정 시간에 확보된 알고리즘의 등가물이다. 습관과 고정관념, 사회적 관습 혹은 법칙조차 굳어지고 합의된 일종의 알고리즘이다. 자동화된 프로그램은 인공지능의 반성과 사유, 습관, 기억이다. 이처럼 바이러스, 인간, 인공지능은 서로 이어진다.

"사유의 고고학에서 보았듯이 인간은 최근의 발명물이다. 그리고 아마 종말로 다가가는 발명물일 것이다. 만약 인간을 출현하게 했던 그 배치(dispositions)가 사라진다면, 18세기 말 고전주의적 사유의 밑바탕이 그랬듯이 우리가 기껏 가능성 정도만 감지할 수 있을 뿐 지금으로서는 형태가 무엇이 될지, 그것이 무엇을 약속할지도 알지 못하는 어느 사건이 그 배치를 뒤흔들 때, 인간은 바닷가에 그려진 얼굴처럼 사라질 것이 틀림없다(Foucault, 1966/2012: 387)."

인공지능과 바이러스의 시대를 살아가는 인간은 푸코가 말한 "바닷가에 그려진 얼굴"처럼 위태롭다. 인간과 신, 자연과 인공물 간의 배치가 16세기 과학기술혁명과 근대사회를 가져왔다면 지금은 인공지능과 바이러스가 함께 연관된 배치 속에서 새로운 사건이 도래하고 있다. 그래서 인간이 바닷가에 그려졌던 얼굴처럼 몰려오는 파도에 씻겨 없어지는 포스트휴먼의 시대가 그들과 함께 다가오고 있는지도 모른다. 18~19세기 이성과 계몽주의를 기반으로 산업혁명이 일어나고 인간이 만든 기계와 공장이 인간과 맞서거나 인간의 이전 생활양식을 바꾸어놓을 때 등장한 타자는 다름 아닌 '괴물'이었다. 인간의 손으로 만든 괴물, 기계, 로봇, 신, 물신, 인공지능 그리고 이 세상 바깥의 다른 세계와 그곳에서 온 외계인은 자연을 대체한 인간의 타자다.

제1차 세계대전이 끝나갈 무렵인 1918년 바이러스라는 새로운 타자가 등장했다. 당시 사람들은 그것이 무엇인지 정확하게 알지 못했다. 바이러스는 신과 자연을 몰아내고 인간과 인간의 관계조차 감염으로 뒤바꾼다. 바이러스의 전파는 사람 간의 접촉을 망가뜨리지만, 자연과의 관계를 회복하라는 목소리를 전달하기도 한다. 그로부터 한 세기가 지난 2019년 말에 코로나19가 몰려왔다. 인간과 인간의 직접적 관계는 인공지능과 네트워크로 간접화되다가 이제는 물질적 거리마저 멀어지며 고립을 강요당했다. 바이러스는 인간이 자연 생태와의 관계를 회복하도록 재촉했지만, 오히려 인공물과의 관계가 더욱 확대되었다.

2020년 초부터 급격하게 발생한 팬데믹 이후 우리는 매일 확진자와 사망자 수를 마주했다. 질병관리청은 확진자 수에 따라 통제수준을 정해놓고 규제단계에 따른 생활제한수칙을 발표했다. 그들은 신용카드와 스마트폰을 통해 감염자의 동선을 추적했고 해당 권역의 확진자 발생 시 경고 문자나 감염 정보를 보냈다. 지난 3년 간 사람들은 바이러스 시대의 통치에 익숙해졌지만, 감염에서 인구를 보호하기 위한 통치에 대항하는 행동도 나타났다. 마스크를 쓰고 사회적 거리를 두라는 경고에 불복하기도 하고 지침을 어기고 비밀리에 영업을 재개하기도 한다. 이런 행위는 사회적으로 지탄받거나 규율위반으로 공권력의 규제 대상이 되었다. 팬데믹 시대의 국가는 감염병의 위험으로부터 주민의 생명을 보호한다는 명분으로 생명권력(biopouvoir)을 강화했다. 규율권력이 감시를 기반으로 감옥과 병영, 병원, 공장, 학교를 통해 규율화된 개인을 주체화하면서 기계적 예속화를 진행한다면, 생명권력은 전체 인구의 출생과 사망률을 조절하고 인민의 생산력을 지속적으로 확보하면서 사회적 복종을 강화한다. 푸코는 19세기 서구 국가의 발전과정을 규율권력과 생명권력의 단절로 설명했다. 하지만 규율사회의 감시는 통제사회의 조절과 병행적으로 이뤄진다고 보는 것이 현실에 부합한다. 우리는 팬데믹 시기에 감시장치와 통제장치의 결합을 통해 규율생명권력이 만들어졌음을 체감했다. 정부는 감염과 사망에 관한 지표를 매일 발표했고 각종 지원금이나 긴급구호를 시행함으로써 생명권력을 노골적으로 드러냈다.

팬데믹 시대에 접어들면서 정보와 물질을 결합해 생화학적 약물을 생산하는 생명 관련 자본과 생명체에서 빠져나온 정보로 생명체를 통제하는 정보기업이 득세했다. 생명체와 인공지능을 결합한 자동화체제는 감염의 네트워크를 감시하는 동시에 바이러스에 취약한 집단을 배제하거나 통합하면서 인구의 유지를 위한 통제를 강화했다. 감염병의 확산은 통제방식의 변화를 가져왔고 그것은 '통치성(gouvernementalité)'의 변화로 이어졌다. 코로나 시대의 통치성은 인공지능을 포함한 최근의 정보기술 확장과 깊은 관련이 있다. 이 과정에서 개인의 몸과 관련된 것이 상품화되거나 사회적인 것으로 변형되었다. 이제부터는 코로나19의 확산에 따른 몸의 수치화를 통한 양화된 자아와 분할체화의 동향을 살펴보고, 그것이 플랫폼 자본/생명관리 자본과 맺는 관계를 검토하며, 국가기구를 중심으로 이뤄지는 사회적 통제방식을 살펴봄으로써 팬데믹 시대의 예속성과 통치성, 저항성의 연관성을 드러낼 것이다. 사회적 통제는 팬데믹 시대 들어 어떻게 변화했는가? 그리고 이에 대한 비판과 대안은 어디를 향해야 하는가?

4차 공간화와 질병의 수치화

• • •

바이러스에 대한 방역당국의 조치는 바이러스 자체를 관리함과 동시에 인간 개체를 예속화하고 인구와 사회를 통제하는 세 가지 공간에서 이뤄진다. 정보기술의 확산은 인간의 인지활동을 수취하는 수준을 넘어 인간의 신체활동에서 비롯된 데이터를 수취하도록 만든다. 디지털 플랫폼은 인간 인지체계의 움직임을 수취해 데이터 세트를 만든다. 인터넷 시대의 진료행위는 전자기록체계를 통해 디지털 수치로 자동 축적된다. 이것의 선행조건은 사회구성원이 측정문화에 적응함으로써 스스로를 추적하는 관행에 동의하는 것이다. 이런 과정이 순조롭게 이뤄지면 미국의 역사학자 제리 뮬러(Jerry Muller)가 지적한 '측정의 압제(tyranny of metrics)'가 완성됨으로써(Muller, 2018) 몸의 수치화를 통한 디지털 의료산업과 사회적 통제를 위한 조건이 마련된다.

개인의 신체활동은 각종 스마트기기와 앱을 통해 디지털 수치로 전환되어 플랫폼의 클라우드나 특정한 저장장치에 축적된다. 정보기술 관련 업체는 병원의 기록체제와 개인의 신체활동 데이터를 결합하고 스마트기기와 건강 관련 서비스를 보급하면서 사람들의 몸과 연관된 데이터를 의료화하고 상업화하기 시작한다. 이제 질병이 몸 위에 그려지던 시대, 질병의 장소를 몸 안의 기관에서 찾던 시대, 질병을 사회적인 공간에서 관리하던 시대를 넘어 질병의 움직임과 인간의 증세가 수치로 바뀌어 자동으로 축적되는 시대가 되었다. 의사와 환자, 의료기관과 정보 관련 사업체, 규제 관련 국가기구 등이 '데이터화된 몸'과 대중의 데이터세트를 둘러싸고 경쟁을 벌인다. 이런 과정에서 신체의 규율정치와 생명의 통제정치가 만나 개인의 신체를 길들이고 생명을 사회적으로 관리하는 규율적 통제 권력이 생겨난다.

들뢰즈는 푸코의 규율사회 개념을 현대로 확장해 통제사회라는 개념을 제시했다. 규율사회는 신체를 길들여 권력관계를 유지한다. 반면 통제사회는 신체에 대한 물리적 구속을 실행하지만, 생명체에 대한 간접적인 통치기술을 활용한다는 점에서 다르다. 다시 말해 통제사회에서는 생명체의 인지적 활동을 수취하고 신체 내부의 생리적 활동과 생화학적 성분의 변화를 측량해 수량화하고 관리한다. 규율과 통제의 방식이 '물질적인 것(the analogical)'에서 '수치적인 것(the numerical)'으로 넘어간다(Deleuze, 1995: 4). 정보기술과 의료체계, 환자의 참여 그리고 독소(바이러스)를 통해 물질적 신체가 아닌 데이터화된 몸이 만들어진다. 통제사회의 권력은 정보기술을 활용해 데이터화된 몸을 관리하고 통제한다.

푸코는 《임상의학의 탄생》에서 '질병의 공간화'가 변화해온 역사를 보여준다. 푸코는 '죽음과 언어, 공간의 문제'를 다루면서 18~19세기에 두드러진 의학적 시선의 변화를 추적한다. 그는 질병의 공간화가 제도적으로 진행되는 과정을 18세기 분류의학의 1차 공간화, 19세기 병리해부학의 2차 공간화, 19세기 후반부터 진행된 사회의학의 3차 공간화로 구분했다(Foucault, 1973: 15~16). 질병의 공간화는 질병에 대한 시선이 어디를 대상으로 하는가에 따라 달라진다. 질병을 분류하는 1차 공간화는 질병을 유사성에 따라 구분한다. 18세기의 의학적 시선은 병에 대한 관찰과 언명, 곧 보고 말하는 행위를 통해 의학지식체계를 형성했다. 19세기 병리해부학의 임상의학체계에서는 개인의 몸이 질병을 공간화하는 핵심적인 대상이 되었다. 병리해부학의 2차 공간화는 의사가 환자의 몸 위에서 질병의 위치를 찾아내고 죽음의 장소인 환부와 질병을 일치시켰다. 마지막으로 19세기 후반의 3차 공간화는 인구의 관리와 통제라는 관점에서 질병을 사회적으로 구분했다. 푸코는 계보학적 방법론에 따라 의학적 시선의 변화를 역사적 단계론으로 기술하고 있는 것처럼 보인다. 그러나 1차에서 3차에 이르는 공간화가 역사적인 발전단계만을 의미하는 것은 아니다. 푸코가 제시한 세 가지 공간화는 의학적 시선의 역사적 발전과정이자 의학이 구성되는 세 가지 공간에 대한 유형화로 볼 수 있다.

한편 푸코는《감시와 처벌》에서 신체형을 위주로 하는 주권권력에서 눈에 보이지 않는 감시와 규율의 내면화를 통한 규율권력으로의 이행 그리고 인구를 통제하는 생명권력의 차이를 논한다(Foucault, 1977/2003). 감염병 시대의 의료 공간화는 개인의 신체를 길들이는 규율권력과 인구를 관리하는 생명권력(Rose, 2006)의 결합을 통해 진행된다. 질병분류학, 환자의 몸에서 징후와 증세를 진단하는 임상의학, 사회적인 차원에서 인구를 관리하는 사회의학은 순차적인 발전을 겪어왔다. 동시에 이들은 현대의학을 구성하는 주요 분과로 전문화되었다. 20세기에 들어서면서 새로운 의료기기와 정보기계의 활용을 통해 기존의 공간화와 더불어 '의료의 수치화'라는 새로운 과정이 진행되었다. 의료의 수치화는 의료공간에 큰 변화를 가져왔다. 다양한 영상진단기기가 발전하고 디지털 수치화가 진행되면서 의료공간이 재편성되었다. 현대의학에는 푸코가 유형화한 세 가지 공간화의 시선과 더불어, 영상기기와 결합한 기계의 시선이라는 요소가 포함된다. 인간의 눈이 아닌 기계의 눈이 질병 분류에 활용되었고, 임상의학에서의 진단과 사회예방의학에서도 영상기술이 이용되었다.

바이러스 감염이 빠르게 전파되면서 앞서 살펴본 세 가지 공간에서 질병에 대한 독특한 대처법이 시행되었다(이민구·홍세연, 2015). 감염병이 전지구적 차원으로 확산되면서 사회적 통제는 세포 수준의 생의학적 장소로 확장되었다. 그런데 우리는 이 공간을 잘 알지 못한다. 의료 전문가의 연구를 통해 잠시 드러나기는 하지만,

이곳은 일반인의 일상생활과 단절된 마이크로코즘의 세계다. 개체의 특정 부위가 아니라 세포 수준으로 질병의 장소가 좁아지면 분류 작업도 매우 복잡해진다. 이곳은 바이러스에 대한 과학자와 의사 들의 연구영역이다. 이와 더불어 감염자의 증세와 징후를 연구하고 치료하는 임상의학도 활발하게 전개되었다. 감염병이 확산되면 질병의 자리는 개인의 단일한 몸이 아니라 개인과 개인의 몸 사이로, 그들이 만나는 공간으로, 거래가 이뤄지는 장소로 확장된다. 이와 같은 사회적 공간은 감시와 규제의 대상이 된다. 광장은 통제되고 집회와 시위가 제한된다. 공공장소나 사설 영업장소도 통제된다. 물론 그런 공간을 차지하는 개별 인간의 몸에 대한 통제와 감시를 통해 사회적 공간의 밀도와 용도가 제한되거나 조절된다. 여기서 개체의 활동이나 공간과 연동된 움직임을 미시 데이터로 수집하고 의심스러운 몸을 추적하며 관리하기 위해 디지털 정보기술이 개입된다.

인터넷의 보급이 일반화된 2000년대부터 환자와 의사의 직접적 관계로 구성된 기존의 임상의료체제는 의료기록체제의 변화와 디지털 기술의 개입으로 과거와 질적으로 달라지기 시작했다. 영상과 데이터를 기반으로 하는 현대의학에서는 사람의 몸뿐만 아니라 직접 대상을 추적하고 잡아내는 '4차 공간화(quaternary spatialization)'가 진행되고 있다. 의료 영역에 기계장치와 전자장비가 도입되고 진단과 시술을 비롯해 의료기록체제가 정보화되면서 질병의 수량화로 전개되는 '제4의 공간'이 만들어지고 있는 것이다.[45] 이제 빅데이터와 인공지능 그리고 환자의 스마트폰과 건강기구의 결합은 의

사의 시선이 갖고 있던 일방적 권력과 지식체계를 허문다. 각종 영상장비와 측정기구를 활용해 개체의 데이터가 전체 환자의 데이터세트로 축적되면 환자의 몸을 진단하던 의사의 전문적 시선은 위력을 잃는다. 기계의 눈과 빅데이터/인공지능의 알고리즘이 의사의 시선과 지식을 대체한다. 디지털 정보기술로 만들어지는 공간은 규율권력과 생명권력이 결합하며 고유한 특징을 드러낸다.

20세기의 영상의학에서 출현한 기계의 눈과 시선, 뒤이어 등장한 데이터의 시선은 이전의 분류의학이나 임상의학, 사회의학과 달리 공간화를 수치화로 바꿔놓았다. 4차 공간화는 시뮬레이션 작업과 같은 질병의 수치화를 통해 우리의 신체를 기계적으로 재현한다. 4차 공간화는 개인적 공간화로서의 2차 공간화와 사회적 공간화로서의 3차 공간화 간의 구분을 걷어내고 전체 인구의 공간화를 위한 데이터세트를 구축한다. 측정을 통해 이뤄진 몸의 수치화와 데이터세트를 만드는 수량화에 바탕을 둔 4차 공간화는 개체를 대상으로 한 추적과 모니터링을 일상화하고 예방적 차원에서 건강 데이터를 수집한다는 허락을 받아내 실시간으로 신체활동 데이터를 축적한다. 의사의 임상적 시선을 대체하는 기계 눈은 환자의 몸과 증세 및 병소에 관한 종합적 데이터로 그려지는 다이어그램 안에 질병과 건강의 격자를 그리고 그 안에 개인의 좌표를 찍는다.

---

45 '4차 공간화'와 '제4의 공간'은 푸코가 분석하지 않은 19세기 말 이후부터 현재까지의 의학적 시선이 변화하는 과정을 규정하기 위해 필자가 개념을 확장한 것이다.

이러한 과정을 거쳐 개인과 인구집단의 디지털 건강지도가 만들어진다. 스마트폰 화면에서 재현되는 맥박·혈압·혈액수치 등이 표시된 그래프는 건강 등급을 적시하고, 예상되는 확률에 따라 끊임없이 경고음을 울린다. 인간의 몸 안에서 일어나는 증세와 징후를 기반으로 하는 임상의학은 여전히 현대의학에서 핵심적인 위치를 차지하고 있지만, 생명공학은 인간의 몸을 넘나드는 바이러스의 존재를 추적하고 그 구조를 드러내며 의학의 세계에 깊숙이 침투하기 시작했다. 그 과정에서 바이러스와 빅데이터, 인공지능 간의 연결이 만들어진다. 한 시대의 의료체계는 의료계 바깥에서 이뤄지는 기술의 변화와 사회관계의 변동에 영향을 받는다. 데이터 수집·처리기술, 빅데이터와 인공지능, 영상기술과 로봇기술 등이 발전함에 따라 기존의 의사-환자관계를 중심으로 하는 임상의료체제는 복잡한 이해관계의 망 속에서 재편되기에 이른다.

의료-건강 데이터와 기계적 예속화

• • •

푸코는 규율권력이 개인에게 가하는 감시와 처벌은 개인의 주체성 형성을 통해 이뤄진다고 보았다. 푸코가 말하는 주체성은 '예속화(assujettissement)'와 '주체화(subjectivation)'가 복합적으로 작용하며 만들어진다. 통치성과 저항성은 서로 대립하면서 예속화와 주체화 사이에서 만들어진다. 앞서 살펴보았듯이 들뢰즈(Deleuze, 1995: 456~459)는 푸코의 예속화 개념을 자본주의체제 속의 기계적 예속화라는 개념으로 확장했다. 이어서 라자라토(Lazzarato, 2014/2017)는 들뢰즈의 개념을 확장해 디지털 플랫폼에서 이뤄지는 기계적 예속화를 분석하면서 이것이 주체화에 미치는 영향을 비판했다. 인지자본주의는 개인을 분할체로 만들고 개인의 활동에서 데이터를 자동으로 뽑아낸다. 이러한 과정을 통해 대중의 인지활동뿐만 아니라 신체 내부의 활동까지 몸에서 떨어져 나가 데이터세트로 만들어지기 시작했다.

인구의 건강 관련 데이터와 환자의 질병 관련 데이터는 디지털 기록체계가 완비되면 자동으로 병원과 의료보험기관 등의 데이터베이스에 축적된다. 이와 더불어 각종 건강기구나 측정장치를 활용한 사적 건강서비스 플랫폼에도 사람들의 건강 관련 데이터가 축적된다. 그런데 축적된 데이터를 배치하는 주체는 이용자가 아니라 플랫폼 소유자다. 플랫폼 기계장치는 자동으로 이용자의 활동과 그들 간의 커뮤니케이션 데이터를 축적한 다음, 새로운 배치를 통해 상품으로 변형한다. 플랫폼으로 전유된 이용자의 신체활동과 인지활동은 특정한 알고리즘을 통해 다시 배열된 다음 다른 이용자의 감각과 정서를 촉발하면서 특정한 플랫폼 기반 감응체계를 만들어낸다. 이용자 활동 결과물의 집합인 빅데이터를 이윤을 위한 데이터로 잘게 썰어 재배치하는 기술은 데이터 포획기계와 콘텐츠 생성기계가 통일된 거대 플랫폼 기계로 구현된다. 플랫폼을 활용한 분할체화는 경제적 차원의 축적체제에 머물지 않는다. 데이터의 본원적 축적이 진행되는 과정에서 개인은 끊임없이 자기를 재현하고, 그 결과는 사회적 복종이라는 정치적 영역으로 이어진다.

비기표적 기호와 메타데이터를 활용하는 플랫폼 기반 서비스는 의료 분야에도 도입되고 있다. 이미 건강과 관련된 데이터를 표준화하고 디지털 의료기록을 시장에서 소비할 수 있는 데이터세트로 만들어 빅데이터와 의료활동을 결합하는 '데이터 기반 의료'가 다양하게 시도되고 있다(Madsen, 2014). 이런 시도는 의료기관에 축적되는 환자와 치료에 관한 데이터를 시장에서 활용할 수 있는 형태로 관리하는 데 초점을 맞춘다. 한국은 2000년 초반부터 의료전자기록체계를 정비해 의료정보의 표준화를 시도했다. 건강의료보험공단에는 진료과정에서 만들어진 데이터가 자동으로 축적되고 있다. 방대한 진료 데이터가 사회적으로 축적된 다른 데이터세트와 연동되면서 데이터 생체자본주의의 기반이 마련된다. 한국은 다른 나라에 비해 의료 데이터가 풍부하게 축적되어 있는 데 반해, 환자의 개인정보보호에는 무감하다. 이런 상황에서 정부는 4차 산업혁명의 묘판으로 환자 데이터의 상업적 활용을 위한 법안 개정을 추진했다. 건강 관련 데이터는 진료과정에서 부수적으로 만들어진 외부효과다. 이것을 자본이 수취해 상업화하는 정책이 마련되고 있으며, 의료 데이터의 활용을 둘러싸고 환자·의사·의료사업체·브로커·의료 관련 기업·정보 관련 기업·정부 간의 합종연횡이 어지럽게 진행되고 있다.

코로나19는 빅데이터와 인공지능, 정부기관과 의료 관련 기구 및 단체, 사기업 등의 동향과, 그들의 정보 전용이 드러내는 문제점과 위상을 비판적인 차원에서 바라보도록 만들었다. 코로나19에 대응하는 과정에서 정부가 내놓은 디지털뉴딜[46] 정책과 '지능정보사회(이원태·문정욱·류현숙, 2017)'라는 용어는 물질과 생명의 정보화를 인공지능과 빅데이터로 포착해 새로운 산업으로 연결하기 위한 것이다. 인공지능과 빅데이터가 결합하는 현대 정보사회에서는 정보와 지식의 사회적 구성과 더불어 기계적 구성 또한 활발하게 전개되고 있다. 바이러스 감염과 관련된 보건의료 데이터는 환자의 몸에서 출발해 의사의 손을 거쳐 기계에 저장된다. 환자의 신체에서 시작된 '물질-정보-생명의 복합체'는 의사의 진단과 처방을 거친 후 탈물질화된 데이터로 치환되어 국가의 의료관리기구로 전달된다. 의료의 진행과정에서 발생한 데이터는 각 공정마다 변형되어 주체별로 분산된다. 이 과정에서 환자의 자기 정보에 대한 통제권은 보장되지 않는다. 치료과정에서 발생하는 대부분의 데이터는

---

46 2021년 코로나19 바이러스가 한창 기세를 떨칠 때 정부는 코로나19 위기 극복을 위한 정책으로 '디지털뉴딜'을 제시했다. 과학기술정보통신부는 코로나19로 외부화되기 시작한 학교교육·의료·작업장·유통 영역을 4대 비대면 서비스로 설정하고 이에 대한 보안을 내재화하는 시범 작업을 추진한다고 발표했다. 이러한 정책은 기업의 사업영역을 학교·병원·작업장으로 확대하고 수치화를 통한 통제를 강화하는 결과를 가져올 것이다. 과학기술정보통신부 정보통신정책실 정보보호정책관 정보보호산업과, "코로나19 위기 극복을 위한 디지털뉴딜은 4대 비대면 서비스의 보안 내재화에서 출발"(보도자료), 과학기술정보통신부, 2021. 01. 28.

의료기관, 정부기관(국민건강보험공단) 그리고 데이터세트를 구입하는 마케팅 회사나 연구 회사 혹은 데이터 회사 등으로 흘러간다(Goodman, 2016).

개별 병원에서 분리 기록되던 환자의 데이터가 한곳에 집중되거나 다른 데이터세트와 결합되면서, 개체의 몸에서 떨어져 나온 데이터는 개인적인 것에서 사회적인 것으로 변용된다. 사회적인 것으로서의 보건의료 데이터는 공동의 것으로 활용될 수도 있고 국가기관의 통제수단 혹은 사업체의 독점물이나 상품으로 변환될 수도 있다. 의료 관련 기업은 환자에게 제공하는 편의를 대가로 그들이 개인정보에 대한 권한을 포기하길 바란다. 의료 데이터의 상품성에 눈을 뜨기 시작한 거대 병원과 데이터 사업체 들은 익명화나 비식별화를 내걸면서 의료 데이터의 사회화와 상업화를 정당화한다. 하지만 이는 분할체로 이뤄진 데이터세트가 작동하는 방식을 무시한 결과다. 의료 데이터는 분할체이지만 다른 분할체와 결합해 질병과 환자 및 의료 서비스의 패턴과 동향을 알려주는 원재료로 변형된다. 분할체로서의 개별 의료 데이터가 데이터세트를 이룬 후에 그것의 모태인 살아 있는 개체에 개입해 영향을 미치는 방식은 마케팅부터 진료, 처방에 이르기까지 매우 다양하다. 분할체인 의료 데이터가 부분할체인 식별 가능한 개체와 다시 만날 때 생명체는 다시 한번 대상화된다.

팬데믹 시대의 규율생명적 통치성

• • •

앞서 살펴본 의료의 4차 공간화와 디지털 수치화 과정을 통해 개인에 대한 규율과 인구에 관한 통제가 혼합되면서 규율권력과 생명권력이 통합된 규율생명권력이라는 독특한 통치성이 나타나기 시작했다. 플랫폼에 모인 데이터는 감염자에 대한 사회적 추적의 실마리를 제공한다. 권력기구가 원할 때 개인의 행위와 관련된 사적 데이터는 언제라도 압수하거나 들여다볼 수 있다. 특히 감염병의 위기에서 사회구성원을 보호한다는 명목으로 개인의 몸과 관련된 데이터를 서로 연결해 추적을 강화하고 예상되는 미래의 행위를 차단하거나 통제할 수 있다. 이는 기계가 보존한 기억을 토대로 개체의 미래 행위를 통제하는 것이다. 규율생명권력은 개인이 방문한 장소와 시간을 역추적하고 그의 병력과 관련 자료를 조회한다. 디지털 기기를 통한 개인 추적이 자동화되면 개인 몸의 변화와 그의 일상생활은 실시간으로 모니터링되고 측정된다. 이는 개인을 유형화함으로써 통제하고 지표관리의 대상으로 만들어버린다. 바이러스의 확산을 막는다는 명분으로 신체를 구속함으로써 개인의 행동을 처벌하고 규제하는 규율권력이 다시 강화되었다. 이처럼 규율 강화라는 명목으로 국민 전체가 감염병 확산으로부터 '살게 만들고 죽게 내버려두는' 생명권력의 통치성(강미라, 2017)이 강화되었다.

코로나19 확산을 맞아 개인의 신체에 대한 규율의 강화와 인구에 대한 안전 확보라는 모순되는 목적이 하나로 통합되었다. 팬데믹 시대의 통치성은 바이러스와 정보기기가 결합하면서 만들어졌다. 바이러스에 대한 생명공학적 접근은 바이러스의 유전자 지도를 만들고 바이러스에 대항하는 중화체 구조를 찾아내 백신을 개발하는 방식으로 이어진다. 백신 개발 외에도 물리적 규율을 강화하고 사회적 통제를 확대하는 방향으로 대책을 강구했다. 코호트 격리라는 틀로 요양병원에 입원한 사람들을 죽게 내버려두거나 크루즈선을 통째로 봉쇄하는 일도 벌어졌다. 도시와 지역 자체를 공간적으로 봉쇄하는 사례는 전체 인구를 '살게 만들기' 위해 특정 지역 인구를 '죽게 내버려두는' 방식이다. 이처럼 팬데믹 시대에서 생명권력과 규율권력이 결합해 기묘한 통치성의 기반이 마련되었다. 이를 위해 개인 차원에서는 규율의 내면화가 이뤄졌고 다른 한편 통제사회의 새로운 감시체계도 작동했다. 손 씻기, 마스크 쓰기라는 개인적 규율이 확산되고, 활동 제한, 거리두기 등의 사회적 규율 또한 강화되었다. 방역당국은 사회적 거리두기나 집합 금지 등을 위반한 사람들을 법적으로 제재함으로써 규율권력의 통치성을 강화했다. 이와 더불어 방역당국은 역학분석이라는 명목으로 감염자의 이동경로를 추적하는 한편, 수시로 휴대전화를 통해 해당 지역 주민에게 감염자 발생 현황을 긴급문자로 전송했다. 한편으로는 규율사회적 통치가, 다른 한편으로는 알고리즘 정보기술과 결합된 통제사회적 생명정치가 동시에 진행되었던 것이다.

이러한 통치성의 변화는 개인의 기계적 예속을 통해 이뤄졌다. 소셜미디어를 통해 일상적으로 강화되고 있었던 기계적 예속의 기제가 보건의료와 방역의 영역과 긴밀하게 연결되기에 이른 것이다. 사회구성원에 대한 기계적 예속과 더불어 의료 데이터의 상품화에 대한 구상이 '원격진료 활성화'나 '데이터3법'과 같은 방식으로 추진되었다.[47] 이것은 자신에 대한 반성적 사유가 아니라 데이터로 측정된 지표를 통해 정체성을 만드는 새로운 주체화의 기제다. 이와 함께 디지털 기기를 통해 수치화된 주체를 활용하는 새로운 통치성이 등장했다. 방역당국은 수치화되고 측정된 특정 지표를 활용해 사회구성원을 항목에 따라 분류한다. 당국은 사회구성원을 바이러스에 걸린 자와 걸리지 않은 자, 회복된 자, 밖에서 들어온 자와 안에 있는 자, 감금된 자 등으로 분류한다. 방역을 위해 만들어진 분류는 새로운 사회적 복종의 기제를 위한 기반이 된다. 직업적 분류나 사회계층적 분류는 이들 분류의 하위 항목에 머물고 보조적인 역할만을 담당한다. 감염병과 정보기기를 결합해 인구를 분류하는 방식은 수치화에 바탕을 둔 4차 공간화로 발전했다. 사회구성원은 질병 분류체계의 틀에 걸리지 않은 건강한 인간으로 살아남기 위해 미리 검사받고 예방에 필요한 생활반경 제한, 집합통제, 백신접종 등의

---

47 데이터3법은 〈개인정보보호법〉, 〈정보통신망법〉, 〈신용정보법〉 등 3개 법률을 총칭하는 것으로서 개인정보의 활용에 중점을 두고 있다. 이와 같은 법 개정은 국민건강 관련 빅데이터와 인공지능을 결합하거나 플랫폼 또는 건강보조기계가 수집한 데이터를 상업적 목적으로 활용하는 길을 터준다. 데이터3법 개정의 주요 내용에 대해서는 강달천(2020) 참조. 팬데믹 시기에 제출된 데이터3법 개정이 의료산업 활성화에 집중되고 있는 이유와 관련 이슈에 대해서는 한국인터넷진흥원(2020) 참조.

사회적 조치에 복종한다.

팬데믹 사회의 국가권력은 이처럼 과학기술과 정보를 결합해 인구를 관리한다. 국가는 인간 개체의 정동과 심리를 제어하면서 사회적 복종의 기반을 만들고, 질서와 안전 유지라는 명목으로 사회관계를 통제하며, 질병 퇴치라는 틀로 바이러스의 움직임에 개입한다. 이렇게 확보된 데이터는 인공지능과 결합하면서 사회적 통제를 위한 원료가 된다. 국가는 개인의 연결과 만남을 통해 만들어지는 공공을 질병관리라는 명목 아래 인공지능을 활용해 기술적으로 통제한다. 집단적 몸 혹은 사회적 몸이라는 공중보건 영역이 중요하게 부각되고, 이를 지켜낸다는 명분으로 국가의 통제와 간섭이 합리화된다. 질병관리본부라는 제도화된 강제력을 갖는 기구가 만들어지고 그들이 사회구성원의 몸에 대한 일괄적인 통제력을 발휘한다. 사회적 몸의 건강을 유지하기 위해 그들은 감시와 조기 통제체제를 만든다. 그리고 기존의 치료체계를 동원하고 조절한다. 이처럼 국가기구는 감염병에 대한 사회적 안전이란 명목으로 기존 의료자원의 재구성과 분배를 통해 사회적 몸의 건강을 돌보거나 관리한다.

규율생명적 통치는 규율사회의 물리적 힘과 통제사회의 수치화를 통한 간접화된 통치방식을 하나로 결합한다(Deleuze, 1995: 4). 이를 통해 디지털로 소독된 건강한 시민을 보호한다는 것이다. 팬데믹 시대의 권력이 바이러스의 확산을 막으려면 시민의 행동과 활동 공간을 통제할 수 있어야 하고, 시민 개개인의 동작과 활동 범위를 전방위로 감시할 수 있어야 한다. 발병 장소를 소독해 바이러스를 죽이고, 사회구성원이 바이러스에 걸리지 않았음을 증명하며, 바이러스에 감염될 확률에 맞춰 차별적인 맞춤형 통제를 시행할 수 있어야 한다. 시민을 디지털로 소독하려면 그들의 데이터를 수집해 병원체에 대한 감수성과 확진 여부 및 인구학적인 관련 통계치를 확보하고 특정한 알고리즘에 따라 인구를 분류해야 한다. 그럼으로써 바이러스로부터 안전한 인구를 유지하기 위한 통제사회의 수치화된 데이터세트 활용 정책이 마련되는 것이다.

팬데믹과 새로운 저항성

• • •

이제 팬데믹 시대의 주체화 과정에 주목해보자.[48] 팬데믹 시대의 저항성은 규율생명통치가 조성하는 예속적 주체성과 연관되어 있다. 통치성의 변화는 예속성이 이뤄지는 방식과 성격에 영향을 미친다. 통치성과 예속성의 변화는 새로운 저항성이 출현하는 조건이자 환경이 된다. 인공지능 시대의 기계적 예속은 인지적 예속화에 이어 신경적 · 신체적 예속화로 이어진다. 그럼으로써 바이러스와 인공지능은 개인적인 것의 작동방식에 변화를 가져온다. 기계적 예속은 개인의 정신과 신체 공간을 장악한다. 팬데믹 시대의 면역학은 자

---

48 통치성, 예속성, 저항성의 관계를 분명하게 지적하는 논의에 대해서는 김예란(2020: 221) 참조.

기와 자기가 아닌 것을 개체의 수준에서 나눈다. 나의 피부는 몸 밖에 존재하는 타자와 나를 구분하는 경계다. 다른 사람이나 동·식물, 미생물은 나의 안전과 건강을 파괴할 가능성이 있는 불온하고 위협적이며 무서운 타자로 설정된다. 감염병이 만연하는 상황에서 개인의 건강과 '건강배려(health care)'가 팬데믹 시대의 미덕으로 떠오른다. 병원에서의 치료나 사회적 공간에서의 예방 못지않게 개인의 건강관리가 중요하게 부각된다. 병원 안의 질병과 병원 밖의 건강이 분리되는 동시에 통합되는 이중적 체제가 마련된다.

환자에 대한 의사의 진단이 원격진료로 대체되고, 수치화된 데이터에서 질병의 패턴을 찾아내는 인공지능 진단법이 도입된다. 이러한 변화는 병원만이 아니라 정보기술을 활용한 건강서비스산업을 촉진한다. 잘 관리된 섭생, 몸에 좋은 음식, 활력을 이끄는 보약, 건강한 생활을 보장하는 환경, 건강한 몸을 만들기 위한 습관 등을 통해 '웰빙(well-being)'을 향한 주체성이 형성된다. 이런 변화에 발맞춰 자본은 헬스케어 시장에 주목한다. 섭생과 관련된 각종 건강식품의 생산이 대표적이다. 몸의 건강을 배려하는 주체성은 개인의 적극적인 자기배려(self-care)에서 나온다. 그것은 예속적일 수도 있고 새로운 삶의 방식에 대한 주체적인 모색일 수도 있다.

안전과 개인의 건강은 외부 환경이 나빠질수록 개인의 건강에서 중요한 요소로 등장한다. 아울러 내분비계통의 불안정성 증대와 건강에 대한 사람들의 신경증적 강박에 발맞춰 개인의 건강정보는 거대 플랫폼에 축적된다. 자본은 디지털 양화 과정을 거쳐 건강유지를 위한 실시간 맞춤 서비스를 상품화한다. 이와 동시에 개인용 스마트머신이나 건강 관련 앱은 라이프로깅(lifelogging)을 통해 개인의 신체정보를 추출해 '양화된 자아(quantified self)'를 만들기 시작한다.[49] 신체 데이터의 상업화는 진료과정에서 만들어진 건강의료 데이터의 긍정적 외부효과를 수취함으로써 이뤄진다. 의료기관의 빅데이터와 양화된 자아의 개인 데이터가 결합하면 개인정보보호와 사회적 차별, 감시와 통제 등 과거에는 볼 수 없었던 문제가 논란으로 떠오를 것이다. 그러나 이러한 부정적 외부효과는 긍정적 외부효과에 가려 사회적으로 심도 있게 논의되지 못하고 있다.

독일의 매체학자 프리드리히 키틀러(Friedrich Kittler)가 《기록시스템 1800·1900》에서 기록체제의 변화를 연구했던 것과 마찬가지로(Kittler, 1985/2015), 팬데믹 시대에 진행된 의료기록체제의 변화를 탐색할 필요가 있다. 환자의 몸과 관련된 데이터는 의료기록체제에 의해 표준화되어 디지털로 저장된다. 디지털화된 과거의 신체정보와 행정정보는 실시간으로 변동하는 실시간 생명정보와 결합해 잠재적인 환자의 규모를 예측한다. 건강 데이터의 디지털화와 의료 서비스, 빅데이터/인공지능의 결합은 질병의 공간을 이제까지

49 이 개념은 2007년에 케빈 켈리(Kevin Kelly)와 게리 울프(Gary Wolf)가 처음 제안했다. 그들은 자신의 신체활동을 측정할 수 있는 기계를 각자 사용하고 이를 웹으로 연결해 서로 정보를 공유했다. 그러면서 추적장치를 통해 몸에 관한 데이터와 정보, 지식이 수집되고 통계치로 나뉘는 대상을 '양화된 자아'라고 불렀다.

와는 다른 모습으로 만들고 있다. 환자에 대한 의학적-기술적 권력과 지식은 의사의 손과 병원이라는 구체적인 장소를 벗어난다. 빅데이터-인공지능-생체 데이터 결합을 통해 새로운 사업 분야가 생겨나면서(Tanner, 2017) 의사의 탈전문화, 병원 바깥의 새로운 의료기관 형성, 환자의 생명정보를 활용하는 건강산업 등으로 빅데이터 시대의 의료가 모습을 드러내고 있는 것이다.

코로나19의 일상화와 더불어 추적과 감시의 정치도 일상화되었다. 플랫폼 배달업체가 기존의 유통업체를 대체하고 이동성이 계층에 따라 달라지면서 이동계층과 활동계층, 피난계층 간의 격차도 확대되었다. 미국의 행정가 로버트 라이시(Robert Reich)는 코로나19 확산으로 인해 미국의 사회계층이 전문경영진과 기술노동자로 이뤄진 35%의 '원격 작업자층(the remotes)', 팬데믹 시대의 핵심 서비스와 말단 노동을 담당하는 30%의 '필수 작업자층(the essentials)', 25%의 '실업 무급자층(the unpaid)', 마지막으로 10%의 '잊힌 자들(the forgotten)'로 나뉘었다고 진단했다.[50] 노동분업과 협업이 밀접한 장소에서 이뤄지는 생산체제와, 상호접촉 없는 인공지능 기반 생산체제가 교묘하게 결합하면서 팬데믹 시대의 국제분업체제가 새로이 만들어지고 있는 것이다. 이처럼 바이러스와 인공지능의 결합은 지구적 차원의 불평등을 강화하고 지역 내 불평등을 심화시키는 결

50 Robert Reich, "Covid-19 pandemic shines a light on a new kind of class divide and its inequalities", *The Guardian*, 2020. 04. 26.

과로 이어졌다.

바이러스는 인간의 사회적 표식을 가리지 않는다. 바이러스의 공략 단위는 인간 개체가 아니기 때문이다. 바이러스는 세포 단위로 활동하는 존재다. 하나의 인간을 드러내는 계급, 지위, 위신, 생김새, 부의 정도 따위는 바이러스의 단백질 눈에 보이지 않는다. 오직 세포 단위에서 바이러스를 인지할 수 있는 백혈구, 항체 같은 물질만이 그것을 제어할 수 있다. 그러나 감염에 따른 사회변화와 대처 방식은 계급을 따라 적용되었다. 바이러스의 비계급적 성격과 사회 계급적 결과 사이에는 모순이 놓여 있는 것이다.

팬데믹 기간에 질병에 대한 공포와 혐오를 끌어내고 그것을 이용해 원하는 바를 이루려는 통치술도 모습을 드러냈다. 팬데믹 시대의 정동은 프로파간다에 매우 취약하다. 규율생명통치는 인간 본능에 자리 잡은 공포를 읽어내고 조작해 정치적 목적을 도모한다. 사람들의 정동을 이용하는 통제는 바이러스에 걸린 사람을 바이러스와 동일시하게 만들어 사람들로 하여금 환자를 혐오하도록 유도한다. 바이러스에 감염된 사람은 확진자로 호명되는 동시에 익명의 환자가 된다. 주민번호로 익명화되었던 시민은 확진자 번호로 한 번 더 익명화된다. 확진자는 추적하고 격리하고 퇴치해야 할 대상일 뿐이다. 어쩔 수 없이 집이나 직장에 머물러야만 하는 자와 안전한 곳으로 피난하는 자가 분리되고, 욕하는 자와 욕먹는 자가 갈린다. 그 와중에 감염에 대한 공포를 타인에게 투사하는 사람들이 늘어나고 정부는 방역을 빌미로 새로운 감시체제를 확대하고 기계적 예속화를 촉진한다. 국가는 팬데믹을 계기로 예속적 주체화라는 방식을 통해 새로운 통치성을 실현했다.

그런데 저항은 엉뚱한 방식으로 표출되었다. 인간이 오래전부터 재난을 당할 때마다 행하는 방식이 있다. 바로 고통과 분노를 표출할 희생양을 만들어내는 것이다. 이번에도 어김없이 희생양이 만들어졌다. 그저 바이러스가 돌았을 뿐인데 인간은 희생양을 만들어 그들에게 비난을 퍼붓는다. 배달노동자, 기저질환자, 장기 감금 정신병자 등 우리 사회의 변두리에 놓인 이들이 희생양이 되었다. 바이러스에 가장 취약한 계층이 사회적인 폭력에도 가장 취약한 것이다.

네그리와 하트(2012/2012)는 '빚진 사람들', '미디어된 사람들', '보안된 사람들', '대의된 사람들'의 실태를 살펴본 뒤 이들 빼앗긴 자 모두가 나서서 '공통적인 것(the commons)'을 확보해야 한다고 선언했다.[51] 정보자본주의에서 소외된 이들 집단은 새로운 기계적 예속과 사회적 복종이 가져온 결과물이다. 여기서 팬데믹 시대의 '보안된 사람들'이 주체화되는 과정을 함께 살펴볼 필요가 있다. 네그리와 하트(2012/2012: 61~67)가 말하는 '보안된 사람들'은 디지털

---

51 이러한 말의 뜻이 분명하게 다가오지 않는데, 일부는 번역어 선택 때문으로 보인다. '빚진 사람들'의 뜻은 분명하게 들어온다. 그러나 '미디어된 사람들'은 애매하다. '미디어로 매개된 사람들' 혹은 '매개된 사람들' 정도가 뜻이 통한다. '보안된 사람들'은 뜻이 통하지 않는다. '보호된 사람들', '포획된 사람들', '갇힌 사람들' 정도가 적절해 보인다. 마지막으로 '대의된 사람들'은 '스스로를 대표하지 못하는 사람들'로 파악할 수 있다.

자본주의의 사회적 통제와 복종체제에 갇힌 이들이다. 그런데 어떤 사람에게는 바이러스로부터 보호를 받지 못하는 것이 고통이다. 그들에게는 바이러스로부터 자신을 지키기 위한 생명권력/국가장치가 필요하다. 이와 반대로 스마트폰을 꺼버리고 잠적하거나 마스크를 벗고 거리두기를 지키지 않는 사람은 스스로 '보안된 사람'이 되기를 거부한다. 이러한 모순과 불합리성 속에서 기계적 예속에서 벗어나는 방법을 모색하고 사회적 통제에 대항하기는 쉽지 않다. 그들이 변혁의 주체가 되려면 개인적인 것을 정치적인 것과 접속시키는 방법이 필요하다. 기술을 활용해 개인적인 것과 사회적인 것을 접속시키고 이를 정치적인 것으로 이행시키는 통로를 모색해야 한다. 정치적인 것을 문화적인 것으로 만드는 대중문화와 디지털 문화의 프레임 안에서 저항과 반란의 지점을 포착해, 끊임없이 명멸하는 변혁의 단락을 다시 이으며 정치적인 것의 새로운 구성과 모색을 위해 노력해야 한다. 지금 여기의 현장에서 벌어지고 있는 작은 계기에서 그런 지점을 찾아내고 만들어내는 작업이 필요할 것이다.

숙주와 기생충의 생태계

• • •

바이러스는 인간과 마찬가지로 생태계의 기식자다. 바이러스는 인간처럼 DNA 복제를 통해 증식하고 인공지능처럼 데이터를 축적한다. 환경에 대한 적응을 통해 만들어진 바이러스의 집합기억은 그들의 성질과 운동으로 나타난다. 범지구적 시스템의 구성자인 바이러스는 생태계의 변화에 적응하면서 인간의 역사에도 개입한다. 지난 2010년 구제역이 유행할 당시 바이러스에 걸리지도 않은 반경 3킬로미터 내의 가축이 생매장되었다. 인간은 구제역이 돌 때 구덩이를 파고 비닐을 깔고 산 돼지들을 구덩이로 몰아넣었다. 육식-공장제 농장-밀집생산 교배-환경악화-구제역-생매장-환경오염. 무엇이 원인이고 결과인지 선후를 구분할 수 없이 어지럽게 돌고 도는 생태계 악화의 순환고리가 이어진다.

작가 문선희(2019)는 구제역으로 동물들이 생매장되고 3년이 지난 후 생매장터를 방문해 변화된 풍경을 촬영하고 기억을 발굴했다. 산채로 파묻힌 돼지에게 영혼이 있겠는가마는 그런 짓을 한 인간이야말로 영혼이 있다고 할 수 있을까? 땅속에 파묻힌 사체를 확대하면 침출수도 곰팡이도 죽은 가축의 몸에서 나온 분해물도 추상적인 형체만을 드러낸다. 물성이 거세된 이미지는 악취를 전달하지 않는다. 사진 이미지에서는 물질적이고 직접적인 감각이 거세된다. 그러나 어렵게 생태계를 다시 배치하고 있는 미생물의 분투는 눈물겹지만 믿음직스럽다. "미생물이 우리보다 훨씬 먼저 이곳에 왔으며, 가장 현실적인 의미에서 지구 시스템을 소유하고 가장 확실히 경영하고 있기 때문이다(마굴리스·세이건, 2016: 8)." 인간을 포함한 유기체는 미생물과 환경을 매개하는 존재다. 바이러스의 숙주인 인간은 그 자신이 생태계의 가장 큰 기생충이 되었다.

3억 5000년 전 이산화탄소의 감소로 빙하기가 오면서 식물이

갑작스럽게 멸종했다. 오랜 지질 시대를 보내면서 그들은 땅속 깊은 곳에 묻혀 썩기 시작했다. 부패한 가스가 트림처럼 올라오고 시커먼 원유는 악취를 머금은 채 땅속에서 오랫동안 숙성되고 변형되었다. 19세기에 인류는 생매장되었던 3억 5000년 전의 식물군에 석유라는 이름을 붙이고는 대지에서 추출해냈다. 식물 고고학자들은 재빠르게 이를 상업화했다. 식물의 주검은 연료가 되어 내연기관의 발전을 가져왔다. 석탄에 이은 석유의 발견은 '인류세(Anthropocene)'를 부각시키는 계기가 되었다. 3억 5000년 전의 날벼락 같던 멸종 때문에 제명을 살지 못하고 묻힌 데본기의 식물이 인간에 의해 파헤쳐져 장례절차를 거친다. 그들은 발전소의 에너지원으로, 자동차 연료로 태워진다. 셰일가스도 끼어들어 두 번째 장례를 치른다. 이로 인해 인간이 사는 세상도 바뀐다. 데본기의 식물 주검이 땅 위에서 부활한 뒤 화장을 당한다. 이제 이산화탄소가 천지사방에 퍼진다. 이번에는 온난화와 이상기후가 심각해진다. 이렇게 돌고 돌면서 멸종의 시간이 다가온다.

세계의 인구는 1960년 30억, 1980년 60억, 2020년 90억으로 늘어났다. 지구상에 존재하는 동물 개체 수의 비율을 보면 가축이 60%, 인간이 36%, 야생동물이 4%다. 동물의 왕국은 인간과 인간이 가축화한 동물, 인간과 함께 사는 애완동물로 크게 재편되었다. 그로 인해 지구 생태계에서 바이러스가 핵심적인 존재로 부각되고 있다. 지구에 생존하는 동물의 36%를 차지하는 인간과 60%에 달하는 가축은 바이러스의 주 서식지다. 여기에 인간을 위한 척추동물의 재편이 위기를 가속화한다. 이른바 '닭뼈의 시대'가 도래한 것이다. 그것은 인공적 진화이고 인간이 동물을 추려서 번식시키고 개량했음을 의미한다. 바이러스는 명멸하는 야생동물에서 그보다 수가 많은 가축과 인간으로 서식지를 옮겨야 생존할 수 있다. 야생은 점차 사라지고 있다. 물속의 물고기, 산속의 사슴, 땅속의 두더지는 사라지고 지구상의 생명은 인간 옆에 기생하는 쥐, 인간이 키우는 닭, 소, 돼지만으로 단순화될 것이다. 식물도 예외가 아니다. 이미 유전자변형식물이 널리 퍼지고 있고, 인간의 입맛에 맞으면서 높은 이윤을 보장하는 종자만 선택되고 있다.

산업혁명 이래 인간을 중심으로 생태계의 재편이 이뤄져왔다. 최근 200년 동안 그 속도는 더욱 빨라졌고 인간중심주의는 극에 이르렀다. 물론 모든 인간이 동등하게 생태계 재편에 참여하는 것은 아니다. 인간의 중심에는 권력을 잡고 자기 이익을 위해 사태를 몰아가는 핵심 계층이 존재한다. 그들은 때로는 제국주의로, 때로는 약탈주의 등 여러 모습으로 자신을 드러낸다. 문제의 한가운데에는 자본이 있다. 그래서 지금을 인류세가 아니라 '자본세(Capitalocene)'라고 불러야 한다는 주장도 제기된다. 적자생존의 자연적 진화는 19세기 중반까지만 유효했는지도 모른다. 19세기 말 이후 화석 에너지가 확산되고 화학과 생물학의 발전에 따라 인간의 인위적 힘이 극에 달하면서, 자연적 진화와 적자생존은 더 이상 관철되기 힘들어졌다. 바이러스 시대의 자본은 인공지능과 결합하고 있다. 자본은 이를 이용해 디지털 자본주의를 본격화하는 동시에 생명공학이 이윤을 창출할 조건을 차곡차곡 마련하고 있다. 감염병으로부터 보호받는 대가로·사회적 거리두기를 내면화하면서 최소한의 생활을 유지하는 데 만족하는 지금, 우리는 생태계 속에서의 인간의 지위를 다시 더듬어봐야 할 것이다.

인공지능 시대 인간의 조건을 생각한다

인공지능은 생산에서 유통을 거쳐 소비와 여가까지 그 영향력을 미치고 있다. 인공지능 시대 인간의 조건은 무엇일까? 철학자 한나 아렌트(Hannah Arendt)는 1957년 소련이 쏘아 올린 스푸트니크 인공위성을 보고 인간 조건의 탈지구적 변화를 예견했다. 인공위성은 인간이 자신의 거처인 지구를 떠나기 위한 최초의 시도였다. 2020년 코로나19 바이러스가 전세계에 퍼지면서 일상적인 인간 활동이 교란되고 시련을 맞았다. 화석연료로 지구 온난화가 심해지고 많은 생물이 멸종하자 자연은 인간을 따돌리기 시작했다. 인간이 지구소외와 자연소외, 세계소외를 재촉할수록 지구와 자연과 세계는 인간을 따돌리고 소외시킨다. 이런 상황에서 인공지능은 어떻게 인간의 조건을 바꾸고 있을까?

아렌트는 몸으로 일해서 먹고사는 것(노동), 무언가를 만들어

불멸성을 향하는 것(작업), 그리고 인간과의 관계에서 발언하고 설득하는 것(활동)을 통틀어 '활동적인 삶(Vita Activa)'이라고 부른다(Arendt, 1958/2017). 다만 아렌트에게 먹고사는 것으로서의 노동은 매우 협소한 개념으로서, 고대 그리스의 노예제에서 개념을 끌어왔기 때문에 현대적인 노동을 설명하는 데는 한계가 있다. 아렌트는 노동, 작업, 활동이 근대 이후 어떻게 변화해왔는가를 추론하면서 다음과 같이 말했다. "우리는 기계와 방법적 지식의 무기력한 노예가 될 것이다. 즉 기술에 의해 만들어진 부품에 좌우되는, 사유하지 못하는 피조물이 될 것이다. 이 기술은 자신이 얼마나 살인적인가에 대해서는 상관하지 않는다(Arendt, 1958/2017: 52)." 하지만 기술에 대한 아렌트의 관점은 활동적 삶의 쇠퇴가 오늘날 어떤 의미인지 명확하게 이야기해주지 않는다. 그런 점에서 인간의 조건에 대한 아렌트의 탐구를 디지털 시대의 인간 조건으로 확장할 필요가 있다.

2016년 알파고가 프로기사 이세돌과 바둑을 둬 이기는 사건이 벌어졌다. 이듬해 세계 바둑 1인자인 커제는 인공지능에게 세 판 연속으로 지고 나서 눈물을 흘리며 "알파고는 지나치게 냉정했다. 그와 바둑을 두는 것은 고통 그 자체였다"고 말했다. 그는 왜 눈물을 흘렸을까? 커제는 인공지능을 인간처럼 개체화된 실체로 받아들였으며 그것을 자신의 상대로 인정했기 때문이다. 이와 같은 장면은 인간과 기계의 대결을 극적으로 드러낸다. 바둑이라는 승패가 분명한 게임에서 인간 최고수와 기계가 맞대결을 펼친다. 인간 최고수가 기계에게 참패한다. 그래서 인간 고수는 끝내 울음을 터뜨린다.

이런 사례는 인간과 인공지능을 대립적 주체로 상정하는 대중적 풍토를 만들었다.

그런데 이세돌이나 커제 같은 특정 분야의 일인자만 인공지능과 머리를 맞대는 것이 아니다. 하루 3~4시간 넘게 스마트폰에 얼굴을 파묻으면서 검색어를 입력하고, 온라인 쇼핑 사이트에서 물건을 구입하며, 배달 앱으로 음식을 주문하고, 인스타그램에 자신이 먹을 음식 사진을 올리며, 유튜브로 정치 논평을 보고, 페이스북에 어제 열린 모임의 사진과 평을 다는 보통 사람들은 이미 인공지능과 하나로 연결되어 있다. 그뿐만이 아니다. 플랫폼의 반대쪽 말단에는 하루 10시간 이상 음식을 배달하는 라이더, 인공지능을 위해 분류 레이블을 다는 작업자, 아이폰에 들어갈 부품을 만드는 노동자, 쿠팡 물류센터에서 아르바이트를 하는 사람들이 존재한다. 그들 역시 인공지능과 연결되어 있다. 우리는 몸집이 큰 것과 작은 것, 눈에 보이는 것과 눈에 보이지 않는 것, 아직 지능 수준이 인간에 훨씬 못 미치는 것과 특정한 분야에서 인간의 인지능력을 능가하는 것에 이르기까지 다양한 인공지능과 결합되어 있다. 지금 우리가 인공지능이라 부르는 플랫폼에서는 눈에 보이지 않는 자본가·사업가 들과 함께 한쪽에는 이용자들이, 다른 한쪽에는 노동자들이 배치되면서 피라미드처럼 거대한 체계가 만들어지고 있다.

미래의 트렌드를 점치는 기술자나 경영자 들은 "앞으로 인공지능을 지배하는 자가 세계를 지배할 것"이라고 선동하면서 인공지능 기술에 투자할 것을 종용한다. 그런데 인공지능을 지배한다는 말은 무엇을 의미하는가? 인공지능이 가져올 기술혁신과 편리를 빌미로 최대의 이윤을 위해 인간을 지배하려는 의도가 숨어 있지는 않은가. 인공지능은 여러 개의 얼굴로 우리에게 나타난다. 인공지능이 표상하는 이미지와 재현의 방식은 가지각색이다. 인공지능과 로봇을 결합해 인간의 모습을 한 안드로이드 정도로 생각하는 대중, 인간을 뛰어넘는 인공일반지능을 고대하는 기술만능주의자, 그리고 정보기업의 플랫폼이 인공지능 체제임을 주장하는 학자들, 빅데이터와 알고리즘, 기계인지체계를 개발하는 엔지니어 등 그들이 처한 입장과 종사하는 분야에 따라 인공지능에 대해 각기 다른 규정을 내리고 있다. 그러나 인공지능은 기계의 왕국을 꿈꾸지 않으며 인간과 따로 존재하는 개체도 아니다. 그것은 알고리즘을 만드는 기술자와 과학자, 사업가 및 자본, 정책 등으로 구성되는 복합적인 기계의 배치다.

인간과 기계의 관계

• • •

인공지능을 대하는 틀은 인공지능을 독립된 객체로 설정하는 입장과 인간-기계의 배치로 보는 입장으로 나눠볼 수 있다. 전자가 인간과 기계의 개별적 관계에 주목한다면, 후자는 인간과 기계의 집합적 배치에 주목한다. 그래서 전자는 기계의 독립적 존재론을 펼치고, 후자는 인간과 기계의 배치 관계에 치중한다. 최근 부상한 기계

지향존재론(MOO, Machine-Oriented Ontology)이 인공지능의 독립적 존재성을 인정하면서 기계와의 공존과 공진화를 주장하고 생태계의 문제 영역으로 확장된다면, 인간과 기계의 배치 관계에 주목하는 입장은 노동과정 분석이라는 틀로 구체화되는 경향이 있다.

우리가 지금까지 살펴봤던 사이버네틱스는 인간과 기계의 관계를 깊이 있게 다루지 않는다. 인간의 신경망을 모사하는 사이버네틱스는 항상성과 같은 특성을 탐구하는 수학적 모델이다. 인간과 분리된 기계는 인간에 대응할 뿐이다. 사이버네틱스는 공학적 사고에 토대를 둔 인간-기계 분리주의에 얽매여 있다. 튜링테스트로 대표되는 기계관은 인간과 같은 능력을 소지하는 기계에 대한 은유로서 인간과 기계를 단순 비교하는 데 그친다. 여기에 인간과 기계의 관계가 들어설 여지는 없다. 사이버네틱스는 공학자들이 인간이나 동물의 소통/제어능력에 대응하는 기계를 만드는 데 몰두한 결과다. 그렇기 때문에 사이버네틱스는 인간과 기계의 관계 속에서 이뤄지는 다양한 배치와 그 결과, 즉 인간과 기계의 사회적 관계를 파악하지 못한다. 위너는 뒤늦게나마 인간과 기계의 사회적 관계가 가져올 문제의 심각성을 고민했다. 그러나 인간의 인간적 활용이라는 윤리적 태도가 기계와 결합되지 않는다면 사후적 대응에 그칠 공산이 크다.

여기서 잠시 기계학의 계보를 살핀다면 현재 플랫폼 장치의 위상을 분석하고 대안을 모색하는 데 의미 있는 실마리를 얻을 수 있을지도 모른다. 마르크스는《자본》1권 15장 '기계와 대공업'에서 기계는 구성이자 움직임이라고 설명했다(Marx, 1867/2015). 그는 인간과 기계의 관계를 배치라는 관점에서 파악하면서, 같은 기계가 다른 사회적 관계 또는 사회적 구성에 배치되면 다른 의미를 지닌다는 것을 분명하게 지적한다. 역사상 최초의 자동생산기계라고 할 수 있을 자카르 방직기와 영국의 수학자 찰스 배비지(Charles Babbage)가 고안한 기계식 계산기인 차분기관(difference engine)이 결합했다면 증기기관을 이용한 자동기계가 출현했을지도 모를 일이다. 마르크스는 기술적 가능성이 잠재해 있던 19세기 중반에 현실에 대한 분석력과 상상력을 발휘해 인간과 기계의 주종관계를 성찰했다. 그는 스코틀랜드의 경영이론가 앤드루 우어(Andrew Ure)의 책과 공장 감독관들의 보고서를 바탕으로 기계가 어떻게 인간(노동)을 예속화하는가를《자본》에서 실감나게 기술했다. 마르크스는 의식하지 못했지만 비판적 기술학의 위상 안에서 기계체제와 자동화를 분석한 셈이었다. 예속화와 복종, 자동기계는 19세기 산업혁명에서 주요한 문제였다. 생산방식이 장인의 수공업에서 공장제 수공업, 공장제 기계공업으로 이행하면서 인간과 도구/기계의 관계도 변화했다. 그런 점에서 노동과정 분석과 계급관계 분석이 결합되어야 하고 기계적 예속과 사회적 복종에 대한 분석이 통합되어야 하는 것이다.

인간-인간, 인간-기계, 기계-인간, 기계-기계를 잇는 다양한 관계를 그려보고 그것이 함의하는 결과를 예측하는 동시에 구체적인 동향을 유형화하고 정리해야 한다.[1] 기계론의 분파와 이론가 그리고 연구학파를 분류하려면 인간과 기계의 관계변화를 제어관계 중심으로 살펴볼 필요가 있다. 제어관계 위주로 인간과 기계의 관계변화를 살피는 이유는 그와 같은 접근법이 자동화와 사이버네틱스 그리고 향후의 기계가 차지할 위상을 예측하고, 근대과학혁명 이후의 산업혁명, 포드주의, 사이버네틱스를 거쳐 현재의 인공지능에 이르는 역사 속에서 인간-기계 관계의 변화를 드러내는 데 유용할 것이기 때문이다. 러다이트 운동과 기술유토피아의 양극단에서 인공지능에 대한 저주와 찬탄을 오가는 수준을 넘어, 역사적 분석의 토대 위에서 구체적 현실에 대한 구체적 분석으로 넘어갈 필요가 있다.

인간과 기계의 일대일 관계를 중시하다 보면 기계를 대상화된 실체나 대타적 존재로 설정하기 때문에 인간중심주의와 기계주의라는 양극단을 오갈 수 있다. 인공지능 자본주의에서 인간과 기계의 관계는 단일 주체인 노동자와 그의 대상인 도구의 관계, 더 나아가 단독자인 노동자와 단독자인 기계의 관계를 넘어선다. 거대 기계의 부품이 되는 인간 혹은 인간 개체에서 분리되어 만들어진 분할체는 기계 속에서, 기계와 함께 기호/부품/객체와 '혼성물(hybrid)'을 이루면서 배치된다. 그래서 인간의 분할체와 기계가 형성하는 거대 기계 안에서의 노예화 혹은 예속이 중요한 문제로 등장한다.

인터넷과 스마트폰은 이미 도구가 아닌 환경이 되어버렸다. 거

---

1 "'인간들-기계들'(복수형)의 시스템은 '인간-기계'(단수형)를 단순히 긁어모은 작업장과 같은 것이 아니다. 왜냐하면 인간들-기계들은 주체/대상, 즉 인간/기계라는 '양자 관계'와 완전히 다르기 때문이다. 인간들-기계들의 시스템에서는 수많은 인간과 비인간 요소가 상호작용한다. (…) 모든 작업의 구성요소는 정보의 관점에서 표현될 수 있다(Lazzarato, 2014/2017: 40~41)."

대 플랫폼은 이용자를 회로 안으로 끌어들여 그들이 바깥으로 빠져나가지 못하도록 생활과 소비를 포획하는 촘촘한 디지털 그물망을 짠다. 그런데 이용자 자신이 그물망과 미끼를 만드는 원료를 제공했다는 사실은 플랫폼 속에서 은폐된다. 이용자를 유인하는 디지털 미끼의 원료는 이용자에게서 빠져나간 행위 결과물이다. 이용자는 자신이 제공한 행위 파편으로 만든 미끼에 걸려들면서 또다시 미끼의 원료를 풍성하게 제공하는 자동 플랫폼 회로에 갇힌다. 무수한 이용자의 분할체와 기호, 객체가 플랫폼이라는 거대 기계 속에서 특정한 배치를 이룰 때 기계적 예속이라는 말이 의미를 갖는다. 내게서 빠져나간 기호·정서·인지·행위의 파편이 다른 객체와 만나 배열을 이룰 때 기계적 예속이 완성되는 것이다.

인간이 상급단위의 통제와 지휘 아래 놓이면서 기계의 구성요소가 될 때, 상급 단위인 플랫폼이 인간을 동물, 도구 혹은 기계 등 외부의 대상과 연결해 예속할 때 인간은 기계의 노예가 된다(Deleuze, 1995). 인간의 활동이 분할체인 수치로 전환되어 플랫폼의 구성요소가 될 때 이를 기계적 예속이라 부르는 것이고, 이용자가 스마트폰이 제공하는 서비스나 그 밖의 기계 서비스를 대상으로 마주할 때 사회적 복종이 이뤄지는 것이다. 이처럼 인공지능 자본주의에서는 기계적 예속과 사회적 복종이 동시에 병행적으로 나타난다.

포드주의의 흐름생산에 동원되는 자동기계는 스스로 움직이지만 변화하지는 않는다. 흐름생산체제에서 노동자는 기계의 작동을 예상할 수 있다. 기계는 주어진 범위 내에서 예정된 동작과 결과물을 만들어낸다. 포드주의 공장의 노동자는 흐름생산체제를 내부적인 차원에서 바꿀 수 없다. 또한 개인용 컴퓨터는 계산력과 예측력을 강화해 전문화된 영역에서 인간의 생산성을 높이고, 예측과 판단을 도우며, 업무를 효율적으로 조직하고 최적화하는 도구에 머물렀다.

그런데 컴퓨터가 네트워크로 연결되고 데이터가 뒤섞이면서 예측할 수 없는 결과가 나타났다. 이제 컴퓨터는 '혼자 서 있는 기계(stand alone)'에서 벗어나 '흐름의 네트워크 기계(stream network machine)'로 바뀌었다. 인터넷에서는 다수 이용자의 데이터가 동시에 뒤섞여 네트워크를 흘러다닌다. 그리고 데이터는 종착점인 단말기에서 이용자나 플랫폼의 특정한 알고리즘에 의해 다시 변형된다. 데이터의 흐름과 변형을 가능하게 만드는 플랫폼은 지워지는 칠판이자 전광판이다. 데이터는 시간 속에서 끊임없이 흐르고 축적되며 변화한다. 데이터의 흐름은 알고리즘을 통해 학습력이 증가하면서 정확히 원하는 최적의 결과치를 내놓지만, 때로는 예측하지 못한 결과도 가져온다. 이제 인공지능은 인간의 도구를 벗어나 인간 활동 결과물을 섭취하면서 스스로 자라고 성장한다.

네트워크로 엮인 인공지능은 인간의 활동을 포섭하기 때문에 무뚝뚝한 배타적 타자성을 드러낸다. 그것은 손안에 잡힌 도구로서의 단독적 기계와는 성격이 다르다. 내 손안에 있으면서 나를 즐겁게 해주는 동시에 나의 행위를 먹고 자라난 기계지만, 눈에 보이지 않는 방식으로 나와 대립하거나 나의 손에서 벗어난다. 그래서 그것은 어느 날 '내 앞에 선' 대상이 된다. 매시간 데이터의 흐름에 따라 실시간 통계치로 바뀌는 이 스트림 기계는 나를 수치화하며 나의 의지와 무관한 대상이 된다. 내 손안에 있던 기계가 손 바깥으로 나가면 우리는 과연 순수한 관심(Sorge)를 가지고 그것을 바라볼 수 있을까?

개인이 기계장치 속의 분할체가 되면서 인간은 거대 기계체제의 노예가 된다. 기계체제의 부품이 된 분할체는 개인에게서 탈주해 몰적 벡터에서 분자적 벡터로 변형된다. 분할체는 개인으로부터 소외된 후 수치화되어 기계의 배열 안에서 분자적으로 흐르다가 다른 분자와 배치를 이뤄 데이터로, 패턴화된 정보로, 콘텐츠로, 마침내 상품으로 변환된다. 그럼에도 불구하고 개인은 사회적 차원에서 기계의 이용자이자 소비자로 남아 있다. 여전히 이용자는 독립된 개인으로서 소셜미디어를 이용하고 소비하며 생산하는 주체다. 여기서 양면적인 가능성이 나온다. 개체는 사회적으로 복종하고 분할체는 기계적으로 예속되어 있지만, 복종과 예속의 틀에서 틈새를 비집고 새로운 대항을 조직하거나 탈주할 수 있다. 비록 기계적 예속은 확대되고 있지만 여전히 분할체의 연대와 저항의 가능성이 남아 있다. 이것을 무시하면 분할체의 노예화와 개인의 예속만 남고 출구는 없는 디스토피아에 빠진다. 그러나 이런 생각은 또한 얼마나 관념적인가. 이를 구체적인 현실로 연결하는 고리를 모색해야 한다. 그래서 인공지능 플랫폼에 대한 비판적 분석 작업과 더불어, 기계적 예속과 사회적 복종이 어디서 연결되는지, 주체가 그로부터 어떻게 탈출할 수 있을지를 탐색해야 한다.

우리는 인공지능과 어떤 관계를 맺어야 하나

• • •

인간은 야생동물을 훈련하고 길들여서 애완동물이나 가축으로 만들었다. 고대 시대의 인간은 다른 인간을 노예로 만들어 거대한 건축물을 짓게 하고 집 안에서는 종으로 부렸다. 산업시대 이후 공장에서는 노동자계급의 집단적 예속화가 이뤄졌다. 현대의 인간은 빅데이터로 학습된 인공지능을 만들고 애완 로봇을 만들어 시종으로 부린다. 그런데 그 과정에서 인간의 노예화도 동시에 이뤄진다. 플랫폼 인공지능을 활용한 거대 독점 기업은 인공지능을 이용해 인간을 길들인다. 플랫폼 예속화에서 벗어나려는 인간과, 인간 활동을 수취하는 플랫폼 간의 대립은 눈에 잘 드러나지 않는다. 그러면서 인간과 기계는 상호 노예화된다. 이를 인간과 기계의 공진화라고 긍정적으로 평가할 수도 있지만, 진화는 진보가 아니므로 공진화하는 현상 자체를 상호 노예화의 과정으로 볼 수도 있다. 머지않아 인간과 인공지능의 관계를 설명하기 위해 '주인과 노예의 변증법'을 새로이 적용할 시기가 올지도 모르겠다.

인공지능 시대에는 인간의 언어보다 기계의 언어가 주도권을 장악한다. 기계의 언어는 비기표적 기호계로서 기표적 언어가 아닌 언어 이전의 언어인 전언어(pre-language)나 언어의 영역을 뛰어넘는 초언어(supra-language)로 구성된다. 인공지능 자본주의에서는 반성적 사유가 정서/정동 판단의 주도권을 내준다. 페이스북 뉴스

피드에서 고해성사를 하고 유튜브로 분노와 흥분의 감응을 소모하며 친구들에게서 온 카톡에 "ㅋㅋ"을 날리면서 우리는 분할체가 되어간다. 비록 우리의 신체가 물질적으로 분리되지는 않지만, 인공지능 자본주의에서는 우리의 심장박동과 혈압의 변화, 감정/정서와 행위의 결과물이 내게서 떨어져나가 이윤창출의 수단이 된다. 우리는 클라우드 속에서 수많은 분할체와 섞여 새롭게 배치될 존재를 위해 무엇을 할 수 있을까? 분할체로 분해된 것에 구원과 돌파구가 있을까?

라우니히와 라자라토는 비기표적 기호인 분할체에서 새로운 배치와 대안의 가능성을 본다. 그들은 이용자의 사회적 복종이 심해지고 분할체를 통한 노예화가 진행되고 있음을 인정하지만, 그 과정에서 새로운 배치의 가능성 또한 증가한다고 본다(Raunig, 2016; Lazzarato, 2014/2017). 한편 사회주의의 도래를 지향하는 가속주의자들(accelerationists)은 일반지성의 확산과 생산력의 발전이 사회주의의 기반을 마련한다고 주장한다(Srnicek and Williams, 2016). 이들처럼 인공지능 자본주의에서 새로운 사회의 배아를 찾아낼 수도 있겠으나, 우선 현재 벌어지고 있는 구체적 현실에 대한 구체적 분석을 기반으로 미래에 대한 전망과 새로운 운동의 가능성을 모색할 필요가 있다.

최근 신유물론(NM, New Materialism), 객체지향존재론(OOO, Object-Oriented Ontology) 또는 비유물론, 사변적 실재론(SR, Speculative Realism) 등을 내세우면서 물질과 기계에 새롭게 접근하는 방법론이 두드러지고 있다. 이를 주창하는 사람들은 마르크스주의 정치경제학 비판이 다뤘던 인간과 기계의 관계를 비껴가면서 시몽동의 기계실체론(개체화 이론)과 라투르의 행위자연결망이론을 참조한다. 이른바 '존재론적 전환(Ontological Turn)'이라 불리는 이론적 조류를 제안하는 이론가 중에는 하이데거의 기초존재론을 인간 아닌 것으로 확장하고 들뢰즈·가타리의 범기계론적 존재론을 덧붙여 기계지향존재론을 제안하는 이도 있다. 그런 점에서 기계지향존재론은 포스트휴먼 시대의 존재론을 확장한다.

인권은 동물권과 로봇권으로 확장되지만, 인간이 인정해준 로봇권은 사실 엄밀한 의미의 '권리'라고 할 수 없다. 로봇권은 인간이 정한 규정에 불과하다. 권리는 당사자가 스스로 주장하고 쟁취해야 한다. 개가 인간을 물고 노예가 주인을 몰아낼 때 '개권'과 '노예권'을 얻을 수 있다. 로봇과 인공지능은 인간과의 관계에서 우월하거나 열등한 지위에 있지 않다. 그들은 단지 인간과 다른 인간을 매개하거나 계급적 분할선의 인터페이스를 담당하고 있을 뿐이다. 인간의 모습을 본뜬 기계를 무서워하거나 숭배하는 시대가 도래한다고 하더라도, 그때의 기계는 독립된 타자가 아니라 여러 객체의 집합 배치로서의 기계체다. 기계체가 살아 있는 것처럼 보이고 인간보다 더 강력한 지능과 힘을 지닐지라도 그것은 스스로 개체화되고 주체화하는 의식을 갖고 있지 못하다. 인지적 비의식을 수행하고(Heyles, 2017) 특정한 인지능력에서 인간의 수준을 뛰어넘을지라도, 또한 인간이 작동기제를 알지 못할지라도 자동화된 기계지능은 의지를 갖고 있지 않다. 그래서 지금 로봇권을 논의하는 것은 때이른 기계의 권리를 가장하면서, 특정한 지위에 있는 인간의 권리를 더 확장하려는 시도로 읽힌다.

디지털 존재를 해명하려는 노력은 인간중심주의적 기호와 표상의 세계가 저질러온 일방주의를 비판적으로 되돌아볼 기회를 제공한다. 그러나 이러한 객체지향성은 또 다른 극단의 반인간주의, 반표상주의를 낳으면서 인간의 조건을 우회하거나 무시할 위험이 있다. 사물은 그 자체만으로 존재하지 않는다. 특히 디지털 기호는 항상 물질로서의 기계, 정보 그리고 그것을 해석하고 유통하는 인간을 대상으로 한다. 자연과 생태는 그간 인간중심적 기호의 세계에서 무시되었지만, 그것을 되살릴 방식이 기호의 세계와 무관하게 이뤄질 수는 없다. 문제의 해결은 기호의 세계와 물질의 세계, 인간의 세계와 기계의 세계를 구분하는 데 있지 않다. 그들 간의 관계와 배치가 어떻게 변하고 새로운 배치를 위한 그림을 어떻게 그릴지가 중요하다.

디지털 존재에 대한 탐구나 기계 존재에 대한 탐구, 비물질적 객체인 정보에 대한 존재론적 탐구, 인공지능을 구성하는 데이터, 알고리즘, 모형에 대한 탐구는 객체의 폐쇄적인 틀 안에서는 해명될 수 없다. 그것이 인간이나 다른 기계·생물·정보와 맺는 관계를 다양하고 구체적인 수준에서 밝힐 때 존재론적 탐구가 빛을 발할 것이다. 현재의 인공지능은 유동적이고 가변적이며 개체화되지 않는 데이터의 축적체이자 정보 패턴의 흐름이다. 그것의 결과로 자본과 노동이 재배치되고 축적의 일반적 조건이 변화하며 새로운 사회문제가 나타난다. 사회문제는 매우 다양하고 사건이 일어나는 방식도 가지각색일 것이다. 지금까지 인공지능에 관한 정치경제학(political economy)과 주체경제학(subjective economy)적 접근(Lazzarato, 2014/2017)을 연결해 인공지능 시대의 수탈과 착취기제를 밝혀보려고 했다. 앞으로 이에 대해 정밀하고 비판적인 논의가 이뤄지기를 바란다. 인간과 다양한 객체의 배치에서 새로운 변화가 어떻게 가능할지를 곰곰이 생각할 때다.

세상을 바꾸는 한순간을 꿈꾸며

• • •

60여 년 전 인공위성의 발사에서 세계소외와 지구소외를 읽어낸 아렌트를 현재로 끌고 오면 인공위성에서 인공지능으로 이어지는 과학기술의 의미를 읽을 단서가 보인다. 포스트휴먼의 조건은 세계소외가 인간소외와 결합된 것이다. 세계도 상실하고 인간도 상실하는 이중소외의 인간 조건에서 활동적 삶을 찾기는 몹시 힘들다. 인공지능 시대에 불멸성과 영원성을 파편성과 일시성에 양도한 우리에게는 어떤 선택이 가능할까? 노동과 작업과 활동으로 쌓아놓은 결과물로는 지속성조차 확보할 수 없는 시대다. 노동은 생존으로, 작업은 여느 때와 다를 바 없는 일거리로, 활동 또한 제한된 지역이나 플랫폼 안에서의 행위로 끝나기에 불멸은 불가능하다. 그렇다고 안으로 침잠해 명상하고 책을 읽고 사유하면서 영원성을 얻기란 너무 개인적이고 일시적이다. 불멸성을 포기하고 영원성을 내던진 삶이라면 아무 생각 없이 하루하루를 똑같이 반복하며 살아갈 수밖에 없다. 그러나 그것이 인공지능 시대 인간의 조건이 되었다. 아주 탁월한 삶에서 영원성과 불멸성의 사례를 찾을 수는 있겠으나, 그것은 역사의 범위에 속하지, 일상의 삶에 속하지 않는다.

죽음에 대한 태도는 프랑스의 역사학자 필립 아리에스(Philippe Ariès)가 말한 길든 죽음(중세), 나의 죽음(르네상스), 너의 죽음(낭만주의)을 거쳐 금지된 죽음(20세기)으로 이어진다(Ariès, 1974). 이제 그것은 인간 혹은 인류의 죽음으로 확장된다. 죽음이 개체에서 인간이라는 종으로 확장된 데는 양차 세계대전과 '핵'이 놓여 있다. 그리고 이후에 등장한 인터넷과 인공지능은 인간 확장을 위한 공간을 열어 생명체의 죽음을 연장했다. 다른 공간에서의 생명 연장이 현실에서는 생명의 죽음과 멸종을 재촉하는 모순이 드러나고 있다. 왕의 권력과 신화의 불멸성 그리고 기독교적 영성과 믿음의 영원성을 넘어 불멸성을 얻을 새로운 존재자의 존재론이 등장한다. 그것은 인공물의 존재론이자 포스트휴먼의 존재론이다.

• • •

저녁에 눈이 쏟아졌다. 아파트 주차장이 하얀 눈으로 뒤덮이자 주차장은 아이들이 나와 노는 밤의 놀이터로 변했다. 눈은 그렇게 공간을 순식간에 변화시켰다. "차를 지하로 빼서 아이들이 눈밭에서 놀게 합시다"라는 합의나 지시는 전혀 필요 없었다. 공간의 의미와 위상은 그렇게 변한다. 우리는 어떻게 해야 플랫폼을 놀이와 해방의 공간으로 바꿀 수 있을까. 설령 바꾼다 해도 잠시 놀이터가 되었다가 원래 목적으로 돌아간 주차장처럼 될지도 모른다. 그러나 공간을 새롭게 바꾸는 순간은 그 자체로 기적이고 선물이지 않겠는가. 광화문 광장이 민주주의와 변혁의 공간으로 바뀌는 일은 주차장이 아이들의 놀이터로 바뀌는 것과 크게 다르지 않다. 대중의 모임과 흐름이 광장을 바꾼다. 자연이 주차장을 눈밭으로 바꾸면서 경계선과 코드를 송두리째 무력화하듯이, 인간 대중은 세상을 바꿀 수 있다. 문제는 그것의 지속성과 일관성이다. 오래 지속되지 못하는 혁명의 순간은 불멸성이나 영속성과는 거리가 멀다. 순간에서 얻는 환희와 절정을 일상의 변화된 배치로 바꾸는 일관적인 태도와 실천이 절실한 때다.

1. 논문

(1) 국내 문헌

강남훈, 〈착취와 수탈: 김창근에 대한 답변〉, 《마르크스주의 연구》 제5권 제4호, 경상대학교 사회과학연구원, 2008, 234～249쪽.

강남훈, 〈정보혁명과 자본주의〉, 《마르크스주의 연구》 제7권 제2호, 경상대학교 사회과학연구원, 2010, 35~66쪽.

강미라, 〈빅데이터 시대의 통치성: 푸코의 관점에서〉, 《현대유럽철학연구》 제46집, 한국하이데거학회, 2017, 221~256쪽.

김공회, 〈인지자본주의론의 가치이론 이해 비판: '비물질노동'의 개념화와 측정을 중심으로〉, 《마르크스주의 연구》 제9권 제1호, 경상대학교 사회과학연구원, 2012, 89~123쪽.

김명석, 〈현대 정보 개념 이전의 개념들〉, 《철학논총》 제94권 제4호, 새한철학회, 2018, 63~86쪽.

김예란, 〈'조각주체'라는 이름의 플랫폼 호모 이코노미쿠스: 조각투자, 리셀 또는 조각난 정동〉, 《커뮤니케이션 이론》 제18권 제3호, 한국언론학회, 2022, 54~97쪽.

박지웅, 〈정보재 가치와 플랫폼: 양면시장을 고려한 정보재 가치논쟁의 검토〉, 《경제학연구》 제59권 제1호, 한국경제학회, 2011, 95~130쪽.

박현웅, 〈인지자본주의론에서의 '가치론'의 문제: 최근 논의들에 대한 비판적 검토〉, 《마르크스주의 연구》 제9권 제1호, 경상대학교 사회과학연구원, 2012, 60~88쪽.

백욱인, 〈촛불시위와 대중: 정보사회의 대중 형성에 관하여〉, 《동향과 전망》 제74호, 한국사회과학연구회·박영률출판사, 2008, 159~188쪽.

백욱인, 〈인터넷의 변화와 비트 전유에 관한 연구〉, 《동향과 전망》 제81호, 한국사회과학연구회·박영률출판사, 2011, 342~368쪽.

백욱인, 〈빅데이터의 형성과 전유체제 비판〉, 《동향과 전망》 제87호, 한국사회과학연구회·박영률출판사, 2013, 304~331쪽.

백욱인, 〈서비스 플랫폼의 전유 방식 분석에 관한 시론: '플랫폼 지대와 이윤'을 중심으로〉, 《경제와 사회》 제104권, 비판사회학회, 2014a, 174~196쪽.

백욱인, 〈정보자본주의와 인터넷 서비스 플랫폼 장치 비판〉, 《한국언론정보학보》 제65권 제1호, 한국언론정보학회, 2014b, 76~92쪽.

백욱인, 〈인공지능과 인지 자본주의 비판〉, 《동향과 전망》 제103호, 한국사회과학연구회·박영률출판사, 2018, 83~113쪽.

사공영호, 〈지대추구의 사회화와 인지·개념체계화〉, 《규제연구》 제19권 제2호, 한국경제연구원, 2010, 3~44쪽.

이민구·홍세연, 〈푸코의 질병의 공간화와 중동 호흡기 증후군〉, 《의철학연구》 제20권 제20호, 한국의철학회, 2015, 65~85쪽.

이채언, 〈정보재 가치론 논쟁에서의 몇 가지 논점〉, 《진보평론》 제25호, 현장에서미래를, 2005, 216~230쪽.

장성일·김정연, 〈비트코인의 자산성격에 관한 연구〉, 《한국전자거래학회지》 제22권 제4호, 한국전자거래학회, 2017, 117~128쪽.

전희상, 〈《인지자본주의》의 노동가치론 해석에 대한 비판을 재확인한다: 조정환의 반론에 대한 재비판〉, 《마르크스주의 연구》 제9권 제1호, 경상대학교 사회과학연구원, 2012, 40~59쪽.

최인령·최무영, 〈정보교류와 온생명 개념에 기초한 '온문화' 패러다임의 고찰과 학제간 융합연구 모형 제시〉, 《열린정신 인문학연구》 제18권 제1호, 원광대학교 인문학연구소, 2017, 181~210쪽.

(2) 해외 문헌

田中一,〈情報の複文定義〉,《社会情報学研究》Vol. 11 No. 2, 日本社会情報学会誌, 2007.

Arthur, W. Brian, "Increasing Returns and the New World of Business", *Harvard Business Review*, July-August 1996, Brighton, MA: Harvard Business Publishing.

Arvidsson, Adam, "The Ethical Economy of Customer Coproduction", *Journal of Macromarketing* Vol. 28 Iss 4, Thousand Oaks, CA: Sage, 2009, pp. 326~338.

Arvidsson, Adam, "Ethics and Value in Customer Co-production", *Marketing Theory* Vol. 11 Iss. 3, Thousand Oaks, CA: Sage, 2011, pp. 261~278.

Arvidsson, Adam and Elanor Colleoni, "Value in Informational Capitalism and on the Internet", *The Information Society* Vol. 28 Iss. 3, Abingdon: Taylor & Francis, 2012.

Barbrook, Richard, "Cyber-Communism: How the Americans are Superseding Capitalism in Cyberspace", *Science as Culture* Vol. 9 Iss. 1, Abingdon: Taylor & Francis, 2000, pp. 5~40.

Baškarada, Saša and Andy Koronios, "Data, Information, Knowledge, Wisdom (DIKW): A Semiotic Theoretical and Empirical Exploration of the Hierarchy and its Quality Dimension", *Australasian Journal of Information Systems* Vol. 18 Iss. 1, Brisbane: University of Queensland, 2013.

Bauwens, Michel, "The Political Implications of the Peer to Peer Revolution", *Knowledge Politics Quarterly* Vol. 1 Iss. 2, 2008.

Bauwens, Michel, "Class and Capital in Peer Production", *Capital and Class* Vol. 33 Iss. 1, Thousand Oaks, CA: Sage, 2009, pp. 121~141.

Benkler, Yochai, "From Consumers to Users: Shifting the Deeper Structures of Regulation Towards Sustainable Commons and User Access", *Federal Communications Law Journal* Vol. 52 Iss. 3, Washington, D.C: The Federal

Communications Bar Association, 2000.

Caffentzis, George, "Crystals and Analytic Engines: Historical and Conceptual Preliminaries to a New Theory of Machines", *Ephemera* Vol. 7 Iss. 1, 2007, pp. 24~45.

Casemajor, Nathalie, "Digital Materialisms: Frameworks for Digital Media Studies", *Westminster Papers in Communication and Culture* Vol. 10 Iss. 1, London: University of Westminster Press, 2015, pp. 4~17.

Featherstone, Mike, "Archiving Cultures", *The British Journal of Sociology* Vol. 51 Iss. 1, Hoboken, NJ: Wiley-Blackwell, 2000, pp. 161~184.

Fuchs, Christian, "With or Without Marx? With or Without Capitalism? A Rejoinder to Adam Arvidsson and Eleanor Colleoni", *tripleC* Vol. 10 No. 2, Paderborn: Universität Paderborn, 2012a, pp. 633~645.

Fumagalli, Andrea and Stefano Lucarelli, "Basic Income Sustainability and Productivity Growth in Cognitive Capitalism: A First Theoretical Framework", *Quaderni di Dipartimento - EPMQ* No. 183, Pavia: Università degli Studi di Pavia, 2006.

Fumagalli, Andrea and Stefano Lucarelli, "Cognitive Capitalism as a Financial Economy of Production", *Quaderni di Dipartimento* No. 127, Pavia: Università degli Studi di Pavia, 2010.

Gehl, Robert, "YouTube as Archive: Who Will Curate this Digital Wunderkammer?", *International Journal of Cultural Studies* Vol. 12 Iss. 1, Thousand Oaks, CA: Sage, 2009.

Geoghegan, Bernard Dionysius, "From Information Theory to French Theory: Jakobson, Lévi-Strauss, and the Cybernetic Apparatus", *Critical Inquiry* Vol. 38, No. 1, Chicago, IL: The University of Chicago Press, 2011, pp. 96~126.

Hovenkamp, Herbert, "Antitrust and Platform Monopoly", *The Yale Law Journal* Vol. 130 No. 8, New Haven, CT: The Yale Law Journal Company, Inc., 2021, pp. 1952~2273.

Khan, Lina M., "Amazon's Antitrust Paradox", *The Yale Law Journal* Vol. 126 No. 3, New Haven, CT: The Yale Law Journal Company, Inc., 2017, pp. 564~907.

Landauer, Rolf, "The Physical Nature of Information", *Physics Letters A* Vol. 217 Iss. 4~5, Amsterdam: Elsevier, 1996, pp. 188~193.

Lazzarato, Maurizzio, "From Capital-Labour to Capital-Life", *Ephemera* Vol 4 Iss. 3, 2004.

Lessig, Lawrence, "The Creative Commons", *Montana Law Review* Vol 65 Iss. 1, Missoula, MT: University of Montana, 2004.

Manovich, Lev, "Media After Software", *Journal of Visual Culture* Vol. 12 Iss. 1, Thousand Oaks, CA: Sage, 2013, pp. 30~37.

McCulloch, Warren S. and Walter Pitts, "A Logical Calculus of the Ideas Immanent in Nervous Activity", *Bulletin of Mathematical Biophysics* Vol. 5, Berlin/Heidelberg: Springer, 1943, pp. 115~133.

Pasquinelli, Matteo, "Machinic Capitalism and Network Surplus Value: Notes on the Political Economy of the Turing Machine", *lust-for-life.org* (online archive), 2011.

Pasquinelli, Matteo, "Italian *Operaismo* and the Information Machine", *Theory, Culture & Society* Vol. 32 Iss 3, Thousand Oaks, CA: Sage, 2014.

Pasquinelli, Matteo and Vladan Joler, "The Nooscope Manifested: AI as Instrument of Knowledge Extractivism", *AI and Society* Vol. 36, Berlin/Heidelberg: Springer, 2021, pp. 1263~1280.

Pastuzyn, Elissa D. et al., "The Neuronal Gene Arc Encodes a Repurposed Retrotransposon Gag Protein that Mediates Intercellular RNA Transfer", *Cell* Vol. 172 Iss. 1~2, Cambridge, MA: Cell Press, 2018, pp. 275~288.

Prisecaru, Petre, "Challenges of the Fourth Industrial Revolution", *Knowledge Horizons – Economics* Vol. 8 Iss. 1, Bucharest: Dimitrie Cantemir Christian University, 2016, pp. 57~62.

Romer, Paul M., "Increasing Returns and Long-Run Growth", *Journal of Political*

Economy Vol. 94 No. 5, Chicago, IL: The University of Chicago Press, 1986, pp. 1002~1037.

Romer, Paul M., "Increasing Returns and New Developments in The Theory of Growth", *National Bureau of Economic Research Working Paper* 3098, Cambridge, MA: National Bureau of Economic Research, 1989.

Rosenblueth, Arturo, Norbert Wiener and Julian Bigelow, "Behavior, Purpose and Teleology", *Philosophy of Science* Vol. 10 No. 1, Chicago, IL: The University of Chicago Press, 1943, pp. 18~24.

Sandywell, Barry, "Metacritique of Information", *Theory, Culture & Society* Vol. 20 Iss. 1, Thousand Oaks, CA: Sage, 2003, pp. 109~122.

Schor, Juliet B., "Debating the Sharing Economy", *Journal of Self-Governance and Management Economics* Vol. 4 Iss. 3, New York, NY: Addleton Academic Publishers, 2016, pp. 7~22.

Shannon, Claude E., "A Mathematical Theory of Communication", *The Bell System Technical Journal* Vol. 27, New York, NY: Institute of Electrical and Electronics Engineers, 1948.

Slaton, Kelcie and Sanjukta Pookulangara, "Collaborative Consumption: An Investigation into the Secondary Sneaker Market", *International Journal of Consumer Studies* Vol. 46 Iss. 3, Hoboken, NJ: Wiley-Blackwell, 2022, pp. 763~780.

Terranova, Tiziana, "Free Labor: Producing Culture for the Digital Economy", *Social Text* Vol. 18 No. 2, Durham, NC: Duke University Press, 2000, pp. 33~58.

Thoburn, Nicholas, "Autonomous Production?: On Negri's New 'Synthesis'", *Theory, Culture & Society* Vol. 18 Iss. 5, Thousand Oaks, CA: Sage, 2001, pp. 75~96.

Turing, Alan M., "Computing Machinery and Intelligence", *Mind* Vol. 49 Iss. 236, Oxford: Oxford University Press, 1950, pp. 433~460.

Vercellone, Carlo, "From Formal Subsumption to General Intellect: Elements for a Marxist Reading of the Thesis of Cognitive Capitalism", *Historical Materialism* Vol. 15 Iss. 1, Leiden: Brill, 2007, pp. 13~36.

Vercellone, Carlo, "The New Articulation of Wages, Rent and Profit in Cognitive Capitalism", London: Queen Mary University School of Business and Management, 2008.

Wu, Tim, "Network Neutrality, Broadband Discrimination", *Journal of Telecommunications and High Technology Law* Vol. 2 No. 1, Boulder, CO: University of Colorado, 2003, pp. 141~176.

2. 단행본

(1) 국내 문헌

김수영,《김수영 전집 1》, 이영준 엮음, 민음사, 2018.

김예란,《마음의 말: 정동의 사회적 삶》, 컬처룩, 2020.

마쓰오카 세이코,《정보의 역사를 읽는다》, 김승일 외 옮김, 넥서스, 1998.

발터 벤야민, 〈기술복제시대의 예술작품〉,《발터 벤야민의 문예이론》, 반성완 편역, 민음사, 1983.

백욱인,《들뢰즈의 통제사회 비판》, 커뮤니케이션북스, 2023a.

백욱인,《인공지능과 지적재산권》, 커뮤니케이션북스, 2023b.

빈센트 모스코,《클라우드와 빅데이터의 정치경제학》, 백영민 옮김, 커뮤니케이션북스, 2015.

서이종,《지식·정보사회학》, 서울대학교출판부, 1998.

송길영,《여기에 당신의 욕망이 보인다: 빅 데이터가 찾아낸 70억 욕망의 지도》, 쌤앤파커스, 2012.

송민정,《빅 데이터가 만드는 비즈니스 미래지도: 미래 경제를 움직이는 거대한 데이터 혁명》, 한스미디어, 2012.

안토니오 네그리,《맑스를 넘어선 맑스》, 윤수종 옮김, 중원문화, 2010.

양창렬, 〈장치학을 위한 서론〉, 조르조 아감벤·양창렬,《장치란 무엇인가? 장치학을 위한 서론》, 난장, 2010.

원용진·박서연,《메가플랫폼 네이버: 한국 인터넷 산업의 성장과 그늘》, 컬처룩, 2021.

이상욱, 〈정보와 인식주체: '서울 해석' 해석하기〉, 장회익·이중원·김재영·이정민·김명석·이충형·이상욱·최무영·양형진·김민수,《양자·정보·생명》, 한울아카데미, 2015.

이진경,《자본을 넘어선 자본》, 그린비, 2004.

이토 마모루, 《정동의 힘: 미디어와 공진(共振)하는 신체》, 김미정 옮김, 갈무리, 2016.

장회익·이중원·김재영·이정민·김명석·이충형·이상욱·최무영·양형진·김민수, 《양자·정보·생명》, 한울아카데미, 2015.

제레미아스 아담스 프라슬, 《플랫폼 노동은 상품이 아니다: 플랫폼 노동은 혁신인가, 덫인가?》, 이영주 옮김, 숨쉬는책공장, 2020.

케이스 데블린, 《논리와 정보》, 이정민 옮김, 태학사, 1996.

크리스티안 마라찌, 《금융자본주의의 폭력: 부채위기를 넘어 공통으로》, 심성보 옮김, 갈무리, 2013.

프랭크 웹스터, 《정보사회이론》, 조동기 옮김, 나남, 2007.

함유근·채승병, 《빅데이터, 경영을 바꾸다》, 삼성경제연구소, 2012.

(2) 해외 문헌

Adorno, Theodor W., *Negative Dialektik*, Frankfurt: Suhrkamp Verlag, 1966.

Agamben, Giorgio, *What is an Apparatus? and Other Essays*, David Kishik and Stefan Pedatella trans., Redwood City, CA: Stanford University Press, 2009. (조르조 아감벤·양창렬, 《장치란 무엇인가? 장치학을 위한 서론》, 난장, 2010)

Ajoku, Pamela, "Information Warfare: Survival of the Fittest", Jatinder N. D. Gupta and Sushil K. Sharma eds., *Handbook of Research on Information Security and Assurance*, Hershey, PA: Information Science Reference, 2008, pp. 18~28.

Allmer, Thomas, "Critical Internet Surveillance Studies and Economic Surveillance", Christian Fuchs, Kees Boersma, Anders Albrechtslund and Marisol Sandoval eds., *Internet and Surveillance: The Challenges of Web 2.0 and Social Media*, New York, NY: Routledge, 2012, pp. 124~143.

Althusser, Louis, *Lenin and Philosophy and Other Essays*, Ben Brewster trans., New York, NY: Monthly Review Press, 1971.

Anderson, Chris, *Free: The Past and Future of a Radical Price*, New York, NY: Hyperion, 2009. (크리스 앤더슨, 《프리: 비트 경제와 공짜 가격이 만드는 혁명적 미래》, 정준희 옮김, 랜덤하우스코리아, 2009)

Anderson, Chris, *Makers: The New Industrial Revolution*, New York, NY: Crown Business, 2012.

Andrejevic, Mark, "Exploitation in the Data Mine", Christian Fuchs, Kees Boersma, Anders Albrechtslund and Marisol Sandoval eds., *Internet and Surveillance: The Challenges of Web 2.0 and Social Media*, New York, NY: Routledge, 2012, pp. 71~88.

Arendt, Hannah, *The Human Condition*, Chicago, IL: The University of Chicago Press, 1958. (한나 아렌트, 《인간의 조건》, 이진우 옮김, 한길사, 2017)

Ariès, Philippe, *Essais sur l'histoire de la mort en Occident: Du Moyen Âge à nos jours*, Paris: Seuil, 1974. (필리프 아리에스, 《죽음의 역사》, 이종민 옮김, 동문선, 2016)

Arthur, W. Brian, *Increasing Returns and Path Dependence in the Economy*, Ann Arbor, MI: University of Michigan Press, 1994.

Baudrillard, Jean, *Simulacres et Simulation*, Paris: Éditions Galilée, 1981. (장 보드리야르, 《시뮬라시옹》, 하태환 옮김, 민음사, 2001)

Baudrillard, Jean, *Le Paroxyste Indifférent: Entretiens avec Philippe Petit*, Paris: Grasset, 1997. (장 보드리야르, 《무관심의 절정: 필리프 프티와의 대담》, 이은민 옮김, 동문선, 2001)

Baudrillard, Jean, *Pourquoi tout n'a-t-il pas déjà disparu?*, Pairs: Éditions de L'Herne, 2007. (장 보드리야르, 《사라짐에 대하여》, 하태환 옮김, 민음사, 2012)

Beniger, James, *The Control Revolution: Technological and Economic Origins of the Information Society*, Cambridge, MA: Harvard University Press, 1986. (제임스 R. 베니거, 《컨트롤 레벌루션: 현대 자본주의의 또 다른 기원》, 윤원화 옮김, 현실문화, 2009)

Benkler, Yochai, *The Wealth of Networks: How Social Production Transforms Markets and Freedom*, New Haven, CT: Yale University Press, 2006.

Bolter, J. David, *Turing's Man: Western Culture in the Computer Age*, Chapel Hill, NC: University of North Carolina Press, 1984.

Bolter, J. David and Richard Grusin, *Remediation: Understanding New Media*, Cambridge, MA: The MIT Press, 1999. (제이 데이비드 볼터·리처드 그루신,《재매개: 뉴미디어의 계보학》, 이재현 옮김, 커뮤니케이션북스. 2006)

Bostrom, Nick, *Superintelligence: Paths, Dangers, Strategies*, Oxford: Oxford University Press, 2014. (닉 보스트롬,《슈퍼인텔리전스: 경로, 위험, 전략》, 조성진 옮김, 까치, 2017)

Botsman, Rachel and Roo Rogers, *What's Mine is Yours: The Rise of Collaborative Consumption*, New York, NY: Harper Business, 2010.

Boutang, Yann Moulier, *Cognitive Capitalism*, Cambridge: Polity, 2012.

Braverman, Harry, *Labour and Monopoly Capital: The Degradation of Work in the Twentieth Century*, New York, NY: Monthly Review Press, 1974. (해리 브레이버맨,《노동과 독점자본: 20세기에서의 노동의 쇠퇴》, 이한주·강남훈 옮김, 까치, 1998)

Bruns, Axel, *Blogs, Wikipedia, Second Life, and Beyond: From Production to Produsage*, New York, NY: Peter Lang, 2008.

Burroughs, William S., *Naked Lunch*, Paris: Olympia Press, 1959. (윌리엄 버로스,《네이키드 런치》, 전세재 옮김, 책세상, 2005)

Caffentzis, George, "A Critique of "Cognitive Capitalism"", Michael A. Peters and Ergin Bulut eds., *Cognitive Capitalism, Education and Digital Labor*, New York, NY: Peter Lang, 2011.

Caffentzis, George, *In Letters of Blood and Fire: Work, Machines, and the Crisis of Capitalism*, Binghamton, NY: PM Press, 2013. (조지 카펜치스,《피와 불의 문자들: 노동, 기계, 화폐 그리고 자본주의의 위기》, 서창현 옮김, 갈무리, 2018)

Carr, Nicholas, *The Big Switch: Rewiring the World, from Edison to Google*, New

York, NY: W. W. Norton & Company, 2008.

Couldry, Nick and Ulises A. Mejias, *The Costs of Connection: How Data is Colonizing Human Life and Appropriating It for Capitalism*, Redwood City, CA: Stanford University Press, 2019.

Cvijanovic, Vladimir and Andrea Fumagalli, Carlo Vercellone eds., *Cognitive Capitalism and its Reflections in South-Eastern Europe*, Pieterlen and Bern: Peter Lang, 2011.

Deleuze, Gilles, *Foucault*, Paris: Éditions de Minuit, 1986. (질 들뢰즈, 《푸코》, 허경 옮김, 동문선, 2003)

Deleuze, Gilles, *Negotiations: 1972-1990*, Martin Joughin trans., New York, NY: Columbia University Press, 1995.

Deleuze, Gilles, "What is a *Dispositif*?", Gilles Deleuze, *Two Regimes of Madness: Texts and Interviews 1975-1995*, David Lapoujade ed., Ames Hodges and Mike Taormina trans., New York, NY and Los Angeles, CA: Semiotext(e), 2007.

Deleuze, Gilles and Félix Guattari, *Mille Plateaux*, Paris: Éditions de Minuit, 1980. (질 들뢰즈·펠릭스 가타리, 《천 개의 고원: 자본주의와 분열증 2》, 김재인 옮김, 새물결, 2001)

Domingos, Pedro, *The Master Algorithm: How the Quest for the Ultimate Learning Machine Will Remake Our World*, New York, NY: Basic Books, 2015. (페드로 도밍고스, 《마스터 알고리즘: 머신러닝은 우리의 미래를 어떻게 바꾸는가》, 강형진 옮김, 비즈니스북스, 2016)

Drucker, Peter F., *Post-Capitalist Society*, New York, NY: Harper Business, 1993. (피터 드러커, 《자본주의 이후의 사회》, 이재규 옮김, 한국경제신문, 1993)

Dupuy, Jean-Pierre, *On the Origins of Cognitive Science: The Mechanization of the Mind*, M. B. DeBevoise trans., Cambridge, MA: The MIT Press, 2009. (장 피에르 뒤피, 《마음은 어떻게 기계가 되었나: 인지과학의 기원 또는 사이버네틱스》, 배문정 옮김·해설, 지식공작소, 2023)

Durand, Cédric, *Fictitious Capital: How Finance Is Appropriating Our Future*, London: Verso, 2017.

Dyer-Witheford, Nick, *Cyber-Marx: Cycles and Circuits of Struggle in High-Technology Capitalism*, Urbana and Chicago, IL: University of Illinois Press, 1999. (닉 다이어-위데포드, 《사이버-맑스: 첨단기술 자본주의에서의 투쟁주기와 투쟁순환》, 류현·신승철 옮김, 이후, 2003)

Dyer-Witheford, Nick, Atle Mikkola Kjøsen and James Steinhoff, *Inhuman Power: Artificial Intelligence and the Future of Capitalism*, London: Pluto Press, 2019.

Ekbia, Hamid R. and Bonnie A. Nardi, *Heteromation: And Other Stories of Computing and Capitalism*, Cambridge, MA: The MIT Press, 2017.

Floridi, Luciano, *The Philosophy of Information*, Oxford: Oxford University Press, 2011.

Flusser, Vilém, *Kommunikologie*, Braunschweig: Bollmann, 1996. (빌렘 플루서, 《코무니콜로기: 코드를 통해 본 커뮤니케이션의 역사와 이론 및 철학》, 김성재 옮김, 커뮤니케이션북스, 2001)

Foucault, Michel, *Les mots et les choses: Une archéologie des sciences humaines*, Paris: Éditions Gallimard, 1966. (미셸 푸코, 《말과 사물》, 이규현 옮김, 민음사, 2012)

Foucault, Michel, *The Birth of the Clinic: An Archaeology of Medical Perception*, Alan Sheridan trans., New York, NY: Vintage Books, 1973.

Foucault, Michel, *Discipline & Punish: The Birth of the Prison*, Alan Sheridan trans., New York, NY: Pantheon Books, 1977. (미셸 푸코, 《감시와 처벌: 감옥의 역사》, 오생근 옮김, 나남, 2003)

Foucault, Michel, *Power/Knowledge: Selected Interviews and Other Writings, 1972-1977*, Colin Gordon ed., New York, NY: Pantheon Books, 1980. (미셸 푸코, 《권력과 지식: 미셸 푸코와의 대담》, 콜린 고든 엮음, 홍성민 옮김, 나남, 1991)

Fuchs, Christian, "Critique of the Political Economy of Web 2.0 Surveillance",

Christian Fuchs, Kees Boersma, Anders Albrechtslund and Marisol Sandoval eds., *Internet and Surveillance: The Challenges of Web 2.0 and Social Media*, New York, NY: Routledge, 2012b, pp. 31~70.

Galloway, Alexander R., *Protocol: How Control Exists after Decentralization*, Cambridge, MA: The MIT Press, 2004.

Galloway, Alexander R., *The Interface Effect*, Cambridge: Polity, 2012.

Gibson, James J., *The Senses Considered as Perceptual Systems*, Boston, MA: Houghton Mifflin, 1966. (제임스 깁슨, 《지각체계로 본 감각》, 박형생·오성주·박창호 옮김, 아카넷, 2016)

Goldsmith, Jack and Tim Wu, *Who Controls the Internet?: Illusions of a Borderless World*, Oxford: Oxford University Press, 2006.

Goodman, Kenneth W., *Ethics, Medicine, and Information Technology: Intelligent Machines and the Transformation of Health Care*, Cambridge: Cambridge University Press, 2016.

Gray, Mary L. and Siddharth Suri, *Ghost Work: How to Stop Silicon Valley from Building a New Global Underclass*, New York, NY: Harper Business, 2019. (메리 그레이·시다스 수리, 《고스트워크: 긱과 온디맨드 경제가 만드는 새로운 일의 탄생》, 신동숙 옮김, 한스미디어, 2019)

Haraway, Donna, *Manifestly Haraway*, Minneapolis, MN: University of Minnesota Press, 2016. (도나 해러웨이, 《해러웨이 선언문: 인간과 동물과 사이보그에 관한 전복적 사유》, 황희선 옮김, 책세상, 2019)

Hardt, Michael and Antonio Negri, *Empire*, Cambridge, MA: Harvard University Press, 2000. (안토니오 네그리·마이클 하트, 《제국》, 윤수종 옮김, 이학사, 2001)

Hardt, Michael and Antonio Negri, *Multitude*, New York, NY: Penguin, 2004. (안토니오 네그리·마이클 하트, 《다중: 《제국》이 지배하는 시대의 전쟁과 민주주의》, 조정환·정남현·서창현 옮김, 세종서적, 2008)

Hardt, Michael and Antonio Negri, *Declaration*, New York, NY: Argo-Navis, 2012. (안또니오 네그리·마이클 하트, 《선언》, 조정환·유충현·김정연 옮

김, 갈무리, 2012)

Harvey, David, *The Limits to Capital*, London: Verso, 2006. (데이비드 하비, 《자본의 한계: 공간의 정치경제학》, 최병두 옮김, 한울, 2007)

Hausler, Martin, *Die Piratenpartei: Freiheit, die wir meinen - Neue Gesichter für die Politik*, München: Scorpio Verlag, 2011. (마르틴 호이즐러, 《해적당: 정치의 새로운 혁명》, 장혜경 옮김, 로도스, 2012)

Hayles, N. Katherine, *How We Became Posthuman: Virtual Bodies in Cybernetics, Literature, and Informatics*, Chicago, IL: The University Of Chicago Press, 1999. (N. 캐서린 헤일스, 《우리는 어떻게 포스트휴먼이 되었는가: 사이버네틱스와 문학, 정보 과학의 신체들》, 허진 옮김, 플래닛, 2013)

Hayles, N. Katherine, *Unthought: The Power of the Cognitive Nonconscious*, Chicago, IL: The University Of Chicago Press, 2017.

Horkheimer, Max, *Zur Kritik der instrumentellen Vernunft*, Alfred Schmidt ed., Frankfurt am Main: Fischer, 1967.

Hölzle, Urs and Luiz Barroso, *The Datacenter as a Computer: An Introduction to the Design of Warehouse-Scale Machines*, Kentfield, CA: Morgan & Claypool Publishers, 2009.

Hui, Yuk, *On the Existence of Digital Objects*, Minneapolis, MN: University Of Minnesota Press, 2016. (허욱, 《디지털적 대상의 존재에 대하여 - 대상, 관계, 논리: www부터 인공지능까지》, 조형준·이철규·임완철 옮김, 새물결, 2021)

Humphreys, Lee, *The Qualified Self: Social Media and the Accounting of Everyday Life*, Cambridge, MA: The MIT Press, 2018.

Innis, Harold A., *The Bias of Communication*, Toronto: University of Toronto Press, 1951. (해럴드 애덤스 이니스, 《커뮤니케이션 편향》, 이호규 옮김, 커뮤니케이션북스, 2018)

Jansen, Dennis W., *The New Economy and Beyond: Past, Present and Future*, Cheltenham: Edward Elgar Publishing, 2006.

Kant, Immanuel, *Kritik der reinen Vernunft*, Hamburg: Felix Meiner Verlag, 1956.

Kelly, Kevin, *Out of Control: The New Biology of Machines, Social Systems, and the Economic World*, New York, NY: Basic Books, 1994. (케빈 켈리, 《통제 불능: 인간과 기계의 미래 생태계》, 이충호·임지원 옮김, 이인식 해제, 김영사, 2015)

Kelly, Kevin, *New Rules for the New Economy: 10 Radical Strategies for a Connected World*, New York, NY: Viking Press, 1998.

Kittler, Friedrich A., *Aufschreibesysteme 1800·1900*, München: Wilhelm Fink Verlag, 1985. (프리드리히 키틀러, 《기록시스템 1800·1900》, 윤원화 옮김, 문학동네, 2015)

Kroker, Arther and Michael A. Weinstein, *Data Trash: The Theory of the Virtual Class*, New York, NY: St. Martin's Press, 1994.

Kurzweil, Ray, *The Singularity Is Near: When Humans Transcend Biology*, New York, NY: Viking Press, 2005. (레이 커즈와일, 《특이점이 온다: 기술이 인간을 초월하는 순간》, 김명남·장시형 옮김, 진대제 감수, 김영사, 2007)

Lambert, Craig, *Shadow Work: The Unpaid, Unseen Jobs That Fill Your Day*, New York, NY: Counterpoint, 2015. (크레이그 램버트, 《그림자 노동의 역습: 대가 없이 당신에게 떠넘겨진 보이지 않는 일들》, 이현주 옮김, 민음사, 2016)

Lash, Scott M., *Critique of Information*, Thousand Oaks, CA: Sage, 2002.

Latour, Bruno, *Reassembling the Social: An Introduction to Actor-Network-Theory*, Oxford: Oxford University Press, 2005.

Lazzarato, Maurizio, *La Fabrique de l'homme endetté: Essai sur la condition néolibérale*, Paris: Éditions Amsterdam, 2011. (마우리치오 라자라토, 《부채 인간: 인간 억압 조건에 관한 철학 에세이》, 허경·양진성 옮김, 메디치미디어, 2012)

Lazzarato, Maurizio, *Signs and Machines: Capitalism and the Production of Subjectivity*, Joshua David Jordan trans., Los Angeles, CA: Semiotext(e), 2014. (마우리치오 랏자라또, 《기호와 기계: 기계적 예속 시대의 자본주의와 비기표적 기호계 주체성의 생산》, 신병현·심성보 옮김, 갈무리,

2017)
Lessig, Lawrence, *Code: And Other Laws Of Cyberspace*, New York, NY: Basic Books, 1999.
Lessig, Lawrence, *The Future of Ideas: The Fate of the Commons in a Connected World*, New York, NY: Vintage Books, 2002.
Lessig, Lawrence, *Remix: Making Art and Commerce Thrive in the Hybrid Economy*, London: Penguin Press, 2008.
Levy, Steven, *In the Plex: How Google Thinks, Works, and Shapes Our Lives*, New York, NY: Simon & Schuster, 2011.
Lovink, Geert, *Social Media Abyss: Critical Internet Cultures and the Force of Negation*, Cambridge: Polity, 2016.
Lukács, György, *Die Theorie des Romans: Ein geschichtsphilosophischer Versuch über die Formen der großen Epik*, Berlin: Cassirer, 1920. (게오르크 루카치, 《소설의 이론》, 김경식 옮김, 문예출판사, 2007)
Lupton, Deborah, *The Quantified Self*, Cambridge: Polity, 2016.
Lupton, Deborah, *Digital Health: Critical and Cross-Disciplinary Perspectives*, New York, NY: Routledge, 2017.
Lyon, David, *Surveillance Society: Monitoring Everyday Life*, Buckingham: Open University Press, 2001.
Lyotard, Jean-François, *The Postmodern Condition: A Report on Knowledge*, Geoff Bennington and Brian Massumi trans., Minneapolis, MN: University of Minnesota Press, 1984. (장프랑수아 리오타르, 《포스트모던의 조건》, 유정완 옮김, 민음사, 2018)
Madsen, Laura B., *Data-Driven Healthcare: How Analytics and BI are Transforming the Industry*, Hoboken, NJ: Wiley. 2014.
Marcuse, Herbert, *One-Dimensional Man: Studies in the Ideology of Advanced Industrial Society*, Boston, MA: Beacon Press, 1964. (헤르베르트 마르쿠제, 《일차원적 인간: 선진산업사회의 이데올로기 연구》(제2판), 박병진 옮김, 한마음사, 2009)

Markoff, John, *Machines of Loving Grace: The Quest for Common Ground Between Humans and Robots*, New York, NY: HarperCollins, 2015.

Marx, Karl, *Das Kapital: Kritik der politischen Ökonomie, Buch 1*, Hamburg: Verlag Otto Meissner, 1867. (카를 마르크스, 《자본론 I (상)》, 《자본론 I (하)》, 김수행 옮김, 비봉출판사, 2015)

Marx, Karl, *Grundrisse: Foundations of the Critique of Political Economy (Rough Draft)*, Martin Nicolaus trans., London: Pelican Books, 1973.

Mayer-Schönberger, Viktor and Thomas Ramge, *Reinventing Capitalism in the Age of Big Data*, New York, NY: Basic Books, 2018.

Mazlish, Bruce, *The Fourth Discontinuity: The Co-Evolution of Humans and Machines*, New Haven, CT: Yale University Press, 1993. (브루스 매즐리시, 《네번째 불연속: 인간과 기계의 공진화(共進化)》, 김희봉 옮김, 사이언스북스, 2001)

McLuhan, Marshall, *Understanding Media: The Extensions of Man*, New York, NY: McGrew-Hill, 1964. (마셜 매클루언, 《미디어의 이해: 인간의 확장》, 테런스 고든 편집, 김상호 옮김, 커뮤니케이션북스, 2011)

Mindell, David A., *Between Human and Machine: Feedback, Control, and Computing before Cybernetics*, Baltimore, MD: Johns Hopkins University Press, 2002.

Muller, Jerry Z., *The Tyranny of Metrics*, Princeton, NJ: Princeton University Press, 2018.

Negroponte, Nicholas, *Being Digital*, New York, NY: Alfred A. Knopf, 1995. (니콜라스 네그로폰테, 《디지털이다: 정보고속도로에서 행복해지기 위한 안내서》, 백욱인 옮김, 커뮤니케이션북스, 1995)

Pasquinelli, Matteo, *Animal Spirits: A Bestiary Of The Commons*, Rotterdam: NAi Publishers/Institute of Network Cultures, 2008. (맛떼오 파스퀴넬리, 《동물혼》, 서창현 옮김, 갈무리, 2013)

Pasquinelli, Matteo, "Google's PageRank: Diagram of the Cognitive Capitalism and Rentier of the Common Intellect", Konrad Becker and Felix Stalder eds., *Deep Search: The Politics of Search beyond Google*, Innsbruck: Studien Verlag, 2009.

Rancière, Jacques, *Le Maître Ignorant: Cinq leçons sur l'émancipation intellectuelle*, Paris: Fayard, 1987. (자크 랑시에르, 《무지한 스승: 지적 해방에 대한 다섯 가지 교훈》, 양창렬 옮김, 궁리, 2016)

Raunig, Gerald, *A Thousand Machines: A Concise Philosophy of the Machine as Social Movement*, Aileen Derieg trans., South Pasadena, CA: Semiotext(e), 2010.

Raunig, Gerald, *Dividuum: Machinic Capitalism and Molecular Revolution*, Aileen Derieg trans., South Pasadena, CA: Semiotext(e), 2016.

Ravenelle, Alexandrea J., *Hustle and Gig: Struggling and Surviving in the Sharing Economy*, Berkeley, CA: University of California Press, 2019. (알렉산드리아 J. 래브넬, 《공유경제는 공유하지 않는다: 긱이코노미의 민낯과 무너지는 플랫폼 노동자》, 김고명 옮김, 롤러코스터, 2020)

Reich, Robert B., *The Work of Nations: Preparing Ourselves for 21st-Century Capitalism*, New York, NY: Alfred A. Knopf, 1991.

Rid, Thomas, *Rise of the Machines: A Cybernetic History*, New York, NY: W. W. Norton & Company, 2016.

Rose, Nikolas, *The Politics of Life Itself: Biomedicine, Power, and Subjectivity in the Twenty-First Century*, Princeton, NJ: Princeton University Press, 2006.

Samuel, Lawrence R., *The American Way of Life: A Cultural History*, Madison, NJ: Fairleigh Dickinson University Press, 2017.

Schor, Juliet B., *After the Gig: How the Sharing Economy Got Hijacked and How to Win It Back*, Oakland, CA: University of California Press, 2020.

Schrödinger, Erwin, *What is Life?: With Mind and Matter and Autobiographical Sketches*, Cambridge: Cambridge University Press, 1944. (에르빈 슈뢰딩거, 《생명이란 무엇인가: 물리학자의 관점에서 본 생명현상》, 서인석·황상익 옮김, 한울, 2021)

Schwab, Klaus, *The Fourth Industrial Revolution*, Cologny/Geneva: World Economic Forum, 2016. (클라우스 슈밥, 《클라우스 슈밥의 제4차 산업혁

명》, 송경진 옮김. 새로운현재, 2016)

Simondon, Gilbert, *Du mode d'existence des objets techniques*, Paris: Aubier, 1958. (질베르 시몽동, 《기술적 대상들의 존재 양식에 대하여》, 김재희 옮김, 그린비, 2011)

Srnicek, Nick, *Platform Capitalism*, Cambridge: Polity, 2016. (닉 서르닉, 《플랫폼 자본주의》, 심성보 옮김, 킹콩북, 2020)

Srnicek, Nick and Alex Williams, *Inventing the Future: Postcapitalism and a World Without Work*, London: Verso, 2016.

Stefik, Mark ed., *Internet Dreams: Archetypes, Myths, and Metaphors*, Cambridge, MA: The MIT Press, 1996.

Stiegler, Bernard, *For a New Critique of Political Economy*, Daniel Ross trans., Cambridge: Polity, 2010.

Stiegler, Bernard, *Automatic Society, Volume 1: The Future of Work*, Daniel Ross trans., Cambridge: Polity, 2016. (베르나르 스티글러, 《자동화 사회 1: 알고리즘 인문학과 노동의 미래》, 김지현·박성우·조형준 옮김, 새물결, 2019)

Stiegler, Bernard, *The Age of Disruption: Technology and Madness in Computational Capitalism*, Daniel Ross trans., Cambridge: Polity, 2019.

Stonier, Tom, *Information and the Internal Structure of the Universe: An Exploration into Information Physics*, Berlin/Heidelberg: Springer, 1990.

Tanner, Adam, *Our Bodies, Our Data: How Companies Make Billions Selling Our Medical Records*, Boston, MA: Beacon Press, 2017.

Tapscott, Don and Anthony D. Williams, *Wikinomics: How Mass Collaboration Changes Everything*, New York, NY: Portfolio, 2006.

Terranova, Tiziana, *Network Culture: Politics for the Information Age*, London and Ann Arbor, MI: Pluto Press, 2004.

Toffler, Alvin, *The Third Wave*, New York, NY: William Morrow & Co., 1980.

Virilio, Paul, *La Bombe Informatique*, Paris: Editions Galilée, 1998. (폴 비릴리오, 《정보과학의 폭탄》, 배영달 옮김, 울력, 2002)

Wark, McKenzie, *A Hacker Manifesto*, Cambridge, MA: Harvard University Press, 2004.

Webster, Frank, *Theories of the Information Society* (the third edition), New York, NY: Routledge, 2006.

Wiener, Norbert, *Cybernetics: Or Control and Communication in the Animal and the Machine*, Paris: Hermann & Cie and Cambridge, MA: The MIT Press, 1948.

Wiener, Norbert, *The Human Use of Human Beings: Cybernetics and Society*, Cambridge, MA: The Riverside Press, 1950. (노버트 위너, 《인간의 인간적 활용: 사이버네틱스와 사회》, 이희은·김재영 옮김, 텍스트, 2011)

Williams, James, *Stand Out of Our Light: Freedom and Resistance in the Attention Economy*, Cambridge: Cambridge University Press, 2018. (제임스 윌리엄스, 《나의 빛을 가리지 말라: 주의 뺏기 경쟁 시대, 디지털 디오게네스의 경고》, 박세연 옮김, 전병근 해제, 머스트리드북, 2022)

Wu, Tim, *The Master Switch: The Rise and Fall of Information Empires*, New York, NY: Alfred A. Knopf, 2010. (팀 우, 《마스터 스위치: 정보제국의 생성과 몰락으로 보는 21세기 패권》, 백미란 옮김, 안경환 감수, 라이프맵, 2012)

Wu, Tim, *The Curse of Bigness: Antitrust in the New Gilded Age*, New York: NY, Columbia Global Reports, 2018. (팀 우, 《빅니스: 거대 기업에 지배당하는 세계》, 조은경 옮김, 소소의책, 2020)

Zittrain, Jonathan, *The Future of the Internet: And How to Stop It*, New Haven, CT: Yale University Press, 2008. (조너선 지트레인, 《인터넷의 미래: 우리는 무엇을 멈춰야 하나?》, 박기순 옮김, 커뮤니케이션북스, 2014)

3. 기타 자료

강달천, 〈데이터 3법 개정의 주요 내용과 전망〉, 《KISA Report》 Vol. 2, 한국인터넷진흥원, 2020, 14~19쪽.

국가정보화전략위원회, 〈국가지식정보의 신가치 창출을 위한 중장기 국가지식정보자원 관리계획〉, 2011.

권오성, 〈플랫폼 노동자의 '근로자성' 인정하는 노력 필요〉, 《KDI 나라경제》 Vol. 372, KDI 경제정보센터, 2021, 18~19쪽.

한국정보화진흥원, 《새로운 기술, 새로운 세상: 정보지능사회》(정보통신·방송 연구지원 사업 보고서), 2016.

Barbrook, Richard and Andy Cameron, "The Californian Ideology", *Mute*, 1995. 09. 01. https://www.metamute.org/editorial/articles/californian-ideology (2023년 3월 10일 접속)

Barlow, John Perry, "A Declaration of the Independence of Cyberspace", *Electronic Frontier Foundation*, 1996. 02. 08. https://www.eff.org/cyberspace-independence (2023년 3월 10일 접속)

International Labour Office, *World Employment and Social Outlook 2021: The role of digital labour platforms in transforming the world of work* (Report), 2021. 02.

Regan, Ciara, "Social Media 'Clicktivism' Creates More Apathy Than Empathy", *DevelopmentEducation.ie*, 2015. 01. 15. https://developmenteducation.ie/feature/social-media-clicktivism-creates-more-apathy-than-empathy (2023년 3월 10일 접속)

Tsianos, Vassilis and Dimitris Papadopoulos, "Precarity: A Savage Journey to the Heart of Embodied Capitalism", *Transversal Blog*, 2006. 10. https://transversal.at/transversal/1106/tsianos-papadopoulos/en (2023년 3월 10일 접속)

찾아보기

ㄴ

ㄷ

ㄹ

ㅁ

ㅂ

ㅅ

ㅇ

ㅈ

ㅊ

ㅋ

ㅎ

인공지능 시대 인간의 조건

플랫폼과 알고리즘으로 지배하는 인지자본주의의 현재

1판 1쇄 발행일 2023년 3월 27일

지은이 백욱인

발행인 김학원
발행처 (주)휴머니스트출판그룹
출판등록 제313-2007-000007호(2007년 1월 5일)
주소 (03991) 서울시 마포구 동교로23길 76(연남동)
전화 02-335-4422 **팩스** 02-334-3427
저자·독자 서비스 humanist@humanistbooks.com
홈페이지 www.humanistbooks.com
유튜브 youtube.com/user/humanistma **포스트** post.naver.com/hmcv
페이스북 facebook.com/hmcv2001 **인스타그램** @humanist_insta

편집주간 황서현 **기획·편집** 김주원 **디자인** 박진영
용지 화인페이퍼 **인쇄·제본** 정민문화사

ISBN 979-11-6080-989-3 93300

• 이 저서는 2015년 대한민국 교육부와 한국연구재단의 지원을 받아 수행된 연구임(NRF-2015S1A6A4A01010997).